Ruth-Caroline Zimmermann

Abschlussprüfer und Bilanzpolitik der Mandanten

GABLER EDITION WISSENSCHAFT

Ruth-Caroline Zimmermann

Abschlussprüfer und Bilanzpolitik der Mandanten

Eine empirische Analyse des deutschen Prüfungsmarktes

Mit einem Geleitwort von Prof. Dr. Jochen Bigus

GABLER EDITION WISSENSCHAFT

Bibliografische Information der Deutschen Nationalbibliothek
Die Deutsche Nationalbibliothek verzeichnet diese Publikation in der Deutschen Nationalbibliografie; detaillierte bibliografische Daten sind im Internet über <http://dnb.d-nb.de> abrufbar.

Dissertation Universität Osnabrück, 2008

1. Auflage 2008

Lektorat: Frauke Schindler / Britta Göhrisch-Radmacher

Gabler ist Teil der Fachverlagsgruppe Springer Science+Business Media.
www.gabler.de

Umschlaggestaltung: Regine Zimmer, Dipl.-Designerin, Frankfurt/Main
Gedruckt auf säurefreiem und chlorfrei gebleichtem Papier
Printed in Germany

ISBN 978-3-8349-1008-0

Geleitwort

Die Unabhängigkeit der Abschlussprüfer wird nach spektakulären Bilanzskandalen im In- und Ausland (*Enron, Worldcom, Parmalat* etc.) weit über die Wissenschaftsgrenzen hinaus diskutiert. Weltweit haben die Gesetzgeber mit einer Verschärfung der Regelungen reagiert.

In Deutschland gab es bisher kaum Daten und Analysen, die zumindest die materielle Abhängigkeit vom geprüften Mandantenunternehmen sichtbar machten. Das ändert sich mit der vorliegenden Dissertationsschrift von Ruth-Caroline Zimmermann. Die Schrift hat die Honorare der Abschlussprüfer zum Gegenstand, die seit dem Geschäftsjahr 2005 in Deutschland zu veröffentlichen sind, sofern die Finanztitel der Mandanten an der Wertpapierbörse notiert sind. Für nicht börsennotierte Unternehmen besteht indes (bisher) keine derartige Veröffentlichungspflicht. Da diese Daten neu sind, sind die hierauf aufbauenden empirischen Analysen für den deutschen Markt von innovativer Natur.

Zudem betritt Frau Zimmermann auch in methodischer Hinsicht Neuland, da fundierte empirische und insbesondere ökonometrische Analysen im Bereich der Unternehmensrechnung im deutschsprachigen Schrifttum die Ausnahme darstellen. Frau Zimmermann untersucht in Teil III drei empirische Fragestellungen:

- Welches Gewicht haben die Nichtprüfungshonorare und wie hoch ist die Marktkonzentration im deutschen Prüfungsmarkt?
- Welche Faktoren beeinflussen die Höhe der Abschlussprüfungshonorare?
- Hat die Höhe der Nichtprüfungshonorare einen Einfluss auf das Ausmaß bilanzpolitischer Maßnahmen?

Die Arbeit zeigt, dass der Prüfungsmarkt tendenziell hoch konzentriert ist und oligopolistische, in einigen Branchen und Börsensegmenten sogar monopolistische Tendenzen aufweist. Die Regressionsanalyse zur Erklärung der Höhe der Prüferhonorare ist statistisch hochsignifikant. Die Prüfungshonorare steigen c.p. bei verschlechterter finanzieller Situation an, zudem steigen sie bei längerer Mandatsdauer, bei Prüfung durch eine BIG4-Gesellschaft und mit zunehmender Größe und Komplexität des Mandantenunternehmens.

Die letzte Frage ist vor dem Hintergrund verschiedener Bilanzskandale besonders interessant, aber noch nicht für Deutschland untersucht worden. Die multiple Regressionsanalyse zeigt, dass es keinen robusten, statistisch signifikanten Zusammenhang zwischen der Höhe oder Zusammensetzung der Prüferhonorare und verschiedenen Indikatoren für Bilanzpolitik gibt.

Insgesamt liefert die vorliegende Arbeit auf hohem wissenschaftlichem Niveau einen wesentlichen Beitrag zu Wirtschaftsprüfung und Bilanzpolitik. Ich wünsche ihr eine große Leserschaft.

Univ.-Prof. Dr. Jochen Bigus

Vorwort

Die vorliegende Arbeit ist insbesondere durch das Bilanzrechtsreformgesetz aus dem Jahr 2004 motiviert. Das Gesetz fordert, dass deutsche börsennotierte Unternehmen ab dem Jahr 2005 in ihren Jahresabschlüssen die Honorare veröffentlichen müssen, welche an den Abschlussprüfer bezahlt werden. Die Anhangsangabe ermöglicht diese empirische Analyse des deutschen Prüfungsmarktes und der Unabhängigkeit von Abschlussprüfern in Deutschland. Die Dissertation ist während meiner Tätigkeit als wissenschaftliche Mitarbeiterin am Stiftungslehrstuhl International Accounting an der Universität Osnabrück entstanden.

Mit seiner fortwährenden Unterstützung ermöglichte es mir Herr Prof. Dr. Jochen Bigus meine Doktorarbeit zügig fertig zu stellen. Er hat stets sehr viel Wert auf die Qualität der Dissertation gelegt und mich zu jeder Zeit gefördert. Ohne ihn hätte ich den Schritt zu einer empirischen Analyse sicher nicht gemacht. Zudem regte er mich immer wieder dazu an, Zeitschriftenartikel zu veröffentlichen, an Doktorandenseminaren teilzunehmen und Konferenzen zu besuchen. Herrn Prof. Dr. Jochen Bigus gilt mein besonderer Dank für seine freundliche und fachlich hervorragende Unterstützung, der ich mir immer sicher sein konnte.

Bei Herrn Prof. Dr. Ralf Pauly möchte ich mich für die Übernahme des Korreferates bedanken. Er hat mir mit seinen Erklärungen den Zugang zu dem mir anfangs unbekannten Bereich der Ökonometrie erleichtert. Mit seiner Bereitschaft über meine empirischen Modelle und Regressionsergebnisse zu diskutieren, hat er mir sehr geholfen und Sicherheit gegeben.

Weiterhin möchte ich meinen Kollegen am Fachbereich Wirtschaftswissenschaften herzlich für die schöne Zeit an der Universität Osnabrück danken. Herrn Prof. Dr. Wolfgang Schultze von der Universität Augsburg und seinen Lehrstuhlmitarbeitern danke ich sehr für die persönliche und fachliche Unterstützung. Dem Sonderforschungsbereich 649 der Humboldt Universität danke ich für den Zugang zu diversen Datenbanken. Dem DAAD danke ich für die finanzielle Unterstützung meines Auslandsaufenthaltes an der Copenhagen Business School. Den Mitarbeitern des Lehrstuhls „Auditing and Accouting“ an der Copenhagen Business School danke ich für die freundliche Aufnahme und fachliche Unterstützung.

Schließlich möchte ich mich an dieser Stelle bei meiner Familie, meinen Freunden und allen Personen ganz herzlich bedanken, die mich auf dem Weg bis hin zu meiner Disputation begleitet, mich unterstützt und mir zu jeder Zeit Rückhalt gegeben haben.

Ruth-Caroline Zimmermann

Inhaltsverzeichnis

Abbildungsverzeichnis

Tabellenverzeichnis

Abkürzungsverzeichnis

A

Abs.	Absatz
ADR	American Deposit Receipts
ADS	American Deposit Shares
AICPA	American Institute of Certified Public Accountants
AktG	Aktiengesetz
AMEX	American Stock Exchange
APAG	Abschlussprüferaufsichtsgesetz
APAK	Abschlussprüferaufsichtskommission
Art.	Artikel
ASR	Accounting Series Release

B

BaFin	Bundesanstalt für Finanzdienstleistungsaufsicht
BDO	BDO Deutsche Warentreuhand AG
BFuP	Betriebswirtschaftliche Forschung und Praxis (Zeitschrift)
BGB	Bürgerliches Gesetzbuch
BGBl.	Bundesgesetzblatt
BGH	Bundesgerichtshof
BIG4	Vier größten Wirtschaftsprüfungsgesellschaften
BIG5	Fünf größten Wirtschaftsprüfungsgesellschaften
BIG6	Sechs größten Wirtschaftsprüfungsgesellschaften
BIG8	Acht größten Wirtschaftsprüfungsgesellschaften
BIGN	N größten Wirtschaftsprüfungsgesellschaften
BilKoG	Bilanzkontrollgesetz
BilReG	Bilanzrechtsreformgesetz
BiPo	Bilanzpolitik
BiRiLiG	Bilanzrichtliniengesetz
BMJ	Bundesministerium für Justiz
bspw.	beispielsweise
BT-Drs.	Bundestags-Drucksache
bzw.	beziehungsweise

C

c.p.	ceterius paribus
CPA	Certified Pubilc Accountants
CR	Concentration-Rate

D

d.h.	das heißt
DAX30	Deutscher Aktienindex (30 größten Unternehmen)
DCGK	Deutscher Corporate Governance Kodex
D&T, Deloitte & Touche	Deloitte Touche Tohmatsu (Wirtschaftsprüfungsgesellschaft)
DPA	Diskretionäre Periodenabgrenzungen
DPR	Deutsche Prüfstelle für Rechnungslegung
DRS	Deutscher Rechnungslegungsstandard
DRSC	Deutsches Rechnungslegungsstandard Committee
DStR	Deutsches Steuerrecht (Zeitschrift)

E

EBIT	Earnings Before Interest and Taxes
EG	Europäische Gemeinschaft
EGAOB	European Group of Auditors' Oversight Bodies
EG-HGB	Einführungsgesetz zum Handelsgesetzbuch
EK	Eigenkapital
ERC	Earnings Response Coefficient
E&Y, Ernst & Young	Ernst & Young AG Wirtschaftsprüfungsgesellschaft
et al.	et alii
EU	Europäische Union
EWG	Europäische Wirtschaftsgemeinschaft

F

f.	folgende
FEE	Fédération des Experts Comptables Européens
ff.	fortfolgende
FK	Fremdkapital

G

GAAS	Generally Accepted Accounting Standards
gem.	gemäß
GenG	Genossenschaftsgesetz
GEX	German Entrepreneurial Index (Aktienindex)

GmbH	Gesellschaft mit beschränkter Haftung
GmbHG	Gesetz betreffend die Gesellschaften mit beschränkter Haftung
GoB	Grundsätze ordnungsgemäßer Buchführung
GuV	Gewinn- und Verlustrechnung
H	
H_0	Nullhypothese
H_1	Gegenhypothese
HFA	Hauptfachausschuss
HGB	Handelsgesetzbuch
H-Index	Herfindahl-Index
Hrsg.	Herausgeber
I	
i.H.v.	in Höhe von
i.S.v.	im Sinne von
IAS	International Accounting Standards
IASB	International Accounting Standards Board
IDW	Institut der Wirtschaftsprüfer
IFAC	International Federation of Accountants
IFRS	International Financial Reporting Standards
INF	Die Information für Steuerberater und Wirtschaftsprüfer (Zeitschrift)
IPO	Initial Public Offering
ISA	International Standards on Auditing
ISB	Independence Standards Board
J	
Jg.	Jahrgang
K	
KonTraG	Gesetz zur Kontrolle und Transparenz im Unternehmensbereich
KoR	Zeitschrift für internationale und kapitalmarktorientierte Rechnungslegung
KPMG	Klynveld, Peat, Marwick und Goerdeler (KPMG Deutsche Treuhand AG)
KWG	Kreditwesengesetz

M	
m.E.	meines Erachtens
MDAX	Mid-Cap-DAX (Aktienindex)
Mio.	Millionen
N	
n	Stichprobenumfang
N.A.	Not Available
n.s.	statistisch nicht signifikant
NASDAQ	National Association of Securities Dealers Automated Quotations (Börse)
NPA	Nichtdiskretionäre Periodenabgrenzungen
NPG	Nichtprüfungsgebühr
Nr.	Nummer
NYSE	New York Stock Exchange (Börse)
O	
OCF	Operativer Cashflow
P	
PA	Gesamte Periodenabgrenzungen
PCAOB	Public Company Accounting Oversight Board
PG	Prüfungsgebühr
PKF	Pannell Kerr Forster GmbH Wirtschaftsprüfungsgesellschaft
PS	Prüfungsstandard des Instituts der Wirtschaftsprüfer
PublG	Publizitätsgesetz
PwC	PricewaterhouseCoopers AG Wirtschaftsprüfungsgesellschaft
R	
RGBl.	Reichsgesetzblatt
RH	Rechnungslegungshinweis des Instituts der Wirtschaftsprüfer
ROA	Return on Assets
Rz.	Randziffer
S	
S&P	Standard & Poors
s.	statistisch signifikant
S.	Seite
SA	Securities Act
SAS	Statements on Auditing Standards
SDAX	Small-Cap-Dax (Aktienindex)

SEA	Securities Exchange Act
SEC	Securites Exchange Commission
Sec.	Section
SOX	Sarbanes-Oxley Act
T	
TecDAX	Technology-DAX (Aktienindex)
Tz.	Textziffer
U	
UK	United Kingdom (Vereinigtes Königreich)
UMAG	Gesetz zur Unternehmensintegrität und Modernisierung des Aufsichtsrechts
URL	Uniform Resource Locator
USA	United States of America
US-GAAP	US-Generally Accepted Accounting Principles
US-GAAS	US-Generally Accepted Accounting Standards
US-GAO	United States General Accounting Office
V	
v.	vom
VAG	Versicherungsaufsichtsgesetz
Vgl.	Vergleiche
Vol.	Volume
W	
WiSt	Wirtschaftswissenschaftliches Studium (Zeitschrift)
WISU	Das Wirtschaftsstudium (Zeitschrift)
WpHG	Wertpapierhandelsgesetz
WPK	Wirtschaftsprüferkammer
WPO	Wirtschaftsprüferordnung
Z	
z.B.	zum Beispiel
ZfB	Zeitschrift für Betriebswirtschaft
zfbf	Schmalenbachs Zeitschrift für betriebswirtschaftliche Forschung

Symbolverzeichnis

Δ	Veränderung
α	Regressionskoeffizient
β	Regressionskoeffizient
ε	Unerklärter Anteil Regression
$	US-Dollar
Σ	Summe
$\surd$	Quadratwurzel
€	Euro

A

AUDIT_FEES_MARKET_CAP	Prüfungshonorare / Marktkapitalisierung
AUDIT_NON_AUDIT_FEES	Prüfungs- / Nichtprüfungshonorare
AUDIT_OPINION	1 = wenn Bestätigungsvermerk des Prüfers versagt, eingeschränkt oder mit Hinweis; 0 = sonst
AUDIT_TENURE	Dauer der Prüfungsbeziehung

B

BIG4	1 = wenn vier größten Prüfungsgesellschaften: Deloitte & Touche, Ernst & Young, KPMG, PwC; 0 = sonst

C

CA	Kurzfristiges Vermögen
CL	Kurzfristige Verbindlichkeiten
CLIENT_IMPORTANCE	Gesamte Honorare aus einem Mandat / Umsatzerlöse der Prüfungsgesellschaft laut Geschäftsbericht
CR(i)	Konzentrationsrate der i-größten Merkmalsträger

D

DEANGELO_ABS	Diskretionäre Periodenabgrenzungen DeAngelo-Modell mit Absolutwert
DEANGELO_VZ	Diskretionäre Periodenabgrenzungen DeAngelo-Modell mit Vorzeichen
DEPTN	Abschreibung auf materielles und immaterielles Anlagevermögen
DPA	Diskretionäre Periodenabgrenzungen

E

EARNINGS_INCREASE	1 = wenn Ergebnisveränderung / Bilanzsumme zwischen 0% und 2%; 0 = sonst
EPK	Erstprüfungskosten

F

FEE_DEPENDENCE	Gesamte Honorare aus einem Mandat / Summe der gesamten Honorare einer Prüfungsgesellschaft in diesem Sample
FIRST_AUDIT_YEAR	1 = wenn Erstprüfungsjahr; 0 = sonst
FREEFLOAT	Streubesitz (Anteile < 5% des Grundkapitals)

G

GEWICHTUNG_VAR	Gewichtete Variable aus negativer Veränderung des OCF, LOSS_AVOIDANCE und EARNINGS_INCREASE
GR_SALES	Umsatzwachstum
GROWTH	Veränderung der Umsatzerlöse (Bilanzsumme), normiert mit den Umsatzerlösen (der Bilanzsumme) des Vorjahres

H

H	Herfindahl-Index
H_0	Nullhypothese
H_1	Gegenhypothese
HEALY_ABS	Diskretionäre Periodenabgrenzungen Healy-Modell mit Absolutwert
HEALY_VZ	Diskretionäre Periodenabgrenzungen Healy-Modell mit Vorzeichen
HEALY_VZ_NEG	Diskretionäre Periodenabgrenzungen Healy-Modell mit negativem Vorzeichen
HEALY_VZ_POS	Diskretionäre Periodenabgrenzungen Healy-Modell mit positivem Vorzeichen

I

i	Unternehmen i
IFRS1	1 = wenn erstmalige Bilanzierung nach IFRS; 0 = sonst
INDUSTRY	Branche
INDUSTRY_DUMMY	Branchen-Dummy-Variable

K

K	Prüfungskosten

k	Faktor, welcher die erwartete Änderung der Forderungen bei gegebenem Umsatzwachstum berücksichtigt

L

LEVERAGE	Verschuldungsgrad = Fremdkapital zu Eigenkapital in Buchwerten
LISTING	US-Notierung
LOG_AUDIT_FEES	Logarithmierte Prüfungshonorare
LOG_MARKET_CAP	Logarithmierte Marktkapitalisierung
LOG_NON_AUDIT_FEES	Logarithmierte Nichtprüfungshonorare
LOG_SALES	Logarithmierte Umsatzerlöse
LOSS	1 = wenn Jahresfehlbetrag des Mandanten; 0 = sonst
LOSS_AVOIDANCE	1 = wenn Jahresergebnis / Bilanzsumme zwischen 0% und 5% der Bilanzsumme; 0 = sonst

M

MARKET_SHARE	Marktanteil der Prüfungsgesellschaft
MARKET_SHARE_AUDIT_FEES	Marktanteil Prüfungsgesellschaft, berechnet über Prüfungshonorare
MARKET_SHARE_TOTAL_FEES	Marktanteil Prüfungsgesellschaft, berechnet über gesamte Honorare
MB_RATIO	Markt-/Buchwert-Verhältnis Eigenkapital des Mandanten

N

n	Anzahl der Beobachtungen
n.s. -	Nicht statistisch signifikant negativer Zusammenhang
n.s. +	Nicht statitisch signifikant positiver Zusammenhang
NON_AUDIT_AUDIT_FEES	Nichtprüfungs- / Prüfungshonorare
NON_AUDIT_FEES	Nichtprüfungshonorare
NON_AUDIT_TOTAL_ASSETS	Nichtprüfungshonorare / Bilanzsumme
NON_AUDIT_TOTAL_FEES	Nichtprüfungs- / gesamte Honorare
NPA	Nichtdiskretionäre Periodenabgrenzungen

O

OCF	Operativer Cashflow

P

PA	Gesamte Periodenabgrenzungen
PA_BS_VJ	Periodenabgrenzungen / Bilanzsumme des Vorjahres

PG_1 (PG_2)	Prüfungsgebühren Periode 1 (Periode 2)
PPE	Bruttosachanlagevermögen
PWK	Prüferwechselkosten

R

r	Rendite
R^2	Bestimmtheitsmaß
REC	Forderungen
REL_AUDIT_FEES	Verhältnis Prüfungshonorare zu Bilanzsumme
REV	Umsatzerlöse
ROA	Return on Assets = Gesamtkapitalrentabilität = Ergebnis vor Steuern, Zinsaufwand und außerordentlichem Ergebnis / Gesamtes Vermögen des Mandanten
ROTATION_MAX	Dauer der Prüfungsbeziehung, maximal 15 Jahre

S

s. -	Signifikant negativer Zusammenhang
s. +	Signifikant positiver Zusammenhang
SIZE	Größe des Mandanten
SQU_ROOT_SUBSIDARIES	Quadratwurzel der Anzahl der vollkonsolidierten Tochtergesellschaften des Mandanten
STD	Kurzfristiger Anteil des langfristigen Fremdkapitals

T

T, t	Zeitindex

I Einführung

Die Unabhängigkeit der Abschlussprüfer ist derzeit ein national und international viel diskutiertes Thema, besonders seit Bilanzskandalen wie Enron (2001) und Worldcom (2002) in den USA oder Flowtex (2000) und Comroad (2001) in Deutschland.[1] Immer wieder taucht die Frage auf, ob die schweren Bilanzmanipulationen nur möglich waren, weil sich die Prüfer eingeschränkt unabhängig verhalten haben.[2] Die Glaubwürdigkeit des Berufsstandes der Abschlussprüfer hat sehr gelitten,[3] weshalb die Regulierung desselben in den letzten Jahren stark vorangeschritten ist. Der Sarbanes-Oxley Act (SOX) aus dem Jahr 2002 ist das wohl bedeutendste Gesetz zur Regulierung der Abschlussprüfung.[4] Aber auch auf Ebene der EU und in Deutschland hat sich die Regulierung verstärkt.[5] Im Vordergrund der gesamten Bestrebungen steht, eine ausreichend hohe Prüfungsqualität sicherzustellen, welche nur bei Unabhängigkeit des Prüfers gegeben ist.[6]

So begründet die EG-Kommission ihre Empfehlung zur Unabhängigkeit der Abschlussprüfer in der EU im Jahr 2002 wie folgt: „Die Unabhängigkeit des Abschlussprüfers ist für das Vertrauen der Öffentlichkeit in den Bestätigungsvermerk von grundlegender Bedeutung. Sie erhöht die Glaubwürdigkeit der veröffentlichten Finanzinformationen und stellt für Anleger, Gläubiger, Arbeitnehmer und andere Interessengruppen einen zusätzlichen Wert dar.“[7]

Die Anforderungen, welche an einen Prüfer gestellt werden, beinhalten die fachliche Urteilsfähigkeit und die Urteilsfreiheit.[8] Der Prüfer muss fachlich in der Lage sein, ein hohes Maß an Prüfungsqualität bereitzustellen, darauf aufbauend aber auch dazu gewillt sein. Hierfür ist die innere Unabhängigkeit des Prüfers, d.h. seine Einstellung zum Prüfungsobjekt, aber auch seine äußere Unabhängigkeit notwendig.[9] Letztere wird über die rechtliche, wirtschaftliche oder persönliche Beziehung des Prüfers zum Mandanten gemessen.[10] Verhält sich der Prüfer nicht unabhängig, werden nicht alle Prüfungsnormen eingehalten und ist der Abschluss nicht frei von Fehlern oder Unrichtigkeiten, ist die Prüfungsqualität gering.[11] Hierun-

---

1 Vgl. Zimmermann, J. (2004) mit einer knappen Darstellung der Bilanzskandale in den letzten Jahren.
2 Vgl. Lenz, H. (2002), S. 2275.
3 Vgl. Lenz, H. (2002), S. 2270.
4 Vgl. SOX (2002). Vgl. Müller, K. (2006), S. 84.
5 Vgl. z.B. BilReG (2004), EG-Richtlinie (2006).
6 Vgl. DeAngelo, L. E. (1981a), S. 115f. Vgl. DeAngelo, L. E. (1981b), S. 186. Der Prüfer muss Fehler in der Rechnungslegung aufdecken, aber auch darüber berichten. Die Aufdeckungswahrscheinlichkeit wird als Maß für die Unabhängigkeit des Prüfers vom Mandanten verwendet.
7 EG-Kommission (2002), L 191/22.
8 § 43 WPO.
9 Vgl. Lange, S. (1994), S. 40. Vgl. auch Demme, N. D. (2003), S. 36f.
10 Vgl. Demme, N. D. (2003), S. 37.
11 Vgl. Palmrose, Z.-V. (1988), S. 56. Vgl. Marten, A. G./Köhler, K.-U. (2004), S. 14.

ter leidet die Qualität des gesamten Jahresabschlusses, welcher von Abschlussadressaten als Informationsinstrument verwendet wird.[12] In diesem Fall werden dem Kapitalmarkt keine korrekten Informationen als Investitionsgrundlage zur Verfügung gestellt. Wegen der bestehenden Informationsnachteile der Abschlussadressaten[13] müssen gesetzliche Regelungen ausreichend Anreize für die Prüfer schaffen, um sich unabhängig zu verhalten.

Die Erklärung der Unabhängigkeit kann modelltheoretisch über den Quasirenten-Ansatz von DEANGELO (1981A) und die Prinzipal-Agenten-Theorie erfolgen, in welche ANTLE (1984) die Rolle des Prüfers mit einbezieht. Die Quasirenten-Theorie beschäftigt sich mit den Einnahmen, welche ein Prüfer aus einem Mandat erzielt und welche zu einer eingeschränkten Unabhängigkeit führen können.[14] Die Prinzipal-Agenten-Theorie beschreibt dagegen die Notwendigkeit eines unabhängigen Prüfers zur Reduktion der Konflikte zwischen Management, Anteilseignern und Gläubigern.[15] Bestehende Informationsasymmetrien ermöglichen dem Management die opportunistische Verfolgung eigener Ziele,[16] welche finanzieller Art, z.B. höhere Entlohnung, oder nichtfinanzieller Art, z.B. Prestige, sein können. So kann das Management bilanzpolitische Maßnahmen ausüben, welche die Jahresergebnisse verzerren oder die Aussage des Abschlusses einschränken, sodass dieser nicht mehr der tatsächlichen Vermögens-, Finanz- und Ertragslage entspricht.[17] An dieser Stelle muss ein unabhängiger Prüfer eingreifen, der nicht selbst opportunistisch handelt, sondern die Bilanzpolitik einschränkt, sodass den Abschlussadressaten ein korrektes Bild über das Unternehmen vermittelt wird. Der Konflikt des Prüfers besteht darin, im Falle von Bilanzpolitik oder -manipulationen korrekt zu testieren, um mögliche Reputationsverluste zu umgehen, Verluste anderer Mandate zu vermeiden und den Anlegern glaubwürdige Informationen durch die Prüfung zu vermitteln. Umgekehrt kann sich der Prüfer dem Management[18] gegenüber kooperativ verhalten, mögliche Unregelmäßigkeiten in der Bilanzierung nicht aufdecken und dafür das Mandat weitere Jahre behalten oder Beratungsaufträge erhalten.[19]

Ziel der gesetzlichen Regulierung ist es, eine hohe Unabhängigkeit der Prüfer zu gewährleisten. In weiten Teilen sind sich die US-amerikanischen Regelungen – insbesondere des SOX –, die EU-Richtlinien, -Empfehlungen und dementsprechend auch die deutschen Regelungen zur Stärkung der Unabhängigkeit ähnlich.[20] Dies ist auch bei der Ausgestaltung der Veröffentlichungspflicht von Prüferhonoraren der Fall, welche den Abschlussadressaten Hinweise auf die Unabhängigkeit der Prüfer geben soll. Eine gesetzliche Pflicht zur Veröf-

---

12 Vgl. auch für folgenden Satz Sunderdiek, B. (2006), S. 36ff.
13 Vgl. Wagenhofer, A./Ewert, R. (2003), S. 5f.
14 Vgl. DeAngelo, L. E. (1981a).
15 Vgl. Antle, R. (1984).
16 Vgl. Lange, S. (1994), S. 68f.
17 § 264 Abs. 2 Satz 1 HGB.
18 Der Begriff Management steht in dieser Arbeit für die gesetzlichen Vertreter des Unternehmens. Dies entspricht gem. § 78 AktG dem Vorstand einer Aktiengesellschaft oder gem. § 35 GmbHG dem Geschäftsführer einer GmbH.
19 Vgl. Marx, S. (2002), S. 77.
20 Die Vorschriften werden im Verlauf der Arbeit gegenübergestellt.

fentlichung von Prüfungs- und Nichtprüfungshonoraren wurde im Dezember 2004 durch das Bilanzrechtsreformgesetz (BilReG) in das HGB eingeführt. Die erstmalige Veröffentlichung der Honorare in den Abschlüssen deutscher börsennotierter Unternehmen im Geschäftsjahr 2005 ermöglicht es, diese empirische Untersuchung zur Prüferunabhängigkeit durchzuführen. Weitere mögliche Formen der Regulierung sind der turnusmäßige Wechsel von Prüfer oder Prüfungsgesellschaft, das Verbot gleichzeitiger Prüfung und Beratung sowie Honorargrenzen, welche die Einnahmen aus einem einzelnen Mandat beschränken.[21] Da die innere Unabhängigkeit der Prüfer nicht beobachtet werden kann, besteht die Frage, ob die Regulierung ausreichend und vorteilhaft ist. Dieser Aspekt steht neben anderen im Vordergrund der Arbeit.

Aufbauend auf den Ergebnissen anderer Länder untersucht die nachstehende Arbeit die Unabhängigkeit der Prüfer in Deutschland mit Hilfe der tatsächlich veröffentlichten Prüferhonorare erstmals empirisch. Die Arbeit betrachtet deutsche, nach International Financial Reporting Standards (IFRS-)bilanzierende börsennotierte Unternehmen. Zunächst beschäftigt sich eine deskriptive Untersuchung der Prüferhonorare mit dem deutschen Prüfungsmarkt und damit, ob Hinweise auf eine hohe Konzentration oder Spezialisierungstendenzen der Prüfungsgesellschaften vorhanden sind. Die Analyse der Konzentration auf dem Prüfungsmarkt ermöglicht Aussagen, ob die Wettbewerbsfähigkeit gegeben ist, welche zur Sicherung der Prüfungsqualität notwendig ist. Weiterhin wird analysiert, wie der Markt für Prüfungs- und Nichtprüfungsleistungen aufgeteilt ist und wie hoch die Marktanteile der größten in Deutschland tätigen Prüfungsgesellschaften sind. An der Relation der Nichtprüfungshonorare zu den gesamten Honoraren zeigt sich annähernd, wie bedeutend die Beratungsleistungen für die Prüfungsgesellschaften und somit möglicherweise für die Unabhängigkeit sind.[22] 175 Honorarbeobachtungen aus dem Jahr 2005 gehen in die Untersuchung ein. Bisherige Konzentrationsanalysen greifen auf Surrogate anstatt auf tatsächlich bezahlte Prüferhonorare zurück (z.B. MARTEN/SCHULTZE (1998), QUICK/WOLZ/SEELBACH (1998), GROTHE (2004) oder KOECKE (2006)), befragen Unternehmen zu den Prüferhonoraren oder führen eine Schätzung der Honorare (BAUER (2004A) oder STRICKMANN (2000)) durch.[23] LENZ ET AL. (2006) verwenden zwar die im Jahr 2005 veröffentlichten Prüferhonorare deutscher Unternehmen für ihre Untersuchung, betrachten jedoch keine Marktanteile oder Konzentrationsraten.[24]

In einer multiplen Regression wird in einem zweiten Schritt untersucht, von welchen Faktoren die Preissetzung der Prüfungshonorare abhängt. Diese Untersuchung ist eng mit der deskriptiven Analyse der Prüferhonorare verbunden. So lässt die Konzentrationsanalyse

---

21 Für die Regulierung in Deutschland vgl. §§ 319 und 319a HGB. 22 Der Begriff Beratungsleistungen wird im Folgenden als Synonym für Nichtprüfungsleistungen verwendet.

23 Vgl. Marten, K.-U./Schultze, W. (1998), Quick, R./Wolz, M./Seelbach, M. (1998), Strickmann, M. (2002), Grothe, J. (2004), Bauer, M. (2004a), Koecke, A. E. (2005).

24 Vgl. Lenz, H./Möller, M./Höhn, B. (2006).

keine Aussage darüber zu, ob der Wettbewerb beschränkt ist oder die Marktanteile der Prüfungsgesellschaften die Preisbildung beeinflussen. Ziel dieser Regressionsanalyse ist es, über die 167 verwendeten Beobachtungen eine Aussage zu treffen, ob Prüfungsumfang und -risiko ausreichend in der Höhe der Honorare abgebildet werden, ob Maßnahmen wie eine Gebührenordnung für Prüfungshonorare sinnvoll sein können oder ob die Haftung der Prüfer in Deutschland zu überdenken ist. Zudem wird in diesem Modell die Quasi-Renten-Theorie von DEANGELO (1981A) aufgegriffen und betrachtet, ob die Prüfungshonorare tatsächlich mit der Mandatsdauer steigen. Die empirische Beurteilung der Preissetzung auf dem deutschen Prüfungsmarkt endet mit rechtspolitischen Schlussfolgerungen und wurde meiner Kenntnis nach bislang noch nicht vorgenommen.

Letztlich verknüpft eine weitere Regressionsanalyse Faktoren, welche die Prüfungsqualität abbilden, mit der Bilanzpolitik im Unternehmen. Bei hoher Prüfungsqualität wird die Bilanzpolitik, welche das tatsächliche Bild der Unternehmenssituation verzerren kann, durch den Prüfer eingeschränkt, sodass ein Indiz für einen unabhängigen Prüfer gegeben ist.[25] Bisherige Arbeiten, welche sich mit der Prüferunabhängigkeit in Deutschland beschäftigt haben, verwenden nicht die tatsächlich veröffentlichten Prüferhonorare zur Abbildung der Qualität. MARX (2002) betrachtet die Unabhängigkeit der Prüfer unter dem Aspekt der Beratung rein theoretisch.[26] DEMME (2003) nimmt einen Rechtsvergleich der deutschen, US-amerikanischen und internationalen Vorschriften zur Unabhängigkeit vor.[27] BAUER (2004A) verwendet eine Befragung zur Höhe der Prüferhonorare, um den Zusammenhang zwischen Prüferunabhängigkeit und Agency-Konflikten in Deutschland zu untersuchen.[28] KITSCHLER (2005) führt eine ökonomische Analyse zur Abschlussprüfung durch und beschäftigt sich mit Interessenkonflikten.[29] MÜLLER (2006) analysiert und vergleicht Vorschriften zur Unabhängigkeit in Deutschland, der EU, der IFAC und der USA und entwickelt einen Unabhängigkeitsstandard für Deutschland.[30] Die Bilanzpolitik wurde meiner Kenntnis nach in Deutschland bislang nicht empirisch in den Kontext der Unabhängigkeit einbezogen. Die für diese Arbeit wichtigsten Untersuchungen aus den USA und dem Vereinigten Königreich sind von FRANKEL ET AL. (2002), ASHBAUGH ET AL. (2003), DEE ET AL. (2002), CHUNG/KALLAPUR (2003) und ANTLE ET AL. (2006).[31] Diese Arbeiten unterstützen die Hypothesen- und Variablenauswahl und ermöglichen einen länderübergreifenden Vergleich der Ergebnisse. Alle Studien verwenden sowohl unterschiedliche Formen von Prüferhonoraren als auch verschiedene Möglichkeiten zur Abbildung der Bilanzpolitik, um eine Aussage zur Unabhängigkeit der Prüfer zu treffen. Bei der vorliegenden Studie sind die Ausgestaltung der

25 Vgl. z.B. Vorgehen in den Arbeiten von Frankel et al. (2002), Dee et al. (2002) oder Ashbaugh et al. (2003).
26 Vgl. Marx, S. (2002).
27 Vgl. Demme, N. D. (2003).
28 Vgl. Bauer, M. (2004a).
29 Vgl. Kitschler, R. (2005).
30 Vgl. Müller, K. (2006).
31 Vgl. Frankel et al. (2002), Dee et al. (2002), Ashbaugh et al. (2003), Chung/Kallapur (2003) und Antle et al (2006).

Regressionsmodelle, das Untersuchungsjahr und vor allem der Datensatz aus dem Jahr 2005 neuartig. Die Unabhängigkeit der Prüfer wird über die Prüfungsqualität abgebildet. Die nichtbeobachtbare Unabhängigkeit des Prüfers wird über den Anteil der Nichtprüfungs- an den gesamten Honoraren, die Größe der Prüfungsgesellschaft, die Einschränkung des Bestätigungsvermerkes und die Dauer der Mandatsbeziehung abgebildet. Zur Messung der Bilanzpolitik wird ein Teil der Differenz zwischen Jahresergebnis und operativem Cashflow, herangezogen. Neben dieser gehen die Anreize des Managements, Verluste zu vermeiden oder Ergebnisse zu steigern als zu erklärende Variable in die Regression ein. Erneut finden der Quasirenten-Ansatz, aber auch die Prinzipal-Agenten-Theorie Eingang in die Regression. Über die Messung der Unabhängigkeit der Prüfer wird eine Aussage zur Regulierung der Unabhängigkeit in Deutschland getroffen. Dabei stehen die Fragen, ob eine weitere Beschränkung von Beratungsleistungen notwendig ist, die Beurteilung einer gesetzlichen Rotationspflicht und die Vorteilhaftigkeit der Honorarveröffentlichungspflicht im Vordergrund.

Folgende Tabelle zeigt den Aufbau der Arbeit und ordnet den Kapiteln den Inhalt der Arbeit zu:

Kapitel	**Titel**	
I	Einführung	
II	Grundlagen der Unabhängigkeit und Bilanzpolitik	
	II.1 Institutioneller Rahmen und Regulierung der Unabhängigkeit	Rechtlicher Rahmen der Unabhängigkeit
	II.2 Modelltheoretische Ergebnisse zur Unabhängigkeit	Wissenschaftlicher Rahmen der Unabhängigkeit und Bilanzpolitik
	II.3 Bilanzpolitik	
	II.4 Bisherige empirische Ergebnisse zur Unabhängigkeit und Bilanzpolitik	
III	Empirische Modelle zu Prüferhonoraren, Prüferunabhängigkeit und Bilanzpolitik	Empirische Modelle zu Abschlussprüfung und Bilanzpolitik in Deutschland
	III.1 Analyse der veröffentlichten Prüferhonorare	
	III.2 Ökonometrisches Modell zu den Einflussfaktoren von Prüfungshonoraren	
	III.3 Ökonometrisches Modell zur Prüferunabhängigkeit und Bilanzpolitik	
IV	Zusammenfassung und Fazit	
V	Anhang	Ergebnisse bisheriger empirischer Studien

Tabelle 1: Aufbau der Arbeit

Diese Arbeit beschäftigt sich zunächst in Kapital II.1 mit dem institutionellen Rahmen der Abschlussprüfer, der Abschlussprüfung (II.1.1), der Prüfungsqualität (II.1.2), damit die Unabhängigkeit der Abschlussprüfer zu definieren (II.1.3) und Faktoren vorzustellen, welche die Unabhängigkeit der Prüfer einschränken können (II.1.3.2). Diese Faktoren dienen als Grundlage für die Regulierung der Abschlussprüfung und Unabhängigkeit. Nachdem in

Abschnitt II.1.4 Institutionen vorgestellt werden, welche für die Regulierung verantwortlich sind, folgt die Erläuterung von konkreten Gesetzen, Verordnungen und Richtlinien, die in den USA, der EU und Deutschland eingesetzt werden, um die Unabhängigkeit der Prüfer zu stärken (Abschnitt II.1.5). Im Vordergrund dieser Arbeit stehen die Fragen nach der Vereinbarkeit von Prüfungs- und Nichtprüfungsleistungen, nach der Notwendigkeit einer gesetzlichen Rotationspflicht und der Veröffentlichung von Prüferhonoraren. Die Folgen einer eingeschränkten Unabhängigkeit (II.1.6) erläutern den Konflikt, in welchen sich der Prüfer hinsichtlich der Frage nach Abhängigkeit oder Unabhängigkeit begibt.

Erklärungen der Quasirenten- und der Prinzipal-Agenten-Theorie zur Unabhängigkeit der Prüfer in Abschnitt II.2.1 und II.2.2 werden verwendet, um zu erläutern, warum sich ein Prüfer möglicherweise abhängig verhält. In Kapitel II.3 wird die Bilanzpolitik in die Betrachtung einbezogen. Anreize des Managements Bilanzpolitik zu betreiben, Ziele und Maßnahmen der Bilanzpolitik und Möglichkeiten zur Messung der Bilanzpolitik werden im Hinblick auf die empirische Studie, welche eine Verknüpfung von Unabhängigkeit und Bilanzpolitik vornimmt, erläutert und beurteilt. Zudem existiert eine Vielzahl von ausländischen empirischen Studien, welche die Prüferunabhängigkeit, die Bilanzpolitik des Mandanten und auch die Regulierung der Unabhängigkeit untersuchen. Einige empirische Arbeiten werden in Kapitel II.4 vorgestellt, um die vorliegende empirische Untersuchung für Deutschland mit ihrem Vorgehen, der Datenbasis und den Ergebnissen in den bisherigen Stand der Wissenschaft einzuordnen.

Im III. Teil dieser Arbeit werden drei empirische Analysen durchgeführt. Wie erläutert, beschäftigt sich zunächst eine deskriptive Konzentrationsanalyse mit dem deutschen Prüfungsmarkt (Kapitel III.1). Diese Ergebnisse werden im darauf folgenden Regressionsmodell zu den Einflussfaktoren der Prüfungshonorare weiterentwickelt (Kapitel III.2). Die Nichtprüfungshonorare gehen schließlich in das zweite Regressionsmodell ein, welches die Unabhängigkeit der Prüfer über den Zusammenhang zwischen Beratungsleistungen und der Bilanzpolitik im Unternehmen misst (Kapitel III.3). Eine Zusammenfassung und ein Fazit hinsichtlich der Regulierung der Prüferunabhängigkeit in Deutschland werden in Kapitel IV gegeben und schließen diese Arbeit.

II Grundlagen der Unabhängigkeit und Bilanzpolitik

1 Institutioneller Rahmen und Regulierung der Unabhängigkeit

Dieses Kapitel dient der Hinführung zur Verknüpfung von Prüferunabhängigkeit und Bilanzpolitik. Dabei werden zunächst grundlegende Begriffe erläutert, welche für die Beurteilung der Unabhängigkeit der Prüfer notwendig sind. So ist zunächst zu klären, welche Personen unter den Begriff Abschlussprüfer fallen und wie ihr Aufgabenfeld in der Abschlussprüfung definiert ist. An diesem Punkt kommt der Aspekt der Prüfungsqualität ins Spiel, welche nur bei Unabhängigkeit des Prüfers gesichert ist. Eine Begriffsabgrenzung und Definition der Unabhängigkeit wird für Deutschland, aber auch für die USA und die EU vorgenommen. Erst dann sind ein Vergleich und eine Beurteilung der Regelungen möglich. Im Hinblick auf die empirische Studie dieser Arbeit werden Faktoren aufgeführt, welche als Indikatoren für eine eingeschränkte Unabhängigkeit verwendet werden. Letztlich werden für die Studie relevante Maßnahmen zur Stärkung der Unabhängigkeit betrachtet und beurteilt: Die Rotationspflicht, das gesetzliche Verbot bestimmter Beratungsleistungen und die Honorarveröffentlichungspflicht stehen im Vordergrund dieser Arbeit.

1.1 Abschlussprüfung

1.1.1 Abschlussprüfer

Konkretisiert wird der Begriff Abschlussprüfer in § 319 Abs. 1 Satz 1 HGB als Wirtschaftsprüfer und Wirtschaftsprüfungsgesellschaften, die eine wirksame Bescheinigung über die Teilnahme an der Qualitätskotrolle (§ 57 WPO) besitzen.[32] Gem. § 1 Abs. 1 WPO ist Wirtschaftsprüfer, wer öffentlich bestellt ist. Wirtschaftsprüfungsgesellschaften werden gem. § 1 Abs. 3 WPO als solche anerkannt, wenn diese von Wirtschaftsprüfern geführt werden. Die Bestellung und Abberufung von Abschlussprüfern erfolgt über § 318 HGB. Auf Vorschlag des Aufsichtsrates (§ 124 Abs. 3 Satz 1 AktG) wird der Prüfer von den Gesellschaftern gewählt (vgl. § 318 Abs. 1 Satz 1 HGB). Die Auftragserteilung erfolgt bei Aktiengesellschaften ebenfalls durch den Aufsichtsrat.[33] Die Angebotsabgabe durch die Prüfungsgesellschaften findet zumeist durch Ausschreibungen statt.[34] Konzernabschlussprü-

---

32 Für mittelgroße GmbHs und Personenhandelsgesellschaften ist die Prüfung auch durch vereidigte Buchprüfer und Buchprüfungsgesellschaften möglich. Diese werden in der vorliegenden Arbeit nicht näher betrachtet.

33 Vgl. § 111 Abs. 2 Satz 3 AktG.

34 Vgl. Hachmeister, D. (2001), S. 63.

fer ist der Prüfer, der den Jahresabschluss des Mutterunternehmens prüft, es sein denn, es wird ein anderer Prüfer bestellt.[35]

Aufgabe des Abschlussprüfers ist die Unterstützungsfunktion oder Gehilfenfunktion.[36] Dies bedeutet, dass der Prüfer den Aufsichtsrat bei der Kontrolle der Unternehmensleitung unterstützt und die Interessen der Investoren vertritt.[37] Der Prüfer wirkt in seiner Funktion präventiv, da dem Management die Kontrolle durch den Prüfer bewusst wird.[38] Der Prüfer dokumentiert seine Ergebnisse der Prüfung[39] und berichtet dem Aufsichtsrat die Recht- und Ordnungsmäßigkeit der Unternehmensergebnisse und informiert über die Finanz-, Vermögens und Ertragslage sowie über bestandsgefährdende Sachverhalte (§ 321 HGB). Für die Unterstützung des Aufsichtsrates, welcher den Vorstand zu überwachen hat (§ 111 AktG), ist ein enger Kontakt zwischen Prüfer und Aufsichtsrat erforderlich. Daneben hat der Prüfer eine Überwachungsfunktion, wenn dieser z.B. Umwandlungen zu begleiten und zu überwachen oder Gutachten zu erstellen hat.[40] Folgende Abbildung verdeutlicht die Stellung des Prüfers im Beziehungsgeflecht eines Unternehmens.

---

35 Vgl. § 318 Abs. 2 HGB. Für den Zwischenabschluss gilt der Prüfer als bestellt, der den letzten Konzernabschluss geprüft hat, außer es wurde ein anderer Prüfer bestellt.

36 Vgl. Marx, S. (2002), S. 68f. Vgl. Müller, K. (2006), S. 19.

37 Vgl. Böcking, H.-J./Orth, C. (2002), S. 259.

38 Vgl. Grieder, S. (2004), S. 19.

39 Vgl. Theisen, M. R. (1994), S. 813 zur so genannten Dokumentationsfunktion.

40 Vgl. Theisen, M. R. (1994), S. 812.

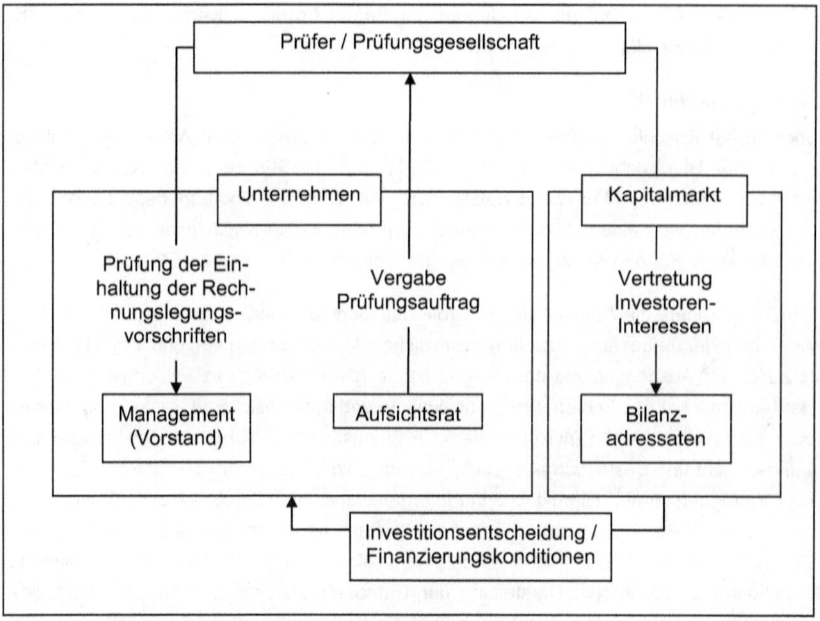

Abbildung 1: Beziehungsgeflecht Prüfer und Mandant (In Anlehnung an: Stefani, U. (2002), S. 85)

Ziel der Abschlussprüfung ist es, Aussagen über die Verlässlichkeit der Informationen in Jahresabschluss und Lagebericht zu treffen.[41] Hierbei wird sichtbar, dass der Abschlussprüfer nicht nur für die Prüfung des Unternehmens verantwortlich ist, sondern dem Kapitalmarkt Informationen über den Jahresabschluss vermittelt. Voraussetzung für die Erfüllung dieser Funktionen und für die korrekte Vertretung der Investoreninteressen ist, dass der Prüfer unabhängig vom zu prüfenden Unternehmen ist.[42] Auf einem effizienten Kapitalmarkt sind mögliche negative Anreize der Prüfer im Aktienpreis des Mandanten enthalten.[43] Denn die Informationen aus dem Jahresabschluss werden am Kapitalmarkt weiterverarbeitet und für (Des-)Investitionsentscheidungen verwendet. Die Lücke zwischen der Erwartung der Öffentlichkeit über die Einhaltung der gesetzlichen Normen und dem tatsächlichen Inhalt des Jahresabschlusses soll durch die Prüfung geschlossen werden (so genannte Erwartungslü-

41 Vgl. IDW (2000), S. 707.

42 Vgl. Ballwieser, W. (2001), S. 100. Vgl. auch Sunderdiek, B. (2006), S. 36-40 mit Ausführungen zu den Funktionen des Kapitalmarktes.

43 Vgl. DeAngelo, L. E. (1981a), S. 117. Im Falle von kostenlosen Verträgen zwischen den Agenten wären die Prüfer perfekt unabhängig von den Mandanten. Die Annahme, dass die Prüfung kostenpflichtig ist, wird erforderlich.

cke).[44] Im weiteren Verlauf der Arbeit wird der Begriff Prüfer stellvertretend für den Abschlussprüfer verwendet.

1.1.2 Prüfungspflicht

Grundlage der Abschlussprüfung ist die im Jahr 1984 verabschiedete Achte EG-Richtlinie, die durch das Bilanzrichtliniengesetz (BiRiLiG) im Jahr 1985 in deutsches Recht transformiert wurde.[45] Gemäß § 316 Abs. 1 Satz 1 HGB sind Abschluss und Lagebericht aller Kapitalgesellschaften von einem Abschlussprüfer zu prüfen, kleine Kapitalgesellschaften[46] sind ausgeschlossen. Für den Konzernabschluss gilt Gleiches gem. § 316 Abs. 2 HGB.[47]

Der Prüfung kommt die Aufgabe der Kontroll- und Beglaubigungsfunktion zu. D.h., es wird testiert, dass der Jahresabschluss den gesetzlichen Anforderungen entspricht (§ 317 Abs. 1 Satz 2 HGB).[48] Ausgangspunkt der Prüfung ist die Identifizierung des Prüfungsrisikos. Der Prüfer hat zunächst das Fehlerrisiko (beabsichtigte und unbeabsichtigte Fehler) des Jahresabschlusses einzuschätzen (risikoorientierter Prüfungsansatz).[49] Ergebnis der Prüfung sind Prüfungsbericht und Bestätigungsvermerk,[50] wobei lediglich letzterer den externen Adressaten zur Verfügung steht.[51] Hiermit wird der Informationsfunktion der Abschlussprüfung Rechnung getragen.[52] Der Prüfungsbericht geht den gesetzlichen Vertretern (§ 321 Abs. 5 Satz 1 HGB) zu.[53] Gemäß § 321 Abs. 1 und 2 HGB sind in den Prüfungsbericht folgende Informationen aufzunehmen: Darstellung der Unternehmenslage, Bericht über entdeckte Verstöße und Unrichtigkeiten, Ergebnisse über die Übereinstimmung von Buchhaltung und Rechnungslegung mit den gesetzlichen oder sonstigen Vorschriften (z.B. Gesellschaftsvertrag), Informationen zur Finanz-, Vermögens- und Ertragslage und Erklärungen zu einzelnen Jahresabschlussposten. Im Gegensatz dazu beinhaltet der Bestätigungsvermerk nur eine kurze Darstellung des Prüfungsergebnisses, der Übereinstimmung des Abschlusses mit den Grundsätzen ordnungsgemäßer Buchführung und den Rechnungslegungsnormen, der

---

[44] Vgl. zur Erwartungslücke Demme, N. D. (2003), S. 49f. Vgl. auch Marten, K.-U./Köhler, A. G. (2002a), S. 703ff. Vgl. Stefani, U. (2002), S. 62f.

[45] Vgl. Rat der europäischen Gemeinschaften (1984). Vgl. BiRiLiG (1985).

[46] Vgl. für die Größenklassen § 267 HGB.

[47] Die Prüfungspflicht US-amerikanischer Unternehmen wird durch den Securities Exchange Act aus dem Jahr 1934 gefordert. Vgl. SEA (1934). Vgl. auch Marx, S. (2002), S. 294.

[48] Vgl. IDW (2000). Vgl. Müller, K. (2006), S. 18, S. 20. Die Beglaubigung erfolgt über den Bestätigungsvermerk.

[49] Untersucht werden Geschäftsrisiken, Umfeld des Unternehmens, Internes Kontrollsystem etc. Vgl. Grieder, S. (2004), S. 78ff. Der Autor sieht diesen Prüfungsansatz als kritisch an, da zusätzliche Beratung notwendig wird, welche die Unabhängigkeit gefährden kann.

[50] Vgl. dazu IDW (2006c). In IDW PS 450 sind die Grundsätze ordnungsmäßiger Berichterstattung bei Abschlussprüfungen geregelt.

[51] Vgl. IDW (2000), S. 707f. Vgl. § 322 Abs. 2 Nr. 1-4 HGB.

[52] Vgl. Müller, K. (2006), S. 19.

[53] Für den Fall, dass der Aufsichtsrat den Prüfungsauftrag erteilt hat, erhält dieser auch den Prüfungsbericht (Satz 2). Der Vorstand kann Stellungnahmen dazu abgeben (Satz 3). Vgl. § 321a HGB für die Offenlegung des Prüfungsberichtes in besonderen Fällen. Vgl. Müller, K. (2006), S. 20, welche die Doppelverantwortung des Prüfers herausarbeitet: Einerseits ist der Aufsichtsrat durch den Prüfer aktiv zu unterstützen, auf der anderen Seite soll der Prüfer den Bilanzadressaten, losgelöst von der Unternehmensleitung, einen korrekten Bericht über das Unternehmen zur Verfügung stellen.

künftigen Chancen und Risiken und der Unternehmensentwicklung.[54] Der genaue Prüfungsumfang wird in § 317 HGB geregelt. Zu prüfen ist auch, ob der Jahresabschluss nach den Grundsätzen ordnungsgemäßer Buchführung[55] aufgestellt ist und ob das den tatsächlichen Verhältnissen entsprechende Bild der Vermögens-, Finanz- und Ertragslage (vgl. § 264 Abs. 2 Satz 1 HGB) wiedergegeben wird.

Neben der Pflicht zur Durchführung der Abschlussprüfung regeln weitere Gesetze, Normen und Regelungen, in welchem Umfang und wie die Prüfung durchzuführen ist. Zu den Rechtsnormen zählen die Regelungen des HGB, AktG, GmbHG, Genossenschaftsgesetz (GenG) und der Wirtschaftsprüferordnung (WPO).[56] Berufsständische Normen sind die der Berufssatzung,[57] Verlautbarungen der Wirtschaftprüferkammer (WPK)[58] und die des Instituts der Wirtschaftsprüfer (IDW)[59] sowie die IFAC-Normen.[60] Weiterhin richten sich die International Standards on Auditing (ISA) und Statements on Auditing Standards (SAS) des AICPA direkt an die Abschlussprüfer und regeln die Erfordernisse, welche bei der Prüfung einzuhalten sind.[61]

---

54 Vgl. IDW (2000), S. 707. Vgl. § 322 Abs. 2 Nr. 1-4 HGB. Unterschieden wird zwischen einem uneingeschränkten, eingeschränkten, versagten Bestätigungsvermerk wegen Einwendungen und Versagung, weil der Prüfer kein Urteil abgeben konnte.

55 Vgl. zu den Grundsätzen ordnungsmäßiger Buchführung und Bilanzierung Wöhe, G. (1997), S. 175-214.

56 Vgl. auch im Folgenden Marten, K.-U./Quick, R./Ruhnke, K. (2003), S. 80-89.

57 Die Berufssatzung dient nur der Konkretisierung der Bestimmungen der WPO. Vgl. Marten, K.-U./Quick, R./Ruhnke, K. (2003), S. 90. Die Berufssatzung wurde im Jahr 1996 durch die WPK eingesetzt. Vgl. auch Demme, N. D. (2003), S. 43f.

58 Vgl. WPK (2005). Die Verlautbarungen der Wirtschaftsprüferkammer betreffen nur die Mitglieder der WPK, ähnliches gilt für das IDW. Vgl. Marten, K.-U./Quick, R./Ruhnke, K. (2003), S. 91.

59 Die Prüfungsgrundsätze des IDW lassen sich in berufliche Grundsätze und fachliche Grundsätze untergliedern. Zu letzteren zählen IDW Fachgutachten, IDW Prüfungsstandards und Rechnungslegungshinweise, welche keinen Gesetzescharakter haben, aber deren Einhaltung empfohlen wird. Vgl. dazu IDW (2006b) mit IDW PS 201.

60 Die Regelungen der International Federation of Accountants (IFAC) richtet sich an IFRS-Abschlüsse. Die Pflicht kapitalmarktorientierter Unternehmen, ihren Konzernabschluss nach IFRS aufzustellen, ergibt sich durch die EG-Verordnung Nr. 1606/2002, welche in deutsches Recht umgesetzt wurde und sich nun in § 315a HGB wieder findet. Vgl. EG-Verordnung (2002).

61 Die ISA werden als Prüfungsnormen von der IFAC erlassen und sind in Deutschland kein direkt geltendes Recht. Die Abschlussprüferrichtlinie (vgl. EG-Richtlinie (2006)) fordert in Art. 26, dass die Abschlussprüfung in den EU-Mitgliedstaaten unter Beachtung der ISA durchzuführen sind. Diese Norm ist noch in deutsches Recht zu transformieren. Das IDW testiert jeweils bei Erlass ihrer Prüfungsstandards die Vereinbarkeit mit den ISA. Vgl. Hagemeister, C. (2002), S. 333. Vgl. Terlinde, C. H. (2005), S. 94, S. 105. Die SAS des American Institute of Certified Public Accountants (AICPA) sprechen alle Prüfer an, die Mitglieder des AICPA sind. Dies sind auch deutsche Prüfer, die nicht nur Mitglied des IDW sind. Darunter fallen z.B. die Certified Public Accoutants (CPA).

1.2 Prüfungsqualität

Die Prüfungsqualität kann als die Wahrscheinlichkeit definiert werden, inwieweit die im vorangehenden Abschnitt erläuterten Prüfungsnormen eingehalten werden, d.h. ob alle gesetzlichen und berufsrechtlichen Regelungen durch den Prüfer eingehalten werden[62] und ob Abschlüsse frei von materiellen Fehlern und Falschdarstellungen sind.[63] Prüfungsfehler werden mit zunehmender Prüfungsqualität unwahrscheinlicher.[64] IDW Prüfungsstandard 210 unterscheidet zwischen Unrichtigkeiten i.S.v. unbeabsichtigten falschen Angaben („Error"), beabsichtigten Verstößen („Fraud") oder sonstigen Gesetzesverstößen i.S.v. weiteren beabsichtigten oder unbeabsichtigten Handlungen.[65] Unrichtigkeiten und Verstöße haben Konsequenzen für Prüfungsbericht und Bestätigungsvermerk, sonstige Gesetzesverstöße dagegen nur für den Prüfungsbericht. IDW PS 210 merkt dabei an, dass es nicht Aufgabe des Prüfers ist, Manipulationen oder Unrichtigkeiten zu verhindern.[66] Die Arbeit des Prüfers soll aber so gewissenhaft sein, dass wesentliche Verstöße erkannt werden und darüber im Bestätigungsvermerk und Prüfungsbericht berichtet wird. Diese Definition von Prüfungsqualität wird in der vorliegenden Arbeit verwendet.

Wie das Beziehungsgeflecht im Unternehmen zeigt, haben mit unter Anteilseigner und Gläubiger ein hohes Interesse an der Prüfungsqualität. Erst mit einer hohen Prüfungsqualität sind deren Interessen ausreichend vertreten und geschützt (vgl. Abbildung 1). Die Prüfungsqualität ist Voraussetzung für die Übermittlung von korrekten Unternehmensinformationen an die Adressaten.[67] Nur wenn Unabhängigkeit und gleichzeitig hohe Kompetenz gegeben sind, kann auch eine hohe Prüfungsqualität erreicht werden. Die Prüfungsgesellschaft profitiert durch eine gute Reputation von der Prüfungsqualität.[68]

Die Qualität der Prüfung ist dabei maßgeblich davon abhängig, wie hoch der Prüfer seinen Sorgfaltsstandard wählt, welchen er bei der Prüfung verfolgt. Die Höhe des gewählten Sorgfaltsstandards wird unter anderem vor dem Hintergrund der rechtlichen Konsequenzen gewählt. Die hohen Kosten eines Prozesses sollten ein zusätzlicher Anreiz für die Prüfer geben, eine bessere Prüfungsqualität zu liefern.[69] Neben der Verwendung von Sorgfaltsstandards[70] existieren in der Literatur zahlreiche Indikatoren, welche die Prüfungsqualität abbilden. Dazu gehören unter anderem, ob der Prüfer einer großen Prüfungsgesellschaft

---

62 Vgl. Marten, K.-U./Köhler, A. G. (2004), S. 14. Maßnahmen zur Kontrolle und Sicherung der Qualität in der Prüfungsgesellschaft werden durch das IDW und die WPK in Verordnungen und Stellungnahmen vorgeschlagen.

63 Vgl. Palmrose, Z.-V. (1988), S. 56.

64 Vgl. DeAngelo, L. E. (1981b).

65 Vgl. im Folgenden IDW (2006a), S. 1424.

66 Vgl. IDW (2006a), S. 1425.

67 Vgl.Stefani, U. (2002), S. 88f. Die Autorin verwendet in diesem Zusammenhang den Begriff Publikationsqualität.

68 Vgl. Bauer, M. (2004a), S. 30.

69 Vgl. auch im Folgenden Palmrose, Z.-V. (1988), S. 57f.

70 Vgl. Bigus, J. (2007) zu den Sorgfaltsanreizen des Prüfers und der Prüferhaftung.

angehörig ist, welche stärker unter Reputationsverlusten leidet,[71] die Bedeutung des einzelnen Mandats für die Prüfungsgesellschaft, das Honorarvolumen, zusätzliche Beratungsleistungen oder der Spezialisierungsgrad der Prüfungsgesellschaft.[72] Weiterhin ist die Prüfungsqualität als höher anzusehen, wenn ein Prüfer kein Unternehmensfortführungstestat (*Going-Concern*-Testat) erteilt.[73] Einige der Faktoren werden im Laufe der Arbeit genauer erläutert, da sie im empirischen Teil dazu dienen, die Unabhängigkeit der Prüfer in Deutschland zu messen.

1.3 Abschlussprüferunabhängigkeit

Nachdem die gesetzlichen Vorgaben der Abschlussprüfung und die notwendigen Definitionen im Bereich Abschlussprüfung gegeben wurden, betrachtet dieser Abschnitt darauf aufbauend die Unabhängigkeit der Abschlussprüfer. Die Verknüpfung zwischen den gesetzlichen Grundlagen zur Abschlussprüfung und der Unabhängigkeit besteht somit in der Einhaltung der Vorschriften bei Prüfung, bzw. in der Prüfungsqualität. Nach der Definition der Unabhängigkeit werden im Anschluss Faktoren aufgeführt, welche zu einer Gefährdung der Unabhängigkeit führen können. Anhand der Folgen einer eingeschränkten Unabhängigkeit werden die Bedeutung des Themas und die Bedeutung dieser empirischen Analyse deutlich.

1.3.1 Definition der Unabhängigkeit

Die wohl bekannteste Definition zur Unabhängigkeit gibt DEANGELO (1981B). Demnach stellt Unabhängigkeit die bedingte Wahrscheinlichkeit dar, dass der Prüfer einen entdeckten Verstoß in der Rechnungslegung aufdeckt.[74] Im Laufe der Zeit haben unterschiedliche Institutionen Regelungen oder Empfehlungen zur Unabhängigkeit erlassen und eigene Definitionen zur Unabhängigkeit gefunden.

Der Code of Ethics der International Federation of Accountants (IFAC) unterscheidet zwischen innerer und äußerer Unabhängigkeit und definiert die äußere (*Independence in Appearance*) wie folgt: "The avoidance of facts and circumstances that are so significant that a reasonable and informed third party, having knowledge of all relevant information, includ-

---

71 Vgl. Ewert, R. (1993), S. 742. Vgl. auch Ostrowski, M./Söder, B. H. (1999), S. 558. Vgl. Stefani, U. (2002), S. 116f. Coenenberg, A. G./Marten, K.-U. (1993) finden heraus, dass bei einem Wechsel der Prüfungsgesellschaft zumeist zu einer großen Gesellschaft gewechselt wird. Vgl. Gore, P./Pope, P./Singh, A. (2001). Als Gründe werden die höheren politischen Kosten und Vermögensverluste im Haftungsfall, die besseren internen Organisationsstrukturen größerer Prüfungsgesellschaften angeführt. Vgl. auch Hay, D./Knechel, W. R./Wong, N. (2006), S. 176. Vgl. Marten, K.-U./Köhler, A. G. (2004), S. 6-9 zur Qualität großer Prüfungsgesellschaften.

72 Auch die nachträgliche Änderung von Vorjahresabschlüssen (*Restatements*) kann zur Abbildung der Ergebnisqualität verwendet werden. Vgl. Raghunandan, N./Read, W. J./Whisenant, J. S. (2003), Kinney, W. R./Palmrose, Z.-V./Scholz, S. (2004) oder Agrawal, A./Chadha, S. (2005) mit empirischen Studien, welche die Unabhängigkeit der Prüfer mit Restatements in Verbindung bringen.

73 Vgl. Untersuchungen von Sharma, D. S./Sidhu, J. (2001), DeFond, M. L./Raghunandan, K./Subramanyam, K. R. (2002) und Geiger, M. A./Rama, D. V. (2003) zur Messung der Unabhängigkeit der Prüfer über die Qualität der Unternehmensfortführungstestate.

74 Vgl. DeAngelo, L. E. (1981b), S. 186.

ing safeguards applied, would reasonably conclude a firm's, or a member of the assurance team's, integrity, objectivity or professional scepticism had been compromised."[75] Die innere Unabhängigkeit (*Independence in Mind*) ist erfüllt, wenn die Einstellung des Prüfers diesem ein fachliches Ergebnis erlaubt, das nicht von außen beeinflusst wird und das unter Integrität, Objektivität und ausreichend Skeptik entstanden ist.[76]

Hinsichtlich der Definition der Unabhängigkeit wird auch im Grünbuch der europäischen Kommission aus dem Jahr 1996 die gängige Differenzierung zwischen Unbefangenheit als innere Einstellung und der äußeren Unabhängigkeit, die von einem Dritten beurteilt werden kann, vorgenommen.[77] Diese begriffliche Unterscheidung wird ebenso im Konsultationspapier aus dem Jahr 2000 aufgegriffen.[78] Die EG-Kommission legt im Jahr 2002 fest, wer von den Unabhängigkeitsregelungen betroffen ist. Dazu zählen der Abschlussprüfer und außerdem alle „[...] Personen, die in der Lage sind, das Prüfungsergebnis zu beeinflussen [...]“[79]. Die Abschlussprüferrichtlinie aus dem Jahr 2006 fordert in Art. 22 die Unabhängigkeit und Unparteilichkeit. Des Weiteren verpflichtet sie die Mitgliedstaaten nationale Regelungen einzuführen, welche gewährleisten, dass der Prüfer oder die Prüfungsgesellschaft bei der Prüfung vom Mandanten unabhängig und nicht in den Entscheidungsfindungsprozess des Mandanten eingebunden sind.[80]

In Deutschland wird die Unabhängigkeit durch handelsrechtliche, standesrechtliche und berufsständische Vorgaben geregelt.[81] Auch hier ist zwischen innerer und äußerer Unabhängigkeit zu unterscheiden.[82] Die innere Unabhängigkeit spiegelt sich in der inneren Einstellung des Prüfers wider.[83] Aus standesrechtlicher Sicht fordert § 43 WPO, dass ein Prüfer „[...] seinen Beruf unabhängig, gewissenhaft, verschwiegen und eigenverantwortlich [...]“[84] (allgemeine Berufspflichten) ausüben muss.[85] Der Prüfer muss fachlich in der Lage sein, sich ein korrektes Urteil bilden zu können (Urteilsfähigkeit).[86] Daneben wird auch die Urteilsfreiheit bzw. Unparteilichkeit[87] oder Unbefangenheit[88] gefordert. Während die Unabhängig-

---

75 IFAC (2005), Sec. 290.8.

76 Vgl. IFAC (2005), Sec. 290.8.

77 Vgl. EG-Kommission (1996), Rz. 4.8. Im US-amerikanischen Sarbanes-Oxley-Act ist keine genaue Definition der Unabhängigkeit gegeben.

78 Vgl. EG-Kommission (2000).

79 EG-Kommission (2002), L 191/25. Dazu zählen unter anderem das gesamte Prüfungsteam und aus anderen Bereichen für die Prüfung eingesetzte Fachkräfte. Vgl. Schmidt, S. (2003), S. 780.

80 Vgl. EG-Richtlinie (2006), Art. 22.

81 Naumann, K.-P. (2004), S. 70 bezeichnet diese als Normen zur internen Qualitätssicherung. Vgl. Marten, K.-U./Quick, R./Ruhnke, K. (2003), S. 60-64 zu Aufgaben und Organen der Organisationen.

82 Vgl. Demme, N. D. (2003), S. 36. Man spricht bei äußerer Unabhängigkeit auch von Unabhängigkeit im engeren Sinne. Vgl. auch Lange, S. (1994), S. 40.

83 Vgl. Demme, N. D. (2003), S. 36f.

84 § 43 Abs. 1 Satz 1 WPO.

85 Vgl. Müller, K. (2006), S. 22.

86 Diese soll durch Berufsexamen, Teilnahme an Qualitätskontrollen, etc. gesichert sein (vgl. §§ der WPO). Vgl. Ferlings, J./Lanfermann, G. (2002), S. 2117. Vgl. Naumann, K.-P. (2004), S. 71.

87 §§ 43 und 56 WPO, §§ 2, 20f. Berufssatzung. Vgl. WPK (2005).

88 Vgl. Bormann, M. (2002), S. 190f. Vgl. auch Demme, N. D. (2003), S. 37. Bei Vorliegen der Besorgnis der Befangenheit, ist die Tätigkeit des Prüfers zu versagen.

keit mehr die äußere Beziehung zwischen Unternehmen und Prüfer anspricht, bezieht sich die Unbefangenheit vielmehr auf die innere Unabhängigkeit.[89] Auch die Berufssatzung der Wirtschaftsprüferkammer (WPK) enthält Regelungen zur Unabhängigkeit des Prüfers. § 2 Abs. 1 der Berufssatzung definiert die Unabhängigkeit als Verbot der Prüfer Bindungen einzugehen, welche eine eingeschränkte Entscheidungsfreiheit zur Folge haben. Ist die persönliche und wirtschaftliche Unabhängigkeit der Prüfer nicht gegeben, so ist die Tätigkeit zu versagen (§ 21 Berufssatzung).[90]

Die äußere Unabhängigkeit des Prüfers wird handelsrechtlich an den Kriterien der rechtlichen, wirtschaftlichen und persönlichen Bindung des Prüfers zum Unternehmen und der Besorgnis der Befangenheit festgemacht (§ 319 und § 319a HGB). Ein Zusammenhang zwischen innerer und äußerer Unabhängigkeit besteht insofern, als dass letztere Voraussetzung für das Bestehen der inneren Unabhängigkeit ist.[91] Die innere Unabhängigkeit kann trotz äußerer Unabhängigkeit nicht gegeben sein.

Neben den konkreten Kriterien, welche bei fehlender Unabhängigkeit zum Prüfungsausschluss führen, kann eine Gefährdung der äußeren Unabhängigkeit bestehen, sodass die Besorgnis der Befangenheit gegeben ist. Dabei wird in § 319 Abs. 2 HGB mit der Besorgnis der Befangenheit bei Vorliegen von geschäftlichen, finanziellen oder persönlichen Beziehungen zum Unternehmen ein allgemeiner Ausschlussgrundsatz (Generalklausel)[92] geregelt. Die Regelungen des HGB befassen sich zwar mit dem Prüfungsausschluss, definieren die Unabhängigkeit der Prüfer jedoch nicht konkret. Folgende Abbildung gibt eine Übersicht über die relevanten Zusammenhänge und die Definition der Unabhängigkeit in Deutschland.

---

89 Vgl. Marx, S. (2002), S. 71. Vgl. auch Demme, N. D. (2003), S. 36.

90 Vgl. für Beispiele und Erläuterungen zu den Grundsätzen der Unabhängigkeit §§ 21, 22 und 23 Berufssatzung. Vgl. WPK (2005).

91 Vgl. Demme, N. D. (2003), S. 37.

92 Vgl. § 319 Abs. 2 HGB und § 49 WPO. Damit wird die Sichtweise eines Dritten zur Beurteilung der Unabhängigkeit einbezogen. Vgl. IDW (2002), S. 694. Unter geschäftliche Beziehungen des Prüfers zum Mandanten fallen z.B. finanzielle Beteiligungen am Unternehmen, Aufnahmen von Krediten beim Mandanten oder Abwicklungen von Börsentransaktionen für den Mandanten. Vgl. EG-Kommission (2002), L 191/43. Vgl. Faust, F. (2007), S. 3.

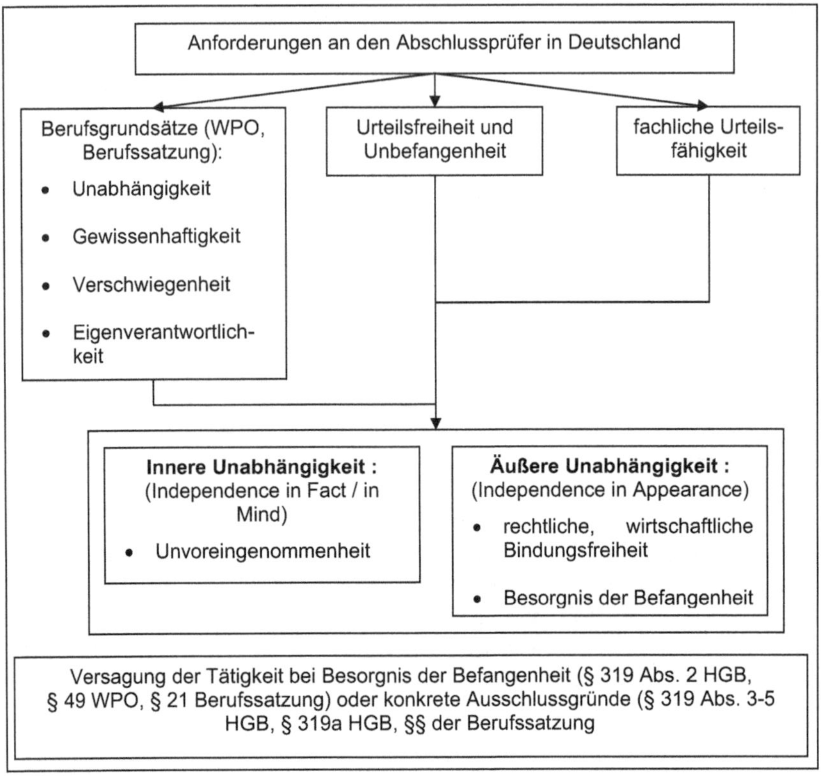

Abbildung 2: Unabhängigkeit des Abschlussprüfers in Deutschland
(In Anlehnung an Marten/Quick/Ruhnke (2003), S. 124)

Die aufgeführten Institutionen und Regelwerke verwenden nahezu vollständig die Unterscheidung zwischen innerer Unabhängigkeit (*Independence in Fact oder in Mind*) und äußerer Unabhängigkeit (*Independence in Appearance*).[93] Diese Begrifflichkeiten werden im weiteren Verlauf der Arbeit verwendet.

93 Vgl. zum Vergleich der Definitionen von SEC, IFAC, der EU und der WPK Bauer, M. (2004a), S. 41f.

1.3.2 Unabhängigkeitsgefährdende Faktoren

Sowohl von der Europäischen Kommission als auch von dem IFAC werden folgende Faktoren als unabhängigkeitsgefährdend erachtet und rechtfertigen einen Prüfungsausschluss:[94]

- Ein hohes Eigeninteresse (*Self-Interest Risk*) des Prüfers am Unternehmen, welches bei Beteiligungen am Unternehmen oder durch Honorarabhängigkeit des Prüfers vom Mandanten bestehen kann (finanzielle Abhängigkeit). Maßnahmen zur Verminderung dieses Problems finden sich in der Einschränkung von finanziellen Beteiligungen (z.B. Anteilsbesitz oder Bürgschaften), erfolgsabhängiger Vergütung oder Mandantenabhängigkeit durch Honorare wieder. In Deutschland regeln § 319 Abs. 3 Satz 1 Nr. 1 und Nr. 4 HGB, dass ein Prüfer von der Prüfung auszuschließen ist, wenn er, sein Ehe- oder Lebenspartner oder sein Beschäftigter direkt Anteile oder indirekt mehr als 20% der Anteile des Unternehmens besitzen. § 319 Abs. 4 Satz 1 HGB enthält dieselbe Regelung für eine Wirtschaftsprüfungsgesellschaft und ihren gesetzlichen Vertreter.[95] Zudem fordert § 319 Abs. 3 Nr. 5 HGB, dass ein Prüfer in den letzten fünf Jahren nicht mehr als 30% seiner Gesamteinnahmen von der zu prüfenden Kapitalgesellschaft erhalten darf. Für Unternehmen von öffentlichem Interesse reduziert sich die Grenze gem. § 319a Abs. 1 Satz 1 Nr. 1 HGB auf 15%. Allerdings zeigt LENZ (2004) auf, dass die Honorargrenze einfach umgangen werden kann, da nur die Honorare von Tochterunternehmen des Mandanten, nicht aber die Honorare von verbundenen Unternehmen in die Berechnung mit einbezogen werden.[96] Kritisch ist zu bewerten, dass Prüfungsgesellschaften möglicherweise Teile ihres Beratungsgeschäftes an andere Gesellschaften verkaufen, anschließend wieder zurück-leasen, sodass dieselben Prüfer einen Mandanten unabhängig von der Umsatzgrenze beraten und prüfen können.[97]

- Die Gefahr der In-sich-Kontrolle resultiert daraus, dass der Prüfer Sachverhalte prüft, bei denen er gestaltend/beratend tätig war. Fraglich ist dabei die objektive Überprüfung der eigenen Leistung (*Self-Review Risk*).[98] Zu betrachten ist dabei auch, ob ein Prüfer eine Organstellung beim Mandanten innehat und z.B. über Stimmrechte Einfluss ausüben kann, ob ein Prüfer im Angestelltenverhältnis zum Mandanten steht

---

94 Vgl. für folgende Aufzählung EG-Kommission (2002), L 191/25, L 191/37 und Gesetzentwurf der Bundesregierung BilReG (2004), S. 25. Vgl. EG-Richtlinie (2006), Art. 22 Abs. 2. Vgl. IFAC (2005). Vgl. auch Bormann, M. (2002), S. 191-193. Vgl. auch Beattie, V./Fearnley, S. (2002), S. 18. Vgl. Marten, K.-U./Quick, R./Ruhnke, K. (2003), S. 151f.

95 Vgl. zur konkreten Ausgestaltung des Begriffes Anteilsbesitz Müller, K. (2006), S. 96. Zur finanziellen Abhängigkeit vgl. auch § 21 Berufssatzung der WPK.

96 Vgl. Lenz, H. (2004), S. 711. Die Honorare können von Tochter- auf verbundene Unternehmen übertragen werden, sodass sich der Anteil der Honorare an den Gesamteinnahmen mindert. Vgl. auch Ostrowski, M./Söder, B. H. (1999), S. 563.

97 Vgl. Schwandtner, C. (2002), S. 323.

98 Vgl. auch Bauer, M. (2004b), S. 179.

oder ob der Prüfer zum Mandanten wechselt.[99] Die Vereinbarkeit von Prüfung und Beratung wird in Abschnitt II.1.5.2 ausführlich erläutert.

- Die Objektivität des Prüfers kann durch ein zu langes Mandatsverhältnis eingeschränkt sein, wenn Vertrautheit entsteht oder Einschüchterung möglich ist (persönliche Abhängigkeit, *Client Influence Risk* oder *Familarity or Trust Threat*). Eine Pflicht zur internen oder externen Rotation kann dieses Risiko eindämmen (vgl. dazu ausführlich Abschnitt II.1.5.1).

- Auch Interessenvertretung, bei welcher der Prüfer für oder gegen das Interesse des Mandanten z.B. Aktien erwirbt, in Gerichtsverfahren aussagt, etc. (Parteilichkeit oder *Advocacy Risk*), wird als unabhängigkeitsgefährdender Faktor betrachtet.

Um die Unabhängigkeit des Prüfers zu sichern, sind nach der EG-Richtlinie aus dem Jahr 2006 unter anderem folgende Regelungen möglich:[100]

- rechtliche Regelungen zur Sicherung der Unabhängigkeit oder Sanktionen bei Gefährdung der Unabhängigkeit (z.B. gesellschafts- oder berufsrechtliche Regelungen),

- Sicherungsmaßnahmen seitens der Prüfungsgesellschaft (z.B. Qualitätskontrolle und Dokumentation, interne Reviews, Aufgabenteilung, ethische Standards),

- Regelungen innerhalb des Unternehmens (z.B. Bildung eines Audit Committees[101] bzw. Prüfungsausschusses bei Unternehmen von öffentlichem Interesse, an welche der Prüfer berichtet, welche die Unabhängigkeit überprüfen und sichern und die Wirksamkeit des internen Kontrollsystems beurteilen)[102] oder

- schriftliche Erklärungen des Prüfers gegenüber dem Prüfungsausschuss des Mandanten, dass seine Unabhängigkeit gesichert ist.[103]

Im Mittelpunkt der weiteren Betrachtung stehen besonders die Vereinbarkeit von Prüfung und Beratung, die Prüferrotation und die Honorarveröffentlichungspflicht. Diese Regelungen werden für die USA, die EU und Deutschland vorgestellt, nachdem eine allgemeine Übersicht über die Regulierung der Unabhängigkeit gegeben wird.

---

99 Vgl. Vorschriften des § 319 Abs. 3 Satz 1 Nr. 2 HGB.

100 Vgl. EG-Richtlinie (2006). Vgl. Beattie, V./Fearnley, S. (2002), S. 18f.

101 Vgl. Marten, K.-U./Quick, R./Ruhnke, K. (2003), S. 165-167 ausführlicher zur Einrichtung von Prüfungsausschüssen. Diese sollen die Zusammenarbeit zwischen Prüfern und der internen Revision im Unternehmen sichern. Vgl. Stefani, U. (2002), S. 40.

102 Vgl. hierzu Forderung zur Bildung eines Prüfungsausschusses gem. Art. 41 der EG-Richtlinie 2006. Vgl. Müller, K. (2006), S. 17f.

103 Vgl. EG-Richtlinie (2006), Art. 41.

1.4 Regulierung von Abschlussprüfung und Unabhängigkeit

1.4.1 USA

Die Regulierung des US-amerikanischen Kapitalmarktes geht auf den ursprünglichen Securities Act (SA) aus dem Jahr 1933 und den Securities Exchange Act (SEA) aus dem Jahr 1934 zurück.[104] Im Jahr 1934 wurde die US-amerikanische Börsenaufsichtsbehörde Securities and Exchange Commission (SEC) durch den SEA eingerichtet.[105] In den USA erlassen die SEC, das Independence Standards Board (ISB) und das American Institute of Certified Public Accountants (AICPA) die maßgeblichen Gesetze zur Regulierung der Abschlussprüfung und der Unabhängigkeit.[106] Erste Regelungen zur Abschlussprüfung und Unabhängigkeit brachte der Berufsstand (AICPA) im Jahr 1947 mit den Generally Accepted Accounting Standards (GAAS) heraus, 1988 folgte der *Code of Professional Conduct*.[107] Das ISB erarbeitete als privater Standardsetter in der Zeit zwischen 1997 und 2001 Unabhängigkeitsstandards.[108]

Das bedeutendste jüngste US-amerikanische Gesetz ist der Sarbanes-Oxley Act[109] (SOX) vom 30.07.2002. Die Hauptgründe für dieses Bundesgesetz sind unter anderem die plötzlichen Insolvenzen von Enron und Worldcom.[110] Bei diesen Gesellschaften kam es trotz uneingeschränktem Bestätigungsvermerk zu schweren Bilanzierungsverstößen.[111] Der regelbasierte SOX gilt als Wertpapiergesetz auch für ausländische Unternehmen und für Prüfungsgesellschaften, die in den USA an einer Börse unter der SEC-Aufsicht notiert sind.[112] Weitgreifende institutionelle Regelungen sollen künftig die Unabhängigkeit der Abschlussprüfer stärken. Die Ausführungsbestimmungen zum SOX werden von der SEC erlassen.[113] So regelt der sich an den SOX anschließende Erlass der SEC *Strengthening the Commission's Requirements Regarding Auditor Independence* Tatbestände, welche die Unabhängigkeit sichern sollen.[114] Eine konkrete Definition der Unabhängigkeit wird hierbei nicht gegeben.

---

104 Vgl. SA (1933) und SEA (1934).

105 Vgl. Müller, K. (2006), S. 84.

106 Vgl. Demme, N. D. (2003), S. 128ff. Die Arbeit des ISB wurde im Jahr 2001 eingestellt, nachdem umfangreiche SEC-Vorschriften zur Unabhängigkeit veröffentlicht wurden.

107 Vgl. Demme, N. D. (2003), S. 132f. Der Code of Professional Conduct ist lediglich eine Richtlinie. Eine Überarbeitung erfolgte im Januar 2006. Vgl. AICPA (2006).

108 Vgl. Demme, N. D. (2003), S. 133f.

109 Vgl. SOX (2002).

110 Vgl. SOX (2002). Vgl. Zimmermann, J. (2004), S. 1515. Vgl. Müller, K. (2006), S. 84.

111 Vgl. Zimmermann, J. (2004).

112 Vgl. SOX (2002), Sec. 2 für die Anwender des SOX (mit Verweis auf Sec. 3 des SEA (1934), Sec. 106 für ausländische Prüfungsgesellschaften, welche in den Regelungsbereich des SOX fallen. Vgl. auch Demme, N. D. (2003), S. 218f. Die Regelungen des AICPA gelten für alle seine Mitglieder (zumeist alle Certified Public Accountants, die dem US-amerikanischen Pendant der deutschen Prüfern entsprechen). Vgl. auch Peemöller, V./Oberste-Padtberg, S. (2001), S. 1818. Vgl. Lenz, H. (2002), S. 2271.

113 Vgl. Schmidt, S. (2003), S. 779. Diese so genannten *rules* sind Rechtsverordnungen.

114 Vgl. SEC (2003b). Vgl. zuvor SEC (2000) mit der Verordnung *Revision on the Commission's Auditor Independence Requirements*.

Weiterhin wurde im Jahr 2003 das Public Company Accounting Oversight Board (PCAOB) errichtet, welches die Aufsicht über alle Prüfer führt, die bei der SEC verpflichtet sind.[115] Die angesprochenen Prüfungsgesellschaften unterliegen dessen Berufsgrundsätzen, Untersuchungen und sehen sich bei Verstößen mit Disziplinarverfahren und Sanktionen konfrontiert. Ziel der Arbeit dieser privatrechtlichen Institution ist die Erreichung einer hohen Prüfungsqualität.

1.4.2 EU

Nicht den US-amerikanischen Regelungen, vielmehr den Prüfungsnormen des internationalen Berufsstandes sind dieselben der IFAC zuzuordnen.[116] Im Jahr 2001 brachte die IFAC Regelungen zur Unabhängigkeit des Abschlussprüfers in Form des überarbeiteten *Code of Ethics* heraus.[117] Dieser klärt, welche Sachverhalte die Unabhängigkeit beeinträchtigen und beinhaltet Maßnahmen zur Minderung der Risiken der Abhängigkeit und zur Sicherung der Unabhängigkeit.[118] Im Dezember 2006 veröffentlicht die IFAC einen Exposure Draft, der sich speziell mit Section 290 *Independence – Audit and Review Engagements* und Section 291 *Independence – Other Assurance Engagements* des Code of Ethics beschäftigt.[119]

Ebenso wie die Regelungen der IFAC sind die Regelungen der Fédération des Experts Comptables Européens (FEE) dem supranationalen Bereich zuzuordnen.[120] 1995 beschäftigte sich das Positionspapier *Auditor Independence and Objectivity* der FEE und deren Empfehlungen aus dem Jahr 1998 mit den Grundsätzen zur Unabhängigkeit des Abschlussprüfers.[121]

Hauptanliegen der EU ist es, mit ihren Regelungen einen Rahmen für nationale Unabhängigkeitsregelungen zu schaffen, wobei die prinzipienbasierten Empfehlungen zur Unabhängigkeit keinen Gesetzescharakter haben.[122] Eine Pflicht zur Umsetzung in nationales Recht besteht jedoch für die Richtlinien der europäischen Gemeinschaft. Der späteste Zeitpunkt der zwingenden Umsetzung wird jeweils in der Richtlinie direkt vorgegeben.[123]

Dass die Unabhängigkeit der Prüfer besonders in den letzten zehn Jahren an Bedeutung gewonnen hat, zeigt die zeitliche Entwicklung der Regelungen: Im Juli 1996 veröffentlichte

---

115 Die Grundlage für das PCAOB wird in Section 103 des SOX (2002) gelegt. Vgl. im Folgenden Böcking, H.-J./Dutzi, A. (2006), S. 4f.

116 Vgl. Marten, K.-U./Quick, R./Ruhnke, K. (2003), S. 66-72. Es besteht eine enge Zusammenarbeit zwischen der IFAC und dem International Accounting Standards Board (IASB), welches die Rechnungslegungsnormen IFRS erlässt. Die erste Version des *Code of Ethics* wurde im Jahr 1992 veröffentlicht. Vgl. Müller, K. (2006), S. 79.

117 Vgl. IFAC (2005). Der derzeit aktuelle Stand des *Code of Ethics* ist vom Juni 2005. Vgl. Marx, S. (2002), S. 262.

118 Vgl. Hagemeister, C. (2002), S. 334.

119 Vgl. IFAC (2006).

120 Vgl. Marten, K.-U./Quick, R./Ruhnke, K. (2003), S. 65f. Die FEE umfasst die Berufsorganisationen der europäischen Länder. Deutschland wird durch das IDW vertreten.

121 Vgl. Demme, N. D. (2003), S. 56.

122 Vgl. Müller, K. (2006), S. 67f.

123 Vgl. Ferlings, J./Lanfermann, G. (2002), S. 2118. Vgl. Marten, K.-U./Quick, R./Ruhnke, K. (2003), S. 82.

die Kommission der europäischen Gemeinschaften das *Grünbuch über die Rolle, Stellung und Haftung des Abschlussprüfers in der Europäischen Union.*[124] 1998 wurde das Committee on Auditing gegründet, deren aktuellste Ausarbeitung die Empfehlung der Kommission der europäischen Gemeinschaften zur Unabhängigkeit des Abschlussprüfers vom 16.5.2002 darstellt.[125] Hierzu hat die EU im Dezember 2000 ein Konsultationspapier für einen Ansatz zur Regelung der Unabhängigkeit von Abschlussprüfern herausgegeben.[126] Daneben wird der Vorschlag der Kommission für eine Richtlinie des europäischen Parlaments und des Rates über die Prüfung des Jahresabschlusses und des konsolidierten Jahresabschlusses und zur Änderung der Richtlinien 78/660/EWG und 83/349/EWG des Rates vom 16.03.2004 (Novellierung der Abschlussprüferrichtlinie) in der Richtlinie 2006/43/EG vom 17.05.2006 umgesetzt.[127]

1.4.3 Deutschland

Hintergrund vieler Regelungen zur Unabhängigkeit auf deutscher Ebene sind US-amerikanische und europäische Vorschriften und Empfehlungen. Schon im Jahr 1931 enthielt das HGB Vorschriften zur Regulierung der Unabhängigkeit.[128] Erste Umsetzungen der EU-Richtlinien erfolgten durch das BilRiLiG im Jahr 1985. Weiterhin wurden Maßnahmen zur Steigerung der Unabhängigkeit durch das *Gesetz zur Kontrolle und Transparenz im Unternehmensbereich* (KonTraG) im Jahr 1998 eingeführt.[129] Konsequenz aufgetretener Bilanzskandale sind z.B. die Empfehlungen der deutschen Corporate-Governance-Kommission und der Zehn-Punkte-Maßnahmen-Katalog der Bundesregierung aus dem Jahr 2003.[130] Rechtlich niedergeschlagen haben sich die nationalen und europäischen Vorschläge zuletzt in diversen Gesetzen aus dem Jahr 2004.[131] Das BilReG ist am 4.12.2004 vom Kabinett verabschiedet worden und ändert unter anderem einige Vorschriften des HGB.[132] Ebenso wurde im Dezember 2004 mit dem Bilanzkontrollgesetz (BilKoG) ein zweistufiges System zur Durchsetzung der Rechnungslegungsvorschriften implementiert.[133] Weiterhin wurde durch das Abschlussprüferaufsichtsgesetz (APAG) vom 27.12.2004 eine Kommission

---

124 Vgl. EG-Kommission (1996). Vgl. Demme, N. D. (2003), S. 57. Zuvor verwies die 8. EG-Richtlinie auf nationale Regelungen zur Unabhängigkeit, welche bei Verstößen zu Sanktionen führen sollten.

125 Vgl. EG-Kommission (2002). Die Empfehlung besteht aus zwei Teilen. Das Framework beschäftigt sich zunächst mit grundlegenden Anforderungen an einen unabhängigen Prüfer, während der zweite Teil die Anforderungen an die Prüfer im Speziellen regelt.

126 Vgl. EU-Kommission (2000).

127 Vgl. EG-Richtlinie (2006), Art. 53. Die Richtlinie muss bis zum 29.06.2008 in nationales Recht transformiert werden.

128 Vgl. dazu im Einzelnen Demme, N. D. (2003), S. 39.

129 Z.B. regelt dieses Gesetz durch § 111 AktG, dass der Abschlussprüfer durch den Aufsichtsrat beauftragt wird.

130 Vgl. DCGK (2006), Punkt 7.2.1. Vgl. BMJ (2003). Vgl. auch Ferlings, J./Lanfermann, G. (2002), S. 2117.

131 Vgl. Gesetzentwurf der Bundesregierung BilReG (2004), S. 26f. Vgl. BilKoG (2004). Vgl. APAG (2004).

132 Vgl. BilReG (2004).

133 Vgl. BilKoG (2004). Auf erster Stufe prüft die privatrechtliche Deutsche Prüfstelle für Rechnungslegung (DPR) die Jahresabschlüsse und Lageberichte deutscher börsennotierter Unternehmen, wenn Anhaltspunkte für einen Verstoß gegen Rechnungslegungsvorschriften bestehen. Die Prüfung findet auf Verlangen der Bundesanstalt für Finanzdienstleistungsaufsicht (BaFin) oder stichprobenartig statt. Bei aufgedeckten Ungereimtheiten oder wenn das Unternehmen zu keiner Zusammenarbeit bereit ist, greift die BaFin auf zweiter Stufe ein. Vgl. Böcking, H.-J./Dutzi, A. (2006), S. 12f.

geschaffen, die den Berufsstand der Wirtschaftsprüfer kontrolliert (Abschlussprüferaufsichtskommission, APAK), das Aufsichtssystem der Wirtschaftsprüferkammer (WPK) erweitert und die externe Qualitätskontrolle überwacht.[134] Der Qualitätskontrolle müssen sich deutsche Prüfungsgesellschaften seit dem Jahr 2001 gemäß § 319 Abs. 1 Satz 3 HGB in Verbindung mit § 57a WPO alle drei Jahre unterziehen. Dabei greift gem. § 61a WPO die Wirtschaftsprüferkammer bei Verdacht auf Berufspflichtverletzungen ein und regelt das weitere Verfahren (Rüge oder Verfahrensabgabe an das verantwortliche Gericht). Das Gesetz zur Unternehmensintegrität und Modernisierung des Anfechtungsrechts (UMAG) aus dem Jahr 2005 erleichtert den Aktionären, ein Sammelklageverfahren gegen das Management zu führen.[135]

Der deutsche Corporate Governance Kodex fordert in diesem Zusammenhang, dass vor der Wahl des Abschlussprüfers von diesem eine Erklärung einzuholen ist, in welcher die Beziehung des Prüfers zum Unternehmen dargelegt wird.[136] Auch das Zehn-Punkte-Maßnahmen-Paket der Bundesregierung hatte maßgeblichen Einfluss auf das BilReG. Maßnahme 5 führt bspw. konkrete Ausschlusstatbestände auf, regelt Umsatzgrenzen und fordert ein Verbot bestimmter direkter und indirekter finanzieller Beteiligungen.[137]

1.5 Maßnahmen zur Stärkung der Unabhängigkeit

In diesem Abschnitt werden konkrete gesetzliche Maßnahmen zur Stärkung der Unabhängigkeit vorgestellt. Die Prüfung der Wirkungsweise der Maßnahmen wird in dieser Arbeit im empirischen Teil vorgenommen. Aus einer Vielzahl von Regelungen werden dabei die Pflicht zur Rotation, die Trennung von Prüfung und Beratung und die Honorarveröffentlichung ausgewählt.

1.5.1 Gesetzliche Rotationspflicht

Unterschieden wird zwischen der internen Rotation, d.h. dass der Prüfer innerhalb derselben Wirtschaftsprüfungsgesellschaft nach einer bestimmten Anzahl von Jahren das Mandat wechselt, und der externen Rotation, die nach Ablauf eines vorgegebenen Zeitraumes einen Wechsel der Prüfungsgesellschaft bei einem Mandanten fordert.

1.5.1.1 Ausgestaltung in den USA, der EU und in Deutschland

Die Diskussion um eine gesetzlich vorgeschriebene Rotation begann in den USA schon im Jahr 1978 durch das AICPA, die *Commission on Auditor Responsibilities*, sowie das *Natio-*

---

[134] Vgl. § 61a WPO. Die APAK ähnelt dem US-amerikanischen PCAOB. Ebenso wurde im Jahr 2005 auf EU-Ebene mit der *European Group of Auditors' Oversight Bodies* (EGAOB) eine Kontrollinstitution errichtet (vgl. http://ec.europa.eu).

[135] Vgl. UMAG (2005).

[136] Vgl. DCGK (2006), Abschnitt 7.2.1. Dazu zählen unter anderem die finanziellen, beruflichen oder weiteren Beziehungen zum Unternehmen. Vgl. Pfitzer, N./Orth, C./Wader, D. (2002). Vgl. Ernst, C. (2003), S. 21.

[137] Vgl. BMJ (2003).

nal Committee on Fraudulent Financial Reporting (1987).[138] Im Laufe der Zeit traten die Forderungen der SEC zu einer gesetzlichen Rotationspflicht hinzu. Sec. 203 des SOX schreibt schließlich eine interne 5-jährige Rotation vor, wobei der Zeitraum für nicht-prüfungsverantwortliche Partner um zwei Jahre verlängert wird.[139] Gesetzlich vorgesehen ist weiterhin eine Abkühlungsphase von fünf bzw. zwei Jahren für die erneute Prüfung durch denselben Prüfer. Mitglieder des Prüfungsteams dürfen erst nach einer einjährigen Cooling-Off-Periode Stellungen im Bereich Finanzberichterstattung beim Mandanten annehmen.

Noch im Jahr 2002 empfiehlt die EU eine interne Rotation nach sieben Jahren und eine 2-jährige Sperrfrist für Prüfer in Schlüsselpositionen.[140] Der EG-Richtlinienvorschlag aus dem Jahr 2004 fordert, dass Mitgliedstaaten national eine fünfjährige interne oder eine siebenjährige externe Rotationspflicht umsetzen sollen. Die Cooling-Off-Periode beträgt zwei Jahre, bevor Managementfunktionen beim Mandanten übernommen werden dürfen.[141] Umgesetzt wurde dieser Vorschlag im Jahr 2006 durch Art. 42 Abs. 2 der Abschlussprüferrichtlinie des europäischen Parlaments, wonach eine interne Rotation nach sieben Jahren mit einer sich anschließenden zweijährigen Abkühlungsphase in nationales Recht umzusetzen ist.[142] Weiterhin darf der Prüfer oder Prüfungspartner frühestens zwei Jahre nach dem letzten Testat eine Führungsposition beim Mandanten annehmen.

Das KonTraG führte im Jahr 1998 erstmals eine interne Rotationspflicht für börsennotierte Unternehmen in Deutschland ein.[143] Gemäß § 319 Abs. 3 Nr. 6 HGB ist eine interne Rotation für börsennotierte Unternehmen notwendig, wenn das Unternehmen innerhalb von zehn Jahren mehr als sechs-mal durch denselben Prüfer geprüft wurde. Das BilReG erweitert mit § 319a Abs. 1 Nr. 4 HGB diese Rotationspflicht für Unternehmen von öffentlichem Interesse.[144] Ab dem 1.01.2007 (vgl. § 58 Abs. 4 Satz 4 EG-HGB) ist für diese Unternehmen eine interne Rotationspflicht nach sieben Jahren und eine Abkühlungsphase von drei Jahren zu beachten.

Eine Cooling-Off-Periode, die zu berücksichtigen ist, wenn Mitglieder des Prüfungsteams oder Partner Stellungen bei Mandaten übernehmen, ist vom deutschen Gesetzgeber nicht vorgeschrieben, ebenso wenig eine externe Rotationspflicht.[145]

Tabelle 2 fasst die Regulierung der Rotationspflicht zusammen und zeigt, dass auf allen betrachteten Ebenen eine interne, aber keine externe Rotationspflicht, gefordert wird.

---

138 Vgl. AICPA (1987).
139 Vgl. auch im Folgenden SOX (2002). Vgl. im Folgenden Schmidt, S. (2003), S. 785.
140 Vgl. EG-Kommission (2002), L 191/28, 33.
141 Vgl. EG-Kommission (2004).
142 Vgl. auch im Folgenden EG-Richtlinie (2006), Art. 42 Abs. 2.
143 Vgl. KonTraG (1998).
144 Zu den Unternehmen von öffentlichem Interesse zählen unter anderem börsennotierte Gesellschaften, Banken und Versicherungen. Vgl. EG-Kommission (2004), S. 4.
145 Trotz der Pflicht zur externen Rotation ist es in Italien zum Parmalat-Fall gekommen, bei welchem die Unabhängigkeit der Prüfer nicht gegeben war. Vgl. Quick, R. (2004), S. 487f. Gemäß der EG-Richtlinie (2006), Art. 42 Abs. 2 muss die Cooling-Off-Periode noch in deutsches Recht umgesetzt werden.

	USA	EU	Deutschland
Prüfer-Rotation	**SOX (2002) Sec. 203/SEC (2003b)**: Interne Rotation nach 5 Jahren, 5 Jahre Abkühlungsphase; bei nicht verantwortlichen Prüfern nach 7 Jahren mit 2-jähriger Abkühlungsphase. 1-jährige Sperrfrist für die Annahme von Stellungen beim Mandanten.	**EG-Kommission (2004)**: Richtlinienvorschlag Art. 25: interne Rotation nach 5 Jahren oder externe Rotation nach 7 Jahren. 2-jährige Sperrfrist für die Annahme von Stellungen beim Mandanten. **EG-Richtlinie (2006):** Umsetzung Art. 42 Abs. 2 interne Rotation alle 7 Jahre und 2 Jahre Abkühlungsphase	**BilReG (2004) § 319a Abs. 1 Nr. 4**: Ab 31.12.2006 interne Rotation nach 7 Jahren, 3-jährige Abkühlungsphase. Bis 31.12.2006 gilt § 319 Abs. 3 Nr. 6 HGB.

Tabelle 2: Übersicht Regulierung Rotationspflicht
(In Anlehnung an: Bigus, J./Zimmermann, R.-C. (2007a), S. 591)

Im Folgenden wird die Beurteilung der gesetzlichen Rotationspflicht vorgenommen, sodann geht diese als Variable in die empirische Untersuchung in Kapitel III ein.

1.5.1.2 Beurteilung einer gesetzlichen Rotationspflicht

Wie angemerkt, lässt sich die Rotation gesetzlich extern und intern regeln. Als allgemeine Vorteile der internen und externen Rotationspflicht gelten folgende:

- Durch die Rotation soll der amtierende Prüfer einen Einblick in die Prüfung des vorangehenden Prüfers erhalten und somit eine gewisse Kontrolle dessen ausüben.[146] Demzufolge wird der vorhergehende Prüfer verbesserte Prüfungsarbeiten ausführen.

- Weiterhin soll mit einer Rotationspflicht eine mögliche Betriebsblindheit des Prüfers umgangen werden, welche sich im Laufe der Jahre einschleichen kann und möglicherweise zu einer verminderten Prüfungsqualität führt.[147] Je länger derselbe Prüfer oder dieselbe Prüfungsgesellschaft ein Mandat innehaben, desto weniger wird eine Veränderung der finanziellen Situation des Mandanten bewusst, so die Annahme.[148]

- Auch ein mit der Zeit zunehmendes Vertrauensverhältnis zwischen Prüfer und Mandant, welches zu einer nur eingeschränkten Fehleraufdeckung führen mag, spricht für die Rotationspflicht.

---

146 Vgl. Braun, F. (1996), S. 1001. Vgl. Weber, D. (2005), S. 880.

147 Vgl. im Folgenden Marten, K.-U./Quick, R./Ruhnke, K. (2003), S. 162ff. Hinsichtlich der Betriebsblindheit führt Quick, R. (2005), S. 115 an, dass die Zusammensetzung des Prüfungsteams sowieso ständigen Änderungen unterliegt, sodass Betriebsblindheit oder die Identifikation mit dem Mandanten nur eingeschränkt vorliegen.

148 Vgl. Davis, L. R./Soo, B./Trompeter, G. (2000), S. 6.

Neben den genannten Vorteilen der internen Rotation, welche den schon genannten allgemeinen Vorteilen einer gesetzlichen Rotationspflicht entsprechen, sind weitere Vorteile zu nennen, welche ausschließlich die externe Rotationspflicht betreffen:

- Die maßgebliche Begründung für eine externe Rotationspflicht ist, dass durch eine sehr lange Zusammenarbeit von Prüfer und Mandant eine Annäherung der Interessen des Prüfers an die des Mandanten möglich sein kann und keine vollständige Unabhängigkeit des Prüfers gegeben ist.[149] Eine interne Rotation kann dieses Problem nicht in gleicher Weise lösen, wie eine externe Rotation.

- Ein Wechsel der Prüfungsgesellschaft ist positiv, wenn dadurch neue Prüfungsmethoden eingesetzt werden und diese effizient sind.[150]

- Letztlich nimmt auch der Wettbewerb um Mandate zu, da es bei einer externen Rotationspflicht nicht möglich ist, ein Mandat jahrelang zu prüfen.[151]

Zu den Argumenten gegen eine externe Rotationspflicht lassen sich anführen:

- Ein besonders wichtiger Aspekt, welcher gegen eine externe Rotation spricht, sind Synergieeffekte oder die bessere Kenntnis des Unternehmens.[152] Es kommt zu Einbußen der Lern- und Erfahrungseffekte bzw. zu hohen Einarbeitungszeiten, da eine tiefe Einsicht in das Unternehmen nicht sofort möglich ist. Kennt die Prüfungsgesellschaft das Mandat in den ersten Jahren weniger gut, kann diese das Prüfungsrisiko außerdem nicht korrekt abbilden.

- Ein weiterer schwerwiegender Nachteil der Rotation ist, dass kein Anreiz für den Prüfer besteht, sich anzustrengen um das Mandat zu halten, da es sowieso abgegeben werden muss.[153] Dadurch sinkt die Prüfungsqualität durch die gesetzliche externe Rotationspflicht,[154] sofern die Dauer sehr kurz ist. Diesem Argument steht der Vorteil der Rotationspflicht entgegen, dass der nachfolgende Prüfer seinen Vorgänger kontrolliert und somit die Prüfungsqualität sichert.

- Durch die erstmalige Einarbeitung der Prüfungsgesellschaften fallen Erstprüfungskosten an. Diese treffen die Prüfungsgesellschaften bei einer gesetzlichen Rotations-

---

149 Vgl. Bormann, M. (2002), S. 193.
150 Vgl. Marten, K.-U./Quick, R./Ruhnke, K. (2003), S. 163.
151 Vgl. Marten, K.-U./Quick, R./Ruhnke, K. (2003), S. 162ff. Vgl. auch Davis, L. R./Soo, B./Trompeter, G. (2000), S. 5f.
152 Vgl. Herzig, N./Watrin, C. (1995), S. 795. Vgl. empirische Ergebnisse von Geiger, M./Raghunandan, K. (2002). Diese argumentieren, dass Prüfer erst nach einigen Jahren den Mandanten bspw. hinsichtlich der finanziellen Situation gut einschätzen können.
153 Vgl. Marten, K.-U./Quick, R./Ruhnke, K. (2003), S. 162ff. Vgl. Bigus, J./Zimmermann, R.-C. (2007a), S. 578.
154 Vgl. Davis, L. R./Soo, B./Trompeter, G. (2000), S. 7. Vgl. Bigus, J./Zimmermann, R.-C. (2007a), S. 578. Das Prüfungsrisiko steigt dagegen.

pflicht häufiger.[155] Allerdings geben die Prüfungsgesellschaften die Kosten an die Mandanten bzw. an die Anteilseigner des Unternehmens weiter, indem die Honorare ansteigen.[156] Zudem sind die Kosten einer externen Rotation höher als einer internen Rotationspflicht, bei welcher bspw. Mitglieder des Prüfungsteams, welche nicht Partner sind, nicht ausgewechselt werden müssen.

- MARTEN/QUICK/RUHNKE (2003) merken zudem an, dass sich bei einer externen Rotationspflicht tendenziell ein Wechsel von kleinen zu großen Prüfungsgesellschaften ergibt, wodurch es zu einer extremen Konzentration auf dem Prüfungsmarkt kommen kann.[157] Es ist darauf hinzuweisen, dass der Prüfungsmarkt durch wenige Gesellschaften dominiert wird und Absprachen hinsichtlich der Rotation unter den Prüfungsgesellschaften möglich sind.[158]

- Zudem geht auch die Signalfunktion eines externen Prüferwechsels verloren: Anlässe für einen Prüferwechsel, welche bislang bspw. durch die Testatseinschränkung eines Prüfers, die schlechte Ertragslage oder finanzielle Situation des Unternehmens, Meinungsverschiedenheiten zwischen Mandant und Prüfer oder einen Wechsel in der Eignerstruktur des Mandanten begründet werden, können künftig nicht mehr nach außen kommuniziert werden.[159] Die Kapitalmarktwirkung der Information geht somit verloren.[160]

Neben der Rotationspflicht ist die Regelung einer Cooling-Off-Periode zu beurteilen. So dürfen leitende Mitarbeiter des Prüfungsteams nicht sofort eine Anstellung beim Mandanten annehmen. Diese Regelung betrachtet die Arbeit von MENON/WILLIAMS (2004).[161] Nehmen frühere Prüfungspartner eine Stellung beim Mandanten an, so ist nach dem Wechsel ein höheres Maß an Bilanzpolitik zu erkennen. Eine Beurteilung der Länge der Cooling-Off-Periode, welche diese Praxis der *Revolving Door* verhindern soll, wird nicht vorgenommen.

Der Vergleich der internen und externen Rotation zeigt, dass eine interne Rotationspflicht einen großen Beitrag leistet, um die Betriebsblindheit und ein zu enges Vertrauensverhältnis zwischen Prüfer und Mandant zu verhindern.[162] Des Weiteren wird sichtbar, dass die interne Rotationspflicht einen Kompromiss zwischen den Nachteilen der restriktiven externen Rotation und den Vorteilen der gesetzlichen Rotationspflicht darstellt. Die derzeitige Ausgestal-

---

155 Vgl. Davis, L. R./Soo, B./Trompeter, G. (2000), S. 6f. Vgl. auch Quick, R. (2005), S. 113.

156 Vgl. Davis, L. R./Soo, B./Trompeter, G. (2000), S. 6.

157 Vgl. Marten, K.-U./Quick, R./Ruhnke, K. (2003), S. 164. Vgl. auch Ballwieser, W. (2001), S. 110. Vgl. Quick, R. (2004), S. 490.

158 Vgl. dazu die Konzentrationsanalyse für den deutschen Prüfungsmarkt in Abschnitt III.1.4.4.

159 Vgl. Strickmann, M. (2000), S. 290ff.

160 Vgl. Quick, R. (2004), S. 490. Vgl. Bigus, J./Zimmermann, R.-C. (2007a), S. 577f.

161 Vgl. auch im Folgenden Menon, K./Williams, D. D. (2004).

162 Vgl. Quick, R. (2005), S. 115.

tung der Rotationspflicht in den USA, in der EU und in Deutschland ist dadurch nachvollziehbar.

1.5.2 Rechtliche Zulässigkeit von Beratungsleistungen

Die Vereinbarkeit von Prüfung und gleichzeitiger Beratung durch denselben Prüfer ist vor dem Hintergrund der wirtschaftlichen Abhängigkeit des Prüfers zu klären. In Zusammenhang mit den Bilanzskandalen der letzten Jahre wurde das Verhältnis von Prüfungs- zu Beratungsleistungen stark diskutiert. Arthur Andersen erhielt für die Prüfung von Enron 25 Mio. $, während die Beratungshonorare 27 Mio. $ betrugen und die Prüfungshonorare überstiegen.[163] Die Vermutung einer eingeschränkten Unabhängigkeit bei Bereitstellung von Beratungsleistungen wird durch konkrete gesetzliche Regelungen gemindert. Hierbei wird sowohl die äußere als auch die innere Unabhängigkeit angesprochen. Vor der Beurteilung der Beratungsleistungen ist eine Abgrenzung von der Prüfungstätigkeit vorzunehmen. Als Beratungsleistungen, welche durch eine Prüfungsgesellschaft erbracht werden, lassen sich folgende Tätigkeitsbereiche definieren:[164]

- Beratung des Mandanten hinsichtlich spezieller Sachverhalte wie Umstrukturierung, Unternehmensbewertung, Fusionen,
- Beratung des Mandanten hinsichtlich seiner internen Organisation (z.B. Wertschöpfungskette, Logistiksystem aber auch interne Kontrollen),
- Umsetzung gesetzlicher Erfordernisse im Unternehmen (z.B. internes Kontrollsystem oder Implementierung der Anforderungen des Sarbanes-Oxley Acts),
- Steuer- und Rechtsberatung,
- Beratung hinsichtlich der Aufstellung des Jahresabschlusses.

Die Ausgestaltung von Vorschriften zur Trennung von Prüfung und Beratung wird im Anschluss erneut erläutert, bevor eine Beurteilung dieser unabhängigkeitsstärkenden Maßnahme erfolgt.

1.5.2.1 Ausgestaltung in den USA, der EU und in Deutschland

Die gleichzeitige Prüfung und Beratung wird im Jahr 2000 von der SEC aufgegriffen. In der Final Rule *Revision of the Commission's Auditor Independence Requirements* fordert die SEC im Jahr 2000 die Beratungsleistungen einzugrenzen.[165] Section 201 des SOX nennt neun konkrete Dienstleistungen, die nicht mit der Prüfungstätigkeit vereinbar sind.[166] Hierun-

---

163 Vgl. Beattie, V./Fearnley, S. (2002), S. 1.
164 Vgl. für folgende Beratungsleistungen in ähnlicher Form Ballwieser, W. (2001), S. 103f.
165 Vgl. SEC (2000). Die Verordnung trat am 5.02.2001 in Kraft.
166 Vgl. SOX (2002), Section 201. Vgl. Lenz (2002), S. 2272.

ter fallen unter anderem die Mitwirkung bei Buchführung, Bewertungsgutachten, interne Revision, Personal- und Rechtsberatung, versicherungsmathematische Leistungen oder die Gestaltung und Implementierung von Finanzinformationssystemen. Möglich ist die Steuerberatung durch den Abschlussprüfer, wenn das Audit Committee zustimmt.[167] Strikt ausgeschlossen ist jedoch die Vertretung vor Finanzgerichten. Neben strittigen Dienstleistungen sind die Prüfung, sowie sämtliche gesetzlich erlaubten Dienstleistungen durch das Audit Committee zu genehmigen, es sei denn, der Anteil der Honorare von Dienstleistungen an den gesamten Prüferhonoraren des Mandats ist geringer als 5%.[168]

Das Grünbuch der EG fordert kein komplettes Verbot von Prüfung und Beratung, aber dennoch Einschränkungen in kritischen Bereichen.[169] Konkreter wird die Empfehlung der EG-Kommission bei der Vereinbarkeit von Buchführung und Finanzberichterstattung, bei Gestaltung und Implementierung von Finanzinformationssystemen und bei internen Prüfungsleistungen: Ist das Selbstprüfungsverbot verletzt (z.B. durch gleichzeitige Mitwirkung an Buchführung und Abschlusserstellung), soll dies zum Prüfungsausschluss führen.[170]

In Deutschland beschäftigte sich im Jahr 1997 der BGH grundlegend mit der Vereinbarkeit von Prüfung und Beratung.[171] Demnach ist die Beratung nur dann unzulässig, wenn der Prüfer nicht nur Vorschläge unterbreitet, sondern diese „[...] über die Darstellung von Alternativen im Sinne der Entscheidungshilfe hinausgeh[en], [...]“ und der Prüfer „[...] unternehmerische Entscheidungen in [B]ezug auf den zu überprüfenden Jahresabschluß trifft.“[172] Die Vereinbarkeit von Prüfung und Beratung ist explizit in den §§ 319 und 319a HGB geregelt. § 319 Abs. 3 Nr. 3 HGB führt konkrete Beratungsleistungen auf, die zum Prüfungsausschluss führen: Dazu zählen die Mitwirkung bei der Buchführung, bei Aufstellung des Jahresabschlusses oder bei interner Revision, die Erbringung von Unternehmensleitungs- oder Finanzdienstleistungen sowie von eigenständigen versicherungsmathematischen Bewertungen. Dabei gilt gem. § 319 Abs. 3 HGB der Wesentlichkeitsgrundsatz. Das „Einwirkungsgebot“[173] des Prüfers ist davon nicht betroffen. Dieses besagt, dass der Prüfer den Mandanten während der Prüfung hinsichtlich der Korrektur von Fehlern oder der Verbesserung des Abschlusses beraten darf.[174] Zu den Beratungstätigkeiten des Prüfers zählt aber auch die Beratung vor der Abschlussprüfung, welche im Rahmen der Prüfungsvorbereitung stattfindet. Für Unternehmen von öffentlichem Interesse sind gem. § 319a Abs. 1 Satz 1 Nr. 2-4

---

167 Vgl. SOX (2002), Section 201.
168 Vgl. SOX (2002), Section 202.
169 Vgl. EG-Kommission (1996), Rz. 4.12.
170 Vgl. EG-Kommission (2002), L 191/30-32. Vgl. Schmidt, S. (2003), S. 780.
171 BGH-Urteil vom 21.04.1997 II ZR 317/95. Der BGH hat auch mit seinem Urteil vom 25.11.2002 (II Z R 49/01) dazu Stellung genommen, wann eine Prüfungsgesellschaft Abschlussprüfer sein darf. Bezug genommen wird hierbei auf die Erstellung eines Bewertungsgutachtens der prüfenden Gesellschaft, das zur Besorgnis der Befangenheit und zum Prüfungsausschluss geführt hat. Vgl. auch Lanfermann, I./Lanfermann, J. (2003) und BGH (2003).
172 Beide Zitate BHG (1997), S. 2178.
173 Quick, R. (2005), S. 98. Vgl. auch Böcking, H.-J./Orth, C. (2002), S. 263.
174 Vgl. Quick, R. (2005), S. 98.

HGB auch Rechts- und Steuerberatungsleistungen, die über das Aufzeigen von Gestaltungsmöglichkeiten hinausgehen oder die Entwicklung, Einrichtung und Einführung von Rechnungslegungsinformationssystem verboten.[175]

Im Gegensatz zur Vergabe von reinen Prüfungsaufträgen werden die Beratungsaufträge entweder durch das Management (bei einer Aktiengesellschaft der Vorstand) oder durch den Aufsichtsrat vergeben.[176] Vergibt das Management Beratungsaufträge neben den Prüfungsaufträgen, ist es durchaus möglich, dass der Prüfer nicht unabhängig von den Interessen des Managements handelt. Einen Schutzmechanismus für diese Art der Unabhängigkeitsgefährdung ist durch § 111 Abs. 4 Satz 2 AktG gegeben. Darin werden Aufsichtsratbeschlüsse für bestimmte Geschäfte gefordert.[177] Nicht durchgesetzt hat sich der Vorschlag der Literatur, dass Beratungsverträge, die eine gewisse Honorargrenze überschreiten, der Zustimmungspflicht des Aufsichtsrats unterliegen.[178] Nachstehende Übersicht zeigt die Unterschiede in der Regulierung von Prüfungs- und Beratungsleistungen auf und geht dabei auch auf die einzelnen Beratungsleistungen ein.[179]

---

175 Vgl. Hülsmann, C. (2005), S. 170f.
176 Eine Übersicht über die Zulässigkeit von Nichtprüfungsleistungen geben Beattie, V./Fearnley, S. (2002). Sie unterscheiden zwischen Regelungen der IFAC, EU und SEC.
177 Vgl. Faust, F. (2007), S. 4.
178 Vgl. Kitschler, R. (2005), S. 151.
179 Vgl. Beattie, V./Fearnley, S. (2002), S. 21.

Trennung von Prüfung und Beratung	USA	EU	Deutschland
Bewertungs-leistungen	**SEC (2003b)**: Unzulässig	**EG-Kommission (2002)**: Gefährdung der Unabhängigkeit unter bestimmten Umständen	**§ 319 Abs. 3 Nr. 3d HGB**: Unzulässig
Buchführungs-tätigkeiten	**SOX (2002), SEC (2003b)**: Unzulässig	**EG-Kommission (2002)**: Unzulässig	**§ 319 Abs. 3 Nr. 3a HGB**: Unzulässig
Entwicklung und Implementierung von Finanzinformationssystemen	**SEC (2003b)**: Unzulässig	**EG-Kommission (2002)**: Unzulässig	**§ 319a Abs. 1 Nr. 3 HGB**: Unzulässig für Unternehmen öffentlichen Interesses
Interne Revision	**SEC (2003b)**: Unzulässig	**EG-Kommission (2002)**: Gefährdung der Unabhängigkeit unter bestimmten Umständen	**§ 319 Abs. 2 Nr. 3b HGB**: Unzulässig
Rechtsstreitig-keiten / Rechts-beratung	**SEC (2003b):** Vertretung und Rechtsberatung unzulässig	**EG-Kommission (2002):** Vertretung der Mandanten unzulässig	**§ 319a Abs. 1 Nr. 2 HGB**: Rechtsberatung unzulässig für Unternehmen öffentlichen Interesses
Steuerberatung	**SEC (2003b):** Grundsätzlich zulässig, wenn vorher vom Audit Committee genehmigt	Keine Regelung	**§ 319a Abs. 1 Nr. 2 HGB**: Unzulässig für Unternehmen öffentlichen Interesses
Unternehmens-leitungs- und Finanzdienst-leistungen	**SEC (2003b):** Unzulässig	Keine Regelung	**§ 319 Abs. 3 Nr. 3c HGB:** Unzulässig
Versicherungs-mathematische Leistungen	**SEC (2003b)**: Unzulässig	Keine Regelung	**§ 319 Abs. 3 Nr. 3d:** Unzulässig

Tabelle 3: Übersicht Regulierung Beratungsleistungen

Wie der Tabelle entnommen werden kann, stimmt die Regulierung beim Verbot von Buchführungsleistungen, Bewertungsleistungen und Leistungen hinsichtlich der internen Revision überein. Unterschiede bestehen bspw. in Deutschland darin, dass Steuerberatungsleistungen und die Entwicklung und Implementierung von Finanzinformationssystemen nur für Unternehmen öffentlichen Interesses durch den Abschlussprüfer ausgeschlossen sind. Auf Ebene der EU und in den USA wird dagegen keine Differenzierung zwischen börsennotierten und nicht börsennotierten Unternehmen vorgenommen.

1.5.2.2 Beurteilung einer rechtlichen Zulassung von Beratungsleistungen

Die genauere Betrachtung der aufgeführten Leistungen lässt Kritikpunkte an einer gleichzeitigen Prüfung und Beratung erahnen. Es bestehen dennoch auch Vorteile derselben. Zu diesen zählen, dass Prüfungsgesellschaft und Mandant Synergieeffekte (*Economies of Scope*)[180] oder bessere Kenntnisse des Unternehmens und der Risikofaktoren erzielen können, was sich positiv auf die Prüfungsqualität auswirkt.[181] LANGE (1994) weist ausführlich auf die entstehenden Informationsvorteile bei gleichzeitiger Prüfung und Beratung hin, die z.B. zu effizienterem Prüfungsablauf durch schnellere Entscheidungsfindung führen.[182] Die genannten Vorteile können sowohl die Qualität der Prüfung als auch der Beratung verbessern.[183] Auch ARRUNADA (1999A) spricht sich nicht gegen eine gesetzliche Regulierung der Nichtprüfungsleistungen aus, sondern weist auf die Funktion des Marktes und die Kenntnis hinsichtlich der Kostenersparnisse hin.[184] Somit widerspricht ein zusätzliches Beratungsangebot nicht unbedingt den Interessen der Anteilseigner. Vorteile für die Prüfungsgesellschaften sind vor allem Lerneffekte mit Kostendegressionen und eine bessere Kapazitätsauslastung außerhalb der Prüfungsphase.[185] Weiterhin ist der Prüfer, welcher auch gleichzeitig beratend tätig ist, im Unternehmen mit seinen fachlichen Fähigkeiten bekannt und genießt durch die bisherige Erfahrung ein höheres Vertrauen.[186]

Als problematisch erachtet wird das *Full-Service-Konzept* (Prüfung und Beratung aus einer Hand) dahingehend, als dass der Prüfer durch die Beratung stark an die Unternehmensleitung gebunden ist und möglicherweise sogar finanziell abhängig wird. Dabei ist eine Verschiebung von Interessen in Richtung der Unternehmensleitung oder zugunsten eigener Interessen möglich und kann zu Befangenheit oder Parteilichkeit des Prüfers führen.[187] Die Befangenheit des Prüfers kann auch deshalb bestehen, weil die Beratung die Prüfungsleistung beeinflusst und die Objektivität des Prüfers in Frage stellt.[188] Der Grundsatz der Urteilsfreiheit ist somit verletzt.[189] Drohungen des Managements, einen Prüferwechsel vorzunehmen, werden für die Prüfungsgesellschaft ebenso bedeutsamer, wie das Verspre-

---

180 Vgl. Arrunada, B. (1999b) und seine Untergliederung in *Knowledge Spillovers* (Kosteneinsparungen, die z.B. dadurch entstehen, dass Wissen aus der Prüfungstätigkeit auch bei der Beratung eingesetzt werden kann) und *Contractual Economies of Scope* (Vorteile bei Abschluss des Vertrages). Bauer, M. (2004a), S. 74 nennt Kosteneinsparungen, Qualitäts- und Informationsvorteile als Folge der *Economies of Scope*. Vgl. auch Grieder, S. (2004), S. 143f.

181 Vgl. IDW (2002), S. 692. Vgl. Ballwieser, W. (2001), S. 105. Vgl. auch Marten, K.-U./Quick, R./Ruhnke, K. (2003), S. 157f., S. 160ff.

182 Vgl. ausführlich Lange, S. (1994), S. 28-32.

183 Vgl. Arrunada, B. (1999b), S. 31. Vgl. auch Böcking, H.-J./Orth, C. (2002), S. 260. Vgl. Bauer, M. (2004a), S. 69f. Vgl. auch Grieder, S. (2004), S. 141f.

184 Vgl. Arrunada, B. (1999b).

185 Vgl. Quick, R. (2006), S. 44.

186 Vgl. Quick, R. (2006), S. 43f. Vgl. Ballwieser, W. (2001), S. 105. Vgl. auch Lange, S. (1994), S. 32-35.

187 Vgl. Ballwieser, W. (2001), S. 104. Vgl. Marx, S. (2002), S. 77f. Vgl. Bauer, M. (2004a), S. 78ff. Dabei wird davon ausgegangen, dass die Unternehmensleitung die Prüfungsaufträge vergibt. Hier tritt das Problem des *Familarity Risk* auf, das zur Befangenheit führen kann. Vgl. Quick, R. (2006), S. 43.

188 Vgl. Böcking, H.-J./Orth, C. (2002), S. 261. Die Autoren weisen daraufhin, dass die der Prüfung vorgelagerte Beratung besonders problematisch ist.

189 Vgl. Lange, S. (1994), S. 39. Vgl. auch § 43 und § 49 WPO.

chen weiterer oder neuer Beratungsaufträge; besonders wenn ein Auftrag nicht sofort ersetzt werden kann oder einen hohen Anteil an den gesamten Umsätzen trägt.[190] Zudem führen Kostenvorteile zwischen Prüfung und Beratung zu Kosteneinsparungen, welche der Prüfer teilweise oder ganz realisieren kann, sodass dieser Renten erzielt, die seine Abhängigkeit von diesem Mandat erhöhen können.[191] Fehlt es an zusätzlicher Kontrolle z.B. durch eine weitere Prüfungsgesellschaft und ist die Qualität bspw. im Bereich der Prüfung schlecht, so ist dies auch bei der Beratung zu erwarten.[192] Hierbei wird das schon angesprochene Problem der Selbstprüfung offensichtlich: Der Prüfer erkennt seine eigenen Beratungsfehler nicht[193] bzw. prüft den Bereich der Beratung weniger genau oder erachtet das Vorgehen der Vorjahre als korrekt, sodass die Prüfung möglicherweise oberflächlicher ausfällt.[194]

Konkurrieren Prüfungsgesellschaften um Prüfungsleistungen, so könnten diese wegen des Preisdrucks dazu veranlasst werden, ihre Leistungen nicht mehr kostendeckend anzubieten. Die Prüfungsgesellschaft kann versuchen, eine Reduktion der Prüfungskosten oder einen Ausgleich der nicht gedeckten Kosten über die Beratungsleistungen vorzunehmen.[195] Ein hoher Anteil an Nichtprüfungsleistungen kann in diesem Fall möglicherweise eine verstärkte wirtschaftliche Abhängigkeit des Prüfers vom Mandanten induzieren.[196] Gefördert wird dies durch den Kostendruck im Prüfungsbereich.[197] Als Folge wird das Risiko nicht mehr korrekt abgebildet, Prüfungsgesellschaften arbeiten evtl. nicht mehr kostendeckend und sind gegen Reputationsverluste,[198] die z.B. bei Insolvenz des Mandanten auftreten, nicht mehr abgesichert. Umgekehrt kann aber auch argumentiert werden, dass die BIG4, die den Prüfungsmarkt der kapitalmarktorientierten Unternehmen dominieren, sich untereinander absprechen, um einen Preiskampf, der für alle Beteiligten zu Honorareinbußen führt, zu vermeiden. Dies ist allerdings nicht empirisch belegbar. Eine Selbst- und Fremdbildanalyse von BACKHAUS ET. AL (2003) zeigt, dass Wirtschaftsprüfer der Prüfung die höchste Bedeutung beimessen (2,5 auf einer Skala von 1 trifft voll zu bis 5 trifft nicht zu), der klassischen Beratung wird ein Wert von ca. 3,5 und der prüfungsfernen Beratung nur von knapp 4 gegeben.[199] Die Beratung ist diesem Ergebnis zufolge für die Wirtschaftsprüfer weniger wichtig als die Prüfung.

---

190 Vgl. Marx, S. (2002), S. 78. Vgl. Quick, R. (2006), S. 43f.
191 Vgl. Beattie, V./Fearnley, S. (2002), S. 46.
192 Vgl. Bauer, M. (2004a), S. 87-90.
193 Vgl. Quick, R. (2006), S. 43.
194 Vgl. Lange, S. (1994), S. 41f.
195 Vgl. Bormann, M. (2002), S. 192. Vgl. Quick, R. (2005), S. 111.
196 Vgl. Quick, R. (2005), S. 112.
197 Vgl. im Folgenden Marx, S. (2002), S. 508.
198 Vgl. zu Reputationsverlusten bei Mandanten im Falle von Bilanz- oder Prüfungsfehlern Karpoff, J. M./Lee, D. S./Martin, G. S. (2006), Chaney, P. K./Philipich, K. L. (2002), Barton, J. (2005).
199 Vgl. Backhaus, K. et al. (2003), S. 629f. Ebenso ergibt die Fremdbildanalyse, dass Medien, Hochschullehrer und Management fast übereinstimmend der Meinung sind, dass die Prüfung einen höheren Wert für den Wirtschaftsprüfer hat als die Beratung (ca. 1,8-2,0). Künftig sehen die drei Gruppen die Bedeutung der Prüfung als steigend an (ca. 1,5).

BAUER (2004A) fasst die Risiken bei Prüfung und Beratung durch denselben Prüfer unter drei Arten von Risiken zusammen: „Verstärkung der Kundenabhängigkeit, Gefahr der Selbstprüfung, Entstehung von Interessenkonflikten"[200]. Die Nachteile zusätzlicher Beratungsleistungen werden offensichtlich. Um die Vorteile der gleichzeitigen Beratung zu berücksichtigten, kann den Nachteilen Rechenschaft getragen werden, indem Beratungsleistungen partiell eingeschränkt werden, wie es in Deutschland, der EU und den USA der Fall ist. Eine Beurteilung der Beratungsleistungen unter dem Gesichtspunkt der Quasirenten-Theorie und der Prinzipal-Agenten-Theorie steht an dieser Stelle noch aus.

1.5.3 Honorarveröffentlichungspflicht

Die Honorarveröffentlichungspflicht ist eng mit der Frage nach der Bereitstellung von Beratungsleistungen verbunden. Sie ermöglicht eine Beurteilung der Relation der Honorare für Prüfungs- und Nichtprüfungsleistungen, einer möglichen finanziellen Abhängigkeit des Prüfers von seinem Mandanten und dient dazu, eine Aussage über die Qualität der Berichterstattung und die Unabhängigkeit der Prüfer zu treffen.[201]

1.5.3.1 Ausgestaltung in den USA, der EU und in Deutschland

US-amerikanische börsennotierte Unternehmen mussten bereits in den Jahren 1978 bis 1981 die gesamten Prüferhonorare veröffentlichen (ASR 250).[202] Diese Regelung wurde im Februar 1982 wieder außer Kraft gesetzt, da sich ein starker Einbruch der Beratungsleistungen abzeichnete und die Information über die Honorarhöhe für die Investoren als wenig relevant eingestuft wurde.[203] Die heutige Honorarveröffentlichungspflicht geht ursprünglich aus der SEC-Verordnung *Revision on the Commission's Auditor Independence Requirements* aus dem Jahr 2000 hervor.[204] Die zunehmende Bedeutung von Nichtprüfungsleistungen und eine dadurch möglicherweise eingeschränkte Abschlussqualität werden als Gründe für diese Regelung angeführt.[205] Nach dem Inhalt dieser Regelung sind börsennotierte Unternehmen verpflichtet, zwischen der Kategorie Prüfungshonorar, Honorar für die Entwicklung und Implementierung eines finanziellen Informationssystems und allen anderen Honoraren zu unterscheiden und diese in Proxy-Statements[206] zu veröffentlichen. Die derzeitige Regelung der SEC aus dem Jahr 2003 nimmt eine Konkretisierung vor, weshalb

---

200 Bauer, M. (2004a), S. 78.

201 Vgl. Frankel, R. M./Johnson, M. F./Nelson, K. K. (2002).

202 Die gesetzliche Pflicht die Honorare zu veröffentlichen, bestand nur sofern diese mehr als 3% der gesamten Einnahmen der Wirtschaftsprüfungs-Gesellschaft ausgemacht haben. Vgl. Arrunada, B. (1999b), S. 152. Vgl. auch Marx, S. (2002), S. 353f.

203 Vgl. Marx, S. (2002), S. 354f. Vgl. Glezen, G. W./Millar, J. A. (1985). Die Studie von Glezen/Millar (1985) zu ASR 250 ergibt, dass die Höhe der Nichtprüfungsleistungen von den Anteilseignern nicht als Indikator für Unabhängigkeit verwendet wird. Trotz übermäßig hoher Nichtprüfungshonorare bestätigen 99,4% der Investoren die Prüfungsgesellschaft.

204 Vgl. SEC (2000).

205 Vgl. Francis, J. R./Ke, B. (2006), S. 498.

206 *Proxy-Statements* werden an die Eigner gesendet, um Stimmrechtsvollmachten zu erhalten, die durch das Unternehmen ausgeübt werden. Nicht betroffen sind Unternehmen, die 20-/40-F-Berichte an die SEC senden müssen. Vgl. dazu Peemöller, V./Oberste-Padtberg, S. (2001), S. 1817. Vgl. auch Marx, S. (2002), S. 420.

künftig eine Unterscheidung zwischen Prüfungshonoraren, prüfungsnahen Honoraren, Honoraren für Steuerberatungsleistungen und für alle anderen Dienstleistungen erforderlich ist.[207] Weiterhin sind auch die Prüfungshonorare der letzten beiden Geschäftsjahre anzugeben.[208]

Auf europäischer Ebene wird im Grünbuch aus dem Jahr 1996 erstmals die Offenlegung der Vergütung des Abschlussprüfers angesprochen.[209] Die Empfehlung der Kommission aus dem Jahr 2002 schlägt eine Differenzierung nach Honoraren für die gesetzliche Abschlussprüfung, für sonstige Zusicherungsleistungen, für Steuerberatungsleistungen und für sonstige Nichtprüfungsleistungen vor.[210] In der Abschlussprüferrichtlinie aus dem Jahr 2006 fordert Artikel 25 eine nationale Regelung zur Honorarveröffentlichung. In der jüngst veröffentlichten Richtlinie des europäischen Parlaments und des Rates (2006/43/EG) wird als Begründung für die Honorarveröffentlichung explizit angeführt, dass Höhe und Zusammensetzung der Honorare die Unabhängigkeit des Prüfers einschränken können.[211] Dabei wird die konkrete Kategorisierung der Honorarveröffentlichung durch die Änderung der Richtlinie 78/660/EWG und 83/349/EWG im Jahr 2006 vorgenommen: Danach ist zwischen Prüfungshonoraren, Honoraren für andere Bestätigungsleistungen, Honoraren für Steuerberatungsleistungen und Honoraren für sonstige Leistungen zu unterscheiden.[212] Eine weitere Untergliederung der sonstigen Leistungen wird von der EG-Kommission empfohlen, wenn deren Bestandteile sehr unterschiedlich sind.[213] Ist das Verhältnis der Honorare zum Gesamtumsatz der Prüfungsgesellschaft hoch, kann eine finanzielle Abhängigkeit vom Mandanten bestehen.[214] Im Falle hoher Honorare muss die Prüfungsgesellschaft die Angemessenheit bestätigen.

Bevor die jetzige deutsche Honorarveröffentlichung in das HGB eingefügt wurde, forderten schon der Corporate Governance Kodex und der Maßnahmenkatalog der Bundesregierung die Aufsichtsorgane des Unternehmens über die Höhe der Honorare zu informieren.[215] Die derzeitigen Regelungen des BilReG finden sich in § 285 Satz 1 Nr. 17 HGB (sowie § 314 Abs. 1 Nr. 9 HGB für Konzernabschlüsse) wieder. Danach muss ein Unternehmen, dessen

---

207 Vgl. SEC (2003b).

208 Vgl. Müller, K. (2006), S. 223.

209 Vgl. Demme, N. D. (2003), S. 57. Vgl. EG-Kommission (1996), Rz. 4.13.

210 Vgl. EG-Kommission (2002), L 191/27.

211 Vgl. EG-Richtlinie (2006), Art. 49 der Richtlinie fordert von den Mitgliedstaaten die Gesamthonorare in Honorare für Abschlussprüfung, andere Bestätigungsleistungen, Steuerberatungsleistungen und sonstige Leistungen aufzugliedern.

212 Vgl. EG-Richtlinie (2006), Art. 25, Art. 49. Die Honorare dürfen nicht von anderen Leistungen beeinflusst werden (z.B. von Beratungsleistungen) und von keinerlei Bedingungen abhängen.

213 Vgl. EG-Kommission (2002), L 191/27. So sollten Informationen zu den Unterkategorien Honorare für Informationssysteme, Innenrevision, Bewertungen, Rechtsstreitigkeiten oder Human Ressource Leistungen enthalten sein.

214 Vgl. EG-Kommission (2002), L 191/32. Der Prozentsatz ist nicht genau festgelegt, da er von der Größe der Wirtschaftsprüfungsgesellschaft etc. abhängt.

215 Vgl. DCGK (2006). Vgl. BMJ (2003).

Finanztitel an einem organisierten Markt[216] notiert sind, die Honorare, welche ein Abschlussprüfer in einem Geschäftsjahr erhalten hat, im Anhang veröffentlichen.[217]

Gesetzlich gefordert wird eine Unterscheidung zwischen den Kategorien „Honorar für die Abschlussprüfung (a), für sonstige Bestätigungs- oder Bewertungsleistungen (b), Steuerberatungsleistungen (c) und sonstige Leistungen (d)".[218] Den einzelnen Kategorien sind dabei folgende Leistungen zuzuordnen:[219] Zu den Leistungen der Abschlussprüfung gehören auch prüfungsnahe Leistungen wie z.B. die Prüfung des Abhängigkeitsberichts oder der Ordnungsmäßigkeit der Geschäftsführung, die der erweiterten Abschlussprüfung angehören und „[...] in einem sachlichen und zeitlichen Zusammenhang zur Abschlussprüfung [...]"[220] stehen.[221] Zur Kategorie (b) gehören bspw. die freiwillige Abschlussprüfung sowie Prüfungen nach Spezialgesetzen oder die Prüfung von Zwischenabschlüssen.[222] Unter die Honorare für Steuerberatungsleistungen fallen Leistungen, welche für die Erstellung von Steuererklärungen oder für die Steuerplanung bezahlt wurden.[223] Die vierte Kategorie „sonstige Leistungen" wird als Auffangtopf bezeichnet, dem alle Leistungen zugeordnet werden, die keiner anderen Kategorie zugeordnet werden können.[224]

Die Regelung des § 314 Abs. 1 Nr. 9 HGB fordert ferner für Konzernunternehmen die Offenlegung aller Honorare, auch der Honorare, die für Tochterunternehmen als Konzernangehörige erbracht wurden.[225] Eine Zuordnung der Honorare zum Mutter- oder Tochterunternehmen wird dabei nicht gefordert, es sind vielmehr die gesamten Honorare anzugeben, die im Rahmen des Konzerns bezahlt wurden.[226] Unternehmen, die der Aufsicht

---

216 Definiert in § 2 Abs. 5 WpHG: Ein „organisierter Markt [...] ist ein Markt, der von staatlich anerkannten Stellen geregelt und überwacht wird, regelmäßig stattfindet und für das Publikum unmittelbar oder mittelbar zugänglich ist." Ausnahmen sind in § 2a WpHG geregelt.

217 Nicht ganz klar geregelt ist die Honorarveröffentlichung für kleine Kapitalgesellschaften. Die Honorare sind dann zu veröffentlichen, wenn diese wegen der Börsennotierung als große Kapitalgesellschaft betrachtet werden. Nicht sofort ersichtlich ist auch, dass auch Unternehmen nach § 3 Abs. 1 und § 5 Abs. 3 PublG der Angabepflicht folgen müssen. Vgl. IDW (2005a).

218 § 285 Satz 1 Nr. 17 und § 314 Abs. 1 Nr. 9 HGB. Damit folgt der deutsche Gesetzgeber den Empfehlungen der EG-Kommission (2002), L 191/27.

219 Problematisch ist, dass die Zuordnung zu den vorgeschriebenen Kategorien bislang nur durch den IDW Rechnungslegungshinweis RH HFA 1.006 und wenige, teilweise abweichende Literaturmeinungen geregelt ist. Vgl. auch Pfitzer, N./Oser, P./Orth, C. (2004). Vgl. IDW (2005a). Vgl. auch Lenz, H/Möller, M/Höhn, B. (2006)

220 Pfitzer, N./Oser, P./Orth, C. (2004), S. 2595.

221 Vgl. IDW (2005a), S. 1233. Vgl. auch Lenz, H/Möller, M/Höhn, B. (2006), S. 1788. Diesen Prüfungen liegt eine gesetzliche Pflicht zu Grunde. Vgl. § 317 Abs. 4 HGB, § 313 AktG.

222 Vgl. IDW (2005a), S. 1233.

223 Vgl. Lenz, H/Möller, M/Höhn, B. (2006), S. 1788.

224 Vgl. Pfitzer, N./Oser, P./Orth, C. (2004), S. 2595.

225 Vgl. Beschlussempfehlung und Bericht zum Entwurf BilReG (2004). Honorare, die aus der Prüfung oder Beratung von assoziierten oder Gemeinschaftsunternehmen entstehen, fallen nicht unter die Veröffentlichungspflicht.

226 Vgl. Beschlussempfehlung und Bericht zum Entwurf BilReG (2004). Es ergibt sich ein sehr hoher Ermittlungsaufwand, da Konzernmütter verpflichtet sind alle Abschlussprüferhonorare, auch die der Tochterunternehmen als Konzernangehörige, zu veröffentlichen. Vgl. IDW (2005a), S. 1234. Nicht erfasst werden dagegen Honorare, die durch Leistungen z.B. für assoziierte Unternehmen oder Gemeinschaftsunternehmen entstanden sind. Zu berücksichtigen sind Honorare der Unternehmen, die bei

der SEC unterliegen, haben sowohl die deutschen gesetzlichen Anforderungen als auch die der Honorarveröffentlichungspflicht nach Maßgabe der Börsenaufsichtsbehörde SEC zu erfüllen.[227]

Für die Anhangsangabe nach deutschem Recht wird nicht auf den Zeitpunkt des Vertragsabschlusses zwischen Wirtschaftsprüfer und Mandant oder auf die Auszahlung des Honorars an den Wirtschaftsprüfer, sondern auf den Zeitpunkt der erfolgswirksamen Erfassung des Honoraraufwandes im Unternehmen abgestellt.[228] Für Prüfungshonorare besteht die Pflicht zur Rückstellungsbildung, sodass der Aufwand der Prüfungshonorare immer in dem Geschäftsjahr in der Gewinn- und Verlustrechnung erfasst und im Anhang angegeben wird, für das geprüft wurde.[229] Die Honorare der drei restlichen Kategorien werden dagegen in dem Jahr im Anhang angegeben, in dem die Leistung erbracht wurde. In § 285 Satz 1 Nr. 17 HGB wird allen Honorarkategorien vorweg gestellt, dass das Honorar, welches im Geschäftsjahr als Aufwand erfasst wurde, anzugeben ist. Somit ist davon auszugehen, dass für die Leistungserbringung das Geschäftsjahr maßgeblich ist. Die Gestaltungsfreiheit der Verträge kann dabei genutzt werden, indem insbesondere Beratungsverträge in mehrere Teilverträge mit unterschiedlichen Leistungserbringungszeitpunkten untergliedert werden. Dadurch kann die Höhe des Nichtprüfungshonorars gesteuert werden. Beispielsweise ist es möglich, dass in einem Jahr mit hohem Beratungsumfang die Leistung eines Beratungsteilvertrags erst im nächsten Geschäftsjahr erbracht wird, wodurch die Nichtprüfungshonorare auf zwei Jahresabschlüsse aufgeteilt werden. Eine Befangenheitsvermutung durch die Anteilseigner wird somit seltener angestellt.[230]

Grundsätzlich besteht keine gesetzliche Grundlage für die Höhe der Prüfungsgebühren in Deutschland.[231] Seitdem die Gebührenordnung der 30er Jahre und die daran anschließenden Gebührenverlautbarungen des IDW nicht mehr angewandt werden, steht den Prüfungsgesellschaften die Verhandlung über die Höhe der Honorare frei.[232] Es können Pauschalhonorare, die während der Prüfung nachverhandelt werden können, Wertgebühren

---

HGB-Abschlüssen in den Konsolidierungskreis des § 290 HGB (bei IFRS Konsolidierungskreis des IAS 27.4) fallen.

227 Allerdings besteht der Ausnahmetatbestand Sec. 106 des SOX (2002), wonach SEC und PCAOB ausländische Prüfer von den Regelungen des SOX befreien können. Vgl. auch Ferlings, J./Lanfermann, G. (2002), S. 2118.

228 Vgl. Beschlussempfehlung und Bericht zum Entwurf BilReG (2004).

229 Vgl. Hülsmann, C. (2005), S. 167.

230 Vgl. für vorangehenden Absatz Zimmermann, R.-C. (2006) mit weiteren kritischen Anmerkungen zur Honorarveröffentlichungspflicht in Deutschland und einem Beispiel, das aufzeigt, wie eine Befangenheitsvermutung durch Verschiebung der Honorare zwischen den Kategorien und den Jahren entschärft werden kann.

231 § 55 WPO erlaubt es dem Bundeswirtschaftsministerium jedoch unter Zustimmung des Bundesrates und der Anhörung der WPK und der Arbeitsgemeinschaft für das wirtschaftliche Prüfungswesen eine Gebührenordnung für die Pflichtprüfung zu erlassen.

232 Die Gebührenordnung wurde vom Bundeskartellamt als kritisch erachtet, woraufhin diese im Jahr 1971 abgeschafft wurde. Vgl. Stefani, U. (2002), S. 105.

oder reine Zeitgebühren vereinbart werden.[233] Nach § 55a WPO sind erfolgsabhängige Honorare verboten.[234] Im Rahmen einer Verfassungsbeschwerde nimmt das IDW (2006) dazu erneut Stellung und zeigt, „[...] dass [sich] der „Erfolg" einer Abschlussprüfung nicht als Grundlage für ein Erfolgshonorar eignet."[235]

	USA	**EU**	**Deutschland**
Honorarver-öffentlichung	**SEC (2003b):** 4 Kategorien	**EG-Kommission (2002):** 4 Kategorien **EG-Kommission (2004):** Richtlinienvorschlag Art. 25 **EG-Richtlinie (2006), Art. 49:** 4 Kategorien	**BilReG (2004) § 285 Satz 1 Nr. 17, § 314 Abs. 1 Nr. 9 HGB:** 4 Kategorien

Tabelle 4: Übersicht Regulierung Honorarveröffentlichungspflicht

(In Anlehnung an: Bigus, J./Zimmermann, R.-C. (2007a), S. 591)

Ein Vergleich der Regulierung der Honorarveröffentlichungspflicht zeigt, dass Deutschland die Richtlinie der EU umgesetzt hat. Die Honorarkategorien, welche die SEC fordert, entsprechen im Großen und Ganzen der deutschen Regelung. Im Vergleich zu Großbritannien erfolgt die gesetzliche Honorarveröffentlichung in den USA, der EU und in Deutschland erst spät. So fordert Großbritannien schon im Jahr 1991 eine Honorarveröffentlichung per Gesetz.[236]

1.5.3.2 Beurteilung einer gesetzlichen Honorarveröffentlichungspflicht

Als Gründe für die Honorarveröffentlichung werden unter anderem „[...] bestehende[..] Rechtsschutzmöglichkeiten [durch] relative Honorarbeschränkung [und] gerichtliche Ersetzung eines gewählten Abschlussprüfers wegen Besorgnis der Befangenheit [...]"[237], informativer Jahresabschluss und „Prävention"[238] genannt. Die Bilanzadressaten können die Interessenkonflikte, in welchen sich die Prüfer möglicherweise befinden, durch die veröffentlichten Honorare selbst beurteilen.[239] Werden die veröffentlichten Honorare zur Abschätzung der Unabhängigkeit verwendet, kann eine Prüfungsgesellschaft ihre Reputation wahren oder

---

233 Vgl. Ewert, R. (1993), S. 728. Vgl. Strickmann, M. (2000), S. 138ff., S. 174f. Der Autor führt eine Befragung aller am 31.12.1997 an der Deutschen Börse notierten Unternehmen (n = 571) durch. Die Auswertung ergab, dass die Prüfungsgesellschaften zu 37,9% (Einzel-)/ 37,5% (Konzernabschluss) pauschale Honorare, zu 34,6% (Einzel-)/33,3% (Konzernabschluss) Zeit- und Wertgebühren und zu 27,5% (Einzel-)/29,2% (Konzernabschluss) reine Zeitgebühren vereinbaren.

234 Die Begründung kann in einer erhöhten Wahrnehmung der eigenen Interessen durch den Prüfer gesehen werden.

235 IDW (2006d), S. 2. Andernfalls ist die Unabhängigkeit des Prüfers gefährdet. Das Verbot von Erfolgshonoraren gilt für alle Tätigkeiten des Prüfers, die er gemäß § 2 WPO ausführen kann.

236 Vgl. Lennox, C. S. (1999), S. 240f.

237 Kitschler, R. (2005), S. 150.

238 Kitschler, R. (2005), S. 150. Durch die Honorarveröffentlichung soll eine beschränkte Unabhängigkeit somit nicht nur aufgedeckt, sondern schon zuvor verhindert werden. Vgl. EG-Richtlinie (2006), L. 157/88.

239 Vgl. Bauer, M. (2004b), S. 184.

verbessern, indem sie auf Beratungsaufträge und somit zusätzliche Gewinne bei dem geprüften Mandanten verzichtet.[240] Im Gegenzug kann sie durch den verbesserten Ruf zusätzliche Prüfungsaufträge anderer Mandanten erhalten.[241]

Die Pflicht die Honorare im Anhang des Jahresabschlusses zu veröffentlichen, ist gegenüber der Vorab-Information der Investoren über die Höhe der Honorare in den Proxy-Statements, wie es in den USA der Fall ist, nachteilig. Erfolgt eine Veröffentlichung erst im Jahresabschluss, ist der Prüfer schon gewählt, der Abschluss geprüft und der Bestätigungsvermerk für dieses Jahr bereits unterschrieben. Zwar hat die Honorarveröffentlichung dann noch Effekte für Bilanzleser; trotzdem wäre es besser, diese vorab zu informieren z.B. auf der Hauptversammlung vor der Wahl.[242] Auch wenn eine ex-post Bestrafung der Wirtschaftsprüfer möglich ist, wird eine präventive Funktion der Honorarveröffentlichung erst dann gewährleistet. Offenkundig wird ein eingeschränkter Informationsgehalt der veröffentlichten Honorare auch bei der praktischen Umsetzung der deutschen Regelung. Im BilReG sind keine Hinweise darüber enthalten, wie die Honorarveröffentlichungspflicht bei Konzernen mit mehreren Prüfern bzw. Prüfungsgesellschaften erfolgen soll.[243] Nicht erfasst werden umgekehrt Honorare von Prüfern, die nicht Abschlussprüfer sind. Außerdem ist die Information nicht sehr werthaltig, da unmittelbare Vergleichsdaten von anderen Wirtschaftsprüfungsgesellschaften mit ähnlichen Mandaten fehlen.

Ein Argument gegen die Honorarveröffentlichungspflicht, welches in der Literatur genannt wird, ist die unnötige Information für die Aktionäre.[244] Diesem ist aber nur eine sehr geringe Aussagekraft beizumessen, da zu vermuten ist, dass die Information überwiegend Vorteile bringt.[245] Die Grenzerträge der Information können die Grenzkosten übersteigen, vorausgesetzt das gesendete Signal ist glaubwürdig. Allerdings argumentieren HEALY/WAHLEN (1999) mit Hilfe von Ergebnissen empirischer Studien, dass Informationen von bestimmten Anhangsangaben gar nicht immer genutzt werden.[246] LENNOX (1999) untersucht Honorare im Vereinigten Königreich und findet heraus, dass die freiwillige Honorarveröffentlichung von

---

240 Vgl. Kitschler, R. (2005), S. 148. Zu den Reputationsverlusten vgl. auch Ewert, R./Stefani, U. (2001), S. 176. Vorstellbar ist der Verzicht auf Beratungsverträge z.B. wenn die Nichtprüfungs- die Prüfungshonorare übersteigen.

241 Vgl. Kitschler, R. (2005), S. 148.

242 Vgl. Kitschler, R. (2005), S. 150f. Begründet wird dies durch § 125 Abs. 1 Satz 3 AktG, nach dem die Aktionäre ein Mitteilungsrecht haben („Anfangspublizität"). Alle Abschlussadressaten können jedoch nur über die Anhangangabe erreicht werden.

243 Vgl. Lenz, H. (2001), S. 304. Lenz schlägt im Zusammenhang mit der Honorarveröffentlichung der SEC aus dem Jahr 2000 eine Aufgliederung nach Regionen, Haupt- und weiteren Prüfern vor (neben der Aufgliederung nach Tätigkeitsbereichen). IDW RH HFA 1.006 fordert dagegen für jeden an der Prüfung beteiligten Prüfer (z.B. bei Joint Audits) die Honorare gesondert zu veröffentlichen. Vgl. im Folgenden IDW (2005a), S. 1233.

244 Der Arbeitskreis Externe Unternehmensrechnung Schmalenbach-Gesellschaft (2004) sprach sich wegen der Irrelevanz für Entscheidungen gegen eine Honorarveröffentlichung aus. Vgl. auch IDW (2004).

245 Vgl. Ostrowski, M./Söder, B. H. (1999),S. 562f.

246 Vgl. Healy, P. M./Wahlen, J. M. (1999), S. 374f.

den Bilanzadressaten nicht als Signal für eine hohe Prüfungsqualität verwendet wird.[247] LENNOX (1999) erkennt, dass eine freiwillige Honorarveröffentlichung bei finanziell schlecht stehenden Unternehmen wahrscheinlicher ist.[248] GHOSH/KALLAPUR/MOON (2005) finden zudem keine Evidenz dafür, dass der Kapitalmarkt einen hohen Anteil der Nichtprüfungshonorare an den gesamten Honoraren negativ einschätzt.[249]

Im Gegensatz zu LENNOX (1999) und GHOSH ET AL. (2005) zeigt die Studie von FRANCIS/KE (2006), dass der Kapitalmarkt die US-amerikanische Honorarveröffentlichung als zusätzliche Information auffasst und diese verwertet. Die Untersuchung betrachtet freiwillig veröffentlichte Honorare vor dem Jahr 2001 und die sich daran anschließende Honorarveröffentlichungspflicht der SEC ab dem Jahr 2001. Die Ergebnisse zeigen, dass der Kapitalmarkt Unternehmen mit hohen Nichtprüfungshonoraren einen geringeren Wert beimisst, als Unternehmen mit geringen Nichtprüfungshonoraren. Die Höhe der Nichtprüfungshonorare dient dementsprechend der Beurteilung der Unabhängigkeit und der Ergebnisqualität.[250] JENKINS/KRAWCZYK (2003) führen eine Befragung von insgesamt 139 Nicht-BIG5-Prüfern, 83 BIG5-Prüfern, Investoren (32 Personen) und 69 Studenten eines Graduiertenprogramms durch. Die Veröffentlichung von Nichtprüfungshonoraren wird von 92% der Investoren, 47,8% der Nicht-BIG5-Prüfungsgesellschaften und 44,3% der BIG5-Prüfungsgesellschaften befürwortet.[251] Bei allen angegebenen Veröffentlichungsmöglichkeiten (nur Nichtprüfungshonorare oder Prüfungs- und Nichtprüfungshonoraren) wählten die Investoren immer den höchsten Grad der Veröffentlichung. Die Honorarveröffentlichungspflicht ist aus Sicht der Investoren zu befürworten.

Im Gegensatz zu den umfangreichen Nachteilen einer gesetzlichen Rotationspflicht oder dem Verbot von Beratungsleistungen, ist die Honorarveröffentlichung zumeist als positiv zu beurteilen. Diese Anhangsangabe stellt allerdings vielmehr eine zusätzliche Information dar, welche eine Beurteilung der Unabhängigkeit ermöglicht.

---

247 Vgl. Lennox, C. S. (1999).

248 Vgl. Lennox, C. S. (1999), S. 248.

249 Vgl. Ghosh, A./Kallapur, S./Moon, D. (2005), S. 9, S. 21. Es werden 8.940 US-amerikanische Unternehmen und ihre zwischen 2000 und 2002 veröffentlichten Honorare mit dem Earnings Response Coefficient (ERC) in Verbindung gebracht. Der ERC ergibt sich in einem Regressionsmodell aus der Summe der Koeffizienten der Variablen Jahresergebnis und der Veränderung des Jahresergebnisses, welche gegen die Aktienrenditen regressiert werden.

250 Vgl. für vorangegangenen Absatz Francis, J. R./Ke, B. (2006). Die Bewertung der 3.133 Unternehmen über den Kapitalmarkt wird durch den ERC vorgenommen. Bei dieser Regression wird ein Zusammenhang mit der Höhe der Relation Nichtprüfungs- zu gesamten Honoraren durch eine Interaktionsvariable hergestellt.

251 Vgl. auch im Folgenden Jenkins, J. G./Krawczyk, K. (2003), S. 75-77. BIG5-Prüfer sprechen sich häufig für eine Veröffentlichung der Nichtprüfungshonorare aus, welche eine bestimmte Grenze überschreiten.

1.6 Folgen eingeschränkter Unabhängigkeit

Die Prüfungsgesellschaft selbst sichert ihre Unabhängigkeit, wenn sie dem Markt dies signalisieren kann und daraus Vorteile wie die Rekrutierung weiterer Mandate erzielt.[252] Erhofft sich die Prüfungsgesellschaft weitere Aufträge, z.B. im Beratungsbereich, wird sie möglicherweise vermehrt die Interessen des Managements vertreten, anstatt die Interessen der Investoren und Anteilseigner.[253] Die Möglichkeit einer Kooperation wägt die Prüfungsgesellschaft mit den Folgen einer eingeschränkten Unabhängigkeit ab. Bei Aufdeckung der Abhängigkeit ist die Prüfungs- und folglich auch Abschlussqualität tendenziell gering und spiegelt sich in Vermögens- und Vertrauensschäden wider, die sowohl den Mandanten als auch die Prüfungsgesellschaft betreffen.[254] Zu den Vermögensschäden des Unternehmens gehören unter anderem Vermögensminderungen, Kosten der Prozesse, Entschädigungszahlungen,[255] oder erhöhte Risikoprämien von Eigen- und Fremdkapitalgebern.[256] Eine weitere Unterscheidung der Folgen einer fehlerhaften Rechnungslegung ist in Umverteilungs- und Ressourcenschäden möglich. Letztere entstehen, wenn die finanzielle Situation des Unternehmens bspw. zu positiv dargestellt wird, der Prüfer dies nicht aufdeckt und die Mittel weiter investiert werden, obwohl dies ökonomisch nicht sinnvoll ist. Als Folge kommt es zu Wohlfahrtsverlusten.[257] Umverteilungsschäden führen zum Gewinn eines Anlegers, während andere durch eine falsche Information Verluste erleiden.[258]

Eine Haftung der Prüfer tritt in Deutschland ein, wenn eine Pflichtverletzung bei der Prüfung, ein Verstoß gegen Prüfungsnormen oder Berichtspflichten vorliegt.[259] § 323 HGB sieht eine zivilrechtliche Haftung des Abschlussprüfers oder seine Gehilfen vor. Neben einem Gesetzesverstoß muss der Prüfer schuldhaft, d.h. vorsätzlich oder fahrlässig gehandelt haben, zudem muss hieraus ein Schaden entstanden sein.[260] Prüfer haften gegenüber dem Mandanten bei Fahrlässigkeit nach § 323 Abs. 2 HGB i.H.v. 1 Mio. € bzw. i.H.v. 4 Mio. € bei kapitalmarktorientierten Gesellschaften. Die Haftung ist gesamtschuldnerisch (§ 323 Abs. 1 Satz 4 HGB). Eine Haftung gegenüber Dritten ist nur in Ausnahmefällen bei einem Vertrag mit Schutzwirkung zugunsten Dritter möglich.[261] In Deutschland sind die Klagemöglichkeiten

---

252 Vgl. Ballwieser, W. (2001), S. 101.
253 Vgl. Ballwieser, W. (2001), S. 101.
254 Vgl. Ballwieser, W./Dobler, M. (2003), S. 450. Vgl. auch im Folgenden Bigus, J./Schäfer, H.-B. (2007), S. 20f.
255 Vgl. Ballwieser, W./Dobler, M. (2003), S. 450f.
256 Vgl. Ballwieser, W./Dobler, M. (2003), S. 452. Die Manager erleiden direkte Vermögensschäden durch Schadenersatz, Geldstrafen, Gefängnis oder künftige Einkommenseinbußen.
257 Vgl. Bigus, J./Schäfer, H.-B. (2007), S. 21. Diese nehmen eine Unterscheidung des Schadens auf dem Primär- und Sekundärmarkt vor.
258 Vgl. Sunderdiek, B. (2006), S. 41ff.
259 Vgl. Terlinde, C. H. (2005), S. 54, S. 71 mit Verweis auf die Verantwortlichkeit des Abschlussprüfers gem. § 323 HGB. Als problematisch betrachtet Terlinde (2005), dass absichtliche Manipulationen so versteckt wurden, dass sie bei der Prüfung nicht entdeckt wurden (auch nicht durch das interne Kontrollsystem).
260 Vgl. Haftungsvoraussetzungen des § 323 HGB. Vgl. Marten, K.-U./Quick, R./Ruhnke, K. (2003), S. 181f.
261 Vgl. Faust, F. (2007), S. 1. Bei dieser Form der Haftung greift § 823 Abs. 2 BGB in Verbindung mit § 332 HGB. Vgl. auch § 825 BGB. Der Mandant muss das schuldhafte Verhalten des Prüfers nachweisen

der Investoren und die Haftung der Prüfer eingeschränkt. Minderheitsgesellschafter sind in Deutschland z.B. durch fehlende Sammelklagemöglichkeiten schlecht situiert.[262]

Neben der Haftung nach § 323 HGB kann Fehlverhalten von Prüfern auch strafrechtlich oder durch Bußgeld sanktioniert werden.[263] § 332 HGB regelt die Verletzung der Berichtspflicht des Prüfers oder seines Gehilfen, wenn das Ergebnis der Prüfung falsch dargestellt ist, Tatbestände im Bericht verschwiegen werden oder ein nicht korrekter Bestätigungsvermerk erteilt wird. Folge der Pflichtverletzung ist gemäß § 332 Abs. 1 HGB eine Freiheitsstrafe bis zu drei Jahren oder eine Geldstrafe. Maßgeblich ist dabei, dass der Prüfer die während der Prüfung gewonnen Erkenntnisse nicht in derselben Form im Prüfungsbericht oder im Bestätigungsvermerk wiedergibt.[264] Zudem besteht nach § 333 HGB die Verantwortlichkeit des Prüfers oder seines Gehilfen bei Verletzung der Geheimhaltungspflicht. Beachtet der Prüfer Vorschriften zur Stärkung der Unabhängigkeit nicht und prüft dieser den Abschluss, obwohl er dazu nicht berechtigt ist – z.B. weil die geforderte Umsatzgrenze des § 319 Abs. 3 Nr. 5 HGB überschritten wird –, greift § 334 Abs. 2 und 3 HGB, welcher Geldstrafen bis 50.000 € bei solchen Ordnungswidrigkeiten vorsieht. Der Jahresabschluss wird allerdings nur nichtig, wenn ein Verstoß gegen § 319 Abs. 1 HGB vorliegt, nicht aber bei Verstößen gegen § 319 Abs. 2 und 3 HGB.[265]

Neben der Haftung nach gesellschaftsrechtlichen Normen, sind berufsständische Normen zu beachten. § 67 der WPO regelt in Abs. 1, dass bei schuldhafter Pflichtverletzung des Prüfers berufsgerichtliche Maßnahmen möglich sind. Dazu zählen gem. § 68 WPO Verwarnungen, Verweise, Geldbußen bis 100.000 €, ein Berufsverbot bis zu fünf Jahren oder ein vollständiger Berufsausschluss.[266] Zum Schutz der Mandanten fordert § 54 WPO eine Berufshaftpflichtversicherung, welche Prüfer oder Prüfungsgesellschaften abschließen müssen.

Die Haftungsregeln sind in Deutschland recht mild im Vergleich zu anderen europäischen Ländern oder den USA. So greift in den USA die Dritthaftung, außerdem haftet der Prüfer in den USA unbeschränkt.[267] Dabei ist zwischen der Haftung des Prüfers nach Zivilrecht und der Haftung nach Wertpapierrecht zu unterscheiden.[268] Die Haftung nach Zivilrecht gliedert

---

und es muss eine Kausalität zwischen der Handlung und dem Schaden vorliegen. Vgl. Bigus, J. (2006). Vgl. Stefani, U. (2002), S. 58f. Zur Haftung in den USA vgl. auch Fußnote 268.

262 Verbessert wurde die Klagesituation der Aktionäre in Deutschland durch das Gesetz zur Unternehmensintegrität und Modernisierung des Anfechtungsrechts (UMAG).

263 Vgl. Dißars, U.-C. (2004), S. 917.

264 Vgl. im Folgenden Dißars, U.-C. (2004), S. 918f. Der Autor führt weiterhin aus, dass die Tatbestandsvoraussetzungen des § 332 HGB bei Vorsatz erfüllt sind.

265 Vgl. § 256 Abs. 1 Nr. 3. In letzterem Fall wird nur der Hauptversammlungsbeschluss nichtig, durch welchen der Prüfer bestellt wurde. Vgl. § 241 Nr. 3 AktG. Weiterhin ist der Prüfungsvertrag nichtig.

266 Vgl. §§ 68ff. WPO.

267 Vgl. SEA (1934). Die Umsetzung erfolgt im Gesellschaftsrecht der Bundesstaaten in den USA. Vgl. Müller, K. (2006), S. 200. Ein Prüfer haftet Dritten gegenüber unbegrenzt.

268 Vgl. auch im Folgenden Sunderdieck, B. (2006), S. 115-123. Der SA (1933) regelt eine gesamtschuldnerische Haftung des Prüfers bei Falschdarstellungen oder Unrichtigkeiten bei der Emission US-amerikanischer Unternehmen. Schon einfache Fahrlässigkeit begründet diese Haftung. Klagemöglich-

sich wiederum in die Haftung nach Vertragsrecht und die Haftung nach Deliktsrecht. Für die Ausgestaltung der Haftungsregeln ist jeder US-Bundesstaat zuständig.[269] Werden die Vorschriften der SEC zur Unabhängigkeit der Prüfer nicht eingehalten, kann die SEC den Prüfern die Prüfungstätigkeit versagen oder untersagen, neue Mandanten anzunehmen.[270]

1.7 Zusammenfassung

Dieses Kapitel dient einer Einführung in den Themenkomplex der Unabhängigkeit, definiert diese und zeigt Faktoren auf, welche die Unabhängigkeit gefährden. An diese Faktoren knüpft die Regulierung mit Maßnahmen zur Stärkung der Unabhängigkeit an. Die Erkenntnisse der Regulierung der Abschlussprüfung, welche in diesem Kapitel untersucht wurde, sind folgende:

- Abschlussprüfer sind Wirtschaftsprüfer, welche zur Abschlussprüfung beauftragt sind. Die Funktion der Prüfer besteht in der Unterstützung und Information des Aufsichtsrates, welcher das Management kontrolliert und sich dabei den Ergebnissen der Prüfung des Abschlusses bedient. Die Interessen des Kapitalmarktes sind durch den Prüfer zu schützen. Prüfungsergebnisse finden sich im Prüfungsbericht und im Bestätigungsvermerk wieder.

- Der Prüfer muss die Berufsgrundsätze einhalten und gewissenhaft, verschwiegen, eigenverantwortlich und unabhängig arbeiten. In Deutschland erfolgt die Regulierung des Berufsstandes und der Prüfung durch das HGB, AktG, GmbHG, die Berufssatzung der Wirtschaftprüferkammer, die WPO und das IDW. Erst mit Einhaltung der Prüfungsvorschriften und Berufsgrundsätzen ist ein ausreichendes Maß an Prüfungsqualität sichergestellt.

- Die innere Unabhängigkeit ist eingeschränkt, wenn der Prüfer dem Prüfungsobjekt nicht unvoreingenommen gegenüber steht. Die äußere Unabhängigkeit wird an den Kriterien der rechtlichen und wirtschaftlichen Bindungsfreiheit festgemacht. Es werden die Begriffe *Independence in Fact* und *Independence in Appearance* eingeführt, welche auch auf Ebene der EU und in den USA verwendet werden.

---

keiten sind jedem Anleger gegeben, der bei der Emission zu Schaden gekommen ist. Der SEA (1934) regelt nicht die Emission, sondern den Handel von Wertpapieren in den USA. Auch hiernach können Anleger den Prüfer haftbar machen, sofern die bei der SEC eingereichten Dokumente und Jahresabschlüsse nicht korrekt sind. Vorsatz oder grobe Fahrlässigkeit sind für die Haftung maßgeblich. Vgl. Section 11 des SA (1933) und Section 10(b) in Verbindung mit Rule 10b-5 des SEA (1934).

269 Die Haftung des Prüfers nach Vertragsrecht ist auf die Höhe der Prüfungshonorare beschränkt. Nach Deliktsrecht ist eine grobe Fahrlässigkeit oder Vorsatz als Voraussetzung zur unbeschränkten Haftung notwendig. Vgl. Sunderdieck, B. (2006), S. 116f.

270 Vgl. Marx, S. (2002), S. 297. Vg. Korn, E. (2002), S. 1501. Vgl. Müller, K. (2006), S. 197. Die Pflicht zur Abschlussprüfung durch einen unabhängigen Prüfer liegt bei dem Unternehmen. Als Folge wird der Abschluss von der SEC als unkorrekt angesehen und nicht anerkannt. Aus diesem Grund kann der Prüfer vom Unternehmen in den USA haftbar gemacht werden.

- Die Besorgnis der Befangenheit besteht, wenn unabhängigkeitsgefährdende Faktoren wie die rechtliche, finanzielle oder wirtschaftliche Abhängigkeit, welche zu einem hohen Eigeninteresse des Prüfers führt, gegeben sind. Als Folge ist die Tätigkeit der Prüfer zu versagen.

- Als Schutzmaßnahmen gelten verschiedene Vorschriften zur Stärkung der Unabhängigkeit. Darunter fallen unter anderem das Verbot von gewissen Beratungsleistungen, die gesetzliche Rotationspflicht und die Veröffentlichung von Prüferhonoraren, welche im Vordergrund dieser Arbeit stehen. Der Vergleich der Regulierung zeigt, dass sich die interne Rotation, das Verbot von bestimmten Beratungsleistungen und die Honorarveröffentlichungspflicht in den USA, der EU und Deutschland nur in Details unterscheiden. Hinsichtlich der Einschränkung von Beratungsleistungen und einer gesetzliche Rotationspflicht bestehen kontroverse Argumente. Die sich anschließende empirische Studie soll eine Konkretisierung der Beurteilung dieser Maßnahmen für Deutschland ermöglichen.

- Sanktionen bei Abhängigkeit der Prüfer und der Nichteinhaltung von gesetzlichen Regelungen reichen von Geldstrafen bis hin zum Berufsverbot. Die Haftung der Prüfer in Deutschland ist im Vergleich zu den USA recht mild. Schäden einer eingeschränkten Unabhängigkeit entstehen seitens der Prüfungsgesellschaft durch Reputationsverluste und Schadenersatzzahlungen, seitens der Bilanzadressaten kann es zu Umverteilungs- und Ressourcenschäden kommen.

2 Modelltheoretische Ergebnisse zur Unabhängigkeit

Der erste Teil der Arbeit beschäftigt sich bislang damit, die Grundlagen für die Unabhängigkeit von Abschlussprüfern zu legen. In diesem Kapitel soll eine weitergehende Beurteilung der Maßnahmen durch die Quasirenten- und Prinzipal-Agenten-Theorie erfolgen. Dabei wird geklärt, warum sich der Prüfer möglicherweise nicht unabhängig verhält und ob die gesetzlichen Maßnahmen geeignet sind, die Unabhängigkeit zu stärken.

2.1 Quasirenten-Theorie

Die Quasirenten-Theorie, welche ursprünglich auf DEANGELO (1981A) zurückgeht, betrachtet die Unabhängigkeit der Prüfer in Abhängigkeit der Einnahmen, welche dieser aus einem Mandat erhält. Dabei wird die Strategie, welche ein Prüfer bei der Preissetzung verfolgt betrachtet: Um ein Mandat zu bekommen, werden in der ersten Periode Honorare gefordert, welche die Kosten nicht decken. Im Laufe der Zeit steigende Prüfungshonorare gleichen diesen Verlust aus. Dabei nutzt der Prüfer seinen Kostenvorteil durch nach der ersten Periode wegfallende Transaktionskosten gegenüber den Konkurrenten und setzt die Honorare so fest, dass der Mandant keinen Vorteil durch einen Prüferwechsel erzielt. Die Unabhängigkeit des Prüfers kann durch die Gefahr des Mandatsverlustes bestimmt sein. Im Gegensatz zum Modell von DEANGELO (1981A), welches die reine Prüfungsbeziehung und die Einnahmen aus einem Mandat zur Beurteilung der Unabhängigkeit betrachtet, berücksichtigen Modellerweiterungen und andere Erklärungsansätze auch die Beratungstätigkeit, schließen Kritikpunkte des DeAngelo-Modells aus und erweitern dieses.[271]

2.1.1 Modell von DeAngelo (1981a)

Gegenstand des Modells von DEANGELO (1981A) ist die Überlegung, welche ein Prüfer vor seiner Tätigkeit als Abschlussprüfer anstellt. Entspricht seine Berichterstattung nach der Prüfung nicht den Vorstellungen seines Auftraggebers, kann seine Wiederwahl gefährdet sein, wodurch der Prüfer künftige Honorare verliert.[272] Das folgende Modell knüpft an diesen Sachverhalt an und betrachtet, wie sich der Prüfer bei der Preissetzung verhält, um einen Mandatsverlust möglichst auszuschließen.

---

271 Vgl. unter anderem Schatzberg, J. W. (1994), Schatzberg, J. W./Sevcik, G. R. (1994) für weitere Modelle, welche mit der Quasirenten-Theorie arbeiten.

272 Auch wenn der Prüfer durch den Aufsichtsrat bestimmt wird, so ist der Einfluss des Managements auf die Wiederwahl gegeben, da dieses zumeist den Vorschlag für den Prüfer abgibt. Der Prüfer ist sich dessen bewusst, wenn es um streitige Punkte mit dem Management geht.

Ergebnis des Modells ist, dass ein Prüfer im ersten Jahr Honorare verlangt, die unter den Kosten liegen (*Low Balling*).[273] Wegen des hohen Angebots auf dem Prüfungsmarkt werden die Mandanten die Prüfungsgesellschaft mit dem besten Angebot wählen.[274] Den Verlust des ersten Jahres versucht die Prüfungsgesellschaft in den folgenden Jahren aufzuholen. DEANGELO (1981A) beschreibt, dass bestehende Prüfer nach der ersten Prüfungsperiode Kostenvorteile gegenüber ihren Konkurrenten besitzen, da sie aus einem Mandat Quasirenten erzielen können.[275] Der auf dem Prüfer lastende Druck, den Verlust der ersten Prüfungsperiode auszugleichen, kann dazu führen, dass die Unabhängigkeit eingeschränkt ist. Dabei gilt, dass je höher die erzielten Renten sind, desto geringer ist die Unabhängigkeit.

Die optimale Gebühr, welche der Prüfer fordert, wird ausgehend von der letzten Prüfungsperiode bis zur ersten Periode ermittelt, die Gebühren der ersten Periode werden dabei so festgesetzt, dass der Barwert der Prüfung gerade Null beträgt.[276] Das Modell berücksichtigt dabei, dass die Kosten der ersten Prüfungsperiode durch die Erstprüfungskosten höher als die der folgenden Perioden sind, da sich der Prüfer zunächst mit dem Unternehmen, seinen Strukturen und Eigenheiten beschäftigt. Der bestehende Prüfer hat in den Folgeperioden durch die wegfallenden Erstprüfungskosten einen Kostenvorteil gegenüber seinen Konkurrenten.[277] Die Preisobergrenze wird unter Berücksichtigung der Prüferwechselkosten und den Kosten der Konkurrenten festgelegt.[278] Das Modell geht davon aus, dass sich an die Erstprüfung unendlich viele Folgeprüfungen anschließen. Des Weiteren berücksichtigt der Prüfer bei der Preissetzung, dass dem Unternehmen Prüferwechselkosten anfallen, sofern es den bestehenden Prüfer nicht weiterbeschäftigt. Der Prüfer wählt seinen Preis nach der ersten Prüfungsperiode gerade so, dass es sich für den Mandanten nicht lohnt, den Prüfer zu wechseln, und erzielt ab dem zweiten Prüfungsjahr Quasirenten.[279] Daraus folgt, dass die Honorare von Periode zu Periode steigen (*Fee Cutting)*.

Wird exemplarisch ein Zwei-Perioden-Modell betrachtet, so ergibt sich folgende Preissetzung. In der zweiten Periode ergibt sich der Vorteil des Prüfers gegenüber dem Konkurrenten in Höhe von Erstprüfungs- und Prüferwechselkosten. Diese Größen bestimmen die Quasi-Renten. Die Honorare der zweiten Periode werden aber zeitlich vor den Honoraren der ersten Periode festgelegt.

---

273 Vgl. DeAngelo, L. E. (1981a), S. 115. Verantwortlich für die geringen Gebühren in der ersten Periode ist unter anderem Konkurrenz auf dem Prüfungsmarkt. Vgl. auch Ostrowski, M./Söder, B. H. (1999), S. 557.

274 Vgl. auch im Folgenden Lenz, H. (1991), S. 181.

275 Vgl. auch im Folgenden DeAngelo, L. E. (1981a).

276 Vgl. Ewert, R. (1999), S. 42f.

277 Die Erstprüfungs- und Prüferwechselkosten verteilen sich auf die Anzahl der Prüfungsjahre.

278 Vgl. Lenz, H. (1991), S. 182.

279 Renten sind Ausdruck für eine Investition mit positivem Kapitalwert, d.h. für den Prüfer lohnt sich der Auftrag. Quasirenten sind somit ein Vorteil bestehender Mandate. Vgl. im Folgenden Ewert, R./Stefani, U. (2001), S. 204f. Vgl. auch im Folgenden Wagenhofer, A./Ewert, R. (2003), S. 479.

(1) $PG_2 = K + EPK + PWK$

Mit:

PG_t	Prüfungsgebühr der Periode t
K	Prüfungskosten
EPK	Erstprüfungskosten
PWK	Prüferwechselkosten

Die nicht kostendeckende Preissetzung bei vollständiger Konkurrenz in der ersten Periode erfolgt im Anschluss:[280]

(2) $PG_1 = K + EPK - (EPK + PWK)/(1 + r) = K + r*EPK/(1 + r) - PWK/(1 + r) < K + EPK$

Mit:

r	Diskontierungssatz

Quasirenten entstehen somit im Mehrperiodenkontext, wenn von künftigen erwarteten Gewinnen ausgegangen wird,[281] die den Verlust aus der ersten Prüfungsperiode ausgleichen. Quasirenten können nur an ein bestehendes Mandat geknüpft sein.[282] Der Nettokapitalwert der gesamten Prüfung beträgt Null, d.h. dass keine Gewinne aus der Prüfung erzielt werden, sondern lediglich die Kosten gedeckt werden. Dies lässt sich für das Zwei-Phasen-Modell wie folgt zeigen:[283]

(3) Barwert des Prüfers aus einem Mandat = $(PG_1 - K - EPK) + (PG_2 - K)/(1 + r) = 0$

Eine Monopol-Rente kann dagegen nur erzielt werden, wenn der Nettokapitalwert positiv ist.[284] Perfekte Unabhängigkeit ist dann gegeben, wenn der Prüfer keine kundenspezifischen Quasirenten erzielt. Dann ist er indifferent zwischen Annahme und Ablehnung des Mandates.[285] Der Anreiz des Prüfers unabhängig zu sein, hängt dabei von den Quasirenten ab: Je höher die Quasirenten, desto weniger unabhängig ist der Prüfer und desto weniger werden Fehler im Rechnungswesen berichtet, denn bei einem Mandatsverlust entgehen dem Prüfer die Quasirenten der Folgeperiode.[286] Auch schon die Tatsache, dass der Prüfer den Verlust aus der ersten Prüfungsperiode (*Low Balling*) aufzuholen versucht, birgt Drohpotenzial, womit der Mandant den Prüfer beeinflussen kann.[287] Dennoch führt *Low Balling* an sich nicht

280 Vgl. auch im Folgenden DeAngelo, L. E. (1981a).
281 Vgl. DeAngelo, L. E. (1981a), S. 116.
282 Vgl. Wagenhofer, A./Ewert, R. (2003), S. 486.
283 Vgl. DeAngelo, L. E. (1981a), S. 122. Vgl. Wagenhofer, A./Ewert, R. (2003), S. 478.
284 Vgl. DeAngelo, L. E. (1981a), S. 125. Dies ist der Fall wenn z.B. *Low Balling* gesetzlich untersagt wird.
285 Vgl. auch im Folgenden DeAngelo, L. E. (1981a), S. 116.
286 Somit sind die Quasirenten, obwohl sie keine echten Renten darstellen, entscheidungsrelevant für den Prüfer. Vgl. Stefani, U. (2002), S. 94.
287 Vgl. Wagenhofer, A./Ewert, R. (2003), S. 487.

zu einer Gefährdung der Unabhängigkeit.[288] Umgekehrt läuft der Prüfer bei durch Abhängigkeit bedingten Bilanzierungsfehlern Gefahr, dass sein Fehlverhalten bei Konkurs, durch Restatements oder durch die Presse aufgedeckt wird.[289] Den höheren jetzigen Quasirenten steht der Verlust künftiger Quasirenten (z.B. durch Reputationseinbußen) gegenüber.[290] Die Entscheidung über sein Verhalten wird der Prüfer abhängig davon machen, wie wichtig ihm das Mandat ist.[291] Dabei spielt die Summe der Quasirenten einer Prüfungsgesellschaft, welche sich aus den Transaktionskosten zusammensetzt eine bedeutende Rolle.[292] Dabei gilt, je höher der Anteil eines Mandats an den gesamten Quasirenten, desto höher die Gefahr der Abhängigkeit.

Kritisch zu erachten ist es, dass DEANGELO (1981A) von einem unendlichen Planungshorizont ausgeht, keinen Wechsel des Prüfers vorsieht und keine Beratungsleistungen berücksichtigt.[293] Die von DEANGELO (1981A) unterstellte vollkommene Konkurrenz ist nicht realistisch, da der Prüfungsmarkt durch wenige mächtige Prüfungsgesellschaften dominiert wird (vgl. III.1 zur Konzentration auf dem deutschen Prüfungsmarkt).[294] Das Kriterium der vollkommenen Konkurrenz wird jedoch für die Annahme der Quasirenten notwendig. Ansonsten würde der Prüfer echte Renten erzielen.[295] Marktunvollkommenheiten treten auf, da Transaktionskosten bestehen, welche dem Prüfer steigende Honorare nach der ersten Prüfungsperiode ermöglichen.[296] Weiterhin wird nicht danach differenziert, ob Prüfer unterschiedliche Kompetenzen besitzen. Daraus folgt, dass auch keine Preisunterschiede der Prüfungsgesellschaften berücksichtigt werden.[297]

Außerdem wird kritisch erachtet, dass die Verhandlungsmacht im Modell von DEANGELO (1981A) alleine beim Prüfer liegt.[298] Würde ein Teil der Verhandlungsmacht beim Mandanten liegen, so wären die Quasirenten geringer.[299] Der Mandant könnte die Honorare der Folgeprüfungen möglicherweise sogar bis auf die Höhe der Prüfungskosten reduzieren.[300] STEFANI (2002) merkt weiter an, dass die Beziehung zwischen Prüfer und Mandant nicht

---

288 Vgl. DeAngelo, L. E. (1981a), S. 113. Ostrowski, M./Söder, B. H. (1999), S. 558.
289 Vgl. Chung, H./Kallapur, S. (2003), S. 934f.
290 Vgl. Ballwieser, W. (2001), S. 106. Vgl. Chung, H./Kallapur, S. (2003), S. 934f.
291 Vgl. Chung, H./Kallapur, S. (2003), S. 935.
292 Vgl. Wagenhofer, A./Ewert, R. (2003), S. 487.
293 Zur Kritik am Modell vgl. auch im Folgenden unter anderem Ballwieser, W. (2001), Stefani, U. (2002), Wagenhofer, A./Ewert, R. (2003) und Bauer, M. (2004a).
294 Eine Ausnahme stellt das Betrand-Gleichgewicht dar, bei welchem eine Konkurrenz durch nur wenige Prüfungsgesellschaften bestehen kann. So können auch nur zwei Gesellschaften den Markt dominieren und trotzdem existiert ein Wettbewerbspreis. Vgl Varian, H. R.(1999), S. 458f. Vollkommener Wettbewerb bedeutet, dass ein Prüfer keine Gewinne aus dem Mandat erzielt.
295 Vgl. Stefani, U. (2002).
296 Vgl. Stefani, U. (2002), S. 99.
297 Vgl. Ballwieser, W. (2001), S. 106.
298 Vgl. Stefani, U. (2002), S. 104. In diesem Fall würde kein *Low Balling* mehr auftreten, da der Prüfer in der ersten Periode nicht mehr unter den Kosten anbietet. Wegen der Verhandlungsmacht des Mandanten kann der Prüfer in den Folgeperioden keine Gewinne einfahren, sondern erhält nur die reinen Prüfungskosten. Damit können in den Folgeperioden keine Verluste aus der ersten Periode mehr aufgeholt werden.
299 Vgl. Stefani, U. (2002), S. 104.
300 Vgl. Ostrowski, M./Söder, B. H. (1999), S. 558.

abgebildet wird. So sind weitere Effekte wie Haftung oder Reputation, welche die Entscheidung des Prüfers hinsichtlich der Unabhängigkeit beeinflussen, nicht berücksichtigt.[301] Aus der Kritik am Modell von DEANGELO (1981A) sind im Laufe der Zeit Modellerweiterungen oder ähnliche Modelle entstanden, welche im nachfolgenden Abschnitt beschrieben werden.

2.1.2 Weitere Modelle zur Erklärung der Unabhängigkeit

BECK ET AL. (1988) gehen von den Grundannahmen des DeAngelo-Modells aus, erweitern dieses um Beratungsleistungen und differenzieren zwischen einmaligen und wiederkehrenden Leistungen. Wie bei den Prüfungskosten im Modell von DEANGELO (1981A) wird bei den Beratungskosten zwischen Erstberatungs- und Folgeberatungskosten unterschieden.[302] BECK ET AL. (1988) zeigen, dass eine stärkere Bindung zwischen Prüfer und Mandanten besteht, wenn Nichtprüfungsleistungen bereitgestellt werden. Dabei erzielt der bestehende Prüfer durch ihm nach der ersten Periode nicht mehr anfallenden Prüferwechsel- und Erstprüfungs- und -beratungskosten einen zusätzlichen Kostenvorteil gegenüber den Konkurrenten. Dieser Vorteil spiegelt sich in höheren Quasi-Renten wider und kann die Abhängigkeit vom Mandanten erhöhen.[303] Weiterhin werden Synergieeffekte zwischen Prüfung und Beratung berücksichtigt, welche einen reduzierenden Effekt auf Erstprüfungs- und Folgekosten der Prüfung haben. BECK ET AL. (1988) zeigen dabei, dass die Synergieeffekte bei wiederkehrenden Beratungsleistungen zu sinkenden Erstprüfungskosten führen und eine geringere Bindung zwischen Prüfer und Mandant induzieren, als es ohne Synergieeffekte der Fall wäre.[304] Synergieeffekte sind in diesem Fall nicht schädlich für die Unabhängigkeit. Werden die Beratungsleistungen als einmalig betrachtet, können Synergieeffekte zwischen Prüfung und Beratung nur in einer oder auch in den folgenden Perioden auftreten. Im Gegensatz zum Fall wiederkehrender Beratungsleistungen führen anhaltende Synergieeffekte aus einer einmaligen Beratungstätigkeit zu einer stärkeren Bindung zwischen Prüfer und Mandant als bei einer reinen Prüfungstätigkeit. Der Anteil der Quasirenten aus einem Mandant an den gesamten Quasirenten einer Prüfungsgesellschaft ist dabei maßgeblich. Bei nicht wiederkehrenden Synergieeffekten aus einmaliger Beratung wird der künftige Barwert aus einem Mandat nicht beeinflusst. Die Ergebnisse zeigen, dass die Unabhängigkeit der Prüfer durch die Bereitstellung von Beratungsleistungen vermehrt eingeschränkt sein kann, das Ausmaß der Abhängigkeit aber von der Form der Beratungsleistungen und den damit verbundenen Synergieeffekten abhängt.[305]

MAGEE/TSENG (1990) modifizieren die Annahmen des ursprünglichen Modells von DEANGELO (1981A), indem sie die Bestrebungen des Managements zu einem einheitlichen Prüfungsergebnis einbeziehen und Meinungsverschiedenheiten zwischen Prüfer und Mandant

---

301 Vgl. Stefani, U. (2002), S. 145f. mit weiteren Kritikpunkten. Vgl. auch Bauer, M. (2004a).
302 Vgl. im Folgenden Beck, P. J./Frecka, T. J./Solomon, I. (1988), S. 53.
303 Vgl. auch im Folgenden Beck, P. J./Frecka, T. J./Solomon, I. (1988), S. 57.
304 Vgl. auch im Folgenden Beck, P. J./Frecka, T. J./Solomon, I. (1988), S. 58ff.
305 Vgl. zur Beurteilung der Quasirenten-Theorie Ewert, R. (1990).

bei der Auslegung der Rechnungslegung betrachten.[306] MAGEE/TSENG (1990) treffen (1) eine Unterscheidung zwischen einem Prüfungsergebnis, welches für den Mandanten günstig (y_1) ist und einem ungünstigen Ergebnis (y_2). Das Prüfungsergebnis basiert auf der Auslegung des Berichtsverhaltens des Managements durch den Prüfer. Das Ergebnis ist dem Mandanten zuvor aber nicht bekannt. Darüber hinaus kann der Prüfer (2) vom Typ 1 oder Typ 2 sein.[307] Die Verhandlungsmacht liegt bei den Prüfern, da das Management auch den Prüfertyp bei der Vergabe des Auftrages nicht kennt. Der Prüfer vom ersten Typ verhält sich im Interesse des Managements und sieht das Berichtsverhalten des Managements (y_1) als korrekt an und verhält sich immer unabhängig, weil es seines Erachtens keine kritischen und aufzudeckenden Bilanzierungsfragen gibt. Liegen nur Typ 1-Prüfer vor, gibt es nur günstige Prüfungsergebnisse, die Ergebnisse hinsichtlich der Quasirenten weichen nicht vom Ausgangsmodell von DEANGELO (1981A) ab. Der Typ 2-Prüfer berichtet im Gegensatz dazu auch über ungünstige Ergebnisse (y_2). Somit unterliegt der Typ 2-Prüfer der Drohung des Managements, sein Mandat zu verlieren, wenn er sich nicht in ihrem Interesse verhält und wegen dem Berichtsverhalten des Managements ein ungünstiges Testat abgibt. Ein Mandatsentzug führt zum Verlust der Erstprüfungs- und Wechselkosten als Vorteil des bestehenden Prüfers, welcher diesen Verlust vermeiden möchte und möglicherweise mit dem Management kooperiert. Ein Typ 2-Püfer kann den Mandatsentzug nur mit sinkenden Honoraren für die Folgeperioden abwenden. Der Prüfer vom Typ 2 wird sich dennoch niemals abhängig verhalten, wenn seine Kosten der Abhängigkeit zu hoch sind.[308] Zudem ist die Drohung eines Mandatsentzugs, welche die Unabhängigkeit des Typ-2-Prüfers beeinträchtigen kann, nur unter bestimmten Bedingungen sinnvoll:[309]

- Es muss ein mehrperiodiges Bilanzierungsproblem vorliegen. Denn bei einem einperiodigen Bilanzierungsproblem kennt das Management den Typ des Prüfers und seine Einstellung noch nicht und für die Folgeperioden ist das Bilanzierungsproblem nicht entscheidungsrelevant.[310]

- Es müssen sowohl Typ 1-Prüfer als auch Typ 2-Prüfer mit unterschiedlichen Auffassungen hinsichtlich der Bilanzierung am Markt vertreten sein.

---

306 Vgl. auch im Folgenden Magee, R. P./Tseng, M.-C. (1990).

307 Vgl. auch im Folgenden Magee, R. P./Tseng, M.-C. (1990), S. 321f. Die verschiedenen Prüfertypen sind notwendige Voraussetzung zur Erklärung der Unabhängigkeit in diesem Modell.

308 Vgl. dazu ausführlich Stefani, U. (2002), S. 162ff. Die Kosten der (Un)Abhängigkeit beziehen sich auf die Erstprüfungs- und Prüferwechselkosten. Der Vergleich der Kosten der Unabhängigkeit und der Kosten der Abhängigkeit zeigt, dass die Unabhängigkeit gestärkt werden kann, wenn die Erstprüfungs- und Prüferwechselkosten sinken. Vgl. Magee, R. P./Tseng, M.-C. (1990).

309 Vgl. auch Stefani, U. (2002), S. 164ff.

310 Da die Prüfer die Bilanzierungsfragen um Zeitpunkt der Angebotsabgabe nicht kennen, können diese auch nicht in der Preissetzung berücksichtigt werden und z.B. dazu dienen den Typ des Prüfers zu signalisieren und dem Mandant die Möglichkeit zu geben direkt einen anderen Prüfer zu engagieren. Somit ist die Drohung des Mandatsverlusts nur bei mehrperiodigen Bilanzierungsfragen für den Prüfer bedeutsam.

- Der Mandant kennt den Typ des Prüfers erst am Ende der Periode. Ebenso kennt der Prüfer seinen Typ noch nicht zum Zeitpunkt der Preisfestsetzung, um dem Mandanten diesen signalisieren zu können.
- Zudem ist die Drohung eines Mandatsentzugs in der letzten Periode nicht mehr wirksam, da in der letzten Prüfungsperiode jeder Prüfer seinem Typ entsprechend berichtet. Der derzeitige Prüfer kann dann keine künftigen Renten aus dem Mandat verlieren, da die Mandatslaufzeit beschränkt ist.[311]

Das Modell zeigt, dass der Prüfer von diesen Umständen abgesehen, zu Kooperationen bereit sein kann und seine Unabhängigkeit reduziert, um keine Renten zu verlieren. MAGEE/TSENG (1990) weisen daraufhin, dass eine Einschränkung der Spielräume in der Rechnungslegung förderlich für die Unabhängigkeit der Prüfer ist.[312] Das Modell zeigt zudem, dass Quasirenten nicht stets zu einer eingeschränkten Unabhängigkeit führen. Kritik lässt sich an diesem Modell üben, denn es berücksichtigt nicht, dass die Manager bei ungünstiger und günstiger Berichterstattung ungleich entlohnt werden und Sanktionen gesetzt werden.[313]

GIGLER/PENNO (1995) greifen die Arbeit von MAGEE/TSENG (1990) auf, berücksichtigen Unterschiede in den Kosten der Prüfer und rücken von der Annahme eines perfekten Prüfungsmarktes ab. Als Folge von Spezialisierung wird zwischen einem Prüfer mit hohen Kosten und einem Prüfer mit geringen Kosten unterschieden, wobei der Kostenunterschied größer als die Summe aus Erstprüfungs- und Prüferwechselkosten ist.[314] Die Kostenstruktur kann sich im Zeitablauf ändern. Dem Prüfer mit geringen Kosten ist es dabei unter bestimmten Voraussetzungen eher möglich, anfangs ein Mandat zu gewinnen und einen Prüferwechsel abzuwenden.[315] Ist der amtierende Prüfer zum Wechselzeitpunkt der für das Unternehmen günstigere Prüfer, so findet kein Wechsel statt. Dies hängt von der Wahrscheinlichkeit des Wechsels der Kostenstruktur ab. Der amtierende Prüfer kann Honorare in Höhe der Kosten des anderen Prüfers und der Erstprüfungs- und Prüferwechselkosten fordern. Da in diesem Modell nicht nur die Erstprüfungs- und Prüferwechselkosten, sondern auch die Kostenunterschiede Einfluss auf die ökonomischen Renten (Quasirenten) nehmen, kann der Mandant einen Teil der ökonomischen Renten vom Prüfer zurückgewinnen.[316] So bringt ein Prüferwechsel dem Unternehmen möglicherweise eine Kostenersparnis, da auch der nicht amtierende Prüfer um den Auftrag kämpft. Die Konkurrenz der Prüfer mit unter-

---

311 Vgl. Magee, R. P./Tseng, M.-C. (1990), S. 325f.
312 Vgl. Magee, R. P./Tseng, M.-C. (1990), S. 332.
313 Vgl. Stefani, U. (2002), S. 100.
314 Vgl. Gigler, F./Penno, M. (1995). Kostenunterschiede bei der Prüfung entstehen z.B. durch unterschiedliche Prüfungstechniken oder Prüfungsprogramme.
315 Vgl. auch im Folgenden Gigler, F./Penno, M. (1995), S. 319ff. Ergebnis der Preissetzung ist, dass der günstige Prüfer in der ersten Periode geringere Honorare fordert, als im Modell ohne Betrachtung von Preisunterschieden. Die Preisunterschiede erlauben es dem Prüfer die künftigen Kostenvorteile vorwegzunehmen, sodass in der ersten Periode echte Renten erzielt werden. Dabei ist der Wechsel der Kostenstruktur in die Betrachtung einzubeziehen. Vgl. auch Ewert, R. (1999), S. 47.
316 Vgl. Gigler, F./Penno, M. (1995), S. 323f.

schiedlichen Kostenstrukturen führt zu geringeren Renten der Prüfer. Das Modell von GIGLER/PENNO (1995) betrachtet allerdings nicht die Entstehung von Quasirenten und trifft keine Aussage über die Unabhängigkeit der Prüfer.[317]

LEE/GU (1998) beschreiben, dass die Unabhängigkeit der Prüfer durch *Low Balling* nicht eingeschränkt ist, sondern erhöht wird, wenn der Prüfer von den Anteilseignern bestimmt wird.[318] Der Prüfer wird entsprechend einem Vertrag entlohnt und erhält entweder jede Periode das gleiche Honorar oder in der ersten Periode ein geringeres Honorar als in den folgenden Perioden.[319] Das Management kann seinen Arbeitseinsatz wählen. Dieser ist hoch oder gering. Die Entlohnung des Managements hängt vom Prüfungsergebnis ab und ist bei einem eingeschränkten Bestätigungsvermerk gering. Der Eigner beobachtet die Arbeit des Managements über das Prüfungsergebnis. Nun besteht die Möglichkeit von Seitenzahlungen, die das Management an den Prüfer leistet, damit er sich in ihrem Interesse verhält. Dadurch erhöht sich der Nutzen beider Parteien.[320] Ein Kontrollsystem der Eigner überprüft, ob eine Kollusion zwischen Prüfer und Management besteht. Das Kontrollsystem wird mit einer bestimmten Wahrscheinlichkeit vom Eigner eingesetzt. Im Falle der Aufdeckung der Kollusion haftet der Prüfer und verliert sein Mandat. Bei vertraglich vereinbarten im Laufe der Zeit steigenden Honoraren des Prüfers ist der Verlust von Quasirenten bei der Aufdeckung gravierender, weshalb der Prüfer nicht mit dem Management kolludiert, es sei den, die Seitenzahlungen übersteigen die Nachteile der Aufdeckung durch die Eigner. Die Eigner werden diese Vertragsstruktur einem Vertrag mit konstanten Honoraren vorziehen, da das Kontrollsystem mit einer geringeren Wahrscheinlichkeit eingesetzt werden muss. Im Gegensatz zum Ausgangsmodell von DEANGELO (1981A) werden keine Erstprüfungs- und Prüferwechselkosten berücksichtigt, vielmehr dienen die Quasirenten dem Eigner dazu, eine Kollusion zwischen Prüfer und Management einzuschränken. Dieses Ergebnis ist besonders für Deutschland interessant, da die Prüfer durch den Aufsichtsrat beauftragt werden, nachdem die Gesellschafter darüber abgestimmt haben.[321]

Im Gegensatz zum Modell von DEANGELO (1981A) betrachten OSTROWSKI/SÖDER (1999) neben Prüfungs- auch Beratungsleistungen und deren Auswirkung auf die Unabhängigkeit.[322] Dabei findet, wie auch bei BECK ET AL. (1988A), eine Unterscheidung zwischen ein-

---

317 Vgl. Stefani, U. (2002), S. 160.

318 Vgl. im Folgenden Lee, C.-W. J./Gu, Z. (1998).

319 Vgl. Lee, C.-W. J./Gu, Z. (1998), S. 539. Die Höhe des Barwerts beider Entlohnungsformen ist gleich.

320 Vgl. Lee, C.-W. J./Gu, Z. (1998), S. 540-544. Der Prüfer erhält höhere Honorare, der Manager ein höheres Gehalt, welches vom Unternehmensergebnis abhängt. Abhängig von den Kosten der Zusammenarbeit bestimmt das Management die Maximalzahlung, der Prüfer die Minimalzahlung bei Zusammenarbeit.

321 Vgl. Wagenhofer, A./Ewert, R. (2003), S. 504f. Die Autoren sehen die Nähe von Aufsichtsrat und Management in Deutschland als kritisch an.

322 Vgl. im Folgenden Ostrowski, M./Söder, B. H. (1999).

maligen und wiederkehrenden Beratungsleistungen statt.[323] Der Barwert der Quasirenten steigt nach Berücksichtigung der Beratung.[324] Im Gegensatz zu BECK ET AL. (1988A) erkennen OSTROWSKI/SÖDER (1999), dass die Quasirenten im Fall der zusätzlichen Beratung sowohl für einmalige als auch für mehrperiodige Beratungsleistungen ansteigen. Somit kann der Prüfer die Prüfung zu einem noch geringeren Preis anbieten, sodass sich das *Low Balling* erhöht. Die Unabhängigkeit sinkt aber nur dann, wenn bei den weiteren Mandanten keine Beratungsleistungen angeboten werden.[325] Ansonsten würde sich das Verhältnis der Quasirenten aus einem Mandat zu der Summe der Quasirenten aus allen Mandaten nicht oder nur kaum verändern. OSTROWSKI/SÖDER (1999) argumentieren, dass diese Begründung nur korrekt ist, sofern der Umfang der Beratungsleistungen nicht je nach Mandant variiert.[326]

Das Modell von STEFANI (2002) erweitert die Aussage von MAGEE/TSENG (1990), indem Reputationsverluste des Prüfers gegenüber dem Kapitalmarkt auftreten können. STEFANI (2002) betrachtet entgegen dem DEANGELO-MODELL (1981A), dass es zwei Typen von Prüfern gibt und unterscheidet Fälle von symmetrischer und asymmetrischer Informationsverteilung.[327] Der seriöse Prüfer verhält sich unabhängig, während der opportunistische Prüfer unter einer bestimmten Wahrscheinlichkeit nicht korrekt berichtet und somit ein geeigneter Kooperationspartner des Managements ist. Das Management kann den Typ des Prüfers zunächst nicht beobachten und muss vor diesem Hintergrund abwägen, welche Form von Investitionsentscheidung es trifft. Dabei wird zwischen zwei, jeweils einjährigen Projekttypen unterschieden. Bei unvorteilhaften, risikoreichen Investitionen wird ein unabhängiger Prüfer darüber berichten und das Testat einschränken. Verhält sich er Prüfer in der ersten Periode unabhängig, fordern die Kapitalgeber in den Folgeperioden geringere Renditen, da die Glaubwürdigkeit des Abschlusses hoch ist. In diesem Fall sind symmetrische Informationen zwischen Mandant und Investoren gegeben. Der Prüfer fordert in diesem Fall Honorare für die Folgeprüfung unter Berücksichtigung der Prüferwechsel- und Erstprüfungskosten, ohne das es zu einem Prüferwechsel kommt.[328] Dagegen gibt der opportunistische Prüfer die Information über die Investitionsentscheidung nicht unbedingt an die Kapitalgeber weiter. Es bestehen asymmetrische Informationen. Die Investoren benötigen jedoch Informationen über den Projekttyp, um ihre Renditen und Rückzahlungsansprüche entsprechend dem Risiko der Investition festzusetzen. Erteilt der Prüfer ein Gefälligkeitstestat und wird dem Manager dies nach der ersten Periode bekannt, können sich die Quasirenten des Prüfers in der Folgeperiode erhöhen, da er seinen Informationsvorsprung gegenüber den

---

323 Allerdings gehen Ostrowski, M./Söder, B. H. (1999), S. 559 nur von Synergieeffekten der Prüfung für die Beratung aus. Beck, P. J. et al. (1988) berücksichtigten auch Synergieeffekte der Beratung für die Prüfung.

324 Vgl. auch im Folgenden Ostrowski, M./Söder, B. H. (1999), S. 560f., S. 562.

325 Vgl. für diese Einschränkung und für folgenden Satz Ewert, R. (2002), S. 2394.

326 Vgl. Ostrowski, M./Söder, B. H. (1999), S. 562.

327 Vgl. im Folgenden Stefani, U. (2002), S. 188ff.

328 Vgl. Stefani, U. (2002), S. 202f. Der amtierende Prüfer hat den Vorteil, dass bei einem Prüferwechsel der Mandant keine Kenntnis über den Typ des Prüfers besitzt.

Kapitalgebern ausnutzen kann.[329] Die Verhandlungsmacht liegt auf der Seite des Prüfers. Es besteht keine Drohung eines Mandatsverlustes, vielmehr kann der Prüfer die günstigen Finanzierungskonditionen abschöpfen, welche das Management erzielt. Reputationsverluste erleidet der Prüfer nur dann, wenn die Gegebenheit des Gefälligkeitstestates den Investoren z.B. durch Insolvenz des Unternehmens bekannt wird. Die Quasi-Renten beeinflussen die Unabhängigkeit bei diesem Modell nicht, da auch ein abhängiger Prüfer am Ende der Periode keine Quasirenten verliert.[330] Die Unabhängigkeitsgefährdung kann somit nicht durch die Quasirenten ausgedrückt werden, wie dies im Ausgangsmodell von DEANGELO-MODELL (1981A) der Fall ist. Vielmehr ist es für den Prüfer wegen der Unbekanntheit des Prüfertyps und den Transaktionskosten vorteilhaft sich abhängig zu verhalten.[331] So fordert STEFANI (2002) gesetzliche Regelungen wie die Honorarveröffentlichungspflicht, da diese die Investoren besser informieren, sodass diese eine Aussage über die Unabhängigkeit des Prüfers und eine mögliche Zusammenarbeit zwischen Prüfer und Management treffen können.[332]

2.1.3 Beurteilung der Maßnahmen zur Stärkung der Unabhängigkeit über die Quasirenten-Theorie

Die Ergebnisse der theoretischen Modelle zeigen, dass die Unabhängigkeit durch den Erhalt von Quasirenten nicht per se eingeschränkt ist. Hinsichtlich der Beurteilung der Maßnahmen zur Stärkung der Unabhängigkeit wird zunächst die Rotationspflicht betrachtet. Anhand des Modells von DEANGELO (1981A) wird sichtbar, dass der gesetzlich geforderte Wechsel des Prüfers oder der Prüfungsgesellschaft zu zusätzlichen Transaktionskosten führt.[333] Die zusätzlichen Kosten der Rotation in Form von Erstprüfungs- und Prüferwechselkosten sind dabei von den Mandanten zu tragen, während der Prüfer mit reduzierten Quasirenten konfrontiert wird.[334] Eine mögliche externe Rotation sichert auf den ersten Blick Unabhängigkeit und Prüfungsqualität.[335] Neben geringeren Quasirenten reduziert sich das Ausmaß von *Low Balling*, bestehen bleibt dies jedoch auch bei einer Pflichtrotation. Dabei kann die Verminderung der Quasirenten nur dann von dem Prüfer durch höhere Honorare ausgeglichen werden, wenn es für den Mandanten nicht vorteilhafter ist, schon vor Ablauf der Rotationszeit den Prüfer zu wechseln.[336] Da ein möglicher gesetzlicher Pflichtwechsel der Prüfungsgesellschaft die Überschüsse aus einem Mandat verringert, wird der Prüfer immer daran interes-

---

329 Hierfür benötigt der Prüfer ein gewisses Maß an Verhandlungsmacht gegenüber dem Mandanten. Vgl. Stefani, U. (2002), S. 213ff.

330 Vgl. Stefani, U. (2002), S. 207f.

331 Solange die Erstprüfungs- und Prüferwechselkosten größer als der Finanzierungsnachteil des Mandanten sind, kann die Unabhängigkeit der Prüfer nicht gesichert sein.

332 Vgl. Stefani, U. (2002), S. 226-228.

333 Vgl. die theoretische Herleitung der Quasirenten bei externer Rotationspflicht bei Stefani, U. (2002), S. 131-141.

334 Die höheren Prüfungskosten bei externer Rotation ergeben sich aus dem Barwert der Prüferwechsel- und Erstprüfungskosten. Der Diskontierungsfaktor berücksichtigt die begrenzte Mandatsdauer. Diese Beurteilung erfolgt aus gesamtgesellschaftlicher Sicht. Stefani, U. (2002), S. 134f., S.137.

335 Vgl. Marten, K.-U./Quick, R./Ruhnke, K. (2003), S. 162ff. Vgl. auch im Folgenden zum modelltheoretischen Nachweis geringerer Quasirenten Wagenhofer, A./Ewert, R. (2003).

336 Vgl. Wagenhofer, A./Ewert, R. (2003), S. 481f.

siert sein, das Mandat so lange wie möglich zu behalten.[337] Dies ist dem Mandanten bewusst und kann dazu genutzt werden, Druck auf den Prüfer auszuüben.[338] Weiterhin ist die Annahme des Modells von DEANGELO (1981A) eines unendlichen Planungszeitraums nun nicht mehr korrekt. Außerdem ist neben der Veränderung der Quasirenten aus einem Mandat, die Summe der Quasirenten aus allen Mandaten für die Entscheidung des Prüfers maßgeblich.[339] Mit Einführung einer Rotationspflicht werden die Quasirenten aller Mandate verringert. Die Wirkung auf die Unabhängigkeit ist deshalb gering, wenn die Anzahl der Mandate einer Prüfungsgesellschaft hoch ist.[340] STEFANI (2002) erkennt zudem, dass die Quasirenten nicht so stark sinken, wenn bei der gesetzlichen Rotation Absprachen getroffen werden, die es den Prüfungsgesellschaften ermöglichen, das Mandat nach einer Ruhephase wieder zu prüfen (so genanntes Rotationskartell).[341] BIGUS/ZIMMERMANN (2007A) weisen darauf hin, dass bei einer Bestellung des Prüfers durch die Anteilseigner adverse Effekte der Rotationspflicht auftreten können.[342] Da die Quasirenten bei einer gesetzlichen Rotationspflicht geringer sind, wird es für das Management leichter, die Prüfer mit Seitenzahlungen für sich zu gewinnen. In diesem Fall tritt ein nicht gewünschter Effekt von eingeschränkter Unabhängigkeit durch die Rotationspflicht ein.[343] Bei der internen Rotation ist davon auszugehen, dass die Quasirenten an die Prüfungsgesellschaft fließen und nicht an den einzelnen Prüfer. In diesem Fall führt eine Rotationspflicht zu keiner Veränderung der Quasirenten.[344] Bei der externen Rotation wird die Summe der Quasirenten aus allen Mandaten betrachtet, sodass es ebenfalls zu keinen Änderungen kommt. Vor diesem Hintergrund scheint die Rotationspflicht nicht geeignet die Unabhängigkeit zu erhöhen, wenn diese über die Quasirenten-Theorie beurteilt wird.

Bis auf wenige Einschränkungen zeigen die Ergebnisse der vorgestellten Modelle, dass zusätzliche Beratungsleistungen die Unabhängigkeit einschränken können. Der Prüfer kann Synergieeffekte aus der Bereitstellung von Beratungsleistungen nutzen und somit seine gesamten, aber auch Erstprüfungskosten reduzieren, wodurch die Quasirenten steigen.[345] Abhängig von der Wirkungsrichtung der Synergieeffekte sinken entweder nur die Prüfungs-

---

337 Vgl. DeAngelo, L. E. (1981a). Mehr zur Quasirenten-Theorie in Abschnitt II.2.1.

338 Erhöht ein Prüferwechsel das Vertrauen in den Jahresabschluss und in die Unabhängigkeit der Prüfer, wird eine hohe Prüfungsqualität signalisiert. Vgl. Marten, K.-U./Quick, R./Ruhnke, K. (2003), S. 164. Vgl. zum Argument einer verbesserten Prüfungsqualität in Form einer höheren Fehleraufdeckungswahrscheinlichkeit Quick, R. (2005), S. 114.

339 Vgl. Wagenhofer, A./Ewert, R. (2003), S. 492. Vgl. Ewert, R. (2002), S. 2393.

340 Vgl. Stefani, U. (2002), S. 131, welche zudem anmerkt, dass die Auswirkungen der Rotation auf die restlichen Mandate des Prüfers nicht vorhergesagt werden können. Der negative Effekt von Reputationsverlusten kann sich umkehren, wenn Manager die Möglichkeit haben einen Prüfer zu bestimmen, gerade weil er Gefälligkeitstestate erteilt.

341 Hierbei geht es darum, dass Prüfungsgesellschaften Mandate tauschen und nach der Rotation wieder zurückgeben, um die Folgen der Rotationspflicht zu reduzieren. Vgl. Stefani, U. (2002), S. 137-140.

342 Eine Bestellung durch das Management ist lediglich über § 111 Abs. 4 AktG möglich. Vgl. auch im Folgenden Bigus, J./Zimmermann, R.-C. (2007a), S. 581.

343 Vgl. auch Quick, R. (2005), S. 119.

344 Vgl. Stefani, U. (2002), S. 141f.

345 Vgl. Simunic, D. A. (1984), S. 685f. Vgl. Marten, K.-U./Quick, R./Ruhnke, K. (2003), S. 157. Die Autoren führen aber auch an, dass Unabhängigkeitsdiskussionen durch gleichzeitige Beratung und Prüfung hervorgerufen werden.

oder auch die Beratungskosten. Dabei ist die Erhöhung der Quasirenten immer im Vergleich mit den Quasirenten aus anderen Mandaten des Prüfers ohne Beratungsleistungen zu betrachten.[346] ARRUNADA (1999B) untersucht in seinem Modell, ob bei gleichzeitiger Prüfung und Beratung *Knowledge Spillovers* und vertragliche Verbundvorteile bestehen.[347] ARRUNADA (1999B) stellt fest, dass das gleichzeitige Angebot von Prüfung und Beratung nicht immer mit Abhängigkeit gleichgesetzt werden kann, besonders wenn die Mandantenstruktur weit diversifiziert ist.[348] Weiterhin ist auch zu berücksichtigen, dass die Urteilsfähigkeit des Prüfers durch die Realisierung von Synergieeffekten gesteigert werden kann.[349]

Die deutsche gesetzliche Regelung des § 319 und des § 319a HGB, die gesamten Umsätze aus einem Mandat auf 30% bzw. 15% der gesamten Einnahmen der Prüfungsgesellschaft zu reduzieren, ist vor dem Hintergrund der Quasirenten-Theorie und der Bereitstellung von Nichtprüfungsleistungen nicht eindeutig zu beurteilen. Werden nur die Prüfungsleistungen betrachtet, führt die Reduzierung der Umsatzgrenze zu geringeren Einnahmen aus einem Mandat und somit zu geringeren Quasirenten im Verhältnis zu den gesamten Quasirenten einer Prüfungsgesellschaft.[350] Da bei der gesetzlichen Regelung sowohl Prüfungs- als auch Beratungsleistungen aller Mandate einer Prüfungsgesellschaft betrachtet werden, können die Quasirenten aus allen Mandaten der Prüfungsgesellschaft sinken, wenn eine gesetzliche Regelung das Angebot von Beratungsleistungen senkt. Es besteht dann keine Auswirkung auf die Unabhängigkeit. Dabei kann allerdings nicht berücksichtigt werden, ob die Prüfer bei allen Mandaten im selben Ausmaß beratend tätig sind.[351]

Hinsichtlich der Honorarveröffentlichungspflicht betrachtet STEFANI (2003), wie sich diese auf das Verhalten des Prüfers auswirkt: Durch die Honorarhöhe kann der Investor nun auf den Typ des Prüfers schließen und beurteilen, ob Prüfer und Management asymmetrische Informationen genutzt und sich die möglicherweise zu günstig festgelegten Konditionen der Gläubiger zu eigen gemacht haben.[352] Dazu muss die Annahme bestehen, dass sich alle Kapitalmarktakteure rational verhalten und die Information der offengelegten Honorare verwendet wird. Auch OSTROWSKI/SÖDER (1999) begrüßen eine gesetzliche Regelung, da den Kapitalmarktteilnehmern Informationen über die Beratungstätigkeiten der Prüfungsgesellschaften gegeben werden.[353] Die Honorarveröffentlichung übt einen positiven Einfluss auf die Unabhängigkeit der Prüfer aus, wenn die Informationen über die Höhe der Honorare als Indikator für die Unabhängigkeit der Prüfer am Kapitalmarkt erkannt werden. Nachteil der

---

346 Vgl. Wagenhofer, A./Ewert, R. (2003), S. 490. Vgl. Bigus, J./Zimmermann, R.-C. (2007a), S. 570.
347 Vgl. für die formelmäßige Herleitung der Quasirenten Arrunada, B. (1999b), S. 82-84.
348 Vgl. Arrunada, B. (1999b), S. 84f.
349 Vgl. Bigus, J./Zimmermann, R.-C. (2007a), S. 571.
350 Vgl. Stefani, U. (2002), S. 127.
351 Vgl. Ostrowski, M./Söder, B. H. (1999), S. 562. Vgl. Wagenhofer, A./Ewert, R. (2003), S. 488-491.
352 Vgl. im Folgenden Stefani, U. (2003), S. 481f. Voraussetzung ist, dass das Signal über die Honorarhöhe perfekt und zuverlässig ist.
353 Vgl. Ostrowski, M./Söder, B. H. (1999), S. 563.

Honorarveröffentlichung ist, dass die Umsätze der Prüfungsgesellschaft nicht angegeben werden, um die anteiligen Quasirenten zu messen.

2.2 Prinzipal-Agenten-Theorie

Neben der Quasi-Renten-Theorie existieren weitere Erklärungsansätze für die Unanhängigkeit von Abschlussprüfern. Die Prinzipal-Agenten-Theorie betrachtet Interessenkonflikte zwischen den Beteiligten, welche durch die ungleiche Information der Beteiligten entstehen. Ausgangspunkt der Betrachtung sind Agency-Konflikte in einem Unternehmen, die auf asymmetrische Informationen der Beteiligten zurückzuführen sind. Diese werden als eine Mehr-Parteien-Situation bezeichnet, bei welcher der Agent eine treuhänderische Aufgabe für den Prinzipal ausführt.[354] Agency-Konflikte treten auf, wenn eine Partei einen Informationsvorsprung besitzt, diesen nutzt, um eigene Ziele zu verfolgen und sich opportunistisch verhält.[355] Der Informationsvorsprung besteht entweder schon beim Vertragsabschluss in Form von versteckten Eigenschaften (*Hidden Characteristics / Hidden Information*) oder tritt erst danach (*Hidden Action*) auf.[356] Der Prinzipal kennt die Absichten des Agenten, kann sein Verhalten aber nicht beobachten.[357] Außerdem sind die Ziele des Prinzipals und des Agenten zumeist nicht kompatibel. Beide Parteien besitzen sich voneinander unterscheidende Nutzenfunktionen.[358] Der Nutzen des Agenten hängt von seiner Entlohnung ab, welche wiederum durch seinen Arbeitseinsatz bestimmt ist.[359] Die Prinzipale beurteilen die Agenten über den Erfolg seiner Arbeit bspw. über den Unternehmensgewinn, sodass für den Agenten Anreize bestehen diesen zu manipulieren.[360] Umgekehrt würde eine Entlohnung, welche nicht an den Erfolg des Unternehmens gekoppelt ist, für das Management keine ausreichenden Anreize bieten, sich anzustrengen. Der Nutzen des Prinzipals wird durch den Arbeitseinsatz des Agenten beeinflusst.[361]

Hinsichtlich der Agency-Konflikte kann eine Unterscheidung zwischen eigen- und fremdfinanzierten Konflikten vorgenommen werden. Erstere bestehen zwischen Manager und

---

354 Vgl. Jensen, M. C./Meckling, W. H. (1976), S. 308. Vgl. Kuhner, C. (2005), S. 1ff. Folge schädigender Handlungen der Agenten gegenüber den Prinzipalen sind suboptimale Leistungen und Ergebnisse, die Wohlfahrtsverluste für eine Partei darstellen.

355 Vgl. Jensen, M. C./Meckling, W. H. (1976). Vgl. Lange, S. (1994), S. 68f. Der Prinzipal ist dabei auf den Agenten angewiesen, da er die übertragene Aufgabe nicht selbst auszuführen kann.

356 Vgl. Ewert, R. (1990). Vgl. Herzig, N./Watrin, C. (1995), S. 789. Vgl. Marten, K.-U./Köhler, A. G. (2002b), S. 1843f. Vgl. Müller, K. (2006), S. 8. *Hidden Characteristics* oder *Hidden Information* beschreibt, dass Sachverhalte existieren, welche dem Prinzipalen nicht bekannt sind. *Hidden Action* steht für das Verhalten des Agenten, welches auch nicht vom Prinzipal beobachtet werden kann. *Hidden Action* wird in der Prinzipal-Agenten-Literatur unter der Gefahr des *Moral Hazard*, *Hidden Characteristics* und *Information* unter *Adverse Selection* beschrieben.

357 Vgl. Jensen, M. C./Meckling, W. H. (1976). Vgl. Marten, K.-U./Quick, R./Ruhnke, K. (2003), S. 28, S. 31f.

358 Vgl. Antle, R. (1982). Vgl. Marten, K.-U./Quick, R./Ruhnke, K. (2003), S. 28.

359 Vgl. Antle, R. (1982), S. 512f. Vgl. Antle, R. (1984), S. 10. Vgl. Marten, K.-U./Quick, R./Ruhnke, K. (2003), S. 31. Jensen, M. C./Meckling, W. H. (1976) nennen in diesem Zusammenhang den Einsatz eines Vergütungssystems um Agency-Kosten zu reduzieren.

360 Vgl. auch im Folgenden Antle, R. (1982), S. 512.

361 Vgl. Marten, K.-U./Quick, R./Ruhnke, K. (2003), S. 29f.

Eigner, letztere zwischen Eigner und Gläubiger.[362] Die Eigenkapitalgeber sehen sich den Problemen gegenüber, dass ein Manager nicht pekuniäre Vorteile erlangen möchte, vorteilhafte Investitionen unterlässt oder unvorteilhafte Investitionen vornimmt (Über- und Unterinvestitionsproblem).[363]

Das opportunistische Verhalten der Manager spiegelt sich dagegen bei fremdkapitalinduzierten Agency-Konflikten in liquidations- oder kreditfinanzierten Ausschüttungen, dem Unter- oder Überinvestitionsproblem oder dem Risikoanreizproblem wider.[364] Die Interessen der Prinzipale werden dann nicht mehr berücksichtigt. In beiden Fällen von Agency-Konflikten werden die künftigen Zahlungen von Managern kontrolliert und durch deren Investitionsverhalten und eigene Interessen beeinflusst.[365]

Wie erläutert, kann der für die Prinzipale unbeobachtbare Erfolg des Unternehmens bzw. der Jahresabschluss des Unternehmens die Grundlage für die Entlohnung und Beurteilung des Managements bilden.[366] Die Prinzipale benötigen ein Informationssystem, um zu überprüfen, ob die Agenten im Jahresabschluss eine wahrheitsgemäße Berichterstattung vornehmen.[367] Die Adressaten benötigen diese Informationen über die Arbeit der Agenten, um gegebenenfalls ihre Kapitalkosten um einen Risikozuschlag zu erhöhen.[368] Diese Anreizsysteme dienen dazu, die Interessen des Managements auf die Interessen der Eigentümer abzustimmen.[369] Zudem verbessern Verträge, Rechnungslegungsnormen oder der Aufsichtsrat als Kontrollgremium den Informationsfluss zwischen Prinzipal und Agent (vgl. für die Stellung des Prüfers im Unternehmen Abbildung 1).[370] Da die Rechnungslegung möglicherweise durch die Interessen des Managements verzerrt ist, wird ein weiteres Kontrollgremium notwendig, dies ist der Prüfer. Der Prüfer soll aufzeigen, ob die Informationen des Jahresabschlusses verlässlich sind.[371] Der Prinzipal wird einen Prüfer dann einsetzen, „wenn die Kosten der Prüfung geringer sind als die durch die Wiederherstellung der Funktionsfähigkeit des Manager-Anreizvertrages ermöglichten Vermögenszuwächse des Eig-

---

362 Vgl. dazu Wagenhofer, A./Ewert, R. (2003), S. 151, S. 183-185.

363 Vgl. auch Jensen, M. C. (1986), S. 323. Vgl. Bebchuk, L. A./Fried, J. M. (2003). Vgl. auch Wagenhofer, A./Ewert, R. (2003), S. 183-185. Agency-Konflikte entstehen, da der Manager nicht lohnenswerte Projekte realisiert, die ihm einen Vorteil bringen, dessen Kosten er aber nicht oder nur teilweise zu tragen hat (z.B. Firmenwagen). Die *Free Cashflow* Hypothese von Jensen besagt, dass Manager einen hohen Bestand an frei verfügbaren Mitteln für unvorteilhafte Investitionen nutzen, welche aber ihren eigenen Nutzen steigern.

364 Vgl. hierzu und im Folgenden ausführlich Wagenhofer, A./Ewert, R. (2003), S. 153-158, Bauer, M. (2004a), S. 103-105, S. 112-114 und Kuhner, C. (2005). Ausschüttungen werden dabei aus unvorteilhaften Liquidationen oder Kreditaufnahmen ermöglicht. Ein Risikoanreizproblem besteht, wenn die Eigner das Risiko einer Investition zu Lasten der Gläubiger erhöhen. An diesen Problemen wird sichtbar, dass die Agency-Konflikte durch Einsatz von Kontrollmechanismen gemildert werden müssen.

365 Vgl. Jensen, M. C./Meckling, W. H. (1976). Vgl. Jensen, M. C. (1986), S. 323.

366 Vgl. Ewert, R.(1990).

367 Vgl. Marten, K.-U./Köhler, A. (2002b), S. 8133f. Vgl. auch Marten, K.-U./Quick, R./Ruhnke, K. (2003).

368 Vgl. Jensen, M. C./Meckling, W. H. (1976).

369 Vgl. Wagenhofer, A./Ewert, R. (2003), S. 184.

370 Vgl. Marten, K.-U./Quick, R./Ruhnke, K. (2003), S. 31. Vgl. Bauer, M. (2004a), S. 114f. Vgl. auch im Folgenden Herold, C. (2006), S. 11f.

371 Vgl. Antle, R. (1982), S. 512f. Vgl. auch Grieder, S. (2004), S. 19. Vgl. auch Sunderdiek, B. (2006), S. 34f. Vgl. auch Herold, C. (2006), S. 23-26.

ners."[372] Der Prüfer befindet sich dabei auch in einer Prinzipal-Agenten-Beziehung.[373] Nur wenn eine hohe Prüfungsqualität durch den Abschlussprüfer bereitgestellt wird, können die Interessenkonflikte zwischen Management und Anteilseigner gesenkt und die Agency Kosten reduziert werden.[374] Um eine hohe Prüfungsqualität zu erzeugen, muss der Prüfer bereit sein, seinen Informationsvorteil aufzugeben, den er gegenüber seinen Auftraggebern, sprich den Anteilseignern, hat. Zumeist liegt der Erklärung der Unabhängigkeit die Annahme zugrunde, dass der Kapitalmarkt nur effizient um halbstrengen Sinne ist, da der Manager sonst seinen Informationsvorteil nicht nutzen könnte.[375] Vielmehr wären alle Informationen im Börsenkurs abgebildet. An dieser Stelle knüpft das Modell von ANTLE (1982)/(1984) an, welches zunächst die Rolle des Prüfers und dann die Unabhängigkeit der Prüfer in einem Prinzipal-Agenten-Modell betrachtet.[376]

2.2.1 Modell von Antle (1982)/(1984)

Ausgangspunkt des Modells von ANTLE (1982)/(1984) ist, dass auch zwischen Eigentümer und Abschlussprüfer Prinzipal-Agenten-Konflikte bestehen können.[377] Der Prüfer tritt als Agent auf, der dem Eigentümer als Prinzipal Informationen über die Arbeit des Managements und insbesondere über den nichtbeobachtbaren Unternehmenserfolg zur Verfügung stellt. Hierbei verfügt der Prüfer über einen Informationsvorsprung/-vorteil.[378] Nutzen und Überschuss des Eigners hängen vom Verhalten von Management und Prüfer ab.[379] Das Agency-Problem zwischen Prüfer und Management ist durch Einsatz eines geeigneten Anreizsystems für den Prüfer zu lösen.[380] Das Modell von ANTLE (1984) geht von folgenden Aktionen aus, welche aufeinander folgen:[381]

---

372 Lange, S. (1994), S. 73.

373 Vgl. Antle, R. (1982), S. 504. Vgl. Marten, K.-U. (1999), S. 131f.

374 Vgl. auch im Folgenden Arrunada, B. (1999b), S. 3, S. 5. S. 8f. Vgl. dazu ausführlich Abschnitt II.2.2 der Arbeit.

375 Vgl. Stefani, U. (2002), S. 102.

376 Vgl. weitere Modelle zur Prinzipal-Agenten-Theorie von Ewert, R. (1993), Lange, S. (1994), Kornish, L. J./Levine, C. B. (2004).

377 Vgl. Antle, R. (1982) und Antle, R. (1984).

378 Vgl. im Folgenden Antle, R. (1984), S. 4f. Vgl. auch Marten, K.-U./Quick, R./Ruhnke, K. (2003), S. 153.

379 Vgl. Antle, R. (1984), S. 5.

380 Vgl. Antle, R. (1982), S. 504, S. 515. Vgl. Wagenhofer, A./Ewert, R. (2003), S. 394-399. Anreize des Prüfers sich anzustrengen und wahrheitsgemäß zu berichten, sind bspw. bei erfolgsabhängiger Entlohnung (*Contigent Fees*) gegeben. Vgl. Ergebnisse von Kornish, L. J./Levine, C. B. (2004).

381 Vgl. Antle, R. (1984), S. 4f.

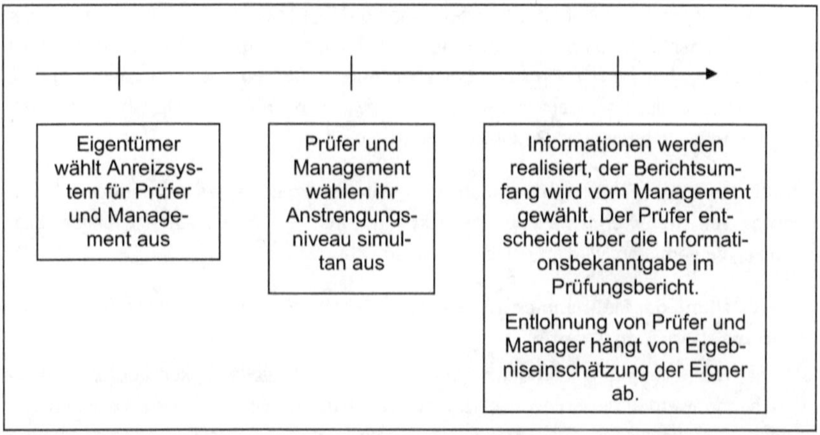

Abbildung 3: Modell zur Unabhängigkeit von Antle (1984)

Im Modell wählt der Eigner zunächst die Entlohnung für Manager und Prüfer. Es wird ersichtlich, dass Prüfer und Management in einem zweiten Schritt die Entscheidung über ihr Anstrengungsniveau und über ihr Berichtsverhalten an Hand des Entlohnungsniveaus zur selben Zeit treffen. Der Prüfer sendet ein Signal über die Höhe des Unternehmensergebnisses und somit über die Höhe des Arbeitseinsatzes des Managers an den Prinzipalen und den Manager. Um die Strategie des anderen zu erfahren, müssen Prüfer und Management sich abstimmen. Demzufolge betrachtet das Modell verschiedene Strategien von Prüfer und Management.[382] Jede Partei fällt seine Entscheidung in Abhängigkeit der erwarteten Entscheidung der jeweils anderen Partei. Verhält sich der Prüfer nutzenmaximierend, ist es möglich, dass die Interessen der Anteilseigner nicht mehr korrekt vertreten sind und/oder auch eine reduzierte Prüfungsqualität vorliegt.[383] Das Verhalten des Prüfers führt – in Abhängigkeit von seinem Nutzen – zu drei Graden von Unabhängigkeit. ANTLE (1984) unterscheidet zwischen „strenger Unabhängigkeit", bei welcher der Prüfer immer im Interesse der Eigner handelt, „Unabhängigkeit", bei welcher der Prüfer seine eigenen Ziele aber auch die der Eigner berücksichtigt und „Abhängigkeit", bei welcher der Prüfer mit dem Management zusammenarbeitet, Seitenzahlungen erhält, um seinen eigenen Nutzen zu maximieren.[384] Der Prüfer wird sich unabhängig, aber nicht streng unabhängig verhalten, um seinen eigenen Nutzen zu maximieren, ANTLE (1984) zeigt, dass es für Management und Prüfer nut-

---

382 Vgl. Antle, R. (1984), S. 6-10.

383 Vgl. Antle, R. (1984). Das Problem der Nutzenmaximierung muss der Eigner durch ein geeignetes Anreizsystem lösen. Vgl. Lange, S. (1994). Vgl. Marten, K.-U./Quick, R./Ruhnke, K. (2003), S. 153. Vgl. Müller, K. (2006), S. 10f. So tritt *Hidden Action* auf, wenn der Prüfer zu einem falschen Prüfungsergebnis kommt, weil er zu wenig sorgfältig gearbeitet hat. Das Problem von *Hidden Characteristics* besteht, wenn der Prüfer nicht unabhängig ist oder die erwarteten Fachkenntnisse nicht aufweisen kann. In allen Fällen sinkt die Prüfungsqualität.

384 Vgl. Antle, R. (1984), S. 8-10.

zenmaximierend ist, sich nicht anzustrengen, wenn der Eigner davon ausgeht, dass sich der Prüfer streng unabhängig verhält.[385] Im Falle der Abhängigkeit des Prüfers wird der Nutzen des Eigners sogar negativ.[386] Dennoch bestehen Anreize des Prüfers, sich unabhängig zu verhalten. Dies ist der Fall, wenn die Kooperation zwischen Prüfer und Management durch den Eigner beobachtbar ist und Reputationsverluste drohen.[387]

Ob Maßnahmen zur Stärkung der Unabhängigkeit das Problem des nichtbeobachtbaren Verhaltens von Prüfer und Manager lösen können und dem Prüfer Anreize bieten, sich unabhängig zu verhalten, wird im Folgenden untersucht.

2.2.2 Beurteilung der Maßnahmen zur Stärkung der Unabhängigkeit über die Prinzipal-Agenten-Theorie

Analog der Beurteilung der Maßnahmen zur Stärkung der Unabhängigkeit über die Quasirenten-Theorie, werden die Rotationspflicht, die Bereitstellung von Beratungsleistungen und die Honorarveröffentlichungspflicht vor dem Hintergrund der Prinzipal-Agenten-Theorie betrachtet. Der Unterschied zur Quasirenten-Theorie besteht in der Frage, ob durch die gesetzliche Regulierung die Reduzierung von Interessenkonflikten durch einen unabhängigen Abschlussprüfer erreicht werden kann. Die Quasirenten-Theorie betrachtet dagegen vordergründig, ob die Höhe der Quasirenten durch die Regulierung beeinflusst wird.

Eine interne Rotationspflicht ist vor dem Hintergrund der Prinzipal-Agenten-Theorie zu befürworten, da die Interessenkonflikte zwischen Management und Investoren durch einen neuen Prüfer abgeschwächt werden, sofern davon ausgegangen wird, dass die Gefahr der Zusammenarbeit zwischen Manager und einem Prüfer im Laufe der Zeit zunimmt.[388] Auch die externe Rotation ist wünschenswert, wenn ein hohes Maß an Interessenkonflikten und Informationsasymmetrien im Unternehmen besteht. Die Eigentümer können bei einer regelmäßig wechselnden Prüfungsgesellschaft wegen der gegenseitigen Kontrolle der Prüfungsgesellschaften verstärkt darauf vertrauen, dass sich die Prüfer unabhängig und somit in ihrem Interesse verhalten. Ein negatives Argument besteht darin, dass die Prüfer durch die Rotationspflicht einen geringen Arbeitseinsatz leisten können, da die Beibehaltung des

---

385 Vgl. Antle, R. (1984), S. 13f. Geht der Eigner davon aus, dass der Prüfer nicht streng unabhängig, sondern nur unabhängig ist, kann es zu Nachteilen des Prüfers in seiner Entlohnung durch den Eigner kommen. Somit bestehen durchaus Anreize sich streng unabhängig zu verhalten.

386 Vgl. Antle, R. (1984), S. 15. Aus diesem Grund müsste der Eigner ein kooperatives Verhalten zwischen Prüfer und Management bei der Ausgestaltung des Entlohnungssystems in Betracht ziehen. Falls der Eigner davon ausgeht, dass beide Parteien kooperieren, macht es keinen Sinn überhaupt einen Prüfer zu beauftragen.

387 Vgl. Antle, R. (1984), S. 16f. Weiterhin können mehrperiodige Verträge die Unabhängigkeit des Prüfers sichern, indem die Entlohnung des Prüfers in der Zukunft davon abhängt, ob er sich unabhängig verhalten hat.

388 Vgl. Ballwieser, W. (2001), S. 111.

Mandates per se nicht möglich ist.[389] Weiterhin fallen bei kurzen Wechselperioden hohe Agency-Kosten für das Unternehmen an.[390]

Die Prinzipal-Agenten-Problematik verschärft sich vor dem Hintergrund von gleichzeitiger Prüfung und Beratung: Der Informationsvorsprung des Prüfers steigt gegenüber dem Management an, da die Kenntnisse über das Unternehmen bei zusätzlicher Beratung tief greifender sind. Als Folge kann das Management bestechlich sein und sich der Forderung des Prüfers für hohe Seitenzahlungen zum Verdecken von Unregelmäßigkeiten eher beugen.[391] Werden die Ergebnisse des Modells von ANTLE (1984) betrachtet, kann argumentiert werden, dass die Seitenzahlungen des Managements in Verbindung mit Beratungsleistungen steigen können und die Unabhängigkeit negativ beeinflussen.[392] Schließen die Anteilseigner die Beratungsverträge ab, ändert sich die Argumentation. LANGE (1994) betrachtet die Beziehung zwischen Prüfung und Beratung und kommt zu dem Ergebnis, dass ein Beratungsvertrag durch die Eigner nur dann abgelehnt wird, wenn der Auftrag sehr risikobehaftet ist oder der Eigner sehr risikoavers ist.[393] Dabei haben Eigner Anreize Beratungsleistungen zu minimieren, um ihre Agency Kosten zu senken.[394] Somit besteht für den Prüfer keine Möglichkeit sich unabhängig zu verhalten. Aufbauend auf dem Modell von ANTLE (1984) betrachten KORNISH/LEVINE (2004) Agency-Konflikte bei gleichzeitiger Prüfung und Beratung und zeigen, dass diese die Unabhängigkeit der Prüfer einschränken. Die Eigentümer können dieses Problem durch eine erfolgsabhängige Bezahlung der Prüfer oder Sanktionierung der Abhängigkeit reduzieren.[395] Werden die Beratungsaufträge durch das Management vergeben, so ist für die Abschlussadressaten schwer nachvollziehbar, ob der Prüfer Beratungshonorare als Ausgleichszahlung für eine eingeschränkte Unabhängigkeit oder für die Bereitstellung tatsächlicher Leistungen erhält.[396] Eine Einschränkung von Beratungsleistungen ist zu befürworten, wenn Agency-Konflikte gesenkt werden, wie PARKASH/VENABLE (1993) empirisch untersuchen.[397] Die Autoren beschäftigen sich damit, ob bei hohen Agency-Konflikten weniger Beratungsleistungen nachgefragt werden, um Unabhängigkeit der Prüfer zu signalisieren. Die Ergebnisse zeigen, dass die angebotenen Nichtprüfungsleistungen in Abhängigkeit der erwarteten Agency Kosten variieren.[398] Wiederkehrende Beratungsleistungen werden im Gegensatz zu nicht wiederkehrenden Beratungsleistungen als Indikator für eingeschränkte Unabhängigkeit verwendet und sinken, wenn die Agency-

389 Vgl. Quick, R. (2005), S. 120.
390 Vgl. Herzig, N./Watrin, C. (1995), S. 795.
391 Vgl. Quick, R. (2006), S. 45.
392 Vgl. Lange, S. (1994), S. 88f.
393 Vgl. Lange, S. (1994), S. 186.
394 Vgl. Parkash, M./Venable, C. F. (1993), S. 113.
395 Vgl. Kornish, L. J./Levine, C. B. (2004).
396 Vgl. Marten, K.-U./Quick, R./Ruhnke, K. (2003), S. 158.
397 Vgl. Parkash, M./Venable, C. F. (1993), S. 113.
398 Vgl. Studie von Parkash, M./Venable, C. F. (1993), S. 113f. Untersucht wurden 860 Beobachtungen während den Jahren 1978 bis 1980. Die Honorarveröffentlichung des ASR No. 250 wird als Basis für die Analyse herangezogen.

Konflikte steigen.[399] Auch FIRTH (1997) erkennt, dass die Relation der Beratungs- zu Prüfungshonoraren vom Ausmaß der Agency-Konflikte abhängt.[400] Diese Ergebnisse sprechen gegen eine Regulierung der Bereitstellung von Nichtprüfungsleistungen um Agency-Konflikte zu senken. Vielmehr reicht die Höhe der Honorare als Informationsinstrument zur Beurteilung der Unabhängigkeit aus, wenn typischerweise hohe Agency-Konflikte bestehen (z.B. in Unternehmen mit vielen Minderheitsgesellschaftern).

Da zwischen Management und Anteilseigner Informationsasymmetrien bestehen, verwenden die Anteilseigner die Honorarveröffentlichung um die Unabhängigkeit der Abschlussprüfer und die eigennützige Arbeit des Managements zu beurteilen.[401] Die Honorarhöhe soll ein Signal senden, ob das Management viele Beratungsleistungen nachgefragt hat, die Leistung des Managements als negativ beurteilt werden kann oder ob hohe Nichtprüfungsleistungen möglicherweise aus Seitenzahlungen an abhängige Prüfer entstanden sind. Dabei ist sich das Management darüber im Klaren, dass die Anteilseigner mittels der Honorarveröffentlichung eine Beurteilung des Managements oder der Prüfer vornehmen.[402]

Grundsätzlich dienen die interne Rotationspflicht und die Einschränkung von wiederkehrenden Beratungsleistungen dazu, die Agency-Konflikte zu senken und die Unabhängigkeit bzw. die Prüfungsqualität zu erhöhen. Bei diesen beiden Alternativen der Regulierung der Unabhängigkeit weichen die Ergebnisse der Beurteilung über die Prinzipal-Agenten-Theorie von der Quasirenten-Theorie ab. Die Honorarveröffentlichung kann als Signal über die Höhe der Nichtprüfungshonorare zu einer Reduzierung von Agency-Konflikten beitragen und wird wie auch bei Betrachtung der Quasirenten-Theorie befürwortet.

2.3 Zusammenfassung

Die modelltheoretischen Ergebnisse zur Unabhängigkeit der Prüfer gliedern sich in dieser Arbeit in die Quasirenten-Theorie und die Prinzipal-Agenten-Theorie.

- Die Quasirenten-Theorie, welche auf DEANGELO (1981A) zurückgeht, beschreibt den Transaktionskostenvorteil einer Prüfungsgesellschaft durch bestehende Mandate. Gegenüber ihren Konkurrenten fallen bei dieser nach der ersten Periode keine Prüferwechselkosten und Erstprüfungskosten mehr an.

- Im ersten Jahr der Prüfung liegen die Honorare unter den Kosten, die Honorare steigen im Laufe der Prüfungsphase wegen den Transaktionskosten, welche die Quasirenten induzieren. Die Quasirenten-Theorie zeigt, dass die bestehende

---

399 Vgl. Parkash, M./Venable, C. F. (1993), S. 118f. Geringe Agency-Konflikte werden dann vermutet, wenn der Verschuldungsgrad gering, der Aktienanteil des Managements sehr hoch ist oder ein Hauptaktionär mit einem hohen Aktienanteil existiert.

400 Vgl. Firth, M. (1997). Untersucht wurden 500 Beobachtungen des Geschäftsjahres 2003 aus dem Vereinigten Königreich.

401 Vgl. Quick, R. (2005), S. 112. Vgl. Quick, R./Warming-Rasmussen, B. (2005), S. 144.

402 Vgl. Ewert, R./Stefani, U. (2001), S. 176 zur Reaktionsbereitschaft der Adressaten im Allgemeinen.

Prüfungsgesellschaft ein hohes Interesse daran hat, Mandate zu behalten. Die finanzielle Abhängigkeit führt dazu, dass die Unabhängigkeit des Prüfers möglicherweise sinkt. Dies ist wahrscheinlicher, wenn die Höhe der Quasirenten aus einem Mandat steigt.

- Zusätzliche Modelle oder Erweiterungen des DeAngelo-Modells betrachten Besonderheiten wie Beratungsleistungen, Kostenunterschiede der Prüfer, Bestellung des Prüfers durch die Anteilseiger, verschiedene Typen von Prüfern oder die Reputation der Prüfungsgesellschaft. Auf diesen Ergebnissen basiert die Beurteilung der Maßnahmen zur Stärkung der Unabhängigkeit.

- Aus der Analyse der Quasirenten-Theorie ergibt sich, dass Maßnahmen zur Stärkung der Unabhängigkeit nicht unbedingt einen positiven Einfluss auf die Höhe der Unabhängigkeit haben. So sind Einschränkungen von Beratungsleistungen und eine gesetzliche Rotationspflicht tendenziell wirkungslos, wenn die Summe der Honorare aller Mandate einer Prüfungsgesellschaft betrachtet wird.

- Die Prinzipal-Agenten-Theorie betrachtet die Rolle des Prüfers im Beziehungsgeflecht des Unternehmens. Aufgabe der Prüfung ist es, bestehende Agency-Konflikte zwischen Manager und Eigner oder auch Gläubigern zu reduzieren. Der Prüfer tritt als Kontrollinstanz auf und soll das opportunistische Verhalten des Managements – z.B. beim Betreiben von Bilanzpolitik – eingrenzen. Die Unabhängigkeit der Prüfer ist eine notwendige Voraussetzung zur Minderung von Agency-Konflikten.

- Die erneute Beurteilung von Maßnahmen zur Stärkung der Unabhängigkeit erfolgt vor dem Hintergrund der Prinzipal-Agenten-Theorie und der Frage, ob diese dazu beitragen, die Unabhängigkeit des Prüfers zu sichern und um die Interessenkonflikte im Unternehmen gering zu halten. Eine gesetzliche Rotationspflicht trägt zur Erfüllung dieser Aufgabe bei. Auch die Beschränkung von wiederkehrenden Beratungsleistungen ist unter Agency-Aspekten wünschenswert, ebenso wie die Honorarveröffentlichung als bloßes Informationsinstrument.

- Die modelltheoretische Betrachtungsweise der Unabhängigkeit spiegelt sich im Verlauf der Arbeit in den empirischen Modellen wider. So wird die Quasirenten-Theorie von DEANGELO (1981A) unter dem Aspekt der Preissetzung auf dem deutschen Prüfungsmarkt betrachtet. Zudem wird die Höhe der Quasirenten durch die Relation Honorare aus einem Mandat durch Umsatzerlöse der Prüfungsgesellschaft abgebildet und als Unabhängigkeitsindikator verwendet. Daneben finden die Agency-Konflikte in ein zweites Modell Eingang, welches betrachtet, ob der Prüfer unabhängig ist und das Ausmaß an Bilanzpolitik im Unternehmen einschränkt, welche annahmegemäß mit der Höhe der Agency-Konflikte steigt. Hierdurch besteht der Anknüpfungspunkt zwischen der Unabhängigkeit der Prüfer und der Bilanzpolitik im Unternehmen, welche nachfolgend betrachtet wird.

3 Bilanzpolitik

Im Hinblick auf den empirischen Teil dieser Arbeit, welcher den Zusammenhang zwischen der Unabhängigkeit der Prüfer und der Bilanzpolitik im Unternehmen untersucht, werden nun die Grundlagen der Bilanzpolitik erläutert. Maßgeblich ist die rechtliche Situation deutscher, börsennotierter Unternehmen, welche nach IFRS bilanzieren. Instrumente, mit welchen Bilanzpolitik betrieben wird, sind als Grundlage für den späteren Abschnitt zur Messung der Bilanzpolitik notwendig. Des Weiteren werden Methoden zur Erkennung und Messung von Bilanzpolitik vorgestellt und beurteilt.

3.1 Grundlagen der Bilanzpolitik

Dieser Abschnitt zu den Grundlagen der Bilanzpolitik beschäftigt sich mit den Fragen: Was ist Bilanzpolitik? Wer übt diese aus? Was sind die Folgen der Bilanzpolitik? Bilanzpolitik – auch *Creative Accounting*, *Window-Dressing* oder *Earnings Management*[403] genannt – wird definiert als Instrument zur bewussten Beeinflussung des Jahresabschlusses innerhalb des rechtlich zulässigen Rahmens, um die gesetzten Unternehmensziele zu erreichen.[404] Bilanzpolitik greift auf Gestaltungsspielräume der Rechnungslegung zurück. Die Grenzen sind durch § 264 Abs. 2 HGB gegeben, da der Gesetzgeber fordert, dass der Abschluss entsprechend der Finanz-, Vermögens und Ertragslage aufgestellt wird.[405] Bilanzpolitische Maßnahmen können dieses Bild verzerren. Im Gegensatz dazu werden Bilanzdelikte[406] oder –manipulationen definiert als „[...] bewusste oder unbewusste Verstöße gegen die Regeln der Rechnungslegung im Bereich von Bilanz, GuV oder anderen obligatorischen Berichtsinstrumenten."[407] Bilanzdelikte überschreiten den gesetzlichen Rahmen und stellen eine vorsätzliche Irreführung der im Abschluss bereitgestellten Informationen dar.[408]

Zunächst bleibt zu klären, an welcher Stelle im Unternehmen Bilanzpolitik ausgeübt wird und wer über die Zielsetzung der Bilanzpolitik entscheidet. Die Erstellung des Jahresabschlus-

403 Vgl. Krog, M. (1998), S. 44f. für Unterschiede in der begrifflichen Ausgestaltung von Bilanzpolitik. Vgl. Heintges, S. (2005), S. 29. Der Begriff *Earnings Management*, welcher international gebräuchlich ist, umfasst die Gewinn- und Verlustrechnung und den Jahresabschluss.

404 Vgl. Fischer, A./Haller, A. (1993), S. 36. Vgl. Wöhe, G. (1997), S. 50. Vgl. Fischer, T. M./Klöpfer, E. (2006), S. 709. Einige Autoren sehen den Begriff Rechungslegungspolitik als geeigneter an, da dieser umfassender ist und sich auf alle Rechenwerke bezieht. Vgl. z.B. Freidank, C.-C. (1990), Schäfer, S. (1998). In dieser Arbeit wird der Begriff Bilanzpolitik verwendet, welcher sich auf die gesamte Rechnungslegung bezieht. Vgl. auch Storck, S. (2004), S. 66.

405 Vgl. Klöpfer, E. (2006), S. 89f. Gem. § 264 Abs. 2 HGB ist die Vermögens-, Finanz- und Ertragslage den tatsächlichen Verhältnissen entsprechend abzubilden. In analoger Weise fordert IFRS, dass der Grundsatz des *True and Fair View* eingehalten wird. Vgl. Framework des IASC. Vgl. Storck, S. (2004), S. 28. Dies deckt sich mit der Prüfungspflicht der Abschlussprüfer (vgl. Abschnitt II.1.1.2).

406 Vgl. dazu Peemöller, V. H./Hofmann, S. (2005).

407 Ballwieser, W./Dobler, M. (2003), S. 449.

408 Vgl. Dechow, P. M./Skinner, D. J. (2000), S. 238f. Vgl. Herold, C. (2005), S. 43.

ses unterliegt gemäß den §§ 264 Abs. 1 Satz 1 HGB, 290 Abs. 1 HGB, § 78 AktG und §§ 35, 42a Abs. 1 GmbHG dem gesetzlichen Vertreter des Unternehmens. Dies entspricht etwa dem Geschäftsführer der GmbH oder dem Vorstand der Aktiengesellschaft.[409] Da die Abschlusserstellung nicht von der Unternehmensleitung selbst vorgenommen wird, sondern eine Vielzahl von Personen daran beteiligt ist, sind nicht nur die gesetzlichen Vertreter die Initiatoren für Bilanzpolitik.

Im Anschluss an die Erstellung ist der Jahresabschluss bei einer Aktiengesellschaft durch den Aufsichtsrat zu prüfen und festzustellen.[410] Das Top-Management eines Unternehmens besitzt letztlich den größten Einfluss, um seine Ziele durchzusetzen.[411] Außerdem steht das Management in der Unternehmenshierarchie sehr weit oben und kann sich der internen und externen Kontrolle leicht entziehen (*Management Override*). Entsprechend ist dieses maßgeblich für die Ausübung der Bilanzpolitik verantwortlich.[412] Die Interessen der Aufsichtsratsmitglieder werden dabei in gewisser Weise berücksichtigt, damit diese die Feststellung des Abschlusses nicht verhindern.[413] Im Folgenden wird davon ausgegangen, dass das oberste Management des Unternehmens, welches in Deutschland durch Vorstand und Teile des Aufsichtsrates repräsentiert wird, die Bilanzpolitik maßgeblich beeinflusst. Die Ziele und die Motivation, Bilanzpolitik zu betreiben, lehnen sich sehr nah an die Interessen des Managements an.[414]

Die Anreize des Managements Bilanzpolitik zu betreiben, lassen sich aus der Agency-Theorie ableiten.[415] An dieser Stelle wird die Verknüpfung zwischen der vorgestellten Agency-Theorie und der Bilanzpolitik sichtbar. Manager erzielen nicht-pekuniäre oder pekuniäre Vorteile dadurch, dass sie Bilanzpolitik ausüben und z.B. eine höhere Entlohnung erhalten. Weiterhin induzieren kreditfinanzierte Ausschüttungen einen Vorteil der Manager, wenn sich diese z.B. auf den Börsenkurs auswirken und ihre Entlohnung davon abhängt. Auch Über- oder Unterinvestitionen, welche nur kurzfristig der Unternehmenswertsteigerung dienen, können zur höheren Entlohnung des Managements führen.[416] Da ein Informationsvorsprung gegenüber den Investoren besteht, ist das Management in der Lage, seine eigenen Interes-

---

409 Vgl. hierzu Klöpfer, E. (2006), S. 78.

410 Vgl. § 171 AktG nach der Prüfung erfolgt die Feststellung des Jahresabschlusses gem. §172 AktG durch den Aufsichtsrat. Nur wenn der Aufsichtsrat den Abschluss nicht billigt oder Vorstand und Aufsichtsrat beschließen, dass die Hauptversammlung den Abschluss festzustellen hat, obliegt die Billigung der Hauptversammlung (vgl. § 172 S. 1 und § 173 Abs. 1 AktG).

411 Vgl. auch Abschnitt II.2.2

412 Vgl. Peemöller, V. H./Hofmann, S. (2005), S. 27. Vgl. auch Krog, M. (1998), S. 46f. Vgl. Küting, K./Kaiser, T. (1994), S. 2.

413 Vgl. Klöpfer, E. (2006), S. 79. Die Interessen der Aufsichtsratmitglieder divergieren, da ein Teil dem Vorstand nahe steht, während z.B. die Arbeitnehmervertreter die Interessen der Belegschaft vertreten. Insofern ist von einer gewissen Beeinflussung des Aufsichtsrates durch den Vorstand auszugehen. Werden bspw. sowohl Vorstand als auch Aufsichtsrat erfolgsabhängig entlohnt, können gemeinsame Interessen hinsichtlich der Ausübung von Bilanzpolitik bestehen. Vgl. § 113 AktG.

414 Wird die Beeinflussung der Ausschüttung als maßgebliches bilanzpolitisches Ziel angeführt, so ist es verständlich, dass Vorstand und Aufsichtsrat, welche den Gewinnverwendungsvorschlag gem. § 58 Abs. 2 AktG unterbreiten, maßgeblich an der Bilanzpolitik beteiligt sind.

415 Vgl. Herold, C. (2006), S. 22.

416 Vgl. Herold, C. (2006), S. 11ff., S. 24 zur Verknüpfung von Prinzipal-Agenten-Theorie und Bilanzpolitik.

sen zu verfolgen.[417] Liegt ein effizienter Kapitalmarkt vor, übt die Bilanzpolitik keinen direkten Einfluss auf die Entscheidungen der Adressaten aus, da die Kapitalmarktteilnehmer Informationen über die Bilanzpolitik besitzen.[418] Um die Interessen der Manager und der Eigentümer anzunähern, können Entlohnungssysteme eingeführt werden. Diese beinhalten eine Vergütung des Managements in Abhängigkeit von Gewinnen oder Aktienkursen. Auch Aktienanteile oder -optionen der Manager können ihre Anreize auf die Steigerung des Unternehmenswertes ausrichten.[419] Somit können zumindest einige Anreize des Managements, Bilanzpolitik zu betreiben, eingedämmt werden.

Die Folgen der Bilanzpolitik sind für die Investoren und ihre möglicherweise falschen Investitionsentscheidungen gravierend, wenn die Ausübung der Bilanzpolitik nicht durch einen unabhängigen Abschlussprüfer eingeschränkt wird.[420] Da dieser Aspekt im Vordergrund dieser Arbeit steht, wird hinsichtlich der Folgen für die Investoren und die Abschlussprüfer auf Abschnitt II.1.6 verwiesen. Die Ausübung von Bilanzpolitik wird durch die Haftungsfolgen sanktioniert. § 331 HGB regelt die generelle Haftung von gesetzlichen Vertretern und Aufsichtsratsmitgliedern für den Fall von „unrichtigen Darstellungen“, wie Unrichtigkeiten oder der Verschleierung von Verhältnissen im veröffentlichten Jahresabschluss oder Lagebericht auf Einzelabschluss- oder Konzernebene.[421] Die Pflichtverletzung von Vorstandsmitgliedern wird in § 93 AktG behandelt. Das UMAG hat diese Norm im Jahr 2005 konkretisiert: Danach liegt eine Pflichtverletzung dann nicht vor, wenn das Vorstandsmitglied auf Basis vernünftiger, unternehmerischer Entscheidung annehmen konnte, zum Wohl des Unternehmens zu handeln.[422] Das UMAG erleichtert Minderheitsaktionären das Sammelklageverfahren, indem nach § 148 Abs. 1 AktG die Schwelle für die Klagezulassung bei 100.000 Euro oder 1% des Grundkapitals liegt. Wann Anreize zum Betreiben von Bilanzpolitik bestehen und in welche Richtung diese wirkt, wird im Anschluss beschrieben.

---

417 Vgl. auch Abschnitt II.2.2 zur Prinzipal-Agenten-Theorie.

418 Vgl. Wagenhofer, A./Ewert, R. (2003).

419 Vgl. Cheng, Q./Warfiled, T. D. (2005), S. 444. Die Autoren zeigen empirisch, dass eine aktienbasierte Vergütung oder der Aktienbesitz des Managements vermehrt zur Ausübung von Bilanzpolitik führen, welche den künftigen Aktienkurs beeinflusst.

420 Vgl. z.B. empirische Untersuchung zur Einschränkung von Bilanzpolitik durch einen unabhängigen Prüfer durch Frankel, R. M./Johnson, M. F./Nelson, K. K. (2002), Dee, C. C./Lulseged, A./Nowlin, T. (2002) oder Ashbaugh, H./LaFond, R./Mayhew, B. W. (2003). Vgl. auch Ausführungen von Herold, C. (2006), S. 24.

421 Vgl. § 331 Nr. 1-4 HGB.

422 Umgesetzt in § 93 Abs. 1 Satz 2 AktG.

3.2 Ziele und Wirkungsrichtung der Bilanzpolitik

Der Einsatz von Bilanzpolitik erfolgt (1) um die Adressaten des Jahresabschlusses in ihrer Entscheidung zu beeinflussen, (2) finanzielle Ziele des Unternehmens zu erreichen oder (3) die persönlichen Ziele des Managements durchzusetzen.[423] Wie ausgeführt, steht das Management als Entscheidungsträger an oberster Stelle.

(1) Bilanzpolitik, welche die Adressaten zu beeinflussen versucht, wird hauptsächlich auf Basis des Konzern-, nicht des Einzelabschlusses, betrieben.[424] Die Anteilseigner repräsentieren die Adressatengruppe, welche vermutlich am meisten durch Bilanzpolitik beeinflusst wird. Zum einen wollen aktuelle Eigner ihre Ziele im Unternehmen verwirklicht sehen.[425] Durch hohe Ausschüttungen und Renditen sollen aber auch potentielle Eigner einen positiven Eindruck über das Unternehmen erhalten.[426] Neben den derzeitigen und künftigen Eigenkapitalgebern spielen die Fremdkapitalgeber eine wichtige Rolle. Beide Gruppen stellen die künftige Kapitalversorgung sicher.[427] Je nach Einfluss der Adressatengruppe liegt entweder ergebniserhöhende oder –mindernde Bilanzpolitik vor.

(2) Unter der Erreichung finanzieller Ziele ist zu verstehen, dass Bilanzpolitik eingesetzt wird, um „[...] die Höhe und die bilanzielle Verwendung des Ergebnisses zu steuern."[428] Anknüpfungspunkt ist unter anderem die Zahlungsbemessungsfunktion, welche sich in die Ausschüttungsbemessung mit dem Ziel der Ergebniserhöhung und in die Steuerbemessung mit dem Ziel der Ergebnisminderung gliedern lässt. Das finanzielle Ziel der Steuerbilanzgewinnminimierung steht in engem Zusammenhang mit der Beeinflussung des Fiskus als Bilanzadressat.[429]

(3) Letztlich kann Bilanzpolitik den persönlichen Zielen des Managements entsprechend ausgeübt werden.[430] Dabei steht die Verfolgung eigener Interessen im Vordergrund der Ausübung der Bilanzpolitik.[431] Bei bestehenden Interessenkonflikten zwischen Anteilseigern und Management nutzt das Management bei asymmetrischen Informationen seinen Infor-

---

423 Vgl. Pfleger, G. (1991), S. 23. Vgl. Wagenhofer, A./Ewert, R. (2003), S. 197f. Vgl. Klöpfer, E. (2006), S. 56. Vgl. auch Wöhe, G. (1997), S. 53, welche zusätzlich die Unterscheidung zwischen „Finanzierungs-, Steuer- und Publizitätspolitik" wählt.

424 Vgl. Klöpfer, E. (2006), S. 64-71. Zu den Adressaten des Abschlusses zählen Anteilseigner, Gläubiger, Arbeitnehmer, Lieferanten und Kunden, Fiskus, Konkurrenten und die interessierte Öffentlichkeit. Vgl. auch Degeorge, F./Patel, J./Zeckhauser, R. (1999), S. 5, S. 7.

425 Vgl. Healy, P. M./Wahlen, J. M. (1999), S. 370f.

426 Vgl. Leuz, C./Nanda, D./Wysocki, P. D. (2003), S. 506. Funktionierende rechtliche Systeme können das eigennützige Verhalten der Manager einschränken. Bei der bilanzpolitischen Beeinflussung der Höhe der Ausschüttungen wird der Einzelabschluss angesprochen. Vgl. auch Herold, C. (2006), S. 49f. Vgl. Klöpfer, E. (2006), S. 66.

427 Vgl. Freidank, C.-C. (1990), S. 11f.

428 Klöpfer, E. (2006), S. 56.

429 Vgl. Krog, M. (1998), S. 52f., S. 56f. Gleiches gilt für die Beeinflussung der Ausschüttungsbemessung um die Eigenkapitalgeber zu beeinflussen. Vgl. auch Freidank, C.-C. (1990), S. 9f.

430 Vgl. Klöpfer, E. (2006), S. 72.

431 Vgl. Herold, C. (2006), S. 13.

mationsvorsprung und setzt Bilanzpolitik so ein, dass die eigenen Ziele verfolgt werden,[432] ohne dass die Eigentümer dies erkennen können. Das Management tätigt bspw. Investitionen in Projekte, die nicht der Zielsetzung der Eigner entsprechen, weil sie unvorteilhaft sind und einen negativen Kapitalwert besitzen, aber die Entlohnung des Managements kurzfristig erhöhen.[433] Unter der Annahme der *Free-Cashflow*-Hypothese sind die Manager daran interessiert, dass das Unternehmen einen möglichst geringen Betrag ausschüttet, um für Investitionen viele frei verfügbaren Mittel im Unternehmen zu behalten und diese für Investitionen nutzen zu können.[434] Gläubiger erwarten dagegen, dass die vertraglichen Zahlungsverpflichtungen erfüllt werden und tendieren gegen einen zu hohen Ausschüttungsbetrag.[435] Die Ziele dieser und weiterer Adressaten weichen teilweise voneinander ab, sodass die Entscheidung durch das Management getroffen werden muss.[436]

Die bilanzpolitischen Ziele zur Beeinflussung von Adressaten, Erreichung von finanziellen oder persönlichen Zielen werden verwirklicht, indem Bilanzpolitik zur Ergebnisveränderung durch (a) Ergebnismaximierung, (b) -minimierung oder (c) -glättung betrieben wird oder zur Erreichung von Kennzahlen (d) eingesetzt wird.[437] Daneben bestehen weiterhin die finanziellen Ziele, die Bilanzsumme oder das Eigenkapital zu minimieren oder maximieren.[438] Dabei wird zumeist das Jahresergebnis, welches in Form eines Gewinnes oder Verlustes besteht, bilanzpolitisch beeinflusst.[439] Welche Intentionen mit der Auswahl der Wirkungsrichtung der Bilanzpolitik verfolgt werden sollen, wird nun beschrieben.

Ergebniserhöhende Bilanzpolitik (a) wird betrieben, wenn der Manager seine Entlohnung und seinen eigenen Nutzen maximieren kann.[440] Diese Form von Bilanzpolitik wird eher betrieben, wenn das Unternehmen über den Kapitalmarkt finanziert ist.[441] Wird die Höhe des Ergebnisses auf dem Kapitalmarkt als Information verwendet, so beeinflusst das Jahreser-

---

432 Vgl. Herold, C. (2006), S. 22.

433 Vgl. Wagenhofer, A./Ewert, R. (2003), S. 184.

434 Vgl. Wagenhofer, A./Ewert, R. (2003), S. 183f. und die *Free-Cashflow*-Hypothese von Jensen, M. C. (1986).

435 Vgl. Baetge, J./Ballwieser, W. (1978), S. 518. Vgl. Wagenhofer, A./Ewert, R. (2003), S. 151-158 zur Vermeidung von fremd- oder liquidationsfinanzierten Ausschüttungen.

436 Vgl. Klöpfer, E. (2006), S. 74ff. zu den Zielkonflikten. Im Einzelabschluss wird Bilanzpolitik unter dem Aspekt der Gewinnausschüttung ausgeübt, in der Steuerbilanz hinsichtlich der Steuerbemessungsgrundlage (Adressat ist der Fiskus) und im Konzernabschluss werden die Bilanzadressaten durch die Bilanzpolitik beeinflusst.

437 Vgl. Wagenhofer, A./Ewert, R. (2003), S. 205.

438 Vgl. Fischer, T. M./Klöpfer, E. (2006), S. 711f.

439 Im weiteren Verlauf der Arbeit wird der Begriff Einkommen oder Jahresergebnis als Sammelbegriff für Gewinne und Verluste verwendet. Gewinnerhöhende Bilanzpolitik wird bspw. mit einkommens- oder ergebniserhöhender Bilanzpolitik beschrieben.

440 Vgl. dazu Untersuchung von Healy, P. M. (1985). Vgl. Jones, J. J. (1991), S. 200f. Vgl. auch Ergebnisse der empirischen Untersuchungen von Holthausen, R. W./Larcker, D. F./Sloan, R. G. (1995). Vgl. zum Einfluss der erfolgsabhängigen Vergütung auf die Bilanzpolitik in den USA und in Deutschland Heintges, S. (2005), S. 48ff. Vgl. zur Vergütung von Vorstandsmitgliedern § 87 AktG und von Aufsichtsratsmitgliedern § 113 AktG.

441 Vgl. Heintges, S. (2005), S. 121f. So wird in Deutschland wegen der geringeren Bedeutung des Kapitalmarktes eine eher konservative Bilanzierung erwartet, an welcher die Bilanzpolitik entsprechend ausgerichtet ist.

gebnis den Aktienkurs des Unternehmens. Somit ist eine Rückkoppelung des Aktienkurses auf das Ergebnis gegeben. Anreize zur Ausübung von ergebnisbeeinflussender Bilanzpolitik bestehen, wenn der Aktienkurs entweder Bestandteil der Managemententlohnung ist oder ein positives Signal an die Investoren sendet.[442] Nicht nur eigene Ziele des Managements, sondern auch Restriktionen, die in Kreditverträgen auferlegt werden,[443] *Initial Public Offerings* (IPO), Merger oder sonstige Finanzierungstransaktionen, bei welchen die Aktienkurse entsprechend erhöht werden sollen, lösen Bilanzpolitik aus.[444]

Ergebnismindernde Bilanzpolitik (b) ist dann zu erwarten, wenn das Ergebnis zu gering ist oder ein Verlust besteht, sodass keine erfolgsabhängige Entlohnung des Managements eintreten kann.[445] Ergebnisminderungen eines Jahres führen wegen des Kongruenzprinzips zu Ergebniserhöhungen in den nächsten Jahren und erzeugen in späteren Jahren eine höhere Entlohnung der Manager. Weitere Gründe einer ergebnismindernden Bilanzpolitik sind eine vorsichtige Bilanzierung, welche möglicherweise von mächtigen Gläubigern verlangt wird,[446] hohe Prozesskosten als Folge der Bilanzpolitik oder die Ausgestaltung von Rechnungslegung und Steuerbemessung.[447] Eine verstärkte bilanzpolitische Bildung stiller Reserven ist auch zu erwarten, wenn das Management versucht, Mittel an das Unternehmen zu binden, um die Innen- oder Selbstfinanzierung zu stärken.[448] Anreize zu Ergebnisminderungen bestehen zudem, wenn sich das Unternehmen bspw. in Gehaltsverhandlungen mit Gewerkschaften befindet.[449] So finden DEANGELO/DEANGELO/SKINNER (1994) heraus, dass Unternehmen mit Verlusten und sinkenden Dividenden in diesen Jahren negative Periodenabgrenzungen aufweisen.[450] Bei 87% der Unternehmen finden in dieser Zeit Nachverhandlungen mit Gläubigern, Gewerkschaften, Regierung und dem Management statt, wodurch Anreize zu einkommensmindernder Bilanzpolitik gegeben sind.

Das Ziel der *Ergebnisglättung* (c) wird angestrebt, um zu vermeiden, dass ein hoher Betrag an Dividenden und Steuerzahlungen entsteht und um umgekehrt zu vermeiden, dass das Unternehmen als finanziell instabil beurteilt wird, weil das Ergebnis gering ist.[451] Dies wird

---

442 Vgl. Degeorge, F./Patel, J./Zeckhauser, R. (1999), S. 4.

443 Vgl. Watts, R. L./Zimmermann, J. L. (1986). Vgl. Jones, J. J. (1991), S. 200f. DeFond, M. L./Jiambalvo, J. (1994) untersuchen einkommenserhöhende Bilanzpolitik bei Unternehmen mit Restriktionen in Kreditverträgen.

444 Vgl. Dechow, P. M./Sloan, R. G./Sweeney, A. P. (1996). Bei Ausgabe neuer Wertpapiere, Beibehaltung von positiven Ergebniszuwächsen oder der Entlohnung über ein Bonussystem werden die häufigsten Manipulationen erwartet. Vgl. auch Kim, J.-B./Chung, R./Firth, M. (2003), S. 352.

445 Vgl. Healy, P. M. (1985), S. 91.

446 Vgl. Healy, P. M./Wahlen, J. M. (1999), S. 376. Vgl. Watts. R. L. (2003a), S. 211.

447 Vgl. Guay, W./Verrecchia, R. (2006), S. 12ff.

448 Vgl. Storck, S. (2004), S. 69.

449 Vgl. Burgstahler, D./Dichev, I. (1997).

450 Die Unternehmen zeigen negative Periodenabgrenzungen als Maß für ergebnismindernde Bilanzpolitik im Jahr der Dividendenreduktion und in den folgenden drei Jahren. Vgl. auch im Folgenden DeAngelo, H./DeAngelo, L./Skinner, D. J. (1994). Untersucht werden 76 an der NYSE gelistete Unternehmen, welche zwischen 1980 und 1985 Dividendenreduktionen berichten.

451 Vgl. Fischer, A./Haller, A. (1993), S. 37. Vgl. Heintges, S. (2005), A. 205.

erreicht, indem in Zeiten hoher Gewinne stille Reserven gewinnmindernd gebildet werden, die dann in Jahren schlechter Ergebnisse erfolgswirksam aufgelöst werden können.[452] Weiterhin veranlassen Ergebnisse, die eine geringe Volatilität aufweisen, Eigen- und Fremdkapitalgeber zu keiner Anpassung der Kapitalkosten an das veränderte Risiko.[453] Aus Sicht der Manager wird Ergebnisglättung betrieben, damit ihre Leistung als positiv beurteilt wird und um ihr Einkommen auf persönlicher Ebene zu maximieren.[454]

Bilanzpolitik wird vor dem Hintergrund eines Schwellenwertes[455] oder zur *Erreichung von Kennzahlen* (d) betrieben, wenn das Ergebnis bspw. über den Erwartungen der Analysten oder über dem Vorjahreswert liegen soll. Weiterhin wird diese Form von Bilanzpolitik eingesetzt, wenn das Ergebnis zumindest nicht negativ sein soll oder eine Untergrenze überschreiten muss, ab welcher eine erfolgsabhängige Entlohnung beginnt.[456] So wird Bilanzpolitik vor dem Hintergrund eines Schwellenwertes betrieben, wenn ergebniserhöhende Bilanzpolitik eingesetzt wird, um ein positives Signal an den Aktienmarkt zu senden und um die Höhe des Aktienkurses zu beeinflussen.[457] Der umgekehrte Fall kann eintreten, wenn das Ergebnis so gering ist, dass der Manager in keinem Fall einen Bonus erhalten würde oder wenn der Gewinn eine Schwelle überschreitet, ab welcher der Bonus nicht mehr steigen kann.[458]

Die Wirkungsrichtung der Bilanzpolitik ist situationsabhängig und entweder einkommenserhöhend oder -mindernd oder -glättend. Unabhängig von der Entlohnung wird das Management in Jahren guter Ergebnisse tendenziell eine eher ergebnissenkende Bilanzpolitik betreiben, während in schlechten Jahren, mäßige Ergebnisse durch Bilanzpolitik erhöht werden oder Verluste vermieden werden.[459] Die Instrumente, welche eingesetzt werden, um diese Ziele zu erreichen, werden im anschließenden Abschnitt erläutert.

---

452 Vgl. Fischer, A./Haller, A. (1993), S. 37. So werden in „guten" Jahren vermehrt Rückstellungen gebildet oder die degressive Abschreibungsmethode gewählt, während in Jahren mit schlechter wirtschaftlicher Lage vermehrte Rückstellungsbildungen unterlassen werden und die lineare Abschreibungsmethode vorgezogen wird. Vgl. Peemöller, V. H./Hofmann, S. (2005), S. 25. Mit der Einführung der Unternehmenssteuerreform in Deutschland wird im Jahr 2008 die degressive Abschreibungsmethode abgeschafft und ist nur noch handelsrechtlich, aber nicht mehr steuerrechtlich zulässig. Vgl. www.bundesfinanzministerium.de.

453 Vgl. Wagenhofer, A./Ewert, R. (2003), S. 207. Konstante Ausschüttungen weisen ein geringeres Risiko auf als schwankende Ausschüttungen.

454 Vgl. Fischer, A./Haller, A. (1993), S. 38 mit Verweis auf die Agency-Theorie.

455 Vgl. auch im Folgenden Degeorge, F./Patel, J./Zeckhauser, R. (1999), S. 5f.

456 Vgl. Dechow, P. M./Skinner, D. J. (2000), S. 242. Vgl. Degeorge, F./Patel, J./Zeckhauser, R. (1999) untersuchen die Häufigkeitsverteilungen der Zielgröße *Earnings per Share* (Gewinn je Aktie) und finden heraus, dass kleine Verluste vermieden werden, die Analystenvorhersagen im Gewinnbereich übertroffen werden oder mindestens das Vorjahresergebnis erreicht wird (Messung über die Veränderung des Gewinns pro Aktie). Untersucht werden 5.387 Unternehmen während der Jahre 1974-1996. Die Daten werden aus der Datenbank Compustat gewonnen.

457 Vgl. Storck, S. (2004), S. 69.

458 Vgl. Holthausen, R. W./Larcker, D. F./Sloan, R. G. (1995).

459 Vgl. Kim, J.-B./Chung, R./Firth, M. (2003), S. 331f.

3.3 Instrumente der Bilanzpolitik und deren Auswahl

Je nach Ziel und Objekt der Bilanzpolitik kann diese entweder vor oder nach dem Bilanzstichtag stattfinden. Im letzteren Fall kann die Bilanzpolitik entweder auf Auswahl und Gestaltung ausgerichtet sein (formelle Bilanzpolitik) oder/und als materielle Bilanzpolitik z.B. das Ergebnis beeinflussen.[460] Da die Rechnungslegung Wahlrechte und Ermessensspielräume vorgibt, muss sich die Unternehmensführung für eine Alternative entscheiden und im weiteren Sinne Bilanzpolitik ausüben.[461] Darüber hinaus kann Bilanzpolitik den gesetzlichen Rahmen umgehen und in ihrer Form manipulierend sein. Die folgende Abbildung verdeutlicht die Aufteilung der Instrumente der Bilanzpolitik:

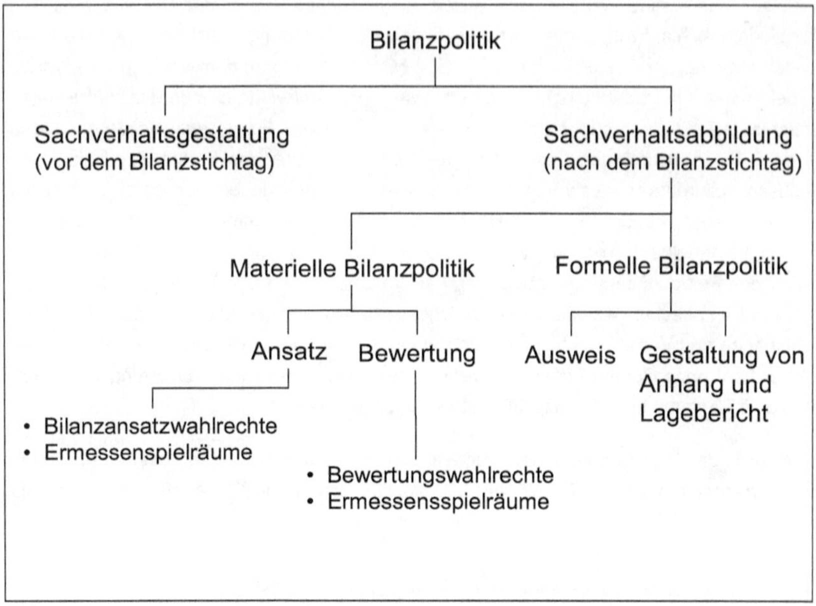

Abbildung 4: Instrumente der Bilanzpolitik

(In Anlehnung an: Fischer, A./Haller, A. (1993), S. 37, Wagenhofer, A./Ewert, R. (2003), S. 199 und Klöpfer, E. (2006), S. 81)

Bilanzpolitik *vor dem Bilanzstichtag* umfasst die zeitliche oder sachliche Gestaltung von Geschäftsvorfällen innerhalb einer Abrechnungsperiode.[462] Hierunter fällt bspw. der Verkauf von Vermögensgegenständen, deren Veräußerungsgewinne oder –verluste Eingang in den

---

460 Vgl. Fischer, A./Haller, A. (1993), S. 36. Vgl. Wagenhofer, A./Ewert, R. (2003), S. 199.

461 Vgl. auch im Folgenden Heintges, S. (2005), A. 183f. Bilanzmanipulationen zeigen das Überschreiten des gesetzlichen Rahmens an.

462 Vgl. Wagenhofer, A./Ewert, R. (2003), S. 200. Vgl. Krog, M. (1998), S. 79.

Abschluss finden. Die vermehrte Veräußerung von Waren vor Ende des Geschäftsjahres ermöglicht die Erhöhung des Umsatzes, welcher als bilanzpolitische Zielgröße gelten kann.[463]

Die Bilanzpolitik *nach dem Bilanzstichtag* spricht die Abbildung schon getätigter Transaktionen an.[464] Eine Unterscheidung ist hierbei zwischen materieller und formeller Bilanzpolitik vorzunehmen. Die *materielle Bilanzpolitik* unterscheidet im Wesentlichen zwischen Wahlrechten und Ermessensspielräumen,[465] welche die Höhe des Jahresergebnisses beeinflussen[466] und somit Rückwirkungen auf Eigenkapital und Bilanzsumme haben. *Wahlrechte* entstehen, wenn das Gesetz eine konkrete Wahlmöglichkeit enthält (offenes Wahlrecht) oder wenn das Gesetz ungenau spezifiziert ist (faktisches Wahlrecht).[467] Die Wahlrechte untergliedern sich in Wahlrechte beim Ansatz und der Bewertung, welche sich auf die Höhe und den Umfang der Posten beziehen.[468] Es bestehen Spielräume im Umfang des Wertes und bei Auswahl der Bewertungsmethode.[469] Während Wahlrechte für den Bilanzadressaten zumindest teilweise erkennbar sind, kann die Ausübung von *Ermessensspielräumen* kaum aus den Jahresabschlüssen entnommen werden.[470] Da auch das Stetigkeitsprinzip keine Ermessensspielräume einschränkt, kommt diesen eine wichtige Bedeutung zu.[471] Möglich sind Ermessensspielräume in den IFRS bei der Aktivierung latenter Steuern oder selbsterstellter immaterieller Vermögenswerte, bei der Bewertung von Cash Generating Units, langfristigen Fertigungsaufträgen oder des Fair Values.[472] Die *formelle Bilanzpolitik* beinhaltet Ausweiswahlrechte, welche es ermöglichen, Bilanzposten zu saldieren (z.B. erhaltene Anzahlungen und Vorräte bei langfristigen Fertigungsaufträgen) oder die wahlweise Aufstellung der GuV nach Gesamt- oder Umsatzkostenverfahren. Auch die Erläuterung von Sachverhalten im Anhang kann bilanzpolitisch beeinflusst werden.[473]

Die Auswahl des bilanzpolitischen Instruments hängt von verschiedenen Faktoren ab. Dabei spielt zunächst die Erkennbarkeit der Bilanzpolitik eine Rolle.[474] Je offensichtlicher die

---

463 Vgl. für diese oder ähnliche Beispiele Wagenhofer, A./Ewert, R. (2003), S. 200.

464 Vgl. Wagenhofer, A./Ewert, R. (2003), S. 201.

465 Vgl. Kirsch, H. (2006), S. 1266.

466 Vgl. Pfleger, G. (1991), S. 22.

467 Vgl. Wagenhofer, A./Ewert, R. (2003), S. 202. Vgl. Pfleger, G. (1991), S. 33-35. Ein grundsätzliches Ansatzwahlrecht besteht nach IFRS bspw. bei der Aktivierung von Fremdkapitalkosten bei Qualifying Assets. Vgl. IAS 23.11.

468 Vgl. Klöpfer, E. (2006), S. 82f.

469 Vgl. Fischer, T. M./Klöpfer, E. (2006), S. 712f. Vgl. Kirsch, H. (2006), S. 1267. Zu den Wertansatzwahlrechten gehört z.B. der Umfang der Herstellungskosten. Bewertungsmethodenwahlrechte nach IFRS spiegeln sich im Verbrauchsfolgeverfahren zur Bewertung von Vorräten oder der Gruppenbewertung wider. Auch die wahlweise Bewertung zum *Fair Value* oder zu fortgeführten Anschaffungs- oder Herstellungskosten fällt unter die Bewertungswahlrechte nach IFRS. Vgl. z.B. IAS 16, 38 und 40.

470 Vgl. Klöpfer, E. (2006), S. 83f.

471 Vgl. Fischer, T. M./Klöpfer, E. (2006), S. 715f.

472 Vgl. Kirsch, H. (2006), S. 1267. Vgl. Fischer, T. M./Klöpfer, E. (2006), S. 715-717. Zu den Ermessensspielräumen zählen mit der Länge der Nutzungsdauer oder der Wahl der Abschreibungsmethode auch Sachverhalte, welche bei jedem Unternehmen auftreten.

473 Vgl. Pfleger, G. (1991), S. 22. Vgl. Storck, S. (2004), S. 77.

474 Vgl. Fischer, T. M./Klöpfer, E. (2006), S. 710.

Ausübung eines Wahlrechtes für die Bilanzadressaten ist,[475] desto einfacher ist bspw. die Abbildung im Investitionsverhalten der Investoren. Eine Aufdeckung ist vor allem bei der Sachverhaltsgestaltung und bei Ermessenspielräumen der materiellen Bilanzpolitik schwer möglich.[476] Bilanzierungs- und Bewertungswahlrechte, die ausdrücklich gesetzlich oder regulativ erlaubt sind, können vom Bilanzleser erkannt werden.[477] So zeigen die Ergebnisse der US-amerikanischen Studie von DECHOW/SLOAN/SWEENEY (1996), dass der Kapitalmarkt die ausgeübte Bilanzpolitik in den Aktienkursen widerspiegelt, wenn diese öffentlich bekannt wird.[478] Weitere Kriterien zur Wahl der Bilanzpolitik sind die Wirkungsdauer, bei welcher das Stetigkeits- und Kongruenzprinzip zu beachten sind,[479] die Aufschiebbarkeit und die Teilbarkeit.[480] Außerdem werden vertragliche Restriktionen oder auch die Abschlussprüfung als Grenze für Bilanzpolitik genannt.[481] Der letzte Punkt zeigt die Verknüpfung zwischen der Höhe der Bilanzpolitik und der Unabhängigkeit der Prüfer, bei welcher die Ausübung der Bilanzpolitik eingeschränkt sein soll.

Hinsichtlich der Umsetzung der bilanzpolitischen Instrumente zeigen Ergebnisse der Untersuchung von LOEBBECKE/EINING/WILLINGHAM (1989), dass Vorräte, Umsätze und Forderungen aus Lieferungen und Leistungen sowie liquide Mittel die am häufigsten betroffenen Bilanzposten sind.[482] ENTWISTLE/LINDSAY (1994) erkennen, dass Forderungen mit 37% der Bilanzsumme, Vorräte, Rückstellungen und Verbindlichkeiten mit 35%, die am häufigsten verzerrten Bilanzposten sind.[483] DECHOW/SLOAN/SWEENEY (1996) identifizieren die Umsatzerlöse als Folge häufig überbewerteter Einahmen (40,2% aller Fälle der untersuchten Bilanzmanipulationen).[484]

---

475 Vgl. Krog, M. (1998), S. 107f. Die Erkennbarkeit der Bilanzpolitik wird bei IFRS erleichtert, da im Gegensatz zum HGB erhöhte Offenlegungsverpflichtungen bestehen.

476 Vgl. Fischer, A./Haller, A. (1993), S. 36.

477 Vgl. Kirsch, H. (2006), S. 1270.

478 Kursanpassungen und höhere Kapitalkosten sind die Folge von bekannt gewordenen Manipulationen. Vgl. Dechow, P. M./Sloan, R. G./Sweeney, A. P. (1996).

479 Unter Stetigkeit ist die Beibehaltung der Bewertungsmethoden zu verstehen. Vgl. Wagenhofer, A./Ewert, R. (2003), S. 201. Vgl. Heintges, S. (2005), S. 232f. Vgl. Kirsch, H. (2006), S. 1269f. Vgl. § 252 Abs. 1 Nr. 6 HGB, § 265 Abs. 1 HGB, IAS Rahmenkonzept 39. IAS 1.27 und IAS 8.15. Nach IAS 8 werden Änderungen von Bilanzierungs- und Bewertungsmethoden retrospektiv erfasst, jedoch kann von diesem Grundsatz auch abgewichen werden. Vgl. Pfleger, G. (1991), S. 55ff. Vgl. Krog, M. (1998), S. 101f., S. 110. Vgl. Fischer, T. M./Klöpfer, E. (2006), S. 710.

480 Vgl. Fischer, T. M./Klöpfer, E. (2006), S. 710. Vgl. auch Wagenhofer, A./Ewert, R. (2003), S. 204. Für weitere Kriterien vgl. Klöpfer, E. (2006), S. 88f. und Pfleger, G. (1991), S. 52ff. Unter diesen Aspekt fällt auch, ob andere Sachverhalte nach dem gleichen Prinzip behandelt werden müssen. Z.B. ob eine Bewertungsmethode nicht nur für einen Vermögensgegenstand innerhalb einem Bilanzposten anzuwenden ist.

481 Vgl. Krog, M. (1998), S. 77.

482 Vgl. Loebbecke, J. K./Eining, M. M./Willingham, J. J. (1989).

483 Vgl. Entwistle, G./Lindsay, D. (1994), S. 278, S. 280f. Hinsichtlich der GuV werden die Herstellungskosten am häufigsten für Bilanzmanipulationen verwendet. Es folgen allgemeine Ausgaben und Umsatzerlöse.

484 Vgl. Dechow, P. M./Sloan, R. G./Sweeney, A. P. (1996), S. 10. Vgl. auch Freidank, C.-C. (1990), S. 34 zu häufigen bilanzpolitischen Instrumenten im HBG.

3.4 Messung der Bilanzpolitik

Wie in den vorangehenden Abschnitten gezeigt, ist zumeist das Jahresergebnis die Größe, welche den bilanzpolitischen Anreizen des Managements entsprechend verändert wird. Dementsprechend wird bei der Messung der Bilanzpolitik ein Schwerpunkt auf die ergebnisbeeinflussende Bilanzpolitik gelegt.

3.4.1 Gesamte Periodenabgrenzungen

Das Jahresergebnis steht bei der Ermittlung der Periodenabgrenzungen als Indikator für Bilanzpolitik im Vordergrund. Die erste Alternative zur Ermittlung der gesamten Periodenabgrenzungen (PA) erfolgt über die Differenz von Jahresergebnis und Cashflow aus der laufenden Geschäftstätigkeit (operativer Cashflow, OCF).[485]

	Jahresergebnis vor außerordentlichem Ergebnis, einschließlich Minderheitsanteilen
+/-	Abschreibungen/Zuschreibungen von Gegenständen des Anlagevermögens
-/+	Gewinn/Verlust aus dem Abgang von Gegenständen des Anlagevermögens
+/-	Zunahme/Abnahme von Rückstellungen
-/+	Sonstige zahlungsunwirksame Erträge/Aufwendungen
-/+	Zunahme/Abnahme der Vorräte
-/+	Zunahme/Abnahme der Forderungen aus Lieferungen und Leistungen
+/-	Zunahme/Abnahme der Verbindlichkeiten aus Lieferungen und Leistungen
+/-	Ein- und Auszahlungen aus außerordentlichen Posten
=	Cashflow aus der operativen Geschäftstätigkeit

Tabelle 5: **Ermittlung der gesamten Periodenabgrenzungen**
(Quelle: Coenenberg, A. G. (2005), S. 814, in Anlehnung an DRS 2 (DRSC (2000)), Tz. 27)

Bei diesem Vorgehen wird davon ausgegangen, dass die Jahresergebnisse im Gegensatz zum operativen Cashflow stark durch Bilanzpolitik veränderbar sind.[486] Der operative Cashflow eines Unternehmens zeigt Zahlungsströme auf, welche in einer Periode geflossen sind.[487] Die Periodenabgrenzungen erfassen Komponenten des Ergebnisses, welche zahlungsunwirksam, aber erfolgswirksam sind oder welche die Veränderung von Aktiva und Passiva repräsentieren. Darunter fallen auch zahlungswirksame, aber erfolgsneutrale Vorgänge (z.B. Erhöhung der in Bar bezahlten Vorräte).[488] Die Periodenabgrenzungen reprä-

485 Vgl. Wagenhofer, A./Ewert, R. (2003), S. 212.
486 Vgl. Francis, J.R./Ke, B. (2006), S. 496.
487 Vgl. Coenenberg, A. G. (2005).
488 Vgl. Coenenberg, A. G. (2005), S. 816. Zahlungsunwirksame, erfolgsneutrale Bestandsveränderungen (z.B. durch Sacheinlagen oder Wechselkursänderungen) werden nicht erfasst.

sentieren hierdurch Komponenten des Ergebnisses, welche zu vor- oder nachgelagerten Aufwendungen oder Erträgen, Auszahlungen oder Einzahlungen führen.[489] So wird beispielsweise die Veränderung von Vorräten erfasst, welche bei ihrer Aktivierung grundsätzlich noch nicht zur Umsatzrealisierung führen. Diese transitorischen Komponenten des Ergebnisses entstehen einerseits durch die gewöhnliche Geschäftstätigkeit. Andererseits werden im Cashflow auch Aufwendungen und Erträge erfasst, die bilanzpolitisch verändert sind.[490] Dazu zählen bspw. Vorräte, welche erst im nächsten Jahr angeschafft werden oder die verkürzte Nutzungsdauer einer Sachanlage, welche zu einer höheren Abschreibung führt. Über die Totalperiode betrachtet, ergibt sich eine Summe der Periodenabgrenzungen von Null, sofern das Kongruenzprinzip gilt.[491]

In empirischen Studien, welche sich der Periodenabgrenzungen zur Messung von Bilanzpolitik bedienen, gibt es eine Vielzahl von Definitionen von Jahresergebnis und Cashflow. In den meisten Fällen wird die Differenz jedoch als Jahresergebnis vor außerordentlichem Ergebnis abzüglich operativem Cashflow definiert.[492] Daneben können die gesamten Periodenabgrenzungen auch über die Veränderung des *Working Capital* ermittelt werden.[493] Das Working Capital stellt zumeist eine Hilfsgröße dar, wenn keine Informationen über den operativen Cashflow gegeben sind und dieser über die Höhe der gesamten Periodenabgrenzungen ermittelt werden muss.[494] Das Working Capital ist eine dem Cashflow ähnliche Größe zur Abbildung der Finanz- und Ertragskraft des Unternehmens.[495] Die Höhe der gesamten Periodenabgrenzung (PA) lässt sich über die Veränderung des Working Capital wie folgt berechnen:[496]

$$(4)\quad PA = (\Delta CA - \Delta Cash) - (\Delta CL - \Delta STD)$$

Mit:

PA	Gesamte Periodenabgrenzungen
CA	Kurzfristiges Vermögen
Cash	Liquide Mittel
CL	Kurzfristige Verbindlichkeiten
STD	Kurzfristiger Anteil des langfristigen Fremdkapitals

---

489 Vgl. Ball, R./Shivakumar, L. (2006), S. 207f.

490 Vgl. Ball, R./Shivakumar, L. (2006), S. 208.

491 Vgl. Herold, C. (2006), S. 33.

492 So z.B. bei Dechow, P. M./Sloan, R. G./Sweeney, A. P. (1995), S. 203, Subramanyam, K. R. (1996), S. 253, Francis, J./LaFond, R./Olsson, P./Schipper, K. (2005), S. 302f., Francis, J. R./Wang, D. (2006), S. 12. Ball, R./Shivakumar, L. (2006), S. 215 verwenden das Jahresergebnis aus der Kapitalflussrechnung und subtrahieren davon den operativen Cashflow aus der Kapitalflussrechnung um die gesamten Periodenabgrenzungen zu berechnen.

493 Vgl. Jones, J. J. (1990), S. 207.

494 Operativer Cashflow = Jahresergebnis – gesamte Periodenabgrenzungen.

495 Vgl. Coenenberg, A. G. (2005), S. 1007.

496 Vgl. Myers, J. N./Myers, L. A./Omer, T. C. (2003), S. 784.

Neben diesem Modell bestehen Erweiterungen, welche zusätzlich die Abschreibungen beinhalten.[497]

$$(5)\ PA_{it} = (\Delta CA_{it} - \Delta Cash_{it} - \Delta CL_{it} + \Delta STD_{it} - DEPTN_{it})$$

Mit:

DEPTN Abschreibung materielles und immaterielles Anlagevermögen.

JONES (1991), LEUZ ET AL. (2003) und KIM/CHUNG/FIRTH (2003) ziehen zusätzlich die Einkommensteuerzahlung ab, sofern diese nicht in den kurzfristigen Verbindlichkeiten enthalten ist.[498] HRIBAR/COLLINS (2002) zeigen, dass die indirekte Berechnung der Periodenabgrenzungen über die Veränderung von Bilanzposten zu erheblichen Fehlern in der späteren Abschätzung von diskretionären Periodenabgrenzungen führt.[499]

3.4.2 Diskretionäre Periodenabgrenzungen (DPA)

Nachdem die gesamten Periodenabgrenzungen erläutert wurden, bleibt die Frage offen, welcher Teil der gesamten Periodenabgrenzungen durch Bilanzpolitik beeinflusst wurde und welcher Teil sich aus der normalen betrieblichen Tätigkeit des Unternehmens ergibt. Es ist notwendig, die gesamten Periodenabgrenzungen in einen „normalen“ Teil (nichtdiskretionäre Periodenabgrenzungen = NPA) und einen Teil zu untergliedern, welcher die Bilanzpolitik widerspiegelt (diskretionäre Periodenabgrenzungen = DPA).

Zur Abschätzung der diskretionären Periodenabgrenzungen stehen verschiedene Modelle zur Verfügung. Dabei werden die diskretionären Periodenabgrenzungen aber nicht direkt berechnet, vielmehr werden diese über den Teil der gesamten Periodenabgrenzungen geschätzt, der sich nicht aus der normalen Geschäftstätigkeit ergibt. Diese Modelle berechnen zunächst die nichtdiskretionären Periodenabgrenzungen, wie im Folgenden gezeigt wird.

3.4.2.1 Ausgestaltung der Modelle zur Berechnung der DPA

Durchschnittsbildung (Healy (1985)): Dieses Modell geht davon aus, dass die nichtdiskretionären Periodenabgrenzungen einen Durchschnitt der gesamten Periodenabgrenzungen über die letzten T Perioden darstellen. Das Modell wurde von HEALY (1985) entwickelt. Zur Berechnung der nichtdiskretionären Periodenabgrenzungen werden die Periodenabgrenzungen jeden Jahres jeweils mit der Bilanzsumme des Vorjahres gewichtet, anschließend

---

497 Vgl. Jones, J. J. (1991), S. 207. Vgl. Dechow, P. M./Sloan, R. G./Sweeney, A. P. (1995), S. 203. Vgl. Dee, C. C./Lulseged, A./Nowlin, T. S. (2002), S. 12. Vgl. Leuz, C./Nanda, D./Wysocki, P. D. (2003), S. 509.

498 Vgl. Jones, J. J. (1991), S. 207. Vgl. Kim, J.-B./Chung, R./Firth, M. (2003), S. 330 oder Leuz, C./Nanda, D./Wysocki, P. D. (2003).

499 Vgl. Hribar, P./Collins, D. W. (2002), S. 123. Fehlerhaft ausgewiesene Bilanzpolitik ist besonders wahrscheinlich, wenn zusätzlich zur Berechnung der Periodenabgrenzungen über das Working Capital Unternehmen enthalten sind, welche in einen Merger involviert sind oder Geschäftsbereiche nicht fortführen.

summiert und durch die Anzahl der Jahre dividiert, welche in die Durchschnittsberechnung eingehen.[500]

$$(6)\ NPA_t = \frac{1}{T}\sum_{t=1}^{T}\frac{PA_t}{Bilanzsumme_{t-1}}$$

Die diskretionären Periodenabgrenzungen ergeben sich, indem die nichtdiskretionären von den gesamten Periodenabgrenzungen abgezogen werden.

$$(7)\ DPA_t = PA_t - NPA_t = \frac{PA_t}{Bilanzumme_{t-1}} - \frac{1}{T}\sum_{t=1}^{T}\frac{PA_t}{Bilanzsumme_{t-1}}$$

Mit:

NPA	Nichtdiskretionäre Periodenabgrenzungen
PA	Gesamte Periodenabgrenzungen
DPA	Diskretionäre Periodenabgrenzungen
T, t	Zeitindex

Hinter diesem Modell steht die Annahme, dass Bilanzpolitik jedes Jahr ausgeübt wird und der Teil der Periodenabgrenzungen, welcher nicht durch Bilanzpolitik beeinflusst wird, einem Durchschnittswert folgt.

Random-Walk-Modell (DeAngelo (1986)): Diesem Modell liegt die Annahme zu Grunde, dass die nichtdiskretionären Periodenabgrenzungen den gesamten Periodenabgrenzungen des Vorjahres entsprechen. Die diskretionären Periodenabgrenzungen berechnen sich als Differenz der gesamten Periodenabgrenzungen über zwei Perioden und entsprechen einem Random-Walk-Prozess.[501] Ist die erste Differenz der gesamten Periodenabgrenzung Null, wird keine Bilanzpolitik ausgeübt. Das DeAngelo-Modell arbeitet ähnlich wie das Healy-Modell, allerdings wird nur ein Jahr betrachtet.[502]

$$(8)\ NPA_t = \frac{PA_{t-1}}{Bilanzsumme_{t-2}}$$

$$(9)\ DPA_t = PA_t - NPA_{t-1} = \frac{PA_t}{Bilanzsumme_{t-1}} - \frac{PA_{t-1}}{Bilanzsumme_{t-2}}$$

---

500 Vgl. Healy, P. M. (1985), S. 95. Vgl. auch Dechow, P. M./Sloan, R. G./Sweeney, A. P. (1995), S. 197.

501 Ein Random-Walk-Prozess wird üblicherweise als $y_t=y_{t-1}+\varepsilon_t$ definiert. Vgl. Pindyck, R. S./Rubinfeld, D. L. (1998), S. 490 und Hill, R. C./Griffiths, W. E./Judge, G. G. (2001), S. 338. Die Residuen (ε_t), welche die Höhe der Bilanzpolitik abbilden, haben einen konstanten Erwartungswert E(ε_t) von Null und eine konstante Varianz.

502 Vgl. DeAngelo, L. E. (1986), S. 408f. Vgl. Dechow, P. M./Sloan, R. G./Sweeney, A. P. (1995), S. 198.

Jones-Modell (1991): Bei diesem Modell findet eine Abkehr von der Annahme statt, dass die nichtdiskretionären Periodenabgrenzungen dem Vorjahreswert der gesamten Periodenabgrenzungen oder einem Durchschnittswert entsprechen. Umsatzerlöse und Bruttosachanlagevermögen werden im Jones-Modell berücksichtigt, um Änderungen der nichtdiskretionären Periodenabgrenzungen, welche aus der Veränderung der wirtschaftlichen Situation resultieren, zu beachten und nicht als Bilanzpolitik zu klassifizieren.[503] Die Veränderung der Umsatzerlöse ist der gewöhnlichen Geschäftstätigkeit zuzuordnen und annahmegemäß nicht durch Bilanzpolitik beeinflusst, sondern von Außeneinflüssen abhängig.[504] Die normale Geschäftstätigkeit spiegelt sich z.B. in den Posten Veränderungen von Forderungen aus Lieferungen und Leistungen oder Verbindlichkeiten aus Lieferungen und Leistungen als Teil der gesamten Periodenabgrenzungen wider. Das Bruttosachanlagevermögen wird einbezogen, um die Abschreibungen, welche nicht durch Bilanzpolitik verändert sind, darzustellen und einen Teil der Abschreibungen als gewöhnlich zu klassifizieren.[505] In diesem Modell werden alle Variablen mit dem gesamten Vermögen der Vorperiode gewichtet:[506]

$$(10)\quad NPA_t = \alpha_1 \frac{1}{Bilanzsumme_{t-1}} + \alpha_2 \frac{REV_t - REV_{t-1}}{Bilanzsumme_{t-1}} + \alpha_3 \frac{PPE_t}{Bilanzsumme_{t-1}}$$

Mit:

REV	Umsatzerlöse
PPE	Bruttosachanlagevermögen

Die Parameter α_1, α_2 und α_3 stellen unternehmensspezifische Parameter dar und werden in einem gesonderten Modell geschätzt.[507] Die Berechnung der diskretionären Periodenabgrenzungen erfolgt dabei durch die Aufteilung der Periodenabgrenzungen in die normalen und die diskretionären Periodenabgrenzungen. Die Regression wird nach den Residuen der Regression ε_t aufgelöst, welche die Höhe der Bilanzpolitik wiedergibt:

---

503 Vgl. Jones, J. J. (1991), S. 210f.
504 Vgl. Jones, J. J. (1991), S. 211f.
505 Vgl. Jones, J. J. (1991), S. 212. Vgl. Young, S. (1999), S. 843. Vgl. Ball, R./Shivakumar, L. (2006), 208.
506 Damit soll das statistische Problem der Heteroskedastie vermieden werden. Vgl. Jones, J. J. (1991), S. 212.
507 Vgl. Dechow, P. M./Sloan, R. G./Sweeney, A. P. (1995), S. 198.

$$
\begin{aligned}
&PA_t / Bilanzsumme_{t-1} = \\
&\alpha_1(1/Bilanzsumme_{t-1}) + \alpha_2(\Delta REV_t / Bilanzsumme_{t-1}) \\
&+ \alpha_3(PPE_t / Bilanzsumme_{t-1}) + \varepsilon_t \\
(11) \quad &\Leftrightarrow \\
&\varepsilon_t = \\
&PA_t / Bilanzsumme_{t-1} - \alpha_1(1/Bilanzsumme_{t-1}) \\
&- \alpha_2(\Delta REV_t / Bilanzsumme_{t-1}) - \alpha_3(PPE_t / Bilanzsumme_{t-1})
\end{aligned}
$$

Das Vorzeichen des Schätzers der Veränderung der Umsatzerlöse (α_2) ist nicht eindeutig vorhersehbar, da diese sowohl einkommenserhöhende als auch einkommensmindernde Veränderungen der gesamten Periodenabgrenzungen hervorrufen kann.[508] Das Vorzeichen des Schätzers des Bruttosachanlagevermögens α_3 wird negativ sein, da die Abschreibungen zu einkommensmindernden gesamten Periodenabgrenzungen (PA) führen.[509]

Modified-Jones-Modell: In der jüngeren Literatur wird häufig das *Modified*-Jones-Modell angewandt, welches aus der Kritik am ursprünglichen Jones-Modell entstanden ist, dass die diskretionären Periodenabgrenzungen die Bilanzpolitik nicht nahezu vollständig abbilden können.[510] Außerdem ist das *Modified*-Jones-Modell als Branchenmodell anzuwenden (*cross-section*). Die Parameter werden nicht unternehmensspezifisch, sondern branchenspezifisch berechnet.[511] So berücksichtigt es zusätzlich die Veränderung der Forderungen. Über die Höhe der Forderungen werden Ermessenspielräume bei der Umsatzermittlung abgebildet. Die Abbildung der nichtdiskretionären Periodenabgrenzungen wird somit verfeinert.[512]

$$
\begin{aligned}
&NPA_{i,t} = \\
(12) \quad &\alpha_1 \frac{1}{Bilanzsumme_{i,t-1}} + \alpha_2\left(\frac{REV_{i,t} - REV_{i,t-1}}{Bilanzsumme_{i,t-1}} - \frac{REC_{i,t} - REC_{i,t-1}}{Bilanzsumme_{i,t-1}}\right) \\
&+ \alpha_3 \frac{PPE_{i,t}}{Bilanzsumme_{i,t-1}}
\end{aligned}
$$

Mit:

REC	Forderungen
i, t	Unternehmen i im Jahr t

508 Vgl. Jones, J. J. (1991), S. 213.

509 Vgl. Jones, J. J. (1991), S. 213. Bei dieser Argumentation wird von den gesamten Periodenabgrenzungen als zu erklärende Variable ausgegangen. Vgl. Gleichung (11).

510 Vgl. DeFond, M. L./Jiambalvo, J. (1994), S. 161ff. Vgl. Dechow, P. M./Sloan, R. G./Sweeney, A. P. (1995), S. 199. Vgl. zur Kritik am Jones-Modell Abschnitt II.3.4.2.2.

511 Vgl. Bartov, E./Gul, F. A./Tsui, J. S. L. (2001), S. 427.

512 Vgl. Dechow, P. M./Sloan, R. G./Sweeney, A. P. (1995), S. 199.

Werden die Forderungen zusätzlich zu den Umsatzerlösen berücksichtigt, wird ein positiver Koeffizient α_2 bei der Regression zur Ermittlung von ε_t erwartet.[513]

Forward-Looking Modified-Jones-Modell: DECHOW ET AL. (2003) verwenden das so genannte *Forward-Looking Modified*-Jones-Modell, welches weitere Sachverhalte den nichtdiskretionären statt den diskretionären Periodenabgrenzungen zurechnet.[514] Faktor k berücksichtigt die erwartete Änderung der Forderungen bei gegebenem Umsatzwachstum, welche nicht bilanzpolitisch verzerrt ist. Die Periodenabgrenzungen der Vorperiode werden einbezogen, um die Korrelation der Zufallsvariablen zu berücksichtigen.[515] Eine weitere Veränderung erfolgt in diesem Modell durch das künftige Umsatzwachstum (GR_SALES_{t+1}). Erweitert ein Unternehmen den Bestand an Vorräten aufgrund eines erwarteten Umsatzwachstums, ist die Veränderung der Vorräte nicht als diskretionär, sondern als nichtdiskretionär einzustufen. Folgende Gleichung gibt das *Forward-Looking Modified*-Jones-Modell wieder:[516]

$$NPA_t =$$

$$\alpha_1 \frac{1}{Bilanzsumme_{t-1}} + \alpha_2((1+k)\frac{REV_t - REV_{t-1}}{Bilanzsumme_{t-1}} - \frac{REC_t - REC_{t-1}}{Bilanzsumme_{t-1}}) \quad (13)$$

$$+ \alpha_3 \frac{PPE_t}{Bilanzsumme_{t-1}} + \alpha_4 \frac{PA_{t-1}}{Bilanzsumme_{t-2}} + \alpha_5 GR\_SALES_{t+1}$$

Mit:

GR_SALES Umsatzwachstum

Weitere Modelle in Anlehnung an Jones: KIM/CHUNG/FIRTH (2003) erweitern das Modell entsprechend dem Vorgehen von KAZNIK (1999) um die Veränderung des operativen Cashflows. Dieser wird als Modellerweiterung berücksichtigt, da die Veränderung des Cashflows negativ mit den gesamten Periodenabgrenzungen korreliert.[517] Statt der Veränderung des operativen Cashflow verwenden LARCKER/RICHARDSON (2004) den Periodenwert des operativen Cashflows und das Markt-Buchwert-Verhältnis, um die Unternehmenssituation zu berücksichtigen und auszuschließen, dass Teile der gesamten Periodenabgrenzungen als diskretionär fehlklassifiziert sind.[518] Das Markt-Buchwert-Verhältnis dient der Abbildung des

---

513 Vgl. Dechow, P. M./Richardson, S. A./Tuna, I. (2003), S. 361. Vgl. Larcker, D. F./Richardson, S. A. (2004), S. 635.

514 Vgl. auch im Folgenden Dechow, P. M./Richardson, S. A./Tuna, I. A. (2003), S. 359.

515 Ein Teil der Periodenabgrenzungen basiert erwartungsgemäß auf den Periodenabgrenzungen des Vorjahres.

516 Vgl. Dechow, P. M./Richardson, S. A./Tuna, I. (2003), S. 359. Gegenüber dem modifizierten Jones-Modell ergibt sich eine Verbesserung des Erklärungsgehaltes (R^2 von 20% gegenüber 9,2% im Jones-Modell).

517 Vgl. Kim, J.-B./Chung, R./Firth, M. (2003), S. 331.

518 Vgl. Larcker, D. F./Richardson, S. A. (2004), S. 634. Die Variablen des Modells werden durch das durchschnittliche Vermögen (Anfangsbestand + Endbestand / 2) geteilt.

Wachstums, während der operative Cashflow für die finanzielle Situation kontrolliert.[519] Der operative Cashflow schließt zudem aus, dass die diskretionären Periodenabgrenzungen bei extremen Ergebnissen fehlklassifiziert sind.[520]

In einer weiteren Modifizierung verwenden KOTHARI ET AL. (2005) statt des Markt-Buchwert-Verhältnisses und des operativen Cashflows den Return on Assets des aktuellen Jahres oder des Vorjahres, um dadurch die Rentabilität des Unternehmens zu berücksichtigen.[521]

Neben verschiedenen Ausprägungen des Jones-Modells bestehen weitere Ansätze, um die Qualität der Ergebnisse über Periodenabgrenzungen abzubilden. DECHOW/DICHEV (2002) erklären die *Working Capital Accruals* in einer Regression über die vergangenen, derzeitigen und künftigen Cashflows. Die Standardabweichung der Residuen zeigt dabei das Ausmaß der Bilanzpolitik. Dabei gilt: Je höher die Standardabweichung der Residuen, desto höher der unerklärte Rest und je geringer das R^2 (Bestimmheitsmaß), desto schlechter die Ergebnisqualität.[522] Die Ergebnisqualität ist hoch, wenn die operativen Cashflows die *Working Capital Accruals* erklären und die Volatilität der Ergebnisse gering ist.[523]

Letztlich verwenden MCNICHOLS (2002) und FRANCIS ET AL. (2005) ein kombiniertes Modell, in das sowohl der Ansatz von DECHOW/DICHEV (2002) als auch Elemente des Jones-Modells eingehen, um die Qualität der Ergebnisse bzw. die Bilanzpolitik mittels des Störterms zu messen.[524]

$$(14)\quad PA_{i,t} = \alpha_{0,i} + \alpha_{1,i} OCF_{i,t-1} + \alpha_{2,i} OCF_{i,t} + \alpha_{3,i} OCF_{i,t+1} + \alpha_{4,i} \Delta REV_{i,t} + \alpha_{5,i} PPEi,t + \varepsilon_{i,t}$$

Mit:

PA	$\Delta CA_{it} - \Delta Cash_{it} - \Delta CL_{it} + \Delta STD_{it}$
OCF	Operativer Cashflow = Jahresergebnis – gesamte Periodenabgrenzungen
i, t	Unternehmen i, Jahr t

---

519 Vgl. Larcker, D. F./Richardson, S. A. (2004). Vgl. Jones, K./Krishnan, G. V./Melendrez, K. (2006), S. 8. Wird nicht für das Unternehmenswachstum kontrolliert, so wäre unter anderem die Veränderung der Vorräte vollständig dem diskretionären Teil zuzurechnen, obwohl diese bei wachsenden Unternehmen stark zunehmen.

520 Vgl. Larcker, D. F./Richardson, S. A. (2004), S. 634.

521 Vgl. Kothari, S. P./Leone, A. J./Wasley, C. E. (2005). Die Autoren untersuchen, ob die Hypothese H_0 = keine Bilanzpolitik fälschlicherweise abgelehnt wird (Fehler 1. Art) und ob die Hypothese nicht abgelehnt wird, obwohl sie hätte abgelehnt werden müssen (Fehler 2. Art). Die Ergebnisse zeigen nicht eindeutig, dass die Berücksichtigung des ROA zu einer verbesserten Aufdeckung der Bilanzpolitik führt.

522 Vgl. Dechow, P. M./Dichev, I. D. (2002), S. 36. Untersucht werden 15.234 Beobachtungen von 1987 bis 1999. In die Regression gehen der operative Cashflow des Vorjahres, des Berichtsjahres und der folgenden Periode ein. Vgl. Wysocki, P. D. (2005) zur Kritik an diesem Modell.

523 Vgl. Meuwissen, R./Moers, F./Peek, E./Vanstraelen, A. (2005), S. 26. Vgl. McNichols, M. F. (2002), S. 64f. mit Kritik zu diesem Modell von Dechow, P. M./Dichev, I. D. (2002).

524 Vgl. McNichols, M. F. (2002), S. 65. Das Modell baut auf der Kritik am Jones-Modell auf, das einige Sachverhalte fälschlicherweise als diskretionär erkennt.

Nachdem eine Vielzahl von Modellen vorgestellt wurde, die untersuchen, wie die Höhe der Bilanzpolitik über die diskretionären Periodenabgrenzungen abgebildet werden kann, erfolgt eine Beurteilung dieser Modelle im Anschluss.

3.4.2.2 Beurteilung der Modelle zur Berechnung der DPA

Bei der Beurteilung der Modelle steht ihre Eignung Bilanzpolitik aufzudecken im Vordergrund. Besonderes Augenmerk liegt darauf, ob die Modelle die Bilanzpolitik fälschlicherweise den diskretionären Periodenabgrenzungen statt den nichtdiskretionären zuordnen. Zunächst ist anzumerken, dass alle Modelle davon ausgehen, dass in den Vorjahren keine Bilanzpolitik bzw. nur in unbedeutendem Umfang betrieben wurde. Zudem ist eine hohe Anzahl an Beobachtungen notwendig, um Bilanzpolitik überhaupt aufzudecken.[525] Weiterhin können nicht alle Formen von Bilanzpolitik in den diskretionären Periodenabgrenzungen erfasst werden. So werden sachverhaltsgestaltende Investitionen, die sich nicht über die GuV oder die Cashflow-Rechnung auswirken, ausgeblendet.[526]

Wie gezeigt, verwenden sowohl das Healy- als auch das DeAngelo-Modell die gesamten Periodenabgrenzungen zur Berechnung der nichtdiskretionären Periodenabgrenzungen. Schwanken die nichtdiskretionären Periodenabgrenzungen um einen konstanten Mittelwert, führt das Healy-Modell zu korrekten Ergebnissen, während das DeAngelo-Modell die nichtdiskretionären Periodenabgrenzungen mit einem Random-Walk-Prozess korrekt abbildet.[527] Diese Voraussetzungen sind in der Realität nicht immer realistisch, zumal sich die Situation des Unternehmens von Periode zu Periode ändern kann.[528] DECHOW/SABINO/SLOAN (1998) zeigen außerdem, dass die nichtdiskretionären Periodenabgrenzungen im Healy-Modell mit Zunahme der Anzahl der Jahre (T) gegen den Erwartungswert der gesamten Periodenabgrenzungen und somit gegen Null tendieren.[529] Wird eine große Anzahl von Jahren zur Durchschnittsbildung verwendet, entsprechen die diskretionären Periodenabgrenzungen den gesamten Periodenabgrenzungen, sodass nichtdiskretionäre Periodenabgrenzungen nicht mehr bestehen und die Höhe der Bilanzpolitik verzerrt ist.

---

525 Vgl. Dechow, P. M./Sloan, R. G./Sweeney, A. P. (1995), S. 223. Für 1% der Bilanzsumme sind hunderte von Beobachtungen notwendig, um Bilanzpolitik mit dem Jones-Modell aufzudecken. Wird das Branchen-Modell angewandt, sind mindestens sechs Unternehmen pro Branche mit Daten aus dem Berichts- und Vorjahr notwendig. Vgl. Jones, J. J. (1991), welche in ihre Datenbasis zwar nur 23 Unternehmen aufnimmt, für diese aber mindestens 14 Jahre in die Zeitreihenanalyse eingehen und zur Berechnung der diskretionären Periodenabgrenzungen zur Verfügung stehen.

526 Vgl. Quick, R. (2006), S. 51.

527 Vgl. Dechow, P. M./Sloan, R. G./Sweeney, A. P. (1995), S. 198.

528 Vgl. Herold, C. (2006), S. 33.

529 Vgl. auch im Folgenden Dechow, P. M./Sabino, J./Sloan, R. G. (1998), S. 15-17. Die Autoren zeigen, dass die Häufigkeit der Ablehnung von H_0= keine Bilanzpolitik unter diesen Bedingungen hoch ist. Neben dem Healy-Modell finden die Autoren Fehlklassifizierungen von nichtdiskretionären Periodenabgrenzungen bei Anwendung des Jones-Modells heraus.

Auch beim Jones-Modell besteht das Problem, dass Teile der nichtdiskretionären Periodenabgrenzungen zu Unrecht als diskretionär qualifiziert werden.[530] Umgekehrt besteht aber z.B. bei der Umsatzrealisierung ein Ermessensspielraum, sodass die Umsatzerlöse durchaus bilanzpolitisch beeinflusst sein können, was im originären Jones-Modell nicht berücksichtigt wird. Dieses Defizit gleicht das *Modified-Jones*-Modell aus, indem es die Veränderung der Forderungen einbezieht.[531] Eine weitere Form des Ausgangsmodells von Jones stellt das Branchenmodell dar. Als kritisch ist hierbei zu erachten, dass unternehmensspezifische Vorgänge möglicherweise nicht als gewöhnlich eingestuft werden, sondern als diskretionär.[532] Das Branchenmodell berücksichtigt keine Unterschiede der Unternehmen innerhalb einer Branche.[533]

Ein weiterer konzeptioneller Nachteil des Jones-Modells ist die Annahme, dass die geschätzten Parameter über die Zeit stationär bleiben.[534] BALL/SHIVAKUMAR (2006) führen aus, dass das Jones-Modell von einer linearen Funktion zwischen nichtdiskretionären Periodenabgrenzungen, der Veränderung von Umsätzen und dem Bruttosachanlagevermögen ausgeht. Diese Funktion ist allerdings dann nicht linear, wenn eine asymmetrische Abbildung von Gewinnen und Verlusten z.B. durch eine vorsichtige Bilanzierung und zeitnahe Vereinnahmung von Verlusten erfolgt.[535]

Durch die konzeptionelle Kritik an den Modellen zur Messung der Bilanzpolitik gewinnt die empirische Überprüfung der Aussagekraft der Modelle an Bedeutung. Deshalb werden einige Studien vorgestellt, welche sich mit der Aufdeckung von Bilanzpolitik beschäftigen. BARTOV/GUL/TSUI (2001) untersuchen verschiedene Ausprägungen des Jones-Modells und erkennen, dass die Branchenmodelle von Jones die Bilanzpolitik besser aufdecken als Zeitreihenmodelle. Betrachtet werden das *Cross-Sectional*-Jones- und das *Cross-Sectional-Modified*-Jones-Modell, ein weiteres Branchen-, das DeAngelo- und das Healy-Modell.[536] Des Weiteren zeigt die Untersuchung von DECHOW/SLOAN/SWEENEY (1995), dass empirische Modelle, welche die Periodenabgrenzungen verwenden, generell einen sehr geringen Erklärungsgehalt aufweisen und nur bei einer ausreichend großen Stichprobe gut spezifiziert sind.[537] Bei einer Untersuchung von zufällig ausgewählten Unternehmen schneiden das

530 Vgl. dazu unter anderem die Ergebnisse von Dechow, P. M./Sabino, J./Sloan, R. G. (1998).

531 Vgl. Dechow, P. M./Sloan, R. G./Sweeney, A. P. (1995), S. 199. Werden die Umsätze schon in dieser Periode realisiert, sinken die Forderungen und der Cashflow steigt.

532 Vgl. Subramanyam, K. R. (1996), S. 263.

533 Vgl. Larcker, D. F./Richardson, S. A. (2004), S. 633.

534 Vgl. Larcker, D. F./Richardson, S. A. (2004), S. 633.

535 Vgl. Ball, R./Shivakumar, L. (2006), S. 215. Untersucht werden 57.363 Beobachtungen zwischen 1987 und 2003. Die zeitlich asymmetrische Vereinnahmung von Gewinnen und Verlusten wird in dieser und auch in den Studien von Basu, S. (1997) und Ball, R./Kothari, S. P./Robin, A. (2000) betrachtet.

536 Vgl. Bartov, E./Gul, F. A./Tsui, J. S. L. (2001), S. 423. Die Autoren sprechen sich für die Anwendung der Branchenmodelle mit einem ausreichend großen Stichprobenumfang aus.

537 Vgl. Dechow, P. M./Sloan, R. G./Sweeney, A. P. (1995), S. 195, 203f. Erklärt werden nur zwischen einem und fünf Prozent der Bilanzsumme. Die Autoren untersuchen verschiedene Modelle zur Messung der Bilanzpolitik daraufhin, ob die Nullhypothese H_0= keine Bilanzpolitik fälschlicherweise abgelehnt wird (Fehler 1. Art). Der umgekehrte Fall des Fehlers der zweiten Art besagt, dass H_0 fälschlicherweise nicht abgelehnt wird. Die diskretionären Periodenabgrenzungen werden jeweils über das DeAngelo-, das

Jones und *Modified-Jones*-Modell vor dem Healy-Modell am Besten ab. Fehler der ersten Art treten in allen Modellen zur Messung von Bilanzpolitik auf, wenn die Ergebnisse extrem hoch oder gering sind.[538] Dies spricht dafür, Ausreißer mit Extremwerten aus dem Modell zu entnehmen, oder Kontrollvariablen zur Messung der finanziellen Situation in die Regression einzubeziehen.[539] Dagegen unterschätzt das Jones-Modell Umsatzverzerrungen und Manipulationen der Gewinnspanne. Schließlich werden 32 Unternehmen betrachtet, welche von der SEC als Unternehmen mit Bilanzpolitik identifiziert wurden. Das *Modified*-Jones-Modell erkennt die Bilanzpolitik am Besten, es folgen das Branchen-Modell, das Healy-Modell, das Jones- und letztlich das DeAngelo-Modell.[540]

SUBRAMANYAM (1996) befürwortet die Verwendung von diskretionären Periodenabgrenzungen, schränkt seine Ergebnisse jedoch ein, indem er daraufhin weist, dass das Branchenmodell von Jones hohe Schätzwerte aufweist und das erwartete Vorzeichen teilweise nicht erreicht werden kann.[541] Auch YOUNG (1999) untersucht das Healy-, DeAngelo-, Jones- und das *Modified*-Jones-Modell über die Höhe der Testfehler der Modelle.[542] Das Healy-Modell schneidet dabei am schlechtesten ab. Das DeAngelo- und die Jones-Modelle bilden die Bilanzpolitik besser ab, deuten aber dennoch auf einen hohen Grad an Fehlspezifizierung hin. Andere Ergebnisse erzielen JONES/KRISHNAN/MELENDREZ (2006). Diese finden heraus, dass die Fähigkeit des Jones- und des modifizierten Jones-Modell verzerrte Ergebnisse aufzudecken sehr gering ist. Am Besten schneiden Modelle ab, welche das Ergebnis des Unternehmens z.B. über die Gesamtkapitalrentabilität (ROA) oder den operativen Cashflow berücksichtigen.[543]

Auch MEUWISSEN ET AL. (2005) erkennen, dass mit dem *Modified*-Jones-Modell die Bilanzpolitik nicht in allen untersuchten Ländern in gleichem Maße aufgedeckt wird. Vielmehr sind die Modellparameter instabil und die Modelle in einigen Ländern fehlspezifiziert. Die Autoren weisen daraufhin, dass Ergebnisse empirischer Studien zur Aufdeckung von Bilanzpolitik aus verschiedenen Ländern nicht uneingeschränkt vergleichbar sind. Diese Aussage gilt nicht nur für das *Modified-Jones*-Modell, sondern für alle Modelle, bei welchen Bilanzpolitik

---

Healy-, ein Branchen-, das Jones- und das *Modified-Jones*-Modell berechnet. Der geschätzte Koeffizient gibt Aufschluss darüber, ob die Modelle die Bilanzpolitik tatsächlich abbilden.

538 Vgl. Dechow, P. M./Sloan, R. G./Sweeney, A. P. (1995), S. 208ff.

539 Vgl. Dechow, P. M./Sloan, R. G./Sweeney, A. P. (1995), S. 224.

540 Vgl. Dechow, P. M./Sloan, R. G./Sweeney, A. P. (1995), S. 219.

541 Vgl. Subramanyam, K. R. (1996), S. 253. Das Jones- und das *Modified-Jones*-Modell werden für 21.135 Beobachtungen während der Jahre 1973-1993 jeweils als Branchendurchschnitts- oder Zeitreihenmodell untersucht.

542 Vgl. auch im Folgenden Young, S. (1999), S. 840-845, S. 848ff. Untersucht werden börsennotierte Unternehmen aus dem Vereinigten Königreich und ihre Finanzdaten zwischen dem 30.06.1993 und 31.05.1996 aus der Datenbank Datastream.

543 Vgl. auch im Folgenden Jones, K./Krishnan, G. V./Melendrez, K. (2006). Vgl. Modell von Kothari, S. P./Leone, A. J./Wasley, C. E. (2005) mit dem Return on Assets und von McNichols, M. F. (2002) mit operativen Cashflows, Bruttosachanlagevermögen und Veränderung der Forderungen. Auch das Modell von Dechow, P. M./Dichev I. D. (2002), welches die *Working Capital Accruals* über drei Formen operativer Cashflows abbildet, schneidet gut ab.

von zeitlichen Komponenten, wie der Vereinnahmung von Gewinnen oder Verlusten, abhängt.[544]

3.4.3 Alternativen zur Messung der Bilanzpolitik

Wie bei der Beurteilung der Modelle zur Schätzung der Bilanzpolitik über die Höhe der diskretionären Periodenabgrenzungen ersichtlich wurde, ist jedes der Modelle mit Fehlern behaftet. Empirische Ergebnisse, welche die Fähigkeit der Modelle zur Aufdeckung der Bilanzpolitik testen, sind nicht einheitlich. Auf Grund der Kritik an allen Modellen werden nun weitere Möglichkeiten zur Messung der Bilanzpolitik vorgestellt, welche nach der Wirkungsrichtung der Bilanzpolitik differenzieren.

KIM/CHUNG/FIRTH (2003) zeigen, dass eine negative *Veränderung des operativen Cashflows* (OCF) mögliche Anreize des Managements abbildet, einkommenserhöhende Bilanzpolitik auszuüben.[545] Ein weiterer Indikator für Bilanzpolitik ist die *Relation des Absolutwertes der gesamten Periodenabgrenzungen zum Absolutwert des operativen Cashflows.*[546] Es wird die Annahme verfolgt, dass die gesamte Differenz zwischen Jahresergebnis und Cashflow bilanzpolitisch verzerrt ist. Dabei findet keine Unterscheidung statt, ob die Bilanzpolitik einkommenserhöhend oder –mindernd ist.

Das bilanzpolitische Ziel der Ergebnismaximierung spiegelt sich in der Wahrscheinlichkeit wider, ob ein Unternehmen einen wenn auch nur geringen Gewinn anstatt eines Verlustes erreicht.[547] Ein Unternehmen hat Anreize, der Öffentlichkeit ein steigendes oder zumindest stetiges Ergebnis zu präsentieren. Aus diesem Grund wird Bilanzpolitik nicht nur eingesetzt, um Verluste zu vermeiden, sondern auch um kleine Ergebniserhöhungen anstatt Ergebnisminderungen auszuweisen.[548] BURGSTAHLER/DICHEV (1997) betrachten die Häufigkeitsverteilungen von Ergebnissen, Ergebnisänderungen, operativen Cashflows sowie Veränderungen des Working Capital und finden heraus, dass es eine ungewöhnlich hohe Häufigkeit von *kleinen Ergebniserhöhungen* und *kleinen Gewinnen* gibt. Die geringfügige Zunahme der Ergebnisse ist nicht nur in einem, sondern auch in folgenden Jahren zu erkennen.[549] DECHOW/RICHARDSON/TUNA (2003) untersuchen, ob der Ausweis kleiner Gewinne

---

544 Vgl. Meuwissen, R./Moers, F./Peek, E./Vanstraelen, A. (2005).

545 Vgl. Kim, J.-B./Chung, R./Firth, M. (2003), S. 348.

546 Vgl. Leuz, C./Nanda, D./Wysocki, P. D. (2003), S. 510. Die Abbildung der Bilanzpolitik erfolgt über die gesamten Periodenabgrenzungen, während der operative Cashflow für Unterschiede in Leistungsfähigkeit und Unternehmensgröße kontrolliert.

547 Vgl. Ashbaugh, H./LaFond, R./Mayhew, B. W. (2003), S. 630f. definieren Ergebniserhöhungen als Veränderung des Jahresergebnisses, normiert mit dem Buchwert des Eigenkapitals zu Beginn des Jahres zwischen 0% und 2%.

548 Vgl. Burgstahler, D./Dichev, I. (1997), S. 122. Als Gründe für die kleinen Ergebnissteigerungen verweisen die Autoren auf die Transaktionskostentheorie, wonach Ergebnissteigerungen die Vertragsbedingungen zwischen dem Unternehmen und den Stakeholdern verbessern. Transaktionskosten sinken somit, wenn die Unternehmen kleine Ergebnissteigerungen aufweisen.

549 Vgl. Burgstahler, D./Dichev, I. (1997), S. 105f. Vgl. auch Leuz, C./Nanda, D./Wysocki, P. D. (2003), S. 511. Kleine Verluste bestehen zwischen -1% und 0% (Anteil Jahresergebnis an der Bilanzsumme. Kleine Gewinne werden zwischen 0% und 1% ausgewiesen. Meuwissen, R./Moers, F./Peek, E./Vanstraelen, A. (2005), S. 18 verwenden den ROA statt dem Jahresergebnis.

tatsächlich mit höherer Bilanzpolitik und somit einem hohen Anstieg der diskretionären Periodenabgrenzungen einhergeht. Die Autoren finden hierfür allerdings keine Evidenz.[550] HEALY/WAHLEN (1999) befürworten die Verwendung der Häufigkeitsverteilungen von Ergebnissen, da diese auch bilanzpolitische Maßnahmen umfassen, welche nicht in den diskretionären Periodenabgrenzungen enthalten sind. Zudem entfällt die Problematik bei der Abgrenzung von diskretionären und nichtdiskretionären Teilen der Periodenabgrenzungen.[551]

Unter ergebnismindernder Bilanzpolitik ist weitläufig eine vorsichtige Bilanzierung zu verstehen. Diese lehnt sich einerseits an die Abbildung von Vermögenswerten mit dem Niederstwert und die Abbildung von Verbindlichkeiten mit dem Höchstwert an (*Unconditional Conservatism*, entsprechend dem deutschen Vorsichtsprinzip).[552] Hierzu zählt beispielsweise auch das Bilanzierungsverbot für selbsterstellte immaterielle Vermögenswerte. Eine Messung von *Unconditional Conservatism* erfolgt z.B. über das Markt-Buchwert-Verhältnis.[553] Daneben definiert sich Vorsicht als asymmetrische Abbildung von Gewinnen und Verlusten über den Begriff *Conditional Conservatism*.[554] Dabei werden unrealisierte derzeitige und auch künftige Verluste früher in der Gewinn- und Verlustrechnung der Unternehmen antizipiert als unrealisierte Gewinne.[555] Dies wird möglicherweise durch Ausübung von Bilanzpolitik verhindert. Bei Maximierung des eigenen Vermögens entstehen Anreize des Managements, Verluste nicht zeitnah im Jahresabschluss abzubilden, um Investitionsmöglichkeiten nicht zu beschränken,[556] welche zu unvorteilhaften Investitionen führen können, aber den eigenen Nutzen erhöhen.[557] Nach dem Ansatz von BASU (1997) wird *Conditional Conservatism* über eine Umkehrregression mit der Relation Jahresergebnis zu Marktwert des Eigenkapitals$_{t-1}$ als zu erklärende Variable und den Aktienrenditen als erklärende Variable gemessen.[558] Positive Renditen spiegeln positive Neuigkeiten (künftige

---

550 Vgl. Dechow, P. M./Richardson, S. A./Tuna, I. (2003). Da die Gründe für den Ausweis kleiner Gewinne nicht klar erkannt werden können, warnen die Autoren vor der Messung der Bilanzpolitik über den Ausweis kleiner Gewinne.

551 Vgl. Healy, P. M./Wahlen, J. M. (1999), S. 379. Die Autoren weisen auf Nachteile der Vorgehensweise von Burgstahler, D./Dichev, I. (1997) hin.

552 Vgl. Watts, R. L. (2003b), S. 289f. Vgl. im Folgenden Ryan, S. G. (2006), S. 513. Diese Form von Vorsicht kann bspw. über das Markt-Buchwert-Verhältnis gemessen werden. Vgl. auch Gassen, J./Fülbier, R. U./Sellhorn, T. (2006), S. 528f. Die Bilanz steht im Vordergrund des *Unconditional Conservatism*.

553 Vgl. Brown, W. D./He, H./Teitel, K. (2006), S. 615.

554 Vgl. Gassen, J./Fülbier, R. U./Sellhorn, T. (2006), S. 528f.

555 Vgl. Basu, S. (1997), S. 4, S. 11f. Vgl. auch Ball, R./Kothari, S. P./Robin, A. (2000).

556 Vgl. Ball, R./Shivakumar, L. (2005), S. 84f. Der Manager wird versuchen die Folgen von Investitionen mit negativen Kapitalwerten in Perioden zu verschieben, in denen er möglicherweise nicht mehr dafür verantwortlich gemacht wird.

557 Von Nachteil sind Investitionen mit negativen Kapitalwerten für Gläubiger und Investoren. Die empirische Überprüfung vorsichtiger Bilanzierung ist unter diesen Gesichtspunkten vorteilhaft. Vgl. Watts, R. L. (2003a), S. 212-214. Vgl. auch Ball, R./Shivakumar, L. (2005), S. 84f.

558 Vgl. auch im Folgenden Basu, S. (1997), S. 11. Vgl. Kelley, S. O./Shores, D./Tong, Y. H. (2004). Vgl. Ball, R./Shivakumar, L. (2006). Vgl. Brown, W. D./He, H./Teitel, K. (2006), S. 613. Vgl. Ruddock, C./Taylor, S./Taylor, S. (2006), S. 712-715. Vgl. auch Gassen, J./Fülbier, R. U./Sellhorn, T. (2006), S. 535. Vgl. Guay, W./Verrecchia, R. (2006), S. 20. Vgl. Watts, R. L. (2003b), S. 290. Vgl. Ryan, S. G. (2006), S. 515f. zur Kritik an der Messung von *Conditional Conservatism* über *Asymmetric Timeliness*.

Gewinne), negative Renditen negative Neuigkeiten (künftige Verluste) wider. Ob sich negative Renditen schneller auf das Jahresergebnis auswirken (*Asymmetric Timeliness*), kann über die Koeffizienten der Regression erkannt werden. Weiterhin kann Vorsicht auch über eine Regression abgebildet werden, welche die Veränderung der Ergebnisse als zu erklärende und die Veränderung der Vorjahresergebnisse in einer Interaktionsvariablen als erklärende Variable verwendet.[559]

Auch *Cashflows und Periodenabgrenzungen* dienen der Abbildung von Vorsicht.[560] Liegt ein negativer Cashflow vor, so drückt eine positive Korrelation zwischen diesem und den gesamten Periodenabgrenzungen *Conditional Conservatism* aus.[561] Diese Beziehung besteht, da mögliche Verluste zeitnah berücksichtigt werden und sich in den Periodenabgrenzungen widerspiegeln, während Gewinne erst nach ihrer Realisierung direkt im Ergebnis vereinnahmt werden.[562]

Die Annahme, dass Ergebnisse oder Cashflows durch Bilanzpolitik geglättet sind, kann entsprechend dem Vorgehen von LEUZ ET AL. (2003) über die *Relation der Standardabweichung des Jahresergebnisses zur Standardabweichung der operativen Cashflows* gemessen werden. Der operative Cashflow im Nenner kontrolliert für Unterschiede in der Größe und Leistungsfähigkeit des Unternehmens.[563] Alternativ kann das Ziel der Ergebnisglättung durch die negative *Korrelation zwischen der Veränderung der Periodenabgrenzungen und der Veränderung des operativen Cashflows* gemessen werden. Die negative Korrelation beider Größen resultiert aus der Berechnung der Periodenabgrenzungen über die Differenz aus Jahresergebnis und operativem Cashflow. Eine hoch negative Korrelation zeigt,[564] dass das Management die operativen Cashflows bilanzpolitisch verändert hat, um das Ergebnis zu glätten.

---

559 Vgl. Basu, S. (1997), S. 20f. Vgl. Ball, R./Shivakumar, L. (2005), S. 92.

560 Vgl. Watts, R. L. (2003b), S. 288ff.

561 Vgl. Ball, R./Shivakumar, L. (2006), S. 213ff. Vgl. Ruddock, C./Taylor, S./Taylor, S. (2006), S. 733. Vgl. auch Brown, W. D./He, H./Teitel, K. (2006), S. 613f. Zur Abbildung der zeitnahen Erfassung von Gewinnen und Verlusten wird der Cashflow mit einer Dummy-Variablen multipliziert, welche bei einem negativen operativen Cashflow den Wert 1 erhält.

562 Vgl. Ball, R./Shivakumar, L. (2005), S. 93f. Daneben besteht in der Literatur auch die Meinung, dass eine negative Beziehung zwischen Periodenabgrenzungen und operativem Cashflow zu Stande kommt, weil sich die Periodenabgrenzungen gegenläufig auf den Cashflow auswirken. Vgl. Ruddock, C./Taylor, S./Taylor, S. (2006), S. 733. Vgl. Ball, R./Shivakumar, L. (2006), S. 212.

563 Vgl. Leuz, C./Nanda, D./Wysocki, P. D. (2003), S. 509. Geringe Werte deuten auf Ergebnisglättung hin.

564 Vgl. Leuz, C./Nanda, D./Wysocki, P. D. (2003), S. 510. Der Spearman Korrelationskoeffizient wird zur Abbildung dieser Beziehung verwendet. Vgl. auch Tendeloo, B. v./Vanstraelen, A. (2005). Vgl. in ähnlicher Form Tucker, J. W./Zarowin, P. A. (2006), S. 254f. Vgl. auch Meuwissen, R./Moers, F./Peek, E./Vanstraelen, A. (2004) mit der negativen Korrelation von Periodenabgrenzungen und Cashflows.

3.5 Zusammenfassung

Dieses Kapitel führt in die Thematik der Bilanzpolitik ein, welche mit der Unabhängigkeit der Prüfer verbunden wird und Eingang in eine empirische Regressionsanalyse findet. Die gewonnen Erkenntnisse zur Bilanzpolitik sind folgende:

- Bilanzpolitik beschreibt das Ausüben von Gestaltungsspielräumen innerhalb des gesetzlichen Rahmens.

- Das oberste Management ist maßgeblich verantwortlich für die Durchführung von Bilanzpolitik. Dieses haftet, sofern es zu Unrichtigkeiten oder Verschleierungen der tatsächlichen Lage kommt.

- Ziele der Bilanzpolitik sind finanzieller oder persönlicher Art oder dienen der Beeinflussung der Abschlussadressaten. Die Ausübung der Bilanzpolitik kann stark von den Anreizen des Managements getrieben sein. Persönliches Ansehen, Erhöhung der Entlohnung oder das Erreichen von Zielgrößen lösen bilanzpolitische Maßnahmen des Managements aus.

- Bilanzpolitik spricht zumeist die Bilanz oder GuV an und erfolgt ergebniserhöhend, -mindernd, -glättend oder erreicht Zielgrößen. Je nach Zielsetzung werden Objekt und Wirkungsrichtung der Bilanzpolitik ausgewählt.

- Die Instrumente der Bilanzpolitik lassen sich in Maßnahmen vor und nach dem Bilanzstichtag einteilen. Nach dem Bilanzstichtag wird Bilanzpolitik entweder formell oder materiell betrieben.

- Die gesamten Periodenabgrenzungen werden über die Veränderung des *Working Capitals* oder über die Differenz zwischen Jahresergebnis und operativem Cashflow ermittelt. Die gesamten Periodenabgrenzungen lassen sich in einen bilanzpolitisch verzerrten Teil und einen von Bilanzpolitik unabhängigen Teil aufgliedern.

- Da die Messung der Bilanzpolitik über die Periodenabgrenzungen auf direktem Wege nicht möglich ist, werden die nichtdiskretionären Periodenabgrenzungen über verschiedene Modelle geschätzt. Zu den bekanntesten Modellen zählen das Random-Walk-Modell von DeAngelo (1986), das Durchschnittsmodell von Healy (1985) und das Modell von Jones (1991), welches die nichtdiskretionären Periodenabgrenzungen in Abhängigkeit von Umsatzerlösen und Bruttosachanlagevermögen schätzt.

- Alle Modelle zur Abbildung von Bilanzpolitik sind ungenau und führen zu Fehlern in der Schätzung der nichtdiskretionären Periodenabgrenzungen. Im Laufe der Jahre wurde das Jones-Modell weiterentwickelt und scheint am Besten spezifiziert.

- Alternativen zur Abbildung von ergebniserhöhender, -mindernder oder -glättender Bilanzpolitik sind durch die Messung von Ergebniserhöhungen, die Veränderung des operativen Cashflows, die asymmetrische Abbildung von Gewinnen und Verlusten, die Relation der Standardabweichung von Jahresergebnissen zur Standardabweichung von operativen Cashflows sowie die Korrelation zwischen Periodenabgrenzungen und operativen Cashflows gegeben.

- Die Verknüpfung von Unabhängigkeit und Bilanzpolitik erfolgt im Laufe der Arbeit. Dabei ist ein unabhängiger Prüfer notwendig, um die Durchführung der bilanzpolitischen Maßnahmen des Managements einzuschränken. Zu den Aufgaben des Prüfers gehört es, sicherzustellen, dass der Jahresabschluss dem tatsächlichen Bild der Vermögens, Finanz- und Ertragslage entspricht und darüber zu berichten. Erst durch einen unabhängigen Prüfer als Kontrollinstanz wird gewährleistet, dass die Jahresabschlussinformationen verlässlich für die Adressaten sind.

4 Bisherige empirische Ergebnisse zur Unabhängigkeit und Bilanzpolitik

Neben den bisher aufgeführten theoretischen Erklärungen werden nun empirische Ergebnisse aufgegriffen. Die Quasirenten- und Prinzipal-Agenten-Theorie können im Hinblick auf die Prüferunabhängigkeit empirisch überprüft werden. Im Forschungsbereich der Unabhängigkeit kann zwischen Studien unterschieden werden, welche die innere oder die wahrgenommene, äußere Unabhängigkeit ansprechen. Für diese Arbeit ist die innere Unabhängigkeit (*Independence in Fact*) maßgeblich, weshalb im Folgenden Forschungsergebnisse zur Messung dieser vorgestellt werden. Laborexperimente und Befragungen werden außer Acht gelassen.[565] Da die innere Unabhängigkeit nicht direkt gemessen werden kann, sind Indikatoren zur Abbildung zu verwenden. In einigen Regressionsanalysen werden die Höhe der Nichtprüfungshonorare in absoluter oder relativer Höhe, die Reputation der Prüfungsgesellschaft, die Einschränkung von Bestätigungsvermerken oder Unternehmensfortführungstestaten, nachträgliche Änderungen von Jahresabschlüssen (*Restatements*), die Mandatsdauer oder Schadenersatzklagen gegen Prüfungsgesellschaften als Indikator verwendet.[566] In den folgenden Abschnitten werden aus einer Vielzahl von Studien die für diese empirische Arbeit wichtigsten Studien ausgewählt, welche die Prüferhonorare zur Abbildung der Unabhängigkeit verwenden. Die Ergebnisse aus verschiedenen Ländern, insbesondere aus den USA, werden vorgestellt, um später einen Vergleich mit Deutschland durchzuführen, denn für Deutschland existiert bisher keine empirische Analyse, welche die Prüferhonorare empirisch betrachtet.[567]

---

565 Vgl. Quick, R./Warming-Rasmussen, B. (2005) für eine Befragungsstudie zur Prüfer-Unabhängigkeit in Dänemark. Vgl. Quick, R. (2006), S. 48f. zu Ergebnissen aus Laborexperimenten.

566 Vgl. Studien, welche mit Testatseinschränkungen arbeiten z.B. von Wines, G. (1994), Sharma, D. S./Sidhu, J. (2001), Craswell, A./Stokes, D. J./Laughton, J. (2002), Lai, K.-W./Yim, A. T. L. (2003) und Geiger, M. A./Rama, D. V. (2003).

567 Die Unabhängigkeit der Prüfer wurde in Deutschland bislang lediglich durch die Befragungen von Richter, M. (1977), Dykxhoorn, H. J./Sinning, K. E. (1981) und Dykxhoorn, H. J./Sinning, K. E. (1982) geprüft. Bauer, M. (2004a) führt eine Befragung zu den Honoraren durch und betrachtet die Unabhängigkeit über die Agency-Konflikte. Kitschler, R. (2005) führt eine ökonomische Analyse zur Abschlussprüfung durch. Müller, K. (2006) vergleicht die Vorschriften zur Unabhängigkeit in Deutschland, der EU, der IFAC und der USA.

4.1 Frankel/Johnson/Nelson (2002)

Die Studie von FRANKEL/JOHNSON/NELSON (2002) wird vorgestellt, da diese zu den ersten Studien gehört, welche mit der US-amerikanischen Honorarveröffentlichung arbeiten.[568] Vor der US-amerikanischen Honorarveröffentlichung wird der Zusammenhang zwischen der Prüfungsqualität und der Bilanzpolitik im Unternehmen unter anderem über die Größe der Prüfungsgesellschaft gemessen (BIGN oder Nicht-BIGN).[569] Die Autoren untersuchen die Unabhängigkeit der Prüfer und finden heraus, dass Nichtprüfungshonorare signifikant positiv mit der Wahrscheinlichkeit korrelieren, dass die Ergebnisse die Vorhersagen der Analysten treffen oder übertreffen. Es zeigt sich außerdem, dass die Nichtprüfungshonorare auch mit der Höhe der diskretionären Periodenabgrenzungen positiv korreliert sind. Es ist ein Zeichen für eine eingeschränkte Unabhängigkeit der Prüfer gegeben. In einer zweiten Hypothese wird betrachtet, wie der Kapitalmarkt auf die Veröffentlichung der Honorare reagiert. Die veröffentlichten Honorare werden dabei als Signal an die Investoren verstanden, die Qualität der Abschlüsse und somit die Bilanzpolitik einzuschätzen.[570] Die Autoren erkennen eine negative Korrelation zwischen Aktienkursen und der Veröffentlichung von höher als erwarteten Nichtprüfungshonoraren.[571] Im Vordergrund der nachstehenden Erläuterungen der Studie von FRANKEL ET AL. (2002) steht das Modell zur Abbildung der Bilanzpolitik, welches in ähnlicher Form im Verlauf der Arbeit für Deutschland untersucht wird.

FRANKEL/JOHNSON/NELSON (2002) untersuchen die erstmals ab dem 5.02.2001 in Proxy Statements zu veröffentlichenden Honorare in den USA. Es gehen 3.074 Honorarbeobachtungen aus dem Zeitraum zwischen dem 5.02. und dem 15.06.2001 in die Analyse ein. Mit dieser Studie sollen zwei gegenläufige Argumente, welche die Literatur zur Vereinbarkeit von Prüfung und Beratung herausgearbeitet hat, aufgegriffen werden.[572] Wie SIMUNIC (1984) in seiner Studie zeigt, führt das gleichzeitige Angebot von Prüfungs- und Beratungsleistungen zu Synergieeffekten und demzufolge zu einer erhöhten wirtschaftlichen Abhängigkeit vom Mandanten. In diesem Fall neigt der Prüfer eher dazu, die bilanzpolitischen Ziele des Managements zu unterstützen. Weiterhin werden die Agency- und Verhaltenstheorie zur Begründung verwendet, dass Nichtprüfungsleistungen die Unabhängigkeit der Prüfer einschränken können. Umgekehrt untersucht diese Studie positive Aspekte der Beratung, nämlich durch den zusätzlichen Aufbau von Reputationskapital. Die Unabhängigkeit der Prüfer ist dann gestärkt, wenn es eine negative Reputation zu vermeiden gilt, welche zu Verlusten aus anderen Mandaten führen kann, die möglicherweise höher sind, als der Gewinn zusätzlicher Aufträge eines Mandats bei Abhängigkeit. Mit den folgenden Hypothe-

---

568 Vgl. Frankel, R. M./Johnson, M. F./Nelson, K. K. (2002).

569 Vgl. dazu unter anderem die Ergebnisse von Palmrose, Z.-V. (1988), Becker et al. (1998), Francis, J. R./Maydew, E. L./Sparks, H. C. (1999).

570 Vgl. Frankel, R. M./Johnson, M. F./Nelson, K. K. (2002), S. 72.

571 Vgl. Frankel, R. M./Johnson, M. F./Nelson, K. K. (2002), S. 97ff.

572 Vgl. auch im Folgenden Frankel, R. M./Johnson, M. F./Nelson, K. K. (2002), S. 74ff.

sen berücksichtigen die Autoren die widersprüchlichen theoretischen Überlegungen in ihrer empirischen Analyse.

H_{1a}= Nichtprüfungsleistungen stehen nicht in Verbindung mit Bilanzpolitik.
H_{1b}= Prüfungsleistungen stehen nicht in Verbindung mit Bilanzpolitik.

Eine weitere Analyse wird vorgenommen, um die Reaktion der Aktienkurse auf die Veröffentlichung von Prüferhonoraren zu untersuchen. Wenn die Investoren die Unabhängigkeit der Prüfer anhand der Honorare als eingeschränkt erachten, werden die Aktienkurse bei Veröffentlichung unerwartet hoher Nichtprüfungshonorare sinken.

H_{2a}= Es gibt keine Reaktion des Aktienkurses auf die Veröffentlichung von Nichtprüfungshonoraren.
H_{2b}= Es gibt keine Reaktion des Aktienkurses auf die Veröffentlichung von Prüfungshonoraren.

Die Prüferhonorare finden in drei Variablen Eingang in die Studie: Die Relation der Nichtprüfungs- zu den gesamten Honoraren (FEERATIO) bildet die Annahme ab, dass eine Unabhängigkeitsgefährdung besteht, wenn die Beratungsleistungen einen hohen Anteil an den gesamten Honoraren ausmachen. Da diese Variable keine konkrete Aussage über die finanzielle Abhängigkeit des Prüfers vom Mandanten zulässt,[573] werden die Nichtprüfungshonorare in weiteren Variablen berücksichtigt. Dazu wird eine Rangtransformation der Prüfungshonorare durchgeführt, bei welcher die Variable RANKAUD den Wert 100, für Unternehmen mit Prüfungshonoraren mit dem höchsten Perzentil und den Wert 1 bei Prüfungshonoraren mit dem geringsten Perzentil erhält. Für Nichtprüfungshonorare (RANKNON) und gesamte Honorare (RANKTOT) wird ebenfalls eine Rangtransformation durchgeführt.[574] Die Variablen RANKNON und RANKAUD werden verwendet, um die Wichtigkeit des Mandanten für die Prüfungsgesellschaft zu berücksichtigen.[575] Der Anteil der Nichtprüfungs- an den gesamten Honoraren beträgt im Mittel 49%.

Die Messung der Bilanzpolitik erfolgt über zwei verschiedene Ansätze. Zunächst berücksichtigt die Variable SURPRISE, ob das tatsächlich veröffentlichte Jahresergebnis des Unternehmens unerwartet ist. Diese Form der Abbildung von Bilanzpolitik ist durch den Erwartungsdruck der Öffentlichkeit (insbesondere der Analysten), gewisse Ergebnisziele zu erreichen oder zu überbieten, getrieben.[576] Die Differenz zwischen dem tatsächlichen Ergebnis pro Aktie und dem letzten verfügbaren Median von Ergebnisvorhersagen gibt wieder,

573 Vgl. Frankel, R. M./Johnson, M. F./Nelson, K. K. (2002), S. 82.

574 Vgl. Frankel, R. M./Johnson, M. F./Nelson, K. K. (2002), S. 82. Die Rangtransformation dient dazu, Größeneffekte auszuschließen und wird anstatt der Normierung der Honorare mit einer Größe (z.B. Bilanzsumme) vorgenommen.

575 Vgl. Frankel, R. M./Johnson, M. F./Nelson, K. K. (2002), S. 82.

576 Vgl. Frankel, R. M./Johnson, M. F./Nelson, K. K. (2002), S. 83.

ob Ergebnisse übertroffen werden (SURPRISE). Eine weitere Variable (INCREASE) misst, ob sich das ausgewiesene Ergebnis leicht verbessert hat (Veränderung des Ergebnisses, normiert mit dem Marktwert des Eigenkapitals zu Beginn des Jahres).

Die Hypothese 1 betrachtet die Korrelation der Höhe der Nichtprüfungsleistungen und der Bilanzpolitik, um daraus zu schließen, ob die Unabhängigkeit der Prüfer eingeschränkt ist. Als Maß für die Prüfungsqualität werden vier Honorarvariablen (FEERATIO und RANKNON, RANKAUD und RANKTOT) eingesetzt, weitere Variablen sind das Vorliegen einer der fünf größten Prüfungsgesellschaften (BIG5) und die Dauer des Mandatsverhältnisses. Die Wahrscheinlichkeit, dass das Ergebnis überraschend ist (SURPRISE) oder im Vergleich zum Vorjahr gestiegen ist (INCREASE), wird annahmegemäß von weiteren Faktoren beeinflusst. Dazu zählen das Prozessrisiko, das Markt-Buchwert-Verhältnis zur Abbildung des Wachstums und die Anteile institutioneller Eigner. Weiterhin wird angenommen, dass Unternehmen mit einem hohen operativen Cashflow Ergebnisziele mit einer höheren Wahrscheinlichkeit übertreffen, da sie über freie Mittel zur Umsetzung der bilanzpolitischen Ziele verfügen. Letztlich werden Akquisitionen, sonstige Finanzierungsaktivitäten und die Unternehmensgröße (Marktwert des Eigenkapitals) in erklärenden Variablen abgebildet.[577] Die Gesamtkapitalrentabilität des Unternehmens wird über den Return on Assets (ROA) gemessen, zusätzlich wird die Aktienrendite berücksichtigt.

$$\begin{aligned} &\Pr ob(\text{Benchmark}) = \\ (15)\quad &\beta_0 + \beta_1 \text{FEEVAR} + \beta_2 \text{BIG5} + \beta_3 \text{AUDTEN} + \beta_4 \text{LITRISK} + \beta_5 \text{M/B} + \beta_6 \text{LOGMVE} \\ &+ \beta_7 \%\text{INST} + \beta_8 \text{LOSS} + \beta_9 \text{CFO} + \beta_{10} \text{FIN/ACQ} + \beta_{11} \text{ROA} + \beta_{12} \text{ANNRET} + \varepsilon \end{aligned}$$

Mit:

Prob(Benchmark)	Wahrscheinlichkeit von (1) SURPRISE: 1 = wenn Analystenvorhersage ge- oder übertroffen wird; 0 = sonst (2) INCREASE: 1 = wenn kleine Ergebniserhöhungen (Veränderung des Jahresergebnisses / Marktwert EK_{t-1} berichtet werden; 0 = sonst
FEEVAR	(1) FEERATIO = Nichtprüfungs- / Gesamte Honorare; (2) RANKNON = Rang der Perzentile der Nichtprüfungshonorare; (3) RANKAUD = Rang der Prüfungshonorare; (4) RANKTOT = Rang der gesamten Honorare
BIG5	1 = wenn BIG5-Prüfungsgesellschaft; 0 = sonst
AUDTEN	Anzahl der Jahre, welche Prüfungsgesellschaft das Mandat bereits prüft
LITRISK	Prozessrisiko (1 = wenn Branche mit hohem Risiko; 0 = sonst)
M/B	Markt-/Buchwert-Verhältnis

577 Vgl. Frankel, R. M./Johnson, M. F./Nelson, K. K. (2002), S. 83f.

LOGMVE	Natürlicher Logarithmus des Marktwertes des Eigenkapitals
%INST	Aktienanteil institutioneller Anteilseigner
LOSS	1 = wenn Verlust berichtet; 0 = sonst
CFO	Operativer Cashflow / Durchschnittliche Bilanzsumme
FIN/ACQ	1 = Verwicklung in einen Merger oder eine Akquisition; 0 = sonst
ROA	Return on Assets = Jahresergebnis / Durchschnittliche Bilanzsumme
ANNRET	Markt-angepasste Aktienrendite

Die Ergebnisse des ersten Modells zeigen, dass eine hochsignifikante positive Beziehung zwischen FEERATIO, RANKNON und SURPRISE besteht.[578] Unternehmen mit hohen Nichtprüfungshonoraren übertreffen die Ergebnisse der Analysten mit einer höheren Wahrscheinlichkeit. Bei hohen Prüfungshonoraren besteht ein negativer Einfluss auf die Analystenvorhersagen. Die weiteren Variablen zur Abbildung der Prüfungsqualität (BIG5 und Mandatsdauer) zeigen dagegen keinen statistisch signifikanten Einfluss auf die Bilanzpolitik. Wird die Bilanzpolitik darüber gemessen, ob sich das Ergebnis im Vergleich zum Vorjahr leicht erhöht hat (INCREASE), besteht kein statistisch signifikanter Einfluss der Nichtprüfungshonorare auf diese Variable.[579] Dagegen finden FRANKEL ET AL. (2002) Evidenz dafür, dass zwischen der Höhe der Prüfungshonorare, der gesamten Honorare und der Bilanzpolitik, gemessen über die Ergebnisveränderung, ein negativer Zusammenhang besteht, welcher nicht zu erwarten war. Die Ergebnisse sind somit nicht konsistent für beide Modelle zur Abbildung der Bilanzpolitik.

In einem zweiten Schritt wird die Bilanzpolitik als zu erklärende Variable über das *Cross-Sectional-Modified*-Jones-Modell zur Abbildung der Höhe der diskretionären Periodenabgrenzungen gemessen (vgl. Gleichung (12)). Zur Erfassung von einkommenserhöhender und –mindernder Bilanzpolitik werden die absoluten Periodenabgrenzungen verwendet, sodass sich folgende Hypothese ergibt:[580]

---

578 Vgl. auch im Folgenden Frankel, R. M./Johnson, M. F./Nelson, K. K. (2002), S. 85-91.
579 Vgl. Frankel, R. M./Johnson, M. F./Nelson, K. K. (2002), S. 91.
580 Vgl. Frankel, R. M./Johnson, M. F./Nelson, K. K. (2002), S. 85.

$$
\begin{aligned}
&\text{ABSDACC} = \\
(16)\quad &\beta_0 + \beta_1\text{FEEVAR} + \beta_2\text{BIG5} + \beta_3\text{AUDTEN} + \beta_4\text{CFO} + \beta_5\text{ABSCFO} + \beta_6\text{ACC} \\
&+ \beta_7\text{ABSACC} + \beta_8\text{LEVERAGE} + \beta_9\text{LITRISK} + \beta_{10}\text{M/B} + \beta_{11}\text{LOGMVE} + \beta_{12}\text{\%INST} \\
&+ \beta_{13}\text{LOSS} + \beta_{14}\text{FIN/ACQ} + \beta_{15}\text{ANNRET} + \varepsilon
\end{aligned}
$$

Mit:

ABSDACC	Absolutwert der DPA, berechnet über das *Cross-Sectional-Modified* Jones-Modell (Branchenmodell)
ABSCFO	Absolutwert operativer Cashflow / Durchschnittliche Bilanzsumme
ACC	Gesamte Periodeabgrenzungen / Durchschnittliche Bilanzsumme
ABSACC	Absolutwert gesamte Periodenabgrenzungen / Durchschnittliche Bilanzsumme

Der operative Cashflow und die gesamten Periodenabgrenzungen werden in die Regression einbezogen, um zu kontrollieren, ob die diskretionären Periodenabgrenzungen einen Teil des Ergebnisses enthalten, das nicht bilanzpolitisch verzerrt ist und eigentlich als nicht-diskretionär einzustufen wäre.[581] Weiterhin erfolgt eine Unterscheidung zwischen einkommenserhöhenden und –mindernden diskretionären Periodenabgrenzungen. Die Ergebnisse zeigen, dass eine positiv signifikante Beziehung zwischen dem Umfang der Nichtprüfungsleistungen (FEERATIO und RANKNON) und den absoluten diskretionären Periodenabgrenzungen besteht. Dies gibt erneut Hinweise, dass die Unabhängigkeit der Prüfer eingeschränkt ist. Die Prüfungshonorare (RANKAUD) beeinflussen den Umfang der Bilanzpolitik negativ, für die gesamten Honorare besteht kein signifikanter Zusammenhang. Weiterhin liegt ein positiver, statistisch signifikanter Einfluss der Variablen FEERATIO und RANKNON auf die einkommenserhöhende Bilanzpolitik und ein negativer Einfluss auf einkommensmindernde Bilanzpolitik vor.[582] Bei höheren Nichtprüfungshonoraren wird somit vermehrt einkommenserhöhende Bilanzpolitik betrieben. Das angepasste R^2 liegt in den Modellen zur Prüfung der ersten Hypothese mit den Variablen INCREASE und SURPRISE zwischen 6% und 20%, bei Verwendung der absoluten diskretionären Periodenabgrenzungen bei 46%, 47% (2.472 Beobachtungen).

Die zweite Hypothese untersucht die Reaktion des Aktienmarktes auf die Veröffentlichung von Prüferhonoraren. Aus der SEC-Datenbank EDGAR können die Termine der Honorarveröffentlichung bestimmt werden. Für diesen Tag werden die Überrenditen der Unterneh-

---

581 Vgl. auch im Folgenden Frankel, R. M./Johnson, M. F./Nelson, K. K. (2002), S. 91, S. 93. Diese berufen sich dabei auf frühere Analysen von Modellen, welche die diskretionären Periodenangrenzungen messen.

582 Dieses Ergebnis ist konsistent für weitere bilanzpolitische Modelle, welche für Robustheitschecks eingesetzt werden. Vgl. Frankel, R. M./Johnson, M. F./Nelson, K. K. (2002), S. 94-97.

men untersucht. Der Einfluss der Honorare auf die Überrenditen wird in folgender Regression analysiert:[583]

(17) $ARET = \beta_0 + \beta_1 FEEVAR + \beta_2 LOGMVE + \varepsilon$

Mit:

ARET Überrenditen[584]

Es wurde ein statistisch signifikanter, negativer Zusammenhang zwischen den Überrenditen und den Nichtprüfungshonoraren herausgefunden. Somit reagiert der Kapitalmarkt auf die Veröffentlichung der Honorare und schätzt hohe Nichtprüfungsleistungen als negativ ein. In diesem Modell wird eine zusätzliche Honorarvariable (FEERESIDUAL) eingefügt. Diese beinhaltet die Residuen eines Regressionsmodells, welches den unerwarteten Teil der Relation Nichtprüfungs- zu gesamten Honoraren schätzt.[585] Es wird dennoch als kritisch angesehen, dass die Aktienkurse von vielen weiteren Faktoren beeinflusst werden und der Effekt von Aktienkursänderungen nicht alleine auf veröffentlichte Nichtprüfungshonorare zurückzuführen ist. Der Erklärungsgehalt des Modells liegt bei 1% und ist sehr gering.

Folgende Tabelle gibt die Ergebnisse der überprüften Hypothesen wieder und zeigt, ob diese auf eine eingeschränkte Unabhängigkeit der Prüfer hinweisen:

	Hypothese 1					**Hypothese 2**
	Benchmark		Diskretionäre Periodenabgrenzungen			
	Surprise	Increase	Absolut	Positiv	Negativ	Überrenditen
FEERATIO	s. +	n.s. -	s. +	s. +	s. -	s. -
RANKAUD	s. -	s. -	s. -	s. -	s. +	n.s. +
RANKNON	s. +	n.s. -	s. +	s. +	s. -	s. -
RANKTOT	n.s. +	s. -	n.s. +	s. +	n.s. +	s. -
FEE-RESIDUAL						s. -
Unabhängigkeit	Eingeschränkt	Kein Ergebnis	Eingeschränkt	Eingeschränkt	Nicht eingeschränkt	Eingeschränkt
s. + = statistisch signifikant positiver Zusammenhang; s. - = signifikant negativ; n.s. + = nicht signifikant positiv; n.s. - = nicht signifikant negativer Zusammenhang						

Tabelle 6: Übersicht Ergebnisse Frankel et al. (2002)
(In Anlehnung an: Bauer, M. (2004a), S. 383)

Es besteht kein eindeutiges Ergebnis hinsichtlich der Unabhängigkeit der Prüfer, auch wenn einige Regressionen Hinweise auf eine mögliche eingeschränkte Unabhängigkeit geben.

583 Vgl. auch im Folgenden Frankel, R. M./Johnson, M. F./Nelson, K. K. (2002), S. 98.

584 Zur Ermittlung vgl. Frankel, R. M./Johnson, M. F./Nelson, K. K. (2002), S. 97f. Die Überrendite zeigt die positive Abweichung von tatsächlicher und erwarteter Aktienrendite.

585 Vgl. Frankel, R. M./Johnson, M. F./Nelson, K. K. (2002), S. 100-102.

Aus der Studie von FRANKEL ET AL. (2002) können gewisse Schlussfolgerungen für die eigene Untersuchung gezogen werden: So kann die unbeobachtbare Unabhängigkeit der Prüfer über die Relation der Nichtprüfungshonorare und der Bilanzpolitik geprüft und messbar gemacht werden. Unterschiede in den Ergebnissen verschiedener Methoden zur Messung der Bilanzpolitik sind auch darauf zurückführbar, dass das Management auf ein bilanzpolitisches Ziel oder Instrumentarium mehr Wert legt und dies in den Ergebnissen zum Ausdruck kommt (hier z.B. keine statistische Signifikanz für Ergebniserhöhungen). Allerdings sollten die Ergebnisse innerhalb eines Modells auch bei Sensitivitätstest konsistent sein. Weiterhin werden in der Regression, welche die Höhe der Bilanzpolitik erklärt, keine konkreten Anreize des Managements zur Durchführung von Bilanzpolitik betrachtet (bspw. wird die Entlohnung des Managements nicht als erklärende Variable in die Regression einbezogen). Durch die hohe Anzahl der Beobachtungen üben sehr viele, in der Regression enthaltenen Variablen, einen signifikanten Einfluss auf die Höhe der Bilanzpolitik aus. FRANKEL ET AL. (2002) weisen zudem darauf hin, dass die Untersuchung Daten aus dem ersten Jahr der Honorarveröffentlichung betrachtet und sich die Ergebnisse bei einer über einen längeren Zeitraum untersuchten Zeitreihe möglicherweise verändern, falls die Prüfungshonorare durch besondere Effekte beeinflusst werden (z.B. besonderes Interesse der Öffentlichkeit an der neu verfügbaren Information).

4.2 Ashbaugh/LaFond/Mayhew (2003)

Die Studie von ASHBAUGH/LAFOND/MAYHEW (2003) basiert auf der Untersuchung von FRANKEL ET AL. (2002). Die Autoren verändern das Modell zur Messung der diskretionären Periodenabgrenzungen, um zu prüfen, ob die Ergebnisse von FRANKEL ET AL. (2002) robust sind. Die erzielten Ergebnisse weichen von FRANKEL ET AL.'S (2002) Ergebnissen ab, sodass ASHBAUGH ET AL. (2003) die Ergebnisse der ersten Studie zur Unabhängigkeit der Prüfer nicht uneingeschränkt als verwertbar ansehen. Möglicherweise lehnen FRANKEL ET AL. (2002) ihre Nullhypothese zu Unrecht ab.[586] ASHBAUGH ET AL. (2003) argumentieren weiterhin, dass die Relation Nichtprüfungshonorare zu gesamten Honoraren (FEERATIO beträgt im Mittel 47,37%) nicht geeignet ist, um die wirtschaftliche Abhängigkeit vom Mandanten abzubilden.[587]

ASHBAUGH ET AL. (2003) untersuchen 3.170 US-amerikanische Unternehmen und ihre in Proxy-Statements veröffentlichten Honorare aus den Monaten November und Dezember 2001. Dabei werden in einem ersten Schritt Faktoren, welche die Höhe der Honorare beeinflussen, untersucht. Weiterhin untersuchen die Autoren mit dem ersten Modell, ob Variablen,

---

586 Vgl. Ashbaugh, H./LaFond, R./Mayhew, B. W. (2003), S. 612.

587 Vgl. Ashbaugh, H./LaFond, R./Mayhew, B. W. (2003), S. 614 erachten die gesamten Prüfungs- oder Nichtprüfungshonorare als besser geeignet, verwenden die Variable FEERATIO jedoch, um die Ergebnisse von Frankel et al. (2002) nachzuvollziehen.

welche die Höhe der Bilanzpolitik bestimmen, auch die Höhe der Honorare beeinflussen. Modell 1 hat folgendes Aussehen:[588]

$$\begin{aligned} &FEE = \\ &\beta_0 + \beta_1 BIG5 + \beta_2 \ln MVE + \beta_3 MERGER + \beta_4 FINANCING + \beta_5 MB + \beta_6 LEVERAGE \\ (18) \quad &+ \beta_7 ROA + \beta_8 AR\_IN + \beta_9 NEGATIVE\_ROA + \beta_{10} SPECIAL\_ITEM \\ &+ \sum_{i=1}^{13} \gamma_i INDUSTRYDUMMIES + \varepsilon \end{aligned}$$

Mit:

FEE	(1) FEERATIO = Nichtprüfungs-/gesamten Honoraren; (2) natürlicher Logarithmus Prüfungshonorare; (3) natürlicher Logarithmus Nichtprüfungshonorare; (4) natürlicher Logarithmus der gesamten Honorare
BIG5	1 = wenn BIG5-Prüfungsgesellschaft; 0 = sonst
lnMVE	Logarithmierter Marktwert des Eigenkapitals
MERGER	1 = Unternehmen ist in einen Merger oder eine Akquisition verwickelt; 0 = sonst
FINANCING	1 = wenn MERGER nicht 1 ist, aber eine der weiteren Möglichkeiten erfüllt ist: Veränderung der langfristigen Verschuldung um mehr als 20%, Anstieg Anzahl der ausstehenden Aktien um mehr als 10% und/oder erstmaliges Erscheinen der monatlichen Kurse in der Datenbank des *Center for Research in Security Prices* (CRSP); 0 = sonst
MB	Markt-/Buchwert-Verhältnis Eigenkapital
LEVERAGE	FK / Bilanzsumme
ROA	Return on Assets: Ergebnis vor außerordentlichen Posten / Bilanzsumme des Vorjahres
AR_IN	(Forderungen + Vorräte) / Bilanzsumme
NEGATIVE_ROA	1 = negativer ROA; 0 = sonst
SPECIAL_ITEM	1 = Special Item im Jahr der Untersuchung (außerordentliche Position); 0 = sonst
INDUSTRYDUMMIES	Abbildung verschiedener Branchen

Die Variable BIG5 wird einbezogen, da anzunehmen ist, dass die gesamten Honorare bei BIG5-Gesellschaften höher sind.[589] Der Marktwert des Eigenkapitals (lnMVE) und das Marktwert-/Buchwert-Verhältnis (MB) bilden den Prüfungsumfang ab, welcher bei den Variablen MERGER und FINANCING noch höher ist. LEVERAGE, ROA, AR_IN, NEGATIVE_ROA und SPECIAL_ITEM stellen einen Bezug zum Prüfungsrisiko her. MB und ROA

588 Vgl. Ashbaugh, H./LaFond, R./Mayhew, B. W. (2003), S. 615-620. Das R^2 liegt im Modell für Prüfungsgebühren bei 66%, für Nichtprüfungsgebühren bei 34%, für die gesamten Honorare bei 68% und für die Relation Nichtprüfungs- zu gesamten Gebühren bei 28%.

589 Vgl. auch im Folgenden Ashbaugh, H./LaFond, R./Mayhew, B. W. (2003), S. 618f. Vgl. die Studie von Craswell, A. T./Francis, J. R./Taylor, S. L. (1995) zu den Honorarzuschlägen großer Prüfungsgesellschaften.

sind ebenfalls Maße für die Leistungsfähigkeit und Ertragskraft des Unternehmens. Im Hinblick auf das folgende ökonometrische Modell sind die Prüfungshonorare als abhängige Variable besonders zu betrachten. Folgende Tabelle zeigt die Regressionsergebnisse.

Hypothese 1 Einflussfaktoren der Prüferhonorare				
	Ln AUDIT	Ln NONAUDIT	Ln TOTAL	FEERATIO
BIG5	s. +	s. +	s. +	s. +
Ln MVE	s. +	s. +	s. +	s. +
MERGER	s. +	s. +	s. +	s. +
FINANCING	s. -	n.s. -	s. -	s. +
MB	s. -	s. -	s. -	s. -
LEVERAGE	s. +	s. +	s. +	n.s. -
ROA	n.s. +	s. -	s. -	s. -
AR_IN	s. +	n.s. +	s. +	n.s. -
NEGATIVE_ROA	s. +	n.s. +	s. +	n.s. +
SPECIAL_ITEM	s. +	s. +	s. +	s. +
s. + = statistisch signifikant positiver Zusammenhang; s. - = signifikant negativ; n.s. + = nicht signifikant positiv; n.s. - = nicht signifikant negativer Zusammenhang; Signifikanz bis 10%				

Tabelle 7: Übersicht Ergebnisse Hypothese 1 Ashbaugh et al. (2003)

Hauptaussage der Ergebnisse ist, dass Unternehmen in einer schlechten finanziellen Situation (LEVERAGE) oder mit einem hohen Prüfungsumfang (LnMVE oder MERGER) signifikant höhere Prüfungs- und Nichtprüfungshonorare bezahlen. Allerdings sind diese Ergebnisse nicht für alle Honorarvariablen konsistent (vgl. Tabelle 7). Weiterhin fordern BIG5-Prüfungsgesellschaften signifikant höhere Prüfungshonorare.

Das zweite Modell betrachtet die Beziehung zwischen der Bilanzpolitik im Unternehmen und den Prüferhonoraren. Die diskretionären Periodenabgrenzungen werden auf zwei Arten gemessen, wobei beide die Leistungsfähigkeit des Unternehmens berücksichtigen. Hierin liegt auch der Unterschied zur Untersuchung von FRANKEL ET AL. (2002). Zunächst werden die gesamten Periodenabgrenzungen als Jahresergebnis vor außerordentlichem Ergebnis und vor Abschreibungen abzüglich dem operativen Cashflow definiert. Die gesamten Periodenabgrenzungen werden in folgende Formel eingesetzt, um die Koeffizienten zu schätzen:[590]

$$(19) \quad CA = \alpha_1(1/LAG\ ASSET) + \alpha_2(\Delta REV) + \varepsilon$$

Mit:

CA	Gesamte Periodenabgrenzungen / Bilanzsumme des Vorjahres
LAG ASSET	Bilanzsumme des Vorjahres
Δ REV	Veränderung Umsatzerlöse / Bilanzsumme Vorjahr

590 Vgl. im Folgenden Ashbaugh, H./LaFond, R./Mayhew, B. W. (2003), S. 621ff.

Anschließend werden die Koeffizienten verwendet, um die nichtdiskretionären Periodenabgrenzungen mittels folgender Gleichung zu schätzen:

$$(20) \quad ECA = \alpha_1(1/LAG\ ASSET) + \alpha_2(\Delta REV - \Delta AR)$$

Mit:

ECA	Nichtdiskretionäre Periodenabgrenzungen
Δ AR	Veränderung Forderungen / Bilanzsumme Vorjahr

Die Differenz zwischen den gesamten und den nichtdiskretionären Periodenabgrenzungen ist Ausdruck der Bilanzpolitik im Unternehmen und stellt die diskretionären Periodenabgrenzungen dar. Die Berücksichtigung der Leistungsfähigkeit des Unternehmens erfolgt, indem Unternehmen jedes SIC-Codes (Branchenunterscheidung) auf Basis ihres Return on Assets des Vorjahres in Dezile[591] eingeteilt werden. Die Rentabilität des Unternehmens ist somit maßgeblich für die Bildung von Portfolios über die Dezile. Die Differenz zwischen dem Median und der tatsächlichen Ausprägung der diskretionären Periodenabgrenzungen einer Beobachtung in jedem Portfolio stellt die Höhe der Bilanzpolitik unabhängig von der Leistungsfähigkeit des Unternehmen dar. Durch dieses Vorgehen wird die Variable PADCA gebildet.

Die zweite Möglichkeit zur Abbildung angepasster diskretionärer Periodenabgrenzungen erfolgt, indem bei der Schätzung der gesamten Periodenabgrenzungen der ROA des Vorjahres (LAGROA) einbezogen wird.[592]

$$(21) \quad CA = \alpha_1(1/LAG\ ASSET) + \alpha_2(\Delta REV) + \alpha_3 LAG\ ROA + \varepsilon$$

Entsprechend der Formel (20) wird der ROA auch zur Ermittlung der nichtdiskretionären Periodenabgrenzungen berücksichtigt:

$$(22) \quad ECAPC = \alpha_1(1/LAG\ ASSET) + \alpha_2(\Delta REV - \Delta AR) + \alpha_3 LAG\ ROA$$

Werden die nichtdiskretionären Periodenabgrenzungen (ECAPC) von den gesamten Periodenabgrenzungen (CA) abgezogen, ergeben sich die diskretionären Periodenabgrenzungen (REDCA). Diese zweite Form der Abbildung von Bilanzpolitik (REDCA) berücksichtigt die Leistungsfähigkeit jedes einzelnen Unternehmens über den Vorjahres-ROA, während die erste Vorgehensweise eine Anpassung über die Leistungsfähigkeit von Unternehmen einer

591 Bei einem Dezil wird eine Zerlegung der Verteilung in 10 gleich große Teile vorgenommen. Vgl. Schlittgen, R. (2003), S. 34.

592 Vgl. auch im Folgenden Ashbaugh, H./LaFond, R./Mayhew, B. W. (2003), S. 623f.

Branche vornimmt (PADCA). Beide Formen von diskretionären Periodenabgrenzungen gehen in folgendes Modell ein:[593]

$$\begin{aligned} &DCA\_PA = \\ (23)\quad &\beta_0 + \beta_1 FEE + \beta_2 BIG5 + \beta_3 L1ACCRUAL + \beta_4 \ln MVE + \beta_5 MERGER \\ &+ \beta_6 FINANCING + \beta_7 LEVERAGE + \beta_8 MB + \beta_9 LITIGATION \\ &+ \beta_{10} INST\_HOLDING + \beta_{11} LOSS + \beta_{12} CFO + \varepsilon \end{aligned}$$

Mit:

DCA_PA	Diskretionäre Periodenabgrenzungen gemessen über PADCA und REDCA.
L1ACCRUAL	Gesamte Periodenabgrenzungen des Vorjahres / Bilanzsumme des Vorvorjahres
LITIGATION	1 = wenn das Unternehmen in einer Branche mit hohem Prozessrisiko tätig ist; 0 = sonst
INST_HOLDING	Anteil der institutionellen Anteilseigner zu Beginn des Jahres
LOSS	1 = wenn ein Jahresfehlbetrag ausgewiesen wurde; 0 = sonst
CFO	Operativer Cashflow / Bilanzsumme des Vorjahres

Im Gegensatz zu FRANKEL ET AL. (2002) verwenden ASHBAUGH ET AL. (2003) keine gesamten Periodenabgrenzungen als erklärende Variable, da sich die diskretionären Periodenabgrenzungen als zu erklärende Variable gerade aus den gesamten Periodenangrenzungen ergeben. Sonst würde der Erklärungsgehalt des Modells überbewertet sein.[594]

Lediglich zwischen der Variablen FEERATIO und beiden Variablen zur Messung der absoluten diskretionären Periodenabgrenzungen wird eine statistisch signifikante positive Beziehung herausgefunden.[595] Somit kann die Annahme, dass hohe Nichtprüfungshonorare die Höhe der Bilanzpolitik beeinflussen und die Abhängigkeit des Prüfers erhöhen, nicht eindeutig gestützt werden. Für die logarithmierten Nichtprüfungshonorare erzielen die beiden Methoden zur Messung der diskretionären Periodenabgrenzungen kein einheitliches Ergebnis: Ein positives, statistisch signifikantes Vorzeichen besteht zwischen den Nichtprüfungshonoraren und den branchenadjustierten diskretionären Periodenabgrenzungen (PADCA), während der Zusammenhang zwischen den Nichtprüfungshonoraren und firmenspezifisch angepassten diskretionären Periodenabgrenzungen (REDCA) nicht signifikant ist. Auch für die Prüfungshonorare kann kein einheitliches Ergebnis erzielt werden. ASHBAUGH ET AL. (2003) können FRANKEL ET AL.'S (2002) Ergebnisse nur im Hinblick auf den Anteil der

---

593 Vgl. auch im Folgenden Ashbaugh, H./LaFond, R./Mayhew, B. W. (2003), S. 623ff.

594 Einige weitere Modellveränderungen werden von Ashbaugh et al. (2003) aus statistischen Gründen vorgenommen.

595 Weiterhin besteht ein positiver Zusammenhang zwischen den Variablen MERGER, FINANCING, lnMVE, LOSS und L1ACCRUAL. Vgl. Ashbaugh, H./LaFond, R./Mayhew, B. W. (2003), S. 625f.

Nichtprüfungs- an den gesamten Honoraren replizieren. Somit kann die Beurteilung der Unabhängigkeit der Prüfer von der verwendeten Honorarvariablen abhängen.[596]

Um die Vergleichbarkeit der Studien von FRANKEL ET AL. (2002) und ASHBAUGH ET AL. (2003) auszudehnen, wird je eine getrennte Regression für einkommenserhöhende und -mindernde Bilanzpolitik vorgenommen. Hinsichtlich der einkommenserhöhenden diskretionären Periodenabgrenzungen und den Honorarvariablen besteht kein statistisch signifikanter Zusammenhang. Auch an diesem Punkt kann keine Übereinstimmung mit den Ergebnissen von FRANKEL ET AL. (2002) gefunden werden. ASHBAUGH ET AL. (2003) erklären die Unterschiede dadurch, dass die nicht berücksichtigte Leistungsfähigkeit des Unternehmens im Jones-Modell bei FRANKEL ET AL. (2002) zur Ablehnung der Nullhypothese „Keine Bilanzpolitik" führt, obwohl dies nicht der Fall ist.[597]

Hypothese 2 diskretionäre Periodenabgrenzungen						
	Absolut		Positiv		Negativ	
	PADCA	REDCA	PADCA	REDCA	PADCA	REDCA
FEERATIO	s. +	s. +	n.s. +	n.s. +	s. -	s. -
Ln TOTAL	n.s. +	n.s. -	n.s. -	n.s. -	n.s. -	n.s. -
Ln AUDIT	n.s. -	s. -	n.s. -	n.s. -	n.s. +	n.s. +
Ln NONAUDIT	s. +	n.s. +	n.s. +	n.s. +	s. -	n.s. -
Unabhängigkeit	Eingeschränkt	Kein Ergebnis	Kein Ergebnis	Kein Ergebnis	Eingeschränkt	Kein Ergebnis
s. + = statistisch signifikant positiver Zusammenhang; s. - = signifikant negativ; n.s. + = nicht signifikant positiv; n.s. - = nicht signifikant negativer Zusammenhang; Signifikanz bis 10%						

Tabelle 8: Übersicht Ergebnisse Hypothese 2 Ashbaugh et al. (2003)

Neben den Periodenabgrenzungen werden Verzerrungen in der Berichterstattung in einem dritten Modell über geringe Ergebnissteigerungen (INCREASE) und der Wahrscheinlichkeit, dass die Analystenvorhersagen übertroffen werden (SURPRISE) untersucht.[598]

---

596 Dies ist ein bedeutender Kritikpunkt, den Ashbaugh, H./LaFond, R./Mayhew, B. W. (2003), S. 625 am Modell von Frankel et al. (2002) üben.

597 Vgl. Ashbaugh, H./LaFond, R./Mayhew, B. W. (2003), S. 630.

598 Vgl. Ashbaugh, H./LaFond, R./Mayhew, B. W. (2003), S. 630f. Variablen, welche in der Untersuchung von Frankel et al. (2002) nicht signifikant sind, werden nicht berücksichtigt.

$$\text{Benchmark} = $$
$$(24)\quad \alpha_0 + \alpha_1 FEE + \alpha_2 LITIGATION + \alpha_3 MB + \alpha_4 \ln MVE + \alpha_5 INST\_HOLDING + \alpha_6 LOSS + \alpha_8 PADCA + \varepsilon$$

Mit:

Benchmark	(1) INCREASE: 1 = Veränderung des Jahresergebnisses / Marktwert des EK_{t-1} liegt zwischen 0% und 2%; 0 = sonst
	(2) SURPRISE: 1 = wenn Unternehmen die Analystenvorhersagen für das Jahr 2000 um 1 Cent treffen oder übertreffen; 0 = sonst

Die diskretionären Periodenabgrenzungen (PADCA) werden in das Modell, welches die Wahrscheinlichkeit geringer Einkommenszuwächse betrachtet, als erklärende Variable einbezogen, da diese mit Ergebniserhöhungen verknüpft sind.[599] Es wird keine signifikante Beziehung zwischen den Honoraren und der Variablen SURPRISE festgestellt. Dies ist ein weiterer Unterschied zu den Ergebnissen von FRANKEL ET AL. (2002). Bei der Variablen INCREASE kann ein negativer und statistisch signifikanter Einfluss der gesamten Honorare und Prüfungshonorare erkannt werden. Erwartet wurde, dass besonders Nichtprüfungshonorare die Wahrscheinlichkeit einer verzerrten Berichterstattung positiv beeinflussen.[600]

In einem vierten Modell prüfen die Autoren die Reaktion des Marktes auf die Honorarveröffentlichung. Zur Messung werden wie auch bei FRANKEL ET AL. (2002) Überrenditen als zu erklärende Variable verwendet. Auch hierbei wird keine statistisch signifikante Reaktion des Aktienmarktes auf den Anteil der Nichtprüfungshonorare an den gesamten Honoraren festgestellt.[601] Folgende Übersicht fasst die von ASHBAUGH ET AL. (2003) erzielten Ergebnisse zusammen.[602]

---

599 Vgl. Ashbaugh, H./LaFond, R./Mayhew, B. W. (2003), S. 631.
600 Vgl. Ashbaugh, H./LaFond, R./Mayhew, B. W. (2003), S. 631ff.
601 Vgl. Ashbaugh, H./LaFond, R./Mayhew, B. W. (2003), S. 631-634.
602 Für einen direkten Vergleich der Ergebnisse von Ashbaugh et al. (2003) und Frankel et al. (2002) vgl. Ashbaugh, H./LaFond, R./Mayhew, B. W. (2003), S. 637.

	Hypothese 3 Earnings Benchmark		Hypothese 4
	Surprise	Increase	Überrenditen (1 Tag)
FEERATIO	n.s. +	n.s. -	n.s. -
Ln TOTAL	n.s. -	s. -	s. -
Ln AUDIT	n.s. -	s. -	s. -
Ln NONAUDIT	n.s. +	n.s. -	n.s. -
Unabhängigkeit	Kein Ergebnis	Kein Ergebnis	Kein Ergebnis
s. + = statistisch signifikant positiver Zusammenhang; s. - = signifikant negativ; n.s. + = nicht signifikant positiv; n.s. - = nicht signifikant negativer Zusammenhang			

Tabelle 9: Übersicht Ergebnisse Hypothesen 3 und 4 Ashbaugh et al. (2003)

Es wird sichtbar, dass die alternativen Methoden zur Abbildung der Bilanzpolitik mit den diskretionären Periodenabgrenzungen auf der einen Seite und den Alternativen zu Abbildung der Bilanzpolitik (INCREASE, SURPRISE) auf der anderen Seite, zu abweichenden Ergebnissen führen. Somit gibt diese Untersuchung keine empirische Evidenz für eine Korrelation der Prüferhonorare mit der Höhe der Bilanzpolitik. Die Ergebnisse der Untersuchung von ASHBAUGH ET AL. (2003) zeigen im Vergleich zu FRANKEL ET AL. (2002), wie sensitiv die Ergebnisse sind, wenn verschiedene Modelle zur Messung der Bilanzpolitik oder verschiedene Honorarvariablen eingesetzt werden. Während die Ergebnisse von FRANKEL ET AL. (2002) teilweise für eine eingeschränkte Unabhängigkeit der Prüfer sprechen, ändert sich das Bild bei ASHBAUGH ET AL. (2003). Da ASHBAUGH ET AL. (2003) die Leistungsfähigkeit der Unternehmen bei der Berechnung der Periodenabgrenzungen berücksichtigen, scheint diese Studie gegenüber FRANKEL ET AL. (2002) zu feineren Ergebnissen zu führen.

4.3 Dee/Lulseged/Nowlin (2002)

Auch DEE ET AL. (2002) untersuchen die Relation zwischen Nichtprüfungshonoraren und der Höhe der Bilanzpolitik, um die nicht beobachtbare Prüferunabhängigkeit und Prüfungsqualität zu untersuchen. DEE ET AL. (2002) beschränken sich bei ihrer Untersuchung auf einkommenserhöhende Bilanzpolitik, da diese die Ergebnisqualität besonders mindert und diese Form der Bilanzpolitik zu einem höheren Prozessrisiko der Prüfer führt.[603] Die Erklärung der Unabhängigkeit der Prüfer erfolgt somit über folgende Hypothese:

H_0= Unternehmen, die hohe Nichtprüfungshonorare an ihre Prüfer leisten, berichten verstärkt einkommenserhöhende Periodenabgrenzungen.

In die Untersuchung gehen 203 US-amerikanische Unternehmen ein, welche am 1.09.2001 ihre Prüferhonorare in Proxy-Statements veröffentlicht haben. Betrachtet werden Unterneh-

603 Vgl. Dee, C. C./Lulseged, A./Nowlin, T. S. (2002), S. 8. Vgl. auch die Ergebnisse der Untersuchungen von Healy, P. M./Wahlen, J. M. (1999) und Heninger, W. G. (2001), welche die Bedeutung der einkommenserhöhenden Bilanzpolitik herausarbeiten.

men des S&P 500 Index, um eine homogene Datenbasis zu schaffen.[604] Die Nichtprüfungshonorare werden in der Regressionsanalyse über die Relation Nichtprüfungs- zu gesamten Honoraren gemessen.[605]

Die Bilanzpolitik wird (1) durch die gesamten Periodenabgrenzungen (vgl. Gleichung (5)) und (2) durch die diskretionären Periodenabgrenzungen abgebildet. Letztere werden über das *Cross-Sectional*-Jones-Modell (vgl. Gleichung (10)) abgebildet.[606] Daraus wird folgende Hypothese formuliert:[607]

$$\begin{aligned} &\text{TA(or DA)} = \\ (25)\quad &\beta_0 + \beta_1\text{NONAUDIT} + \beta_2\text{OCF} + \beta_3\text{LEVERAGE} + \beta_4\text{SIZE} \\ &+ \beta_5\text{GROWTH} + \beta_6\text{HIDISTRESS} + \beta_7\text{LODISTRESS} + \varepsilon \end{aligned}$$

Mit:

TA	Gesamte Periodenabgrenzungen
DA	Diskretionäre Periodenabgrenzungen
NONAUDIT	Nichtprüfungs-/gesamte Honorare
OCF	Operativer Cashflow / Bilanzsumme Vorjahr
LEVERAGE	Fremdkapital / Bilanzsumme
SIZE	Natürlicher Logarithmus Bilanzsumme
GROWTH	Wachstum = (Marktwert Eigenkapital + Buchwert Fremdkapital) / Buchwert Vermögen
HIDISTRESS	1, wenn Altmann Z Score < 1,8; 0 = sonst[608]
LODISTRESS	1, wenn Altmann Z Score > 3; 0 = sonst

Der operative Cashflow wird einbezogen, um die finanzielle Situation des Unternehmens zu berücksichtigen.[609] Der Verschuldungsgrad und das Wachstum stehen in negativer Beziehung zueinander und sind deshalb beide zu erfassen.[610] Die Größe des Unternehmens wird über die Bilanzsumme gemessen. Die Abbildung finanziell angespannter Unternehmen erfolgt über den Altman-Z-Score.

Die deskriptive Auswertung zeigt einen sehr hohen Anteil der Nichtprüfungs- an den gesamten Honoraren auf (Mittelwert von 66,3%). Im Vergleich dazu beträgt die Relation bei ASH-

---

604 Bei einer homogenen Datenbasis sind die Unterschiede bei den Prüfungshonoraren sehr gering, sodass Unterschiede in der Höhe der Relation Nichtprüfungs- zu gesamten Honoraren auf die Nichtprüfungshonorare zurückzuführen sind. Da der Einfluss der Nichtprüfungshonorare auf die Bilanzpolitik untersucht wird, ist eine Verzerrung der Honorarvariablen auszuschließen. Vgl. Dee, C. C./Lulseged, A./Nowlin, T. S. (2002), S. 9f.

605 Vgl. Dee, C. C./Lulseged, A./Nowlin, T. S. (2002), S. 11, S. 14.

606 Vgl. Dee, C. C./Lulseged, A./Nowlin, T. S. (2002), S. 12.

607 Vgl. Dee, C. C./Lulseged, A./Nowlin, T. S. (2002), S. 14f.

608 Vgl. Altman, E. I. (1968), S. 594.

609 Vgl. Dee, C. C./Lulseged, A./Nowlin, T. S. (2002), S. 7, S. 13.

610 Vgl. Dee, C. C./Lulseged, A./Nowlin, T. S. (2002), S. 7, S. 13f. Wird nur eine Variable in das Modell einbezogen, enthält diese Effekte der anderen Variablen, sodass gegenläufige Effekte nicht berücksichtigt werden.

BAUGH ET AL. (2003) für dasselbe Jahr 47,37%.[611] Die Regressionsanalyse zeigt, dass der Erklärungsgehalt mit einem angepassten R^2 von 9,7% für die diskretionären und 26,3% für die gesamten Periodenabgrenzungen eher gering ist. Die Autoren erkennen, dass Unternehmen, die hohe Nichtprüfungshonorare bezahlen, signifikant höhere diskretionäre und gesamte Periodenabgrenzungen ausweisen.[612] Eine wirtschaftliche Abhängigkeit der Prüfer von ihren Mandanten geht somit mit einer geringeren Ergebnisqualität einher. Ein negativer Einfluss auf die Höhe der Bilanzpolitik besteht bei einem hohen operativen Cashflow sowie großen und finanziell angespannten Unternehmen. Die diskretionären und gesamten Periodenabgrenzungen sind positiv mit dem Wachstum korreliert.

	Erwartetes Vorzeichen	**DA**	**TA**
NONAUDIT	+	s. +	s. +
OCF	-	s. -	s. -
LEVERAGE	?	n.s. +	n.s. -
SIZE	?	s. -	s. -
GROWTH	?	s. +	s. +
HIDISTRESS	?	s. -	s. -
LODISTRESS	?	n.s. +	n.s.-
Unabhängigkeit		Eingeschränkt	Eingeschränkt
s. + = statistisch signifikant positiver Zusammenhang; s. - = signifikant negativ; n.s. + = nicht signifikant positiv; n.s. - = nicht signifikant negativer Zusammenhang			

Tabelle 10: Übersicht Ergebnisse Dee et al. (2002)

Die Ergebnisse zeigen, dass die Unabhängigkeit der Prüfer in den USA durch die Bereitstellung von Nichtprüfungsleistungen eingeschränkt sein kann. DEE ET AL. (2002) erzielen ähnliche Ergebnisse wie FRANKEL ET AL. (2002), aber besonders von ASHBAUGH ET AL. (2003) abweichende Ergebnisse. Erneut wird sichtbar, dass die Ergebnisse sehr stark vom Untersuchungsdesign abhängen und nicht sehr robust sind. Die Unterschiede der Ergebnisse lassen sich durch den Datensatz (Anzahl und Art der einbezogenen Unternehmen) und vor allem über die einbezogenen Variablen erklären. Auch die Berechnung der Variablen spielt eine große Rolle und kann zu nicht vergleichbaren Ergebnissen führen.

611 Vgl. Ashbaugh, H./LaFond, R./Mayhew, B. W. (2003), S. 614. Vgl. Dee, C. C./Lulseged, A./Nowlin, T. S. (2002), S. 34.

612 Vgl. auch im Folgenden Dee, C. C./Lulseged, A./Nowlin, T. S. (2002), S. 15ff. Dieses Ergebnis wird auch erzielt, wenn die Nichtprüfungshonorare über die binäre Variable (1 = wenn Relation Nichtprüfungshonorare zu gesamten Honoraren größer als der Median; 0 = sonst) gemessen werden. Auch eine Abgrenzung der Nichtprüfungshonorare entsprechend der Honorare der gesamten Branche führt zum selben Ergebnis. Weitere Sensitivitätstests betreffen die Messung des Verschuldungsgrades.

4.4 Chung/Kallapur (2003)

CHUNG/KALLAPUR (2003) erweitern die bisherigen Forschungsergebnisse dahingehend, dass die Abhängigkeit des Prüfers von ihren Mandanten durch die Relation Honorare zu Einkünften der Prüfungsgesellschaft (Kundenwichtigkeit) dargestellt wird. Mit dieser Variablen kann die Quasirenten-Theorie von DEANGELO (1981A) empirisch aufgegriffen werden, da diese die Einkünfte einer Prüfungsgesellschaft aus einem Mandat betrachtet und als Indikator für eine eingeschränkte Unabhängigkeit verwendet.[613] Die Autoren können die Theorie von DEANGELO (1981A) nicht stützten, denn die Beziehung zwischen den diskretionären Periodenabgrenzungen und der Kundenwichtigkeit ist statistisch nicht signifikant. CHUNG/KALLAPUR (2003) berücksichtigen zudem die Honorare der einzelnen Niederlassungen der Prüfungsgesellschaften.[614]

CHUNG/KALLAPUR (2003) untersuchen zwischen dem 5.02.2001 und dem 30.06.2001 veröffentlichte Proxy Statements und die darin veröffentlichten Prüferhonorare US-amerikanischer Unternehmen. 1.871 Beobachtungen verbleiben für die Untersuchung.[615] Die Autoren verwenden diskretionäre Periodenabgrenzungen als Maß für Prüfungsqualität. Hierfür wird das *Cross-Sectional-Modified*-Jones-Modell (vgl. Gleichung (12)) verwendet. Die Bilanzpolitik geht als zu erklärende Variable in folgendes Modell ein:[616]

$$
\begin{aligned}
(26)\quad & DACC = \\
& \sum a_j D_j + \beta_1 Log(TA) + \beta_2 OCF + \beta_3 OCF^{+} + \beta_4 ACC_{-1} + \beta_5 ACC^{+}_{-1} + \beta_6 ROA_{-1} \\
& + \beta_7 ROA^{+}_{-1} + \beta_8 ACQ + \beta_9 ISSUE + \beta_{10} TENURE + \beta_{11} CLIENT\_IIMP + \varepsilon
\end{aligned}
$$

Mit:

DACC	Absolutwert diskretionäre Periodenabgrenzungen
D_j	1 = wenn Unternehmen der j-ten Branche zugehörig ist; 0 = sonst
Log(TA)	Natürlicher Logarithmus Bilanzsumme
OCF	Operativer Cashflow / Bilanzsumme des Vorjahres
OCF^{+}	OCF = wenn OCF >= 0; 0 = wenn OCF < 0
ACC_{-1}	Gesamte Periodenabgrenzungen Vorjahr / Bilanzsumme Vorvorjahr
ROA_{-1}	Jahresergebnis Vorjahr / Bilanzsumme Vorvorjahr
ACC^{+}_{-1} ; ROA^{+}_{-1}	Definiert wie OCF^{+}

---

613 Vgl. Chung, H./Kallapur, S. (2003). Vgl. Abschnitt II.2.1.1 zur Quasirenten-Theorie von DeAngelo, L. E. (1981a).

614 Damit betrachten Chung, H./Kallapur, S. (2003), S. 936, ob die Entscheidung zu Abhängigkeit oder Unabhängigkeit auf Ebene der Niederlassung getroffen wird. Die Argumentation lässt sich am Beispiel von Enron begründen: Die Kunden der Houston-Niederlassung von Arthur Andersen mussten höhere Aktienkursverluste nach dem Enron-Skandal hinnehmen, als die gesamten Andersen Kunden.

615 Vgl. Chung, H./Kallapur, S. (2003), S. 939f., S. 943. Nach dem Ausschluss von Ausreißern, welche die obersten 1% ausmachen, reduziert sich die Datenbasis.

616 Vgl. Chung, H./Kallapur, S. (2003), S. 942.

ACQ	1 = wenn Akquisition im laufenden Jahr; 0 = sonst
ISSUE	1 = wenn Anzahl der ausstehenden Aktien um mehr als 10% gegenüber dem Vorjahr gestiegen ist; 0 = sonst
TENURE	Anzahl der Jahre, welche die Prüfungsgesellschaft das Mandat schon prüft, Maximum 26 Jahre
CLIENT_IMP	(1) CLIENT / REV = gesamte Honorare aus einem Mandat / gesamte Erlöse der Prüfungsgesellschaft (2) NON_AUD / REV = Nichtprüfungshonorare / gesamte Erlöse (3) CLIENT / OFFICEREV = gesamte Honorare / gesamte Erlöse der Niederlassung der Prüfungsgesellschaft (4) NON_AUD / OFFICEREV = Nichtprüfungshonorare / gesamte Erlöse der Niederlassung der Prüfungsgesellschaft

Für die Variablen OCF und ROA des Vorjahres werden zusätzlich durch eine Dummy-Variable positive Werte eingesetzt, um den Einfluss auf den Absolutwert der Bilanzpolitik durch zwei Koeffizienten abzubilden. Auch die Variablen ACQ und ISSUE bilden Anreize ab, Bilanzpolitik zu betreiben und können zudem mit den Honoraren korreliert sein.[617] Die Mandatsdauer (TENURE) kontrolliert letztlich für die zeitliche Komponente der Unabhängigkeit der Prüfer.

Die Ergebnisse zeigen keinen signifikanten Zusammenhang zwischen einer der Honorarvariablen und der Höhe der diskretionären Periodenabgrenzungen.[618] Ein statistisch signifikanter Einfluss wird lediglich von den Variablen OCF, OCF^+, ISSUE und TENURE ausgeübt. Eine Aussage über die Unabhängigkeit ist demnach nicht möglich. Dennoch zeigt die Variable TENURE, dass die Bilanzpolitik bei langer Mandatsdauer sinkt. Diese Ergebnis spricht für eine steigende Unabhängigkeit mit der Mandatsdauer. Der Erklärungsgehalt liegt zwischen 25,7% und 26,1% (angepasstes R^2).

617 Vgl. Chung, H./Kallapur, S. (2003), S. 943.
618 Vgl. für die genauen Ergebnisse Chung, H./Kallapur, S. (2003), S. 943f.

	DACC Modell 1	DACC Modell 2	DACC Modell 3	DACC Modell 4
Log(TA)	n.s. -	n.s. +	n.s. -	n.s. +
OCF	s. -	s. -	s. -	s. -
OCF^{+}	s. +	s. +	s. +	s. +
ACC_{-1}	n.s. -	n.s. -	n.s. -	n.s. -
ACC^{+}_{-1}	n.s. +	n.s. +	s. +	s. +
ROA_{-1}	n.s. +	n.s. +	n.s. +	n.s. +
ROA^{+}_{-1}	n.s. -	n.s. -	s. -	s. -
ACQ	n.s. +	n.s. +	n.s. +	n.s. +
ISSUE	s. +	s. +	s. +	s. +
TENURE	s. -	s. -	s. -	s. -
CLIENT/REV	n.s. -			
NON_AUD/REV		n.s. -		
CLIENT/ OFFICEREV			n.s. -	
NON_AUDIT/ OFFICEREV				n.s. -
Unabhängigkeit	Kein Ergebnis	Kein Ergebnis	Kein Ergebnis	Kein Ergebnis
s. + = statistisch signifikant positiver Zusammenhang; s. - = signifikant negativ; n.s. + = nicht signifikant positiv; n.s. - = nicht signifikant negativer Zusammenhang				

Tabelle 11: Übersicht Ergebnisse Chung/Kallapur (2003)

Diese Studie greift die Kritik an anderen Studien und ihrer Messung der Unabhängigkeit über die Variable Nichtprüfungs- zu gesamten Honoraren auf und verwendet stattdessen die Wichtigkeit eines Mandanten für die Prüfungsgesellschaft. CHUNG/KALLAPUR (2003) können nicht wie von DEANGELO (1981A) theoretisch angenommen zeigen, dass ein steigender Anteil von Erlösen aus einem Mandat zu einer eingeschränkten Unabhängigkeit führt. Die Replik der Studie von FRANKEL ET AL. (2002) durch CHUNG/KALLAPUR (2003) zeigt allerdings, dass bei Verwendung der Relation Nichtprüfungs- zu gesamten Honoraren ein positiver Einfluss der Honorare auf die Höhe der Bilanzpolitik erkannt wird, welchen FRANKEL ET AL. (2002) als Hinweis auf eine reduzierte Unabhängigkeit der Prüfer sehen. Erneut ist ersichtlich, wie stark die Regressionsergebnisse von den eingesetzten Variablen abhängen.

4.5 Antle/Gordon/Narayanamoorthy/Zhou (2006)

ANTLE ET AL. (2006) untersuchen die Endogenität von Prüfungs-, Nichtprüfungshonoraren und diskretionären Periodenabgrenzungen. Die Autoren verwenden diese Größen jeweils als erklärende und zu erklärende Variable, um durch Regressionsmodelle wechselseitige Einflüsse zu erkennen.[619] Bei der Bestimmung der Unabhängigkeit der Prüfer wird zumeist der Einfluss der Nichtprüfungshonorare auf die Höhe der Bilanzpolitik untersucht.[620] Bei Bestechungszahlungen in Form von Nichtprüfungsleistungen, welche den Prüfer an das Unternehmen binden sollen, kann Bilanzpolitik als Folge eines abhängigen Prüfers ausgeübt

619 Vgl. Antle, R./Gordon, E. A./Narayanamoorthy, G./Zhou, L. (2006).
620 Vgl. Frankel et al. (2002), Dee et al. (2002), Ashbaugh et al. (2003).

werden. Diese Beurteilung verwenden ANTLE ET AL. (2006), um zu zeigen, dass sich die Variablen gegenseitig bestimmen.[621]

ANTLE ET AL. (2006) untersuchen 2.294 Beobachtungen aus dem Vereinigten Königreich, aus den Jahren 1994 bis 2000. Für die USA werden in einem gesonderten Modell 1.570 Beobachtungen des Jahres 2000 betrachtet. Die gegenseitige Beeinflussung der Prüfungs-, Nichtprüfungshonorare und diskretionären Periodenabgrenzungen wird in folgenden Modellen abgebildet:[622]

$$\begin{aligned}
&LOGAF = \\
&\beta_0 + \beta_1 LOGNAF + \beta_2 AA + \beta_3 FISDEC + \beta_4 LEV + \beta_5 QUICK \\
&+ \beta_6 BMB + \beta_7 LOSS + \beta_8 LITI + \beta_9 QUAL + \beta_{10} LOGAR + \beta_{11} LOGINV \\
&+ \beta_{12} BIG + \beta_{13} RETAIN + \beta_{14} BLOGTA + \beta_{15} LAA + \beta_{16} LROA + \varepsilon
\end{aligned}$$

$$\begin{aligned}
&LOGNAF = \\
&\beta_0 + \beta_1 LOGAF + \beta_2 AA + \beta_3 LOGTAX + \beta_4 LEV + \beta_5 QUICK + \beta_6 BMB + \beta_7 LOSS \\
&+ \beta_8 LITI + \beta_9 QUAL + \beta_{10} BIG + \beta_{11} RETAIN + \beta_{12} BLOGTA + \beta_{13} LAA \\
&+ \beta_{14} LOGINV + \beta_{15} LROA + \varepsilon
\end{aligned} \tag{27}$$

$$\begin{aligned}
&AA = \\
&\beta_0 + \beta_1 LOGAF + \beta_2 LOGNAF + \beta_3 SOCF + \beta_4 LOSS + \beta_5 LITI + \beta_6 QUAL \\
&+ \beta_7 BIG + \beta_8 RETAIN + \beta_9 BLOGTA + \beta_{10} LAA + \beta_{11} QUICK + \beta_{12} LEV \\
&+ \beta_{13} BMB + \beta_{14} LROA + \varepsilon
\end{aligned}$$

Mit:

LOGAF	Natürlicher Logarithmus Prüfungshonorare
LOGNAF	Natürlicher Logarithmus Nichtprüfungshonorare
AA	Diskretionäre Periodenabgrenzungen
FISDEC	1 = wenn Geschäftsjahresende zum 31.12.; 0 = sonst
LEV	Verschuldungsgrad
QUICK	Liquidität zweiten Grades
BMB	Marktwert Eigenkapital / Buchwert Eigenkapital Vorjahr
LOSS	1 = wenn im Vorjahr ein Verlust berichtet wurde; 0 = sonst
LITI	1 = wenn Unternehmen in einer Branche mit hohem Prozessrisiko tätig; 0 = sonst
QUAL	1 = wenn Bestätigungsvermerk eingeschränkt; 0 = sonst
LOGAR	Natürlicher Logarithmus (Forderungen + 1)

621 Vgl. Antle, R./Gordon, E. A./Narayanamoorthy, G./Zhou, L. (2006), S. 241-243.
622 Vgl. Antle, R./Gordon, E. A./Narayanamoorthy, G./Zhou, L. (2006), S. 244, S. 247.

LOGINV	Natürlicher Logarithmus (Vorräte + 1)
BIG	1 = wenn BIG6-Prüfungsgesellschaft; 0 = sonst
RETAIN	1 = wenn kein Wechsel der Prüfungsgesellschaft im laufenden Jahr; 0 = sonst
LAA	Diskretionäre Periodenabgrenzungen des Vorjahres
BLOGTA	Natürlicher Logarithmus Bilanzsumme zu Beginn des Jahres
LROA	Return on Assets des Vorjahres
LOGTAX	Natürlicher Logarithmus Steuerzahlung
SOCF	Operativer Cashflow / Bilanzsumme Vorjahr

Die Messung der diskretionären Periodenabgrenzungen erfolgt über drei Modelle. Zunächst werden die diskretionären Periodenabgrenzungen über die Residuen einer Form des Jones-Modells pro Branche gemäß nachstehender Gleichung berechnet:[623]

(28) $$WCA / TA = \alpha(1/TA) + \beta[(\Delta REV - \Delta REC)/TA] + \varepsilon$$

Mit:

WCA	Working Capital Acrruals
TA	Bilanzsumme Vorjahr
REV	Umsatzerlöse
REC	Forderungen

Die berechneten diskretionären Periodenabgrenzungen des Jones-Modells werden in einem weiteren Schritt als zu erklärende Variable in ein Modell einbezogen, das der Anpassung der diskretionären Periodenabgrenzungen an Anreize des Managements dient, mittels Bilanzpolitik Verluste zu vermeiden und Gewinne zu berichten.[624] Letztlich finden die *Working Capital Accruals,* normiert mit der Bilanzsumme des Vorjahres Anwendung.

Die Kontrollvariablen der drei Modelle, welche in Formel (27) beschrieben werden, unterscheiden sich jeweils hinsichtlich ihres Untersuchungsgegenstandes. So werden im ersten Modell Kontrollvariablen einbezogen, welche die Prüfungshonorare maßgeblich abbilden. Die Agency-Kosten der Fremdfinanzierung werden durch den Verschuldungsgrad abgebildet. Ob eine Prüfungsgesellschaft höhere Honorare verlangt, wenn die Prüfung in die Hauptsaison der Prüfer fällt, wird überprüft, indem das Geschäftsjahresende zum 31.12. betrachtet wird. Das Risiko, welches annahmegemäß positiv mit der Höhe der Prüfungsho-

---

623 Vgl. Antle, R./Gordon, E. A./Narayanamoorthy, G./Zhou, L. (2006), S. 246.

624 Vgl. auch im Folgenden Antle, R./Gordon, E. A./Narayanamoorthy, G./Zhou, L. (2006), S. 259-262. Die Regressionsgleichung enthält als erklärende Variable eine Dummy-Variable mit der Ausprägung 1 für den Fall, dass Ergebnisse positiv, aber vor diskretionären Periodenabgrenzungen negativ sind. Die geschätzten Werte der diskretionären Periodenabgrenzungen dieser Regression werden als Bilanzpolitik betrachtet und finden Eingang in die Regressionsgleichungen mit den Honoraren als zu erklärende Variable.

norare korreliert, wird durch die Liquidität zweiten Grades, das Markt-/Buchwert-Verhältnis, einen möglichen Verlust und das Prozessrisiko der Branche abgebildet. Die Gesamtkapitalrentabilität des Vorjahres kontrolliert für die vergangene Rentabilität (LROA). ANTLE ET AL. (2006) sehen einen eingeschränkten Bestätigungsvermerk als Hinweis für ein höheres Prüfungsrisiko. Der Prüfungsumfang spiegelt sich in der Höhe der Forderungen und der Vorräte wider; es ist ein positiver Einfluss auf die Höhe der Prüfungshonorare zu erwarten. Die Charakteristika der Prüfungsgesellschaft werden in der Größe der Prüfungsgesellschaft (BIG mit einem erwarteten positiven Zusammenhang) und einem Wechsel der Prüfungsgesellschaft im laufenden Jahr berücksichtigt (RETAIN). Letztlich wird die Unternehmensgröße durch die Bilanzsumme des Vorjahres abgebildet. Die Periodenabgrenzungen des Vorjahres werden betrachtet, da die Prüfungshonorare schon vor Ablauf des Geschäftsjahres bestimmt sind und bei Ausübung von Bilanzpolitik annahmegemäß nicht mehr angepasst werden.[625]

In der Regression zur Erklärung der Nichtprüfungshonorare werden die bezahlten Steuern als erklärende Variable aufgenommen, um Nichtprüfungsleistungen, welche sich auf die Steuerberatung beziehen, zu berücksichtigen. In der dritten Regression werden der operative Cashflow und Variablen, welche das Risiko abbilden, berücksichtigt. Die Annahme lautet, dass die Höhe der Bilanzpolitik positiv mit dem Risiko eines Unternehmens korreliert, diese Unternehmen aber auch einer genaueren Prüfung unterzogen werden. Somit ist das erwartete Vorzeichen offen. Im Gegensatz zum ersten Modell, wird erwartet, dass BIG6-Gesellschaften restriktiver sind und diese Variable mit einem geringen Maß an Bilanzpolitik korreliert ist.

ANTLE ET AL. (2006) finden bei ihrer dreistufigen Schätzung heraus, dass hohe Prüfungshonorare zu hohen Nichtprüfungshonoraren führen und umgekehrt.[626] Verbundvorteile zwischen Prüfung und Beratung liegen in beiden Richtungen vor. Ein Einfluss der diskretionären Periodenabgrenzungen auf Prüfungshonorare ist nicht ersichtlich. Die Nichtprüfungshonorare werden dagegen in einer Regression schwach signifikant, positiv durch die diskretionären Periodenabgrenzungen beeinflusst. Umgekehrt werden ein negativer Einfluss der Nichtprüfungshonorare und ein positiver Einfluss der Prüfungshonorare auf die Höhe der diskretionären Periodenabgrenzungen erkannt. Das Ergebnis ist erstaunlich, da die Bereitstellung von Nichtprüfungshonoraren einen die Bilanzpolitik reduzierenden Effekt hat. Dies ist mit dem zweiten Modell, welches einen positiven Einfluss der Bilanzpolitik auf die Höhe der Nichtprüfungshonorare erkennt, nicht kompatibel. Der positive Einfluss der Prüfungshonorare auf die Höhe der Bilanzpolitik besteht auch im US-Sample. Einige Koeffi-

---

625 Vgl. für vorangehenden Absatz und im Folgenden Antle, R./Gordon, E. A./Narayanamoorthy, G./Zhou, L. (2006), S. 244-246.

626 Vgl. für die Ergebnisse auch im Folgenden Antle, R./Gordon, E. A./Narayanamoorthy, G./Zhou, L. (2006), S. 251-254. Weitere Analysen ergeben, dass die Ergebnisunterschiede beider Länder auf die Zeiträume und die Ausgestaltung der Honorarveröffentlichung im Vereinigten Königreich und den USA zurückzuführen sind.

zienten und p-Werte der Kontrollvariablen unterscheiden sich jedoch in beiden Ländern. Folgende Übersicht zeigt die Ergebnisse des Modells für das Vereinigte Königreich. Das angepasste R^2 beträgt 77,5% im ersten Modell. 68,2% der Nichtprüfungshonorare des zweiten Modells und 18,4% der diskretionären Periodenabgrenzungen des dritten Modells werden erklärt.

	LOGAF	**LOGNAF**	**AA**
LOGAF		s. +	s. +
LOGNAF	s. +		s. -
AA	n.s. -	s. +	
FISDEC	n.s. +		
LEV	n.s. -	n.s. +	s. -
QUICK	n.s. +	n.s. -	s. -
BMB	n.s. +	n.s. +	s. +
LOSS	n.s. -	s. +	ns. -
LITI	s. -	n.s. +	n.s. +
QUAL	n.s. -	n.s. +	n.s. -
LOGAR	s. +		
LOGINV	s. +	s. -	
BIG	s. -	n.s. +	s. +
RETAIN	n.s. +	n.s. -	n.s. +
LAA	n.s. -	n.s. -	s. +
BLOGTA	n.s. -	s. +	s. -
LOGTAX		s. +	
LROA	n.s. -	n.s. +	s. +
SOCF			s. -
Unabhängigkeit			Kein Erg.
s. + = statistisch signifikant positiver Zusammenhang; s. - = signifikant negativ; n.s. + = nicht signifikant positiv; n.s. - = nicht signifikant negativer Zusammenhang			

Tabelle 12: Übersicht Ergebnisse Antle et al. (2006)

Die Untersuchung von ANTLE ET AL. (2006) erweitert die bisherige Literatur um die Erkenntnis, dass zwischen Prüfungs- und Nichtprüfungsleistungen eine wechselseitige Beeinflussung vorliegt. Eine Einschränkung der Unabhängigkeit kann nicht erkannt werden. ANTLE ET AL. (2006) kritisieren den Einsatz der Relation Nichtprüfungs- zu Prüfungshonoraren in empirischen Studien zur Erklärung der Bilanzpolitik, da sich beide Kategorien von Honoraren wechselseitig beeinflussen.[627]

627 Die Ergebnisse zeigen, dass die Höhe der Bilanzpolitik auch durch die Prüfungshonorare beeinflusst sein kann, sodass die Relation Nichtprüfungs- zu Prüfungshonoraren ein falsches Ergebnis induzieren kann. Vgl. Antle, R./Gordon, E. A./Narayanamoorthy, G./Zhou, L. (2006).

4.6 Zusammenfassung

An der Erläuterung der Studien wird sichtbar, dass die Honorarveröffentlichungspflicht in den USA Auslöser vieler Untersuchungen gewesen ist. So ist in den Jahren 2002, 2003 und 2004 eine Vielzahl empirischer Untersuchungen zu finden, welche die Prüferhonorare in verschiedenen Formen berücksichtigen. Weitere Auslöser einer Vielzahl von Studien sind die Regulierungsflut durch den SOX und der Zusammenbruch von Enron und Arthur Andersen. Während FRANKEL ET AL. (2002) und DEE ET AL. (2002) zu Ergebnissen kommen, welche gegen die Unabhängigkeit der Prüfer sprechen, können ASHBAUGH ET AL. (2003) dies nicht erzielen. CHUNG/KALLAPUR (2003) greifen die Kritik an der Abbildung der wirtschaftlichen Abhängigkeit über die relativen Nichtprüfungshonorare auf und verwenden stattdessen den Anteil der Prüferhonorare an den gesamten Umsätzen der Prüfungsgesellschaft. Eine eingeschränkte Unabhängigkeit, wie sie von DEANGELO (1981A) modelliert wurde, kann nicht erkannt werden. Schließlich zeigen auch die Ergebnisse von ANTLE ET AL. (2006), dass keine statistisch signifikante positive Beziehung zwischen der Höhe der Nichtprüfungshonorare und der Bilanzpolitik im Unternehmen besteht. Dies deutet daraufhin, dass Prüfer bei steigenden Nichtprüfungshonoraren vermehrt Bilanzpolitik einschränken. Dieser Widerspruch zur Theorie bleibt unerklärt, da der erwartete positive Einfluss auf die Höhe der Bilanzpolitik in der Studie von ANTLE ET AL. (2006) statt durch die Nichtprüfungs-, durch die Prüfungshonorare ausgeübt wird. Die variierenden Ergebnisse der empirischen Studien lassen sich auf Unterschiede im Stichprobenumfang, in den ausgewählten Beobachtungen (z.B. börsen- oder nichtbörsennotierte Unternehmen, unterschiedliche Länder), in dem Untersuchungszeitraum und in dem Untersuchungsdesign zurückführen. So verwendet jede der in diesem Kapitel vorgestellten Studien ein anderes Vorgehen zur Berechnung der Bilanzpolitik. Darüber hinaus wird jedes Regressionsmodell individuell zusammengestellt, sodass abweichende Variablen in den Regressionsgleichungen enthalten sind.

Die Weiterentwicklung der vorgestellten Studien ist vor allem in der Form der Abbildung der Bilanzpolitik deutlich erkennbar. Die häufig kritisierte Messung der Bilanzpolitik über die diskretionären Periodenabgrenzungen wird immer häufiger über Logit- und Probit-Modelle, welche bspw. die Wahrscheinlichkeit von Ergebniserhöhungen[628] abbilden, vorgenommen. Ebenso wird Bilanzpolitik häufig über *Conditional Conservatism*[629] als vorsichtige Bilanzierung oder zeitnahe Abbildung von Verlusten messbar gemacht. Die Ergebnisse dieser und einer Auswahl weiterer Studien zur Abbildung der *Independence in Fact*, zu Bilanzpolitik und zur Preissetzung finden sich kurz zusammengefasst in Tabelle 56 im Anhang.[630]

---

628 Z.B. Burgstahler, D./Dichev, I. (1997) oder Ashbaugh, H./LaFond, R./Mayhew, B. W. (2003).

629 Z.B. Basu, S. (1997), Watts, R. L. (2003b), Kelley, S. O./Shores, D./Tong, Y. H. (2004), Ball, R./Shivakumar, L. (2005, 2006), Gassen, J./Fülbier, R. U./Sellhorn, T. (2006), Ryan, S. G. (2006), Brown, W. D./He, H./Teitel, K. (2006), Ruddock, C./Taylor, S./Taylor, S. (2006) oder Guay, W./Verrecchia, R. (2006).

630 Eine vollständige Vergleichbarkeit der Studien ist nicht gegeben, dass sich diese im Beobachtungszeitraum, Stichprobenumfang, Untersuchungsgegenstand etc. unterscheiden.

III Empirische Modelle zu Prüferhonoraren, Prüferunabhängigkeit und Bilanzpolitik

Der empirische Teil der Arbeit lässt sich in drei Untersuchungen gliedern, welche miteinander verknüpft sind. Als Datenbasis dienen deutsche börsennotierte Unternehmen und ihre im Geschäftsjahr 2005 veröffentlichten Prüferhonorare. Jede dieser drei Untersuchungen basiert auf Unternehmen, welche zum 31.12.2005 in den Aktienindizes DAX30, MDAX, SDAX, TecDAX und GEX notiert sind. Die Informationen über die zum Stichtag in den Indizes notierten Unternehmen stammen von der Deutschen Börse. Nachdem eine vollständige Liste aller zum 31.12.2005 notierten Unternehmen erstellt wurde, konnten die zugehörigen Geschäftsberichte bei den Unternehmen angefordert werden. Aus diesen Geschäftsberichten wurden die Daten manuell erfasst, welche im Folgenden verwendet werden. Bei Unklarheiten hinsichtlich der Daten wurden die entsprechenden Unternehmen direkt angesprochen. Zusätzlich stellte der Sonderforschungsbereich 649 der Humboldt Universität Berlin einen Zugang zu der Datenbank Datastream zur Verfügung, aus welcher die Marktkapitalisierung und der Aktienstreubesitz der deutschen börsennotierten Unternehmen gewonnen werden konnten. Letztlich werden noch die Geschäftsberichte der Prüfungsgesellschaften BDO, Ernst & Young, Deloitte & Touche, KPMG und PricewaterhouseCoopers zur Generierung von Umsatzdaten verwendet.

Zunächst wird in Kapitel III.1 eine Analyse der Prüferhonorare durchgeführt. Dabei werden Marktanteile der größten Prüfungsgesellschaften berechnet, Spezialisierungstendenzen aufgedeckt und schließlich die Konzentration auf dem deutschen Prüfungsmarkt betrachtet. Die Aspekte Konzentration und Spezialisierung finden in Kapitel III.2 Eingang in eine Regressionsgleichung. Diese untersucht, von welchen Faktoren die Höhe der Prüfungshonorare abhängt und ob der Wettbewerb auf dem deutschen Prüfungsmarkt gefährdet erscheint. Da die Preissetzung deutscher Prüfungsgesellschaften keine Aussage über die Unabhängigkeit zulässt, dient Kapitel III.3 einer empirischen Analyse der Bilanzpolitik der Unternehmen. Besteht eine positive Korrelation zwischen Indikatoren zur Messung der Prüfungsqualität und der Höhe der Bilanzpolitik, so scheint die Unabhängigkeit der Prüfer eingeschränkt.

1 Analyse der veröffentlichten Prüferhonorare

1.1 Untersuchungsgegenstand

Der Vorbereitung der empirischen Analysen bezüglich der Prüfungshonorare und der Prüferunabhängigkeit dient eine deskriptive Untersuchung des deutschen Prüfungsmarktes. In diesem ersten Analyseschritt werden die Prüferhonorare betrachtet, um das Angebot von Prüfungs- und Nichtprüfungsleistungen, die Marktanteile und die Spezialisierung von Prüfungsgesellschaften auf Branchen und Aktienindizes sowie die Konzentration auf dem Prüfungsmarkt zu untersuchen.[631] Die Analyse der Konzentration auf dem Prüfungsmarkt dient der Betrachtung der Wettbewerbsbedingungen,[632] woraus auf das Marktverhalten der Prüfungsgesellschaften geschlossen werden kann. Zudem ist eine erste Aussage zur Unabhängigkeit der Abschlussprüfer möglich.[633] Die Ergebnisse werden zur Entwicklung der Hypothesen der multiplen Regressionsmodelle verwendet, welche sich in Abschnitt III.2 und III.3 anschließen.

Diese deskriptive Untersuchung hebt sich von bisherigen Untersuchungen hervor, da bislang insbesondere die Konzentration auf dem deutschen Prüfungsmarkt nur über Surrogate wie Umsatzerlöse oder Bilanzsumme des Mandanten, abgebildet werden konnte. STRICKMANN (2000) schätzt Honorarfunktionen im Anschluss an eine Befragung, BAUER (2004A) befragt deutsche Unternehmen zu ihren Prüferhonoraren, MARTEN/SCHULTZE (1998), QUICK/WOLZ/SEELBACH (1998), GROTHE (2004) oder KOECKE (2006) verwenden die Bilanzsumme oder die Umsatzerlöse der Mandanten zur Messung der Marktanteile.[634] LENZ ET AL. (2006) führen zwar eine deskriptive Analyse der im Geschäftsjahr 2005 veröffentlichten Prüferhonorare deutscher Unternehmen durch, betrachten dabei aber weder Marktanteile der Prüfungsgesellschaften noch die Konzentration auf dem Prüfungsmarkt.[635] Durch die Veröffentlichung der Prüferhonorare ab dem 31.12.2005 kann die Konzentration auf dem deutschen Prüfungsmarkt künftig zutreffend abgebildet werden. Zum Vergleich der Ergebnisse bezüglich dem deutschen Prüfungsmarkt mit anderen Ländern werden insbesondere die Studien von BEATTIE ET AL. (2003) für das Vereinigte Königreich, STEFANI (2006) für die Schweiz und US-GAO (2003) für die USA verwendet.[636]

---

631 Diese Fragestellung wird ausführlich in einem gesonderten Arbeitspapier untersucht. Vgl Bigus, J./Zimmermann, R.-C. (2007b).
632 Vgl. Marten, K.-U. (1999), S. 105.
633 Vgl. z.B. Frankel, R. M. et. al (2002), Sharma, D.S./Sidhu, J. (2002).
634 Vgl. Marten, K.-U./Schultze, W. (1998), Quick, R./Wolz, M./Seelbach, M. (1998), Strickmann, M. (2002), Grothe, J. (2004), Bauer, M. (2004a), Koecke, A. E. (2005).
635 Vgl. Lenz, H./Möller, M./Höhn, B. (2006).
636 Vgl. Beattie V./Goodacre, A./Fearnley, S. (2003), Stefani, U. (2006) und US-GAO (2003).

1.2 Datenbasis

In die Untersuchung der zum Ende des Geschäftsjahres 2005 veröffentlichten Honorare gehen Unternehmen der Indizes DAX30, SDAX, MDAX, TecDAX und GEX ein. Von ursprünglich 237 werden 65 Beobachtungen ausgeschlossen, sodass 175 Beobachtungen verwendet werden, welche aus 172 Unternehmen und 3 Joint Audits[637] bestehen. Die Prüfung erfolgt durch 40 Prüfungsgesellschaften. Es wurden Beobachtungen ausgeschlossen, weil entweder keine Honorare veröffentlicht wurden, Wirtschaftsjahre vor dem 31.12.2005 enden oder ausländische Unternehmen bestehen, welche nicht von einer deutschen Prüfungsgesellschaft geprüft werden oder nur im Verbund mit einer deutschen Prüfungsgesellschaft. Weiterhin werden HGB- oder US-GAAP-Unternehmen, Versicherungen, Banken und Finanzdienstleister ausgeschlossen.[638] Diese 175 Beobachtungen teilen sich auf elf Branchen und fünf Aktienindizes auf.

Die sehr geringe Datenbasis führt schon an dieser Stelle zu einer Einschränkung der Allgemeingültigkeit der Ergebnisse. Es ist fraglich, ob 40 Prüfungsgesellschaften und 172 Unternehmen den gesamten Prüfungsmarkt in Deutschland abbilden können. Der Marktanteil kleiner Prüfungsgesellschaften kann unterbewertet sein, da börsennotierte Unternehmen zumeist durch große Prüfungsgesellschaften geprüft werden. Weiterhin können keine nicht börsennotierten Unternehmen betrachtet werden. Zudem verändern sich die Marktanteile und Konzentrationsraten wenn Banken, Versicherungen und Finanzdienstleister als zusätzliche Branchen aufgenommen werden.[639]

---

637 Drei Unternehmen werden gemeinsam von zwei Prüfungsgesellschaften geprüft. Die Honorare werden für jede Gesellschaft gesondert ausgewiesen. In der Analyse wird jeder Prüfungsgesellschaft nur ein halbes Mandat zugeteilt. Vgl. hierfür Marten, K.-U./Schultze, W. (1998), S. 371. Bei der Betrachtung von Umsatzerlösen und Bilanzsummen wird in dieser Studie jeder Prüfungsgesellschaft ihr Anteil, entsprechend dem Anteil, welchen die Prüfungsgesellschaft an der Summe der gesamten Honorare aus dem Joint-Audit Mandat hält, zugewiesen.

638 Vgl. Vorgehen bei Lenz et al. (2006).

639 Vgl. für diese zusätzliche Analyse, welche auf demselben Datensatz basiert Bigus, J./Zimmermann, R-C. (2007b). Die Marktanteile des Marktführers PwC verringern sich zugunsten von KPMG.

1.3 Zusammensetzung der Honorare

Die Aufteilung der Honorare auf die vier in § 285 HGB und § 314 HGB gesetzlich vorgeschriebenen Kategorien ermöglicht eine Aussage über die Haupteinnahmequelle der Prüfungsgesellschaft und über das Verhältnis von Prüfungs- zu Nichtprüfungsleistungen.

Zusätzlich ist eine Aussage zur Unabhängigkeit der Abschlussprüfer über die Zusammensetzung der Prüferhonorare möglich. So wird theoretisch erwartet, dass die Höhe der Nichtprüfungshonorare zusätzliches Drohpotential darstellt: Verhält sich der Prüfer nicht im Interesse des Managements wird er bei Beratungsleistungen nicht nur künftige Prüfungshonorare sondern auch Honorare aus Nichtprüfungsleistungen verlieren.[640] Wird die Quasirenten-Theorie zur Beurteilung der Nichtprüfungsleistungen herangezogen, so werden diese tendenziell als unabhängigkeitsbeeinträchtigender Faktor erachtet. Dennoch sind auch Reputationsverluste zu berücksichtigen, die auftreten, wenn die Abhängigkeit eines Prüfers bekannt wird und zu Verlusten von Quasirenten aus anderen Mandaten führt.[641] Zudem können durch das Angebot von Nichtprüfungsleistungen Synergieeffekte realisiert werden, welche sich in Form von geringeren Kosten und einer höheren Prüfungsqualität positiv auf die Abschlussqualität auswirken können.[642]

Die deskriptive Analyse zeigt, dass der Anteil der Nichtprüfungs- an den gesamten Honoraren basierend auf den 172 Unternehmen 41,9% beträgt. Werden die Nichtprüfungsleistungen in die drei Kategorien „Honorare für sonstige Bestätigungs- und Bewertungsleistungen", „Steuerberatungsleistungen" und „sonstige Leistungen" aufgeteilt, zeigt sich, dass der Anteil der „sonstigen Bestätigungs- und Bewertungsleistungen" an den gesamten Honoraren mit 25,9% am höchsten ist. Es folgen die Honorare für „sonstige Leistungen" mit 10,5% und die Honorare für „Steuerberatungsleistungen" mit 5,6%. Somit nehmen der Prüfungs- und auch der prüfungsnahe Bereich der sonstigen Bestätigung- und Bewertungsleistungen eine bedeutende Stellung bei den Prüfungsgesellschaften ein. Diese Untersuchung zeigt, dass die Nichtprüfungsleistungen fast genauso bedeutend als Einkommensquelle sind, wie die Prüfungshonorare.[643] Der geringe Anteil der sonstigen Leistungen ist vor dem Hintergrund der Unabhängigkeitsdiskussion positiv zu beurteilen, da diese als Kategorie verstanden werden kann, welcher Honorare zugeordnet werden, die nicht eng mit der Prüfung oder Steuerberatung verbunden sind und bei Abhängigkeit des Prüfers besonders hoch sein können (vgl. Tabelle 13).

---

640 Vgl. Bigus, J./Zimmermann, R.-C.(2007b), welche darauf hinweisen, dass die Gefahr der Beeinflussung des Prüfers durch den Mandanten insbesondere besteht, wenn das Management und nicht die Anteilseigner eines börsennotierten Unternehmens die Wahl des Prüfers beeinflusst. Vgl. Modell von Lee, C.-W./Gu, Z. (1998). Vgl. auch Quasirenten-Theorie von DeAngelo, L. E. (1981a/b).

641 Vgl. Quasirenten-Theorie von DeAngelo, L. E. (1981a/b).

642 Vgl. Beck, P. J./Frecka, T. J./Solomon, I. (1988). Vgl. auch Bigus, J./Zimmermann, R.-C. (2007b).

643 Eine klare Grenze, ab wann von einer Gefährdung der Unabhängigkeit gesprochen werden kann, ist weder gesetzlich festgelegt, noch in der Literatur hergeleitet worden. Die Befragung von Quick, R./Warming-Rasmussen , B. (2005), S. 152f. ergibt für Dänemark, dass Prüfer die Obergrenze bei 67% (Anteil der Nichtprüfungsleistungen an den gesamten Leistungen), das Management bei 35%, Gläubiger bei 32%, Anteilseigner bei 25% und Wirtschaftsjournalisten bei 10% sehen.

	Mio. € / %	Gesamte Honorare	Nichtprüfungshonorare	Prüfungshonorare	Sonstige Bestätigungs- und Bewertungsleistungen	Honorare für Steuerberatungsleistungen	Honorare für sonstige Leistungen
Eigene Untersuchung (n=175, Jahr 2005)	Mittelwert	1,76	0,74	1,02	0,455	0,098	0,185
	Median	0,35	0,085	0,23	0,004	0,013	0,012
	Maximum	29,8	24,7	13,1	19,7	2,0	4,6
	Summe	308	129	179	79,6	17,2	32,3
	Anteil an den gesamten Honoraren (Mittelwert)		41,9%	58,1%	25,9%	5,6%	10,5%
Bauer (2004a) (n= 105, Jahr 2002)	Mittelwert			1,94			
	Median			0,4			
	Anteil an den gesamten Honoraren (Mittelwert)		30,6%	69,4%			
Lenz et al. (2006) (n=96/118, Jahr 2005)	Mittelwert je 1 Mio. € Bilanzsumme			1,25			
	Median je 1 Mio. € Bilanzsumme			0,43			
	Anteil an den gesamten Honoraren (Mittelwert)		33,8%	66,2%	12,2%	7,5%	13,8%

Tabelle 13: Zusammensetzung der Prüferhonorare[644]

Da der Median den Mittelwert unterschreitet, kann darauf geschlossen werden, dass sehr wenige Unternehmen den Hauptteil der Honorare bezahlen. Ob die Nachfrage nach Nichtprüfungsleistungen von der Größe des Unternehmens abhängt, kann an dieser Stelle nicht beantwortet werden.[645] Die Ergebnisse dieser Untersuchung können, wie vorstehende Tabelle zeigt, mit den Studien von BAUER (2004A), welcher eine Befragung zu den Prüferhonoraren durchführt, und den Ergebnissen von LENZ/MÖLLER/HÖHN (2006), welche die tatsächlich veröffentlichen Honorare des Jahres 2005 untersuchen, verglichen werden. Bei den Studien von BAUER (2004A) und LENZ ET AL. (2006) ist der Anteil der Prüfungshonorare an

644 Wegen Untersuchungsdesign, Stichprobenumfang und anderen Untersuchungsschwerpunkten können nur einige Werte der Studien eingeschränkt verglichen werden (siehe markierte Zellen).

645 Über den Zusammenhang zwischen Nichtprüfungsleistungen und der Größe des Unternehmens könnte die Unabhängigkeit des Prüfers in Abhängigkeit der Unternehmensgröße beurteilt werden. Vgl. auch Bigus, J./Zimmermann, R. C. (2007b).

den gesamten Honoraren höher, ebenso ist dies bei Mittelwert und Median der Fall.[646] Dies ist auf Unterschiede in der Datenbasis zurückzuführen. So berücksichtigt die eigene Untersuchung Unternehmen, welche im GEX notiert sind. Dieser Aktienindex enthält eigentümergeführte Unternehmen, welche tendenziell kleiner sind als Publikumsgesellschaften und somit geringere Honorare bezahlen, sofern diese vom Prüfungsumfang und von der Größe des Unternehmens abhängen. Eine weitere Untersuchung deutscher, über die SEC zur US-amerikanischen Honorarveröffentlichung verpflichtete Unternehmen, zeigt einen steigenden Anteil der Prüfungshonorare an den gesamten Honoraren (im Mittel 68% in 2002 und 75% in 2004).[647] Eine Schweizer Untersuchung zeigt einen Anteil der Nichtprüfungs- an den gesamten Honoraren im Mittel bei 37,4%, während für das Vereinigte Königreich 67,5% errechnet wurden.[648]

Auch die Relation Prüfungshonorare zu Nichtprüfungshonoraren zeigt, ob eine starke Dominanz der Nichtprüfungsleistungen gegenüber der Prüfung gegeben ist. Im Mittel liegt diese Relation der 175 Beobachtungen bei 5,86.[649] Zur Beurteilung der Höhe der Nichtprüfungshonorare wurden eingangs in diesem Abschnitt die zusätzliche Abhängigkeit des Prüfers vom Mandanten, aber auch die sich positiv auf die Prüfungsqualität auswirkenden Synergieeffekte genannt. Ob eines dieser beiden Argument überwiegt und ob die Unabhängigkeit des Prüfers möglicherweise eingeschränkt ist, kann an dieser Stelle nicht abschließend beurteilt werden. Zudem ist der Anteil der Honorare aus einem Mandant an den gesamten Honoraren einer Prüfungsgesellschaft relevant.[650] Somit werden weitere deskriptive Untersuchungen des Prüfungsmarktes und schließlich auch eine multiple Regression des deutschen Prüfungsmarktes notwendig.

---

646 Vgl. Bauer, M. (2004a). Vgl. Lenz, H./Möller, M./Höhn, B. (2006).

647 Vgl. Müller, K. (2006), S. 34. Weiterhin ist eine Erhöhung der prüfungsnahen Leistungen zu erkennen.

648 Vgl. Beattie, V./Goodacre, A./Fearnley, S. (2003) für das Vereinigte Königreich und Stefani, U. (2006) für die Schweiz. Vgl. auch Bigus, J./Zimmermann, R.-C. (2007b) für eine Übersicht.

649 D.h. die Prüfungshonorare übersteigen die Nichtprüfungshonorare um ein Vielfaches. Nur in 25 von 175 Fällen sind die Nichtprüfungshonorare höher als die Prüfungshonorare. Der Maximalwert liegt bei 158, d.h. die Prüfungshonorare betragen bei einer Beobachtung ein 158-faches der Nichtprüfungshonorare. Die geringste Relation liegt bei 0,09.

650 Vgl. DeAngelo, L. E. (1981a).

1.4 Marktanteile und Konzentration deutscher Prüfungsgesellschaften

1.4.1 Theoretischer Hintergrund

In den letzten Jahren führte eine Vielzahl von Zusammenschlüssen von Prüfungsgesellschaften zu einer steigenden Marktkonzentration – insbesondere im Bereich der größten Prüfungsgesellschaften.[651] Weitere künftige Zusammenschlüsse großer Prüfungsgesellschaften schloss LENZ schon im Jahr 1999 nahezu aus, allerdings besteht die Möglichkeit, dass kleine Prüfungsgesellschaften übernommen werden und so die Marktanteile der größten Gesellschaften steigen.[652] Schon an dieser Stelle kann die Problematik einer hohen Marktkonzentration erkannt werden: Dominieren wenige Prüfungsgesellschaften den Markt, kann der Wettbewerb und das Funktionieren des Marktes eingeschränkt sein. Wenige große Prüfungsgesellschaften, welche den Markt bestimmen, können Kostenvorteile durch ihre Spezialisierung realisieren und ihre Leistungen zu geringen Preisen anbieten.[653] Langfristig kann es auf einem kaum wettbewerbsfähigen Markt dazu kommen, dass wenige Prüfungsgesellschaften hohe Honorare fordern, welche mit einer geringen Prüfungsqualität einhergehen.[654]

Verstärkt werden Konzentrationstendenzen durch die hohen Qualitätsanforderungen an die Prüfungsgesellschaften (z.B. Peer Review, Umfang der Prüfung, Einhaltung der Prüfungsstandards) und durch die Vorschriften an die Unabhängigkeit der Prüfer (z.B. Rotationspflicht, Einschränkung von Nichtprüfungsleistungen). Auch die Regulierung der Rechnungslegung führt möglicherweise zu einer Konzentration auf große Prüfungsgesellschaften. Durch ihr spezialisiertes Personal können große Gesellschaften bspw. besser mit den Anforderungen der internationalen Rechnungslegung umgehen. Weitere Gründe einer Konzentration sind unter anderem Wettbewerbsvorteile durch die Größe oder Reputation der Prüfungsgesellschaft, unvollkommene Märkte, internes oder externes Unternehmenswachstum und Zusammenschlüsse seitens der Mandanten.[655] Kleine Gesellschaften können diese Anforderungen fachlich und personell besonders schwer erfüllen, sodass Zusammen-

---

651 Vgl. Quick, R./Wolz, M. (1999), S. 175. Vgl. Beattie, V./Goodacre, A./Fearnley, S. (2003), S. 4. Aus den ehemaligen BIG8 haben sich durch Zusammenschlüsse und den Untergang von Arthur Andersen nun die BIG4 (Deloitte & Touche, Ernst & Young, KPMG und PwC) ergeben. Vor dem Enron-Skandal im Jahr 2001 bestanden die BIG5 mit Arthur Andersen. Zuvor haben sich durch den Zusammenschluss von Coopers & Lybrand und Price Waterhouse (1998) aus den BIG6 die BIG5 ergeben. Davor führten Zusammenschlüsse von Arthur Young, Ernst & Whinney zu Ernst & Young, sowie von Deloitte, Haskins & Sells und Touche Ross zu Deloitte & Touche Tohmatsu zu einer Reduzierung der BIG8 auf die BIG6. Vgl. Wagenhofer, A./Ewert, R. (2003), S. 494.

652 Vgl. Lenz, H. (1999), S. 544.

653 Vgl. Gigler, F./Penno, M. (1995).

654 Auch auf einem Markt, welcher nur durch zwei Wettbewerber dominiert wird, kann ein Wettbewerb bestehen. Vgl. dazu Pindyck, R./Rubinfeld, D. L. (2005). Vgl. Marten, K.-U./Schultze, W. (1998), S. 381. Vgl. Beattie, V./Goodacre, A./Fearnley, S. (2003), S. 5f. Es existieren aber auch Studien, die nach Zusammenschlüssen sinkende Marktanteile und Prüfungshonorare erkennen. Vgl. Ivancevich, S. H./Zardkoohi, A. (2000).

655 Vgl. Quick, R./Wolz, M. (1999), S. 176. Vgl. Strickmann, M. (2000), S. 268, S. 301. Vgl. Beattie, V./Goodacre, A./Fearnley, S. (2003), S. 4f. Vgl. Wagenhofer, A./Ewert, R. (2003), S. 494. Vgl. empirische Ergebnisse zur Prüfungsqualität oder Reputation in Abhängigkeit der Größe der Prüfungsgesellschaft Palmrose, Z.-V. (1988), Craswell, A./Francis, J./Taylor, S. (1995).

schlüsse der Prüfungsgesellschaften die Konsequenz sind. Seitens der Prüfungsgesellschaft können auch Skaleneffekte großer Gesellschaften zu Kostenvorteilen und letztlich zu besseren Angeboten führen.[656] Konkurrieren nur kleine Prüfungsgesellschaften um Mandate, besteht die Gefahr, dass nicht kostendeckende Angebote für die Prüfung abgegeben werden, um überhaupt einen Prüfungsauftrag zu erhalten. Der Ausgleich muss dann über Beratungsaufträge erfolgen. Die wirtschaftliche Abhängigkeit vom Mandanten nimmt zu.[657] Große Prüfungsgesellschaften sind darüber hinaus wettbewerbsfähiger, da sie Honorarzuschläge oder geringere Honorare im ersten Jahr der Prüfung fordern können.[658]

Weiterhin zeigen die Marktanteile der Prüfungsgesellschaften, ob und durch welche Gesellschaften der Prüfungsmarkt in Deutschland dominiert wird und ob es Spezialisierungseffekte auf einzelne Aktienindizes oder Branchen gibt. Diese Analyse war bislang nur auf Basis von Surrogaten, Honorarschätzungen oder Befragungen durchführbar.[659]

1.4.2 Marktanteile der Prüfungsgesellschaften

Zunächst wird der gesamte Markt, welcher durch die 172 betrachteten Unternehmen repräsentiert wird, hinsichtlich der Marktanteile untersucht. Es zeigt sich, dass PwC im Jahr 2005 mit 47% der gesamten Honorare, 41% der Prüfungshonorare und 56% der Nichtprüfungshonorare in diesen Kategorien jeweils Marktführer ist. Werden die Nichtprüfungsleistungen in die drei Subkategorien aufgeteilt, übernimmt KPMG mit 35% aller Honorare für Steuerberatungsleistungen die Marktführerschaft. An dieser Stelle kann eine mögliche Tendenz zur Spezialisierung auf Steuerberatungsleistungen erkennbar sein. Dies scheint auch für BDO im Bereich der Steuerberatungsleistungen der Fall, da diese als einzige BIG6-Gesellschaft auf einem der vier ersten Plätze zu finden sind. Ernst & Young ist dagegen im Bereich der sonstigen Bestätigungs- und Bewertungsleistungen stark. Werden die Nichtprüfungsleistungen betrachtet, ist die Aussage über die Marktanteile etwas eingeschränkt, da nicht der gesamte Markt betrachtet werden kann. So liegen keine Honorarinformationen über Prüfer, welche nicht Abschlussprüfer sind, aber dennoch Nichtprüfungsleistungen neben dem Abschlussprüfer anbieten, vor.

---

656 Vgl. Hachmeister, D. (2001), S. 66f.
657 Vgl. Braun, F. (1996), S. 1000.
658 Vgl. Hachmeister, D. 2001.
659 Vgl. z.B. Untersuchungen für Deutschland von Marten, K.-U./Schultze, W. (1998), Strickmann, M. (2002), Grothe, J. (2004), Bauer, M. (2004a), Koecke, A. E. (2005).

Marktanteil einer Prüfungsgesellschaft in der folgenden Kategorie in %	**1. Platz**	**2. Platz**	**3. Platz**	**4. Platz**
Gesamte Honorare ∑ 308 Mio. €	PwC 47%	KPMG 20%	E&Y 13%	D&T 10%
Prüfungshonorare ∑ 179 Mio. €	PwC 41%	KPMG 25%	D&T 12%	E&Y 10%
Nichtprüfungshonorare ∑ 129 Mio. €	PwC 56%	E&Y 18%	KPMG 13%	D&T 7%
Honorare für sonstige Bestätigungs- und Bewertungsleistungen ∑ 79,6 Mio. €	PwC 59%	E&Y 24%	D&T 7%	KPMG 6%
Honorare für Steuerberatung ∑ 17,2 Mio. €	KPMG 35%	PwC 31%	E&Y 13%	BDO 7%
Honorare für sonstige Leistungen ∑ 32,3 Mio. €	PwC 61%	KPMG 19%	D&T 5%	E&Y 5%
Anzahl der Mandate[660] ∑ 172	PwC 23%	E&Y 17%	KPMG 17%	D&T 9%
Mit: D&T = Deloitte Touche Tohmatsu, E&Y = Ernst & Young				

Tabelle 14: Marktanteile gemessen über die Prüferhonorare

Die BIG4 halten zusammen ca. 66%, die BIG6 ca. 76% aller Mandate. PwC erreicht einen hohen Marktanteil über die Anzahl der Mandate, obwohl Ernst & Young im Jahr 2002 die meisten Mandate von Arthur Andersen in Deutschland übernommen hat.[661] Dies zeigt, dass die Konzentration nicht allein das Resultat von Zusammenschlüssen von Prüfungsgesellschaften ist. SULLIVAN (2000) konnte im Jahr 1989 nach den Mergern zu Ernst & Young und Deloitte & Touche keine steigenden Marktanteile der fusionierten Unternehmen feststellen.[662]

Werden ältere Konzentrationsanalysen betrachtet, welche die Marktanteile über Surrogate wie Bilanzsumme, Umsatzerlöse oder deren Quadratwurzel messen, zeigt sich, dass PwC

---

660 Bei Joint Audit-Unternehmen wird jeder der beiden Prüfungsgesellschaften je ein halbes Mandat zugewiesen. Somit beträgt die Summe der Beobachtungen 175.

661 Ernst & Young übernahm 62,5% aller Mandate der deutschen Arthur Andersen Gesellschaft, KPMG 25% und PwC 12,5%. Vgl. Bauer, M. (2004a), S. 331f.

662 Vgl. Sullivan, M. W. (2000). Untersucht wurden 1.978 US-Mandanten zwischen 1985 und 1997.

und Ernst & Young ihren Marktanteil im Laufe der Jahre konstant steigern konnten.[663] Somit wird deutlich, dass die Marktanteile der BIG4 im Laufe der Zeit steigen, wie wegen der zunehmenden Komplexität der Prüfung etc. auch theoretisch angenommen wurden. Dabei ist jedoch zu beachten, dass sich PwC und Ernst & Young mit besonders hohen Zuwachsraten der Marktanteile hervorheben. Kleine Prüfungsgesellschaften werden möglicherweise besonders durch diese großen Gesellschaften vom Markt verdrängt.

Werden die in dieser Arbeit errechneten Marktanteile mit den Ergebnissen aus anderen Ländern verglichen, zeichnet sich ein etwas anderes Bild ab: Auf Basis der Prüfungshonorare ist PwC Marktführer mit 36,9% im Vereinigten Königreich und in der Schweiz mit 52,1%.[664] In den USA und im Vereinigten Königreich ist der Marktanteil von Deloitte & Touche sehr viel höher als in Deutschland. Dabei ist auf die eingeschränkte Vergleichbarkeit der Studien hinzuweisen.

Die in Deutschland erstmalig veröffentlichten Honorare erlauben eine Aussage darüber, welche bisher verwendeten Surrogate die Honorare bestmöglich abbilden. Die höchste Korrelation besteht dabei zwischen der Quadratwurzel der Bilanzsumme und den gesamten Honoraren sowie zwischen der Quadratwurzel der Umsatzerlöse und den Prüfungshonoraren. Ein Vergleich der Marktanteile, berechnet auf Basis von Honoraren und Surrogaten, zeigt allerdings, dass die Quadratwurzeln die Ergebnisse eher unterschätzen, während die Absolutwerte von Bilanzsumme und Umsatzerlösen die Marktanteile überschätzen.[665]

1.4.3 Spezialisierung der Prüfungsgesellschaften

Da schon bei der Analyse der Marktführer in den einzelnen Kategorien von Honoraren erkennbar ist, dass besonders die größten Prüfungsgesellschaften den Markt für Prüfungs- aber auch für Nichtprüfungsleistungen dominieren, stellt sich die Frage, ob durch diese hohen Marktanteile Spezialisierungsvorteile realisiert werden können. Vorteil der Spezialisierung sind geringere Honorare, wenn Prüfungsgesellschaften dadurch Kostenvorteile realisieren können.[666] Die Spezialisierung führt dazu, dass die Prüfungsgesellschaft weniger abhängig vom Mandanten ist und eine höhere Prüfungsqualität bereitstellt.[667] Neben diesem Vorteil der Spezialisierung sind langfristige Umkehreffekte zu berücksichtigen. Eine Prü-

---

663 Vgl. Studien von Marten, K.-U./Schultze, W. (1998), Strickmann, M. (2000), Grothe, J. (2004), Bauer, M. (2004a), Koecke, A. E. (2005) und Bigus, J./Zimmermann, R.-C. (2007b). Die Studien unterscheiden sich in der Referenzgröße zur Messung der Marktanteile. Verwendet werden Umsatzerlöse oder Bilanzsumme deutscher Unternehmen, bzw. jüngst auch die gesamten Honorare. Vgl. Bigus, J./Zimmermann, R.-C. (2007b) für eine genaue Übersicht und einen Vergleich der Studien.

664 Vgl. Beattie, V./Goodacre, A./Fearnley, S. (2003) für das Vereinigte Königreich und Stefani, U. (2006) für die Schweiz. Vgl. für Prüfungsgesellschaften mit den größten Marktanteilen in den jeweiligen Ländern Bigus, J./Zimmermann, R.-C. (2007b).

665 Vgl. Bigus, J./Zimmermann, R.-C. (2007b). Auch die Bilanzsumme$^{3/4}$ oder die Umsatzerlöse$^{3/4}$ bilden die Honorare nicht perfekt ab. Diese Wurzelfunktion stellt eine Größe zwischen den absoluten Honoraren und der Quadratwurzel dar.

666 Vgl. Hachmeister, D. (2001), S. 76-81 zu den Vor- und Nachteilen der Spezialisierung von Prüfungsgesellschaften auf Branchen.

667 Vgl. Gigler, F./Penno, M. (1995).

fungsgesellschaft erreicht durch die Spezialisierung besondere Kentnisse z.B. in Bezug auf Branchen oder Aktienindizes. Liegen nun duo- oder monopolistische Tendenzen vor, ist der Mandant von der Prüfungsgesellschaft abhängig. Der Prüfer muss sich nicht mehr anstrengen, da er das Mandat kaum verlieren kann, letzlich wird die Prüfungsqualität sinken.[668]

Werden 11 Branchen[669] auf die Marktanteile der Prüfungsgesellschaften hin untersucht, zeigt sich, dass nur die PHARMA & HEALTHCARE-Branche durch eine Nicht-BIG4-Gesellschaft dominiert wird, alle weitere Branchen von BIG4-Prüfungsgesellschaften.

Branche	∑ Gesamte Honorare pro Branche, Mio. €	Anteil der Nichtprüfungshonorare	Mandanten pro Branche	Prüfungsgesellschaften pro Branche	Marktführer gemessen über Gesamte Honorare (Marktanteil)
Automotive	16,3	35%	7	4	KPMG (48%)
Construction	12,8	32%	5	3	PwC (62%)
Industrial	36,1	31%	48	17	KPMG (36%)
Chemicals	36,6	37%	9	5	PwC (41%)
Pharma & Healthcare	21,9	25%	18	8	BDO (39%)
Consumer & Retail	37,2	29%	22	12	KPMG (66%)
Transportation & Logistics	31,9	44%	7	4	PwC (97%)
Telecommunication	55,7	78%	4	2	PwC (56%)
Media	4,1	41%	10	7	PwC (46%)
Software	7,5	32%	31	13	Ernst&Young (34%)
Technology	2,7	22%	11	8	Deloitte (35%)

Tabelle 15: Marktanteile gemessen über die Prüferhonorare (Quelle: Bigus, J./Zimmermann, R.-C. (2007b)

Auffällig ist dabei, dass PwC 62% der gesamten Honorare der Branche CONSTRUCTION,[670] KMPG 66% der gesamten Honorare der CONSUMER & RETAIL-Branche und PwC sogar 97% der Branche TRANSPORTATION & LOGISTICS erzielt. In diesen Branchen werden Marktanteile erreicht, welche Tendenzen hin zu einem Monopol der jeweiligen marktführenden Prüfungsgesellschaften aufzeigen. Eine weitere Auffälligkeit stellen die Nichtprüfungshonorare bei TELECOMMUNICATION dar. Diese betragen 78% der gesamten Honorare. Es kann allerdings nicht erkannt werden, das die Nichtprüfungshonorare von der Konzentration, d.h. von der Anzahl der in einer Branche tätigen Prüfungsgesellschaften abhängt. Die Annahme, dass bei hoher Konzentration vermehrt Nichtprüfungsleistungen

---

668 Vgl. Bigus, J./Zimmermann, R.-C. (2007b).

669 Vgl. Branchenaufteilung gemäß dem Vorgehen der Deutschen Börse. Banken, Versicherungen und Finanzdienstleister sind ausgeschlossen.

670 PwC erzielt außerdem 97% der gesamten Prüfungshonorare dieser Branche. Dies entspricht 24% der gesamten Prüfungshonorare von PwC. Eine Abhängigkeit der Prüfungsgesellschaft PwC von diesen Branchen wird nach diesen Ergebnissen nicht vermutet.

angeboten werden, kann nicht befürwortet werden.[671] Von welchen Faktoren die Nichtprüfungsleistungen dann abhängen, kann an dieser Stelle nicht beantwortet werden. Die Fragestellung wird im Laufe der Arbeit in einer Regressionsanalyse aufgegriffen. Dennoch ist eine starke Spezialisierung von Prüfungsgesellschaften auf einzelne Branchen offensichtlich.[672]

Auch bei der Betrachtung von Aktienindizes[673] zeigt sich eine Dominanz der größten Unternehmen und auch der Technologieunternehmen durch PwC. So führt PwC den DAX30, MDAX und TecDAX mit 51%, 51% und 31% der gesamten Honorare. KPMG scheint mit 29% der gesamten Honorare auf Unternehmen des SDAX spezialisiert zu sein. Dagegen dominiert Ernst & Young den GEX mit 29% der gesamten Honorare. Da die 87 Unternehmen des GEX von 33 Prüfungsgesellschaften geprüft werden, zeigt der hohe Marktanteil von Ernst & Young eine Spezialisierung auf kleine und vornehmlich eigentümergeführte, aber dennoch börsennotierte Unternehmen.[674]

Die erkannten Spezialisierungstendenzen können an dieser Stelle nicht abschließend beurteilt werden. Es bleibt offen, ob die Spezialisierung positiverweise zu Kostenvorteilen führt oder ob die Prüfungsqualität im Zuge der Spezialisierung durch eine höhere Machtposition der Prüfungsgesellschaft sinkt. Die Notwendigkeit weitergehender Analysen, insbesondere empirischer Regressionsanalysen, wird erneut offensichtlich.

1.4.4 Konzentration des Prüfungsmarktes

Aus den Marktanteilen der einzelnen Prüfungsgesellschaften lassen sich Konzentrationsmaße berechnen, welche Aufschluss über die Form des deutschen Prüfungsmarktes geben. Ein Vorteil der Verwendung von Honoraren für die Konzentrationsanalyse ist, dass diese nicht durch Bilanzpolitik und äußere Einflüsse des Marktes beeinflusst werden und den Prüfungsumfang besser abbilden.[675] Üblicherweise werden die Konzentrationsrate, der Herfindahl-Index oder der Gini-Koeffizient verwendet, um Tendenzen einer Konzentration aufzudecken.[676]

---

671 Vgl. Bigus, J./Zimmermann, R.-C. (2007b). Eine Erweiterung der Branchen um den Finanzsektor zeigt auch dort eine hohe Konzentration und die Marktführerschaft durch KPMG. Dies erklärt, warum der Marktanteil von KPMG steigt, wenn der Stichprobenumfang um Unternehmen erweitert wird, welche im Finanzsektor tätig sind.

672 Ähnliche Ergebnisse zur Spezialisierung auf Branchen erzielt Grothe, J. (2004) für das untersuchte Jahr 2000.

673 Vgl. auch Bauer, M. (2004a), S. 334-337, welcher eine Analyse der Aktienindizes für das Jahr 2002 vornimmt.

674 Vgl. Bigus, J./Zimmermann, R.-C. (2007b) für weitergehende Analysen und einen Vergleich mit anderen Studien.

675 Vgl. Quick, R./Wolz, M. (1999), S. 185.

676 Vgl. Slottje, D. J. (2002).

Folgende Übersicht zeigt die Konzentration der zwei größten (CR(2)), der vier größten (CR(4)) und der sechs größten (CR(6)) Prüfungsgesellschaften sowie den Herfindahl-Index (H-Index) und den Gini-Koeffizienten.[677]

n = 175, (2005)	**CR(2)**	**CR(4)**	**CR(6)**	**H-Index**	**Gini-Koeffizient**
Gesamte Honorare	0,67	0,90	0,96		
Prüfungshonorare	0,66	0,87	0,96	0,29	0,89
Bilanzsumme Mandant	0,82	0,96	0,99		
Umsatzerlöse Mandant	0,75	0,91	0,98		
√ (Bilanzsumme)	0,65	0,85	0,92	0,26	0,87
√ (Umsatzerlöse)	0,62	0,82	0,91		

Tabelle 16: Konzentrationsmaße

Der vorangehenden Tabelle kann entnommen werden, dass das CR (4) – insbesondere mit 87% der Prüfungs- und 90% der gesamten Honorare – auf eine sehr hohe Konzentration hinweist. Das Konzentrationsmaß CR(4) sagt aus, dass die vier größten Prüfungsgesellschaften einen Anteil von 90 % der gesamten Honorare des Marktes auf sich vereinigen, die restlichen 36 Prüfungsgesellschaften zusammen nur 10%. Da bei den Konzentrationsraten CR(4) ab 25 % von einem Oligopol ausgegangen werden kann,[678] ist der deutsche Prüfungsmarkt durch eine extreme Konzentration gekennzeichnet.[679] Mit PKF und BDO vereinen die BIG6 sogar 96% der gesamten und Prüfungshonorare auf sich. Der Herfindahl-Index liegt mit 0,29 bei den Prüfungshonoraren im Bereich einer hohen Konzentration.[680]

Ein Vergleich mit anderen Studien ist durch die gegebenen Surrogate möglich. Dabei zeigt sich, dass die Konzentration in Deutschland im Laufe der Zeit zugenommen hat, insbesondere zwischen 1987 und 1991.[681] Bis heute bleibt es bei einer steigenden Tendenz. Das CR(2) auf Basis der Bilanzsumme ist in den letzten Jahren nahezu konstant geblieben. So konnten PwC und KPMG ihre Machtposition nicht bedeutend ausbauen. Dennoch liegt eine sehr hohe Konzentration auf dem deutschen Prüfungsmarkt vor.

---

677 Tabelle nach Bigus, J./Zimmermann, R.-C. (2007b).

678 Vgl. Marten, K.-U./Schultze, W. (1998), S. 380 für die Abgrenzung der einzelnen Konzentrationsstufen.

679 Ein Oligopol liegt vor, wenn vier Prüfungsgesellschaften mehr als 60% der Marktanteile besitzen. Vgl. für diese von Marten/Schultze (1998) abweichende Definition des Oligopols Beattie, V./Goodacre, A./Fearnley, S. (2003).

680 Vgl. Slottje, D. J. (2002). Bei vollständigem Wettbewerb, liegt der H-Index in diesem Sample bei 0,025 (=1/n). Vgl. Bigus, J./Zimmermann, R.-C. (2007b) für weitere Analysen und Ergebnisse zur Konzentration.

681 Vgl. Marten, K.-U. (1999), S. 107f. Vgl. Bigus, J./Zimmermann, R.-C. (2007b). Dabei zeigen nur die Ergebnisse von Koecke, A. (2005) eine sinkende Konzentration, während das CR(6) von Lenz, H./Bauer, M. (2004) (Basis Wurzel der Bilanzsumme) eine höhere Konzentration als im Jahr 2005 aufweist. Vgl. weiterhin Helmenstein, C. (1996), Gloßner, V. (1998), Quick, R./Wolz, M./Seelbach, M. (1998) und Grothe, J. (2004).

Ein Vergleich von Konzentrationsanalysen anderer Länder zeigt, dass die Konzentration in der Schweiz höher, in den USA etwas geringer ist. Unter Betrachtung der im Vergleich zu den USA relativ milden Haftung der Abschlussprüfer in Deutschland, konnte erwartet werden, dass die Konzentration in Deutschland geringer ist, da der Marktzugang besonders für kleine Prüfungsgesellschaften einfacher ist.[682] Der Vergleich der Studien ist dennoch nicht perfekt möglich, da Unterschiede im Umfang der Datenbasis und dem betrachteten Zeitraum bestehen.[683]

1.5 Zusammenfassung und Beurteilung der Ergebnisse

Zur Diskussion um die Frage der wirtschaftlichen Abhängigkeit der Prüfer von den Mandanten liefert diese Untersuchung folgenden Beitrag: Die Nichtprüfungsleistungen besitzen einen Anteil von ca. 42% an den gesamten Honoraren. Eine kritische Grenze, ab welcher von einer Abhängigkeit ausgegangen werden kann, ist allerdings nicht bekannt.[684] Aus diesem Grund wird eine zusätzliche Regressionsanalyse notwendig, welche die Prüferunabhängigkeit untersucht. Zudem lässt sich aus der Theorie von DEANGELO (1981A) ableiten, dass der Anteil der Honorare aus einem Mandat an der Summe der Honorare aller Mandate einer Prüfungsgesellschaft maßgeblich für die Beurteilung der Unabhängigkeit ist.[685]

Es wurde außerdem ersichtlich, dass der Markt börsennotierter Unternehmen in Deutschland hauptsächlich durch die Gesellschaft PwC dominiert wird. Diese beziehen 41% der Prüfungs-, 47% der gesamten Honorare und 56% der gesamten Nichtprüfungshonorare. In der Kategorie Steuerberatungsleistungen dominiert KPMG den Markt mit 35%. Besonders innerhalb der BIG4 ist eine Spezialisierung auf bestimmte Branchen und Aktienindizes festzustellen. Die Konzentrationsanalyse zeigt, dass der deutsche Prüfungsmarkt durch einen Duopol gekennzeichnet ist und teilweise sogar monopolistische Tendenzen aufzeigt. So vereinnahmen 4 Prüfungsgesellschaften 90% der gesamten Honorare, während die verbleibenden 36 Gesellschaften nur 10% erzielen. Ähnliche Ergebnisse können aus Studien anderer Länder abgeleitet werden.

Eine hohe Konzentration ist dabei nicht per se negativ. Grundsätzlich besteht die Annahme, dass große Prüfungsgesellschaften mit hohen Marktanteilen weniger abhängig von ihren Mandanten sind. Problematisch ist, dass der Preisdruck bei kleineren Gesellschaften verstärkt wird, während die Position großer Prüfungsgesellschaften durch ihre Spezialisierung auf einzelne Branchen oder Aktienindizes gestärkt wird. Die Markteintrittsbarrieren steigen[686] und große Gesellschaften können höhere Honorare fordern. Fraglich ist, ob die Qualität durch die Spezialisierung gesichert ist oder ob durch die Forderung höherer Honorare

682 Vgl. Bigus, J./Zimmermann, R.-C. (2007b).

683 Vgl. Beattie, V./Goodacre, A./Fearnley, S. (2003), US-GAO (2003), Bauer, M. (2004a), Stefani, U. (2006), Bigus, J./Zimmermann, R.-C. (2007b).

684 Vgl. Quick, R./Warming-Rasmussen, B. (2004), S. 145.

685 Vgl.DeAngelo, L. E. (1981a).

686 Vgl. Bigus, J./Zimmermann, R.-C. (2007b).

Einbußen bei der Prüfungsqualität zu erwarten sind. Ein Anreiz zu sorgfältiger Prüfung kann somit sinken.[687] Demgegenüber stehen die gestiegene Regulierung des Prüfungsmarktes und die Diskussion um die Unabhängigkeit der Prüfer. Ob der Prüfungsmarkt staatlich reguliert werden sollte, um die Konzentration einzudämmen oder auf dem derzeitigen Niveau zu halten, ist ebenso wenig klar erkennbar. Wird beispielsweise eine Haftungsobergrenze für Abschlussprüfer eingeführt, könnte zwar verhindert werden, dass kleine Gesellschaften gänzlich vom Markt verdrängt werden. Umgekehrt können die Anreize zur sorgfältigen Prüfung bei allen Prüfungsgesellschaften sinken.[688] Die Einführung der Abschlussprüferaufsichtskommision durch das APAG im Jahr 2004 kann dennoch als geeignete Maßnahme gewertet werden, um den Prüfungsmarkt zu beobachten.[689]

Da keine eindeutige Schlussfolgerung hinsichtlich der Konsequenzen der Konzentration möglich ist, bleiben folgende Fragen offen: (1) Führn die hohe Konzentration und die Marktmacht zu höheren Prüfungshonoraren? Ist dies der Fall, müsste empirisch erklärt werden, ob besonders BIG4-Gesellschaften einen Aufschlag auf ihre Honorare fordern. Weiterhin müsste sich ein hoher Marktanteil der Prüfungsgesellschaft in hohen Honoraren widerspiegeln. (2) Können Synergieeffekte zwischen Prüfungs- und Beratungsleistungen realisiert werden, welche sich in geringeren Honoraren wieder finden? (3) Ist die Prüfungsqualität durch die hohe Konzentration auf dem Prüfungsmarkt gering? Diese Frage kann beantwortet werden, indem der Zusammenhang zwischen der Unabhängigkeit der Prüfer und der Bilanzpolitik des Unternehmens untersucht wird. Die vorstehenden Fragestellungen werden im Rahmen der multiplen Regressionsmodelle erneut aufgegriffen.

---

687 Vgl. Beattie, V./Goodacre, A./Fearnley, S. (2003). Vgl. Ivancevich, S. H./Zardkoohi, A. (2000).
688 Vgl. Bigus, J./Zimmermann, R.-C. (2007b).
689 Vgl. APAG (2004). Vgl. Bigus, J./Zimmermann, R.-C. (2007b).

2 Ökonometrisches Modell zu den Einflussfaktoren von Prüfungshonoraren

2.1 Untersuchungsgegenstand

Dieser Abschnitt dient der Untersuchung von Faktoren, von welchen die Honorare für die Abschlussprüfung abhängen. Dieses Modell gliedert sich in vier Teilbereiche: Es wird untersucht, wie sich (1) die finanzielle Situation des Unternehmens, (2) die Mandatsdauer, (3) die Konkurrenz unter den Prüfungsgesellschaften und (4) das Angebot von Leistungen neben der Abschlussprüfung auf die Höhe der Prüfungshonorare auswirken. Die Motivation ist durch die weltweiten Diskussionen um die Unabhängigkeit der Abschlussprüfer, die Regulierung der Nichtprüfungsleistungen oder weiterer Maßnahmen zur Sicherung der Prüfungsqualität gegeben.[690] In diesem Modell wird speziell die Preissetzung untersucht. Mit dieser Untersuchung werden Aussagen zur Notwendigkeit einer Gebührenordnung möglich. Das ist der Fall, wenn der Wettbewerb keine Möglichkeit zulässt, das Risiko zutreffend abzubilden.[691] Zudem wird eine stärkere Regulierung von Nichtprüfungsleistungen zur Sicherung der Unabhängigkeit notwendig, wenn die Nichtprüfungsleistungen zu Synergieeffekten führen, diese aber nicht an den Mandanten in Form geringerer Prüfungshonorare weitergegeben werden. Bislang ist für Deutschland auch keine ähnliche Analyse durchgeführt worden. Die empirischen Ergebnisse dienen der erstmaligen Analyse der Preissetzung. Die Untersuchung der Prüferhonorare wird in einem weiteren Modell ausgebaut, indem die Unabhängigkeit der Abschlussprüfer mit Hilfe der Höhe der Honorare gemessen wird (vgl. Kapitel III.3).

Zur Analyse der Einflussfaktoren von Prüfungshonoraren werden zunächst unter Abschnitt III.2.2 die Unternehmen der Datenbasis betrachtet. Schon an dieser Stelle kann darauf hingewiesen werden, dass sich die Besonderheit dieser Untersuchung durch die Zusammensetzung der Daten und die Neuartigkeit des untersuchten Datensatzes auszeichnet. In Abschnitt III.2.3 werden die Ergebnisse des empirischen Modells vorgestellt. Zunächst werden die in Frage kommenden Variablen in einer einfachen Regression getestet, um den Einfluss auf die Höhe der Prüfungshonorare zu untersuchen. Die Ergebnisse der einfachen Regression dienen dazu ein Modell mit mehreren erklärenden Variablen, welches die Höhe der Prüfungshonorare bestmöglich abbildet, zu entwickeln. Nach der Überprüfung der statistischen Annahmen werden die Teilhypothesen und die zugehörigen Variablen vorgestellt. Die Zuverlässigkeit der ausgewählten Variablen des Ausgangsmodells wird durch Sensitivi-

[690] Vgl. ausführlich Kapitel II dieser Arbeit.

[691] Vgl. Braun, F. (1996), S. 999, welcher sich für eine Gebührenordnung für die Prüfung, die sich an Wertgebühren (z.B. Höhe der Bilanzsumme) anlehnt, aussprechen würde. Der Autor befürwortet dabei, dass große Prüfungsgesellschaften dann nicht mehr hauptsächlich um große Mandate kämpfen.

tätstests unterstrichen. Schließlich werden die herausgearbeiteten Zusammenhänge ökonomisch erklärt und in den Kontext der derzeitigen Regulierung eingeordnet. Handlungsempfehlungen werden gegeben, außerdem erfolgt ein Vergleich der Ergebnisse mit Ergebnissen früherer und ähnlicher Studien.

2.2 Datenbasis

Die Analyse basiert auf den Prüfungshonoraren, welche Unternehmen in ihrem Konzernabschluss veröffentlicht haben, die zum 31.12.2005 in den Indizes DAX30 (30 Unternehmen), TecDAX (30), SDAX (50), MDAX (50) und GEX (108) notiert sind. Ausgehend von diesen 235 teilweise mehrfach notierten Unternehmen werden folgende aus der Datenbasis entnommen (Doppelnennungen möglich):

- 19 Unternehmen mit vor dem 31.12.2005 endendem Wirtschaftsjahr, welche zum 31.12.2005 noch nicht zur Honorarveröffentlichung verpflichtet waren.
- 9 ausländische Unternehmen, für welche keine – z.B. für Österreich – oder eine Honorarveröffentlichung in anderer Form – z.B. für US-amerikanische Unternehmen nach Form 20-F – besteht.[692]
- 8 Banken, 15 Finanzdienstleister und 4 Versicherungen, da die Jahresabschlussdaten nicht in derselben Form aufbereitet sind wie bei den restlichen Unternehmen.[693] Des Weiteren unterliegen diese Gesellschaften erhöhten Prüfungsanforderungen durch das Kreditwesen- und Versicherungsaufsichtsgesetz.[694]
- 3 nach HGB und 18 nach US-GAAP bilanzierende Unternehmen. Hinsichtlich des Rechnungslegungssystems werden nur IFRS-Abschlüsse betrachtet, um Unterschiede in der Bilanzierung auszuschließen.[695]

---

692 Zwar entsprechen sich die Kategorien der Honorarveröffentlichung in Deutschland und den USA nahezu. Im Gegensatz zu der deutschen Honorarveröffentlichung fordert Form 20-F eine Veröffentlichung der Honorare, welche weltweit an eine Prüfungsgesellschaft bezahlt wurden. Die deutsche Honorarveröffentlichung fordert nur eine Angabe der Honorare, welche an die deutsche Prüfungsgesellschaft bezahlt wurden. Da einige ausländische Unternehmen die Honorare aus Form 20-F in den deutschen Abschluss übernommen haben oder kein anderer Abschluss als ein befreiender US-GAAP-Abschluss vorliegt, werden diese Unternehmen ausgenommen. Vgl. auch Lenz, H./Möller, M./Höhn, B. (2006), S. 1790.

693 So ist z.B. ein Ausweis der Erlöse in Form von Zins- und Provisionserträgen gegeben. Die Zinserträge stellen die Haupteinnahmequelle der Banken dar, daneben zählen die Provisionserträge zu Einnahmen aus der operativen Haupttätigkeit der Banken. Vgl. dazu PwC (2005), S. 190f., S. 798, S. 804. Des Weiteren sind Zinsaufwendungen nur der operativen Tätigkeit zuzurechnen, Forderungen aus Lieferungen und Leistungen beziehen sich auf Kunden und andere Banken. Außerdem ist das Sachanlagevermögen in diesen Branchen sehr gering.

694 Vgl. KWG (2007) und VAG (2007).

695 HGB-Abschlüsse sind in der Datenbasis nur bei abweichendem Wirtschaftsjahr enthalten, da kapitalmarktorientierte Unternehmen ihren Konzernabschluss ab 2005 nach IFRS aufstellen müssen. Für diese HGB-Unternehmen mit abweichendem Wirtschaftsjahr war zum Zeitpunkt der Datenerfassung noch keine Honorarveröffentlichungspflicht verpflichtend. Da es bis 2007 noch eine Übergangsregelung für kapitalmarktorientierte Unternehmen gibt, nach anderen internationalen Rechnungslegungsnormen zu

- 23 Unternehmen ohne Honorarangabe und 16 mit fehlenden, für die Regression benötigten Bilanz- oder GuV-Daten.

- 3 Joint Audits.

Es verbleiben 167 Beobachtungen, welche für das erste Modell verwendet werden. Die Datenbasis weicht von der Datenbasis der Konzentrationsanalyse in Kapitel III.1 ab, da für die Regressionsanalyse andere Variablen notwendig sind.

2.3 Teilhypothesen und Ergebnisse

2.3.1 Modellauswahl und deskriptive Statistik

Um ein Modell zu gestalten, welches die Prüfungshonorare erklärt, werden zunächst sämtliche möglichen Variablen analysiert, von welchen ein Einfluss auf die Höhe der Prüfungshonorare vermutet wird. Für die Variablenauswahl ist in erster Linie die ökonomische Aussage der Variablen maßgeblich. Weiterhin werden die Messbarkeit der Variablen und die Verwendung in anderen empirischen Studien als Auswahlkriterium herangezogen.[696] Das folgende Modell enthält alle ausgewählten, zu untersuchenden Einflussfaktoren. Die genaue Definition der Variablen wird im Rahmen der jeweiligen Teilhypothese vorgenommen.

$$\begin{aligned}&LOG\_AUDIT\_FEES = \\ &\beta_0 + \beta_1 LEVERAGE + \beta_2 LOSS + \beta_3 ROA + \beta_4 MB\_RATIO + \beta_5 SIZE + \\ &\beta_6 AUDIT\_TENURE + \beta_7 MARKET\_SHARE + \beta_8 BIG4 + \beta_9 AUDIT\_OPINION + \\ &\beta_{10} LISTING + \beta_{11} SQU\_ROOT\_SUBSIDARIES + \beta_{12} INDUSTRY + \\ &\beta_{13} LOG\_NONAUDIT\_FEES + \beta_{14} IFRS1 + \beta_{15} GROWTH + \varepsilon\end{aligned} \tag{29}$$

Mit:

LOG_AUDIT_FEES	Natürlicher Logarithmus der vom Mandanten bezahlten Prüfungshonorare
LEVERAGE	Verschuldungsgrad des Mandanten = Fremdkapital zu Eigenkapital in Buchwerten
LOSS	1= Jahresfehlbetrag des Mandanten; 0 = sonst
ROA	Return on Assets = Ergebnis vor Steuern, Zinsaufwand und außerordentlichem Ergebnis / Gesamtes Vermögen des Mandanten
MB_RATIO	Markt-/Buchwert-Verhältnis Eigenkapital des Mandanten
SIZE	Größe des Mandanten, gemessen durch logarithmierte Marktkapitalisierung (LOG_MARKET_CAP) und logarithmierte Umsatzerlöse (LOG_SALES)

---

bilanzieren, sind neben IFRS-Abschlüssen auch einige US-GAAP-Abschlüsse in der Datenbank enthalten. Vgl. EG-Verordnung (2002), Art. 4, 5 und 10. Vgl. auch § 315a Abs. 1 HGB.

696 Vgl. dazu die Erläuterungen ausgewählter bisheriger empirischer Studien in Abschnitt II.4. und im Anhang.

AUDIT_TENURE	Dauer der Prüfungsbeziehung zwischen Mandant und Prüfungsgesellschaft. Entspricht der Mandatsdauer, welche durch die binäre Variable Erstprüfungsjahr (FIRST_AUDIT_YEAR) und zusätzlich durch die genaue Mandatsdauer (ROTATION_MAX) als diskrete Variable gemessen wird.
MARKET_SHARE	Marktanteil der Prüfungsgesellschaft gemessen über die Prüfungshonorare einer Prüfungsgesellschaft zur Summe der gesamten Prüfungshonorare (MARKET_SHARE_AUDIT_FEES) oder analog über die gesamten Honorare (MARKET_SHARE_TOTAL_FEES).
BIG4	1 = Vier größten Prüfungsgesellschaften: Deloitte & Touche, Ernst & Young, KPMG, PwC; 0 = sonst
AUDIT_OPINION	1= Bestätigungsvermerk des Prüfers versagt, eingeschränkt oder mit Hinweis; 0 = sonst
LISTING	Notierung des Mandanten an einer US-amerikanischen Börse, gemessen durch eine diskrete Variable mit 3 Ausprägungen, je nach Offenlegungsumfang bei der SEC
SQU_ROOT_SUBSIDARIES	Quadratwurzel der Anzahl der vollkonsolidierten Tochtergesellschaften des Mandanten
INDUSTRY	Branche des Mandanten
LOG_NONAUDIT_FEES	Logarithmierte vom Mandanten bezahlte Nichtprüfungshonorare
IFRS1	1 = Erstmalige Bilanzierung des Mandanten nach IFRS; 0 = sonst
GROWTH	Veränderung der Umsatzerlöse, normiert mit den Umsatzerlösen des Vorjahres

Die Variablen werden zunächst deskriptiv untersucht. Die Boxplots zeigen Mittelwerte, Mediane, das erste und dritte Quartil, sowie die Ausreißer.[697]

[697] Vgl. den Anhang zu einer ausführlichen Erläuterung des Boxplots. Die Quartile stellen die Viertelwerte einer Verteilung dar (0,25-, 0,5- und 0,75-Quantil). Vgl. Schlittgen, R. (2003).

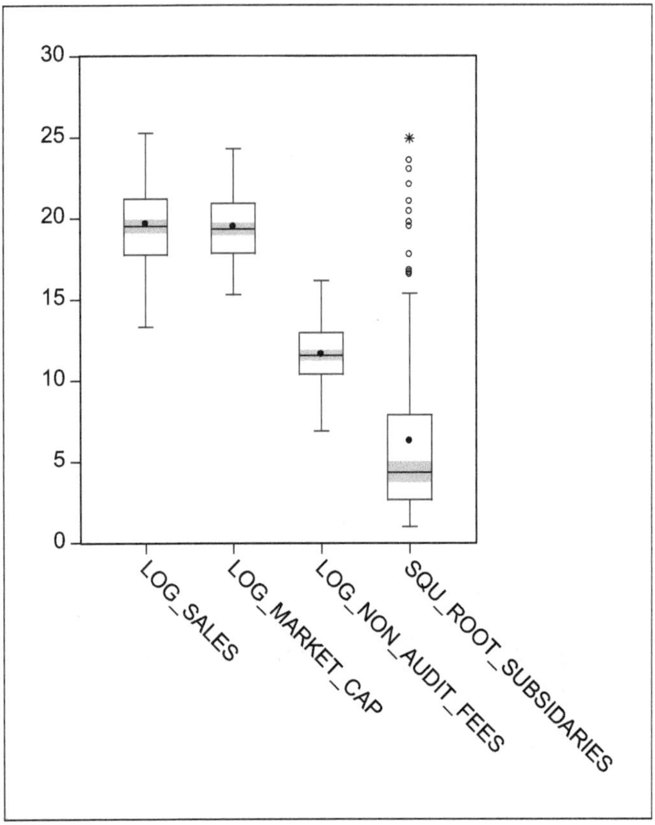

Abbildung 5: Boxplots erklärende Variablen Modell 1 – I

Für die Variablen GROWTH, ROA und MARKET_SHARE_AUDIT_FEES ergibt sich folgendes Boxplot, wobei die Variable GROWTH besonders starke Variationen innerhalb des Samples zeigt.

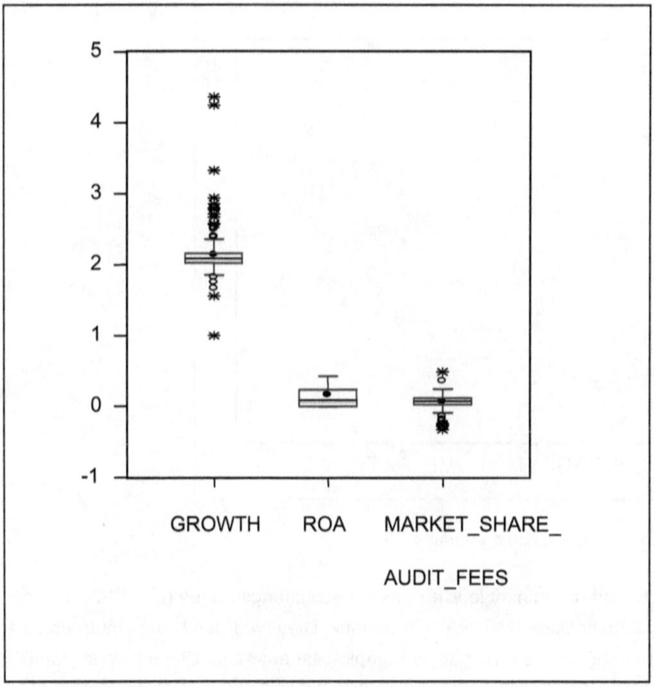

Abbildung 6: Boxplots erklärende Variablen Modell 1 – II

Bei den binären Variablen LOSS, BIG4, AUDIT_OPINION, IFRS1 und FIRST_AUDIT_YEAR liegen nur die Ausprägungen Null und Eins vor, sodass die deskriptive Auswertung dieser Variablen nicht aussagekräftig ist. Dabei sind im gesamten Sample 29 Verlustunternehmen, 109 durch BIG4-Prüfungsgesellschaften geprüfte Unternehmen, vier Bestätigungsvermerke mit Hinweisen, 56 IFRS-Erstanwender und 16 Unternehmen, welche die Prüfungsgesellschaft zum ersten Mal prüft, enthalten.

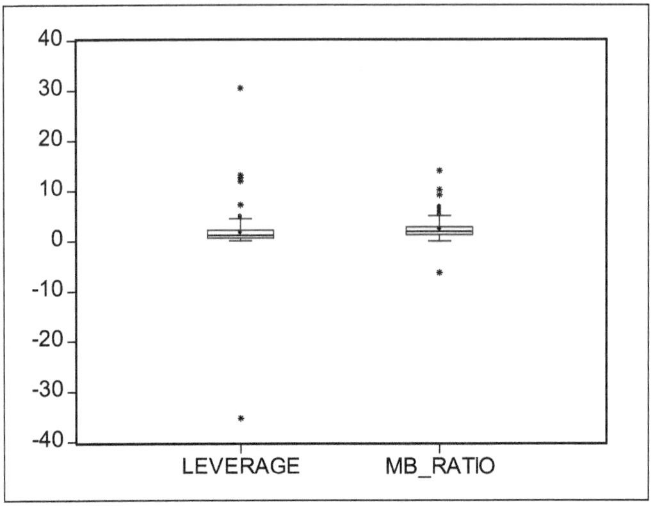

Abbildung 7: Boxplots erklärende Variablen Modell 1 – III

Wie Abbildung 7 zeigt, sind der minimale Wert des Verschuldungsgrades (LEVERAGE) und des Markt-Buchwert-Verhältnisses (MB_RATIO) negativ. Dies wird durch ein Unternehmen begründet, welches im Jahr 2005 ein negatives Eigenkapital ausweist. Diese beiden Variablen und die Variable SQU_ROOT_SUBSIDARIES, welche aus der Anzahl der vollkonsolidierten Tochterunternehmen die Quadratwurzel zieht, sind durch Ausreißer beeinflusst.

Ausgehend von diesen erklärenden Variablen wird ein Modell spezifiziert. Hierbei kann entweder mit einem kleinen Modell begonnen werden, das in verschiedenen Schritten um Variablen erweitert wird oder umgekehrt kann von einem komplexen Modell durch Modifikation oder Entnahme der Variablen zu dem am Besten geeigneten Modell gefunden werden.[698] Ersteres Vorgehen beginnt mit einfachen Regressionen, bei welchen die jeweiligen Variablen mit den Prüfungshonoraren in Verbindung gebracht werden. Tabelle 17 zeigt, welches Vorzeichen erwartet wurde und welches Vorzeichen der Koeffizient tatsächlich trägt. Die p-Werte geben die Signifikanz des Einflusses auf die endogene Variable an. Die Hypothesen sind einseitig formuliert, sodass ein einseitiger Test angewandt wird und die p-Werte halbiert werden können.[699] Das R^2 gibt den Erklärungsgehalt der einfachen Regression an. Der ökonomische Zusammenhang zwischen den erklärenden und der zu erklärenden Variablen wird in den folgenden Abschnitten vorgenommen.

698 Vgl. Brandl, B. (2006), S. 236.

699 Vgl. zur Erklärung von einseitigen und zweiseitigen Tests Eckey, H.-F./Türck, M. (2006), S. 415-417.

Endogene Variable	Exogene Variable	Erwartetes Vorzeichen	Koeffizient	p-Wert (zweiseitig)	p-Wert (einseitig)	Signifikanz	R^2
LOG_AUDIT_FEES	LEVERAGE	+	0,076	0,004	0,002	s.	0,049
	LOSS	+	-0,341	0,239	0,120	n.s.	0,008
	ROA	-	2,216	0,025	0,012	s.	0,030
	MB_RATIO	-	-0,019	0,735	0,368	n.s.	0,001
	LOG_MARKET_CAP	+	0,574	0,000	0,000	s.	0,734
	LOG_SALES	+	0,530	0,000	0,000	s.	0,733
	ROTATION_MAX	+	0,141	0,000	0,000	s.	0,203
	FIRST_AUDIT_YEAR	-	-0,316	0,397	0,199	n.s.	0,004
	BIG4	+	1,034	0,000	0,000	s.	0,122
	MARKET_SHARE_AUDIT_FEES	+	3,707	0,000	0,000	s.	0,182
	MARKET_SHARE_TOTAL_FEES	+	3,167	0,000	0,000	s.	0,168
	AUDIT_OPINION	+	-1,081	0,131	0,066	s.	0,008
	LISTING	+	0,783	0,000	0,000	s.	0,184
	SQU_ROOT_SUBSIDARIES	+	0,216	0,000	0,000	s.	0,607
	LOG_NON_AUDIT_FEES	-	0,616	0,000	0,000	s.	0,600
	IFRS1	+	-0,392	0,090	0,045	s.	0,017
	GROWTH	+	-0,273	0,410	0,205	n.s.	0,004
s. = statistisch signifikanter Zusammenhang; n.s. = nicht signifikanter Zusammenhang							

Tabelle 17: Einfache Regressionen Modell 1

Die erklärenden Variablen werden über das ökonomisch erwartete Vorzeichen (Vorzeichen des Koeffizienten) und über die Signifikanz des Einflusses auf die zu erklärende Variable, welche bei einem p-Wert kleiner als das Signifikanzniveau ist, bewertet. Variablen, welche in der einfachen Regression signifikante Ergebnisse aufweisen und das erwartete Vorzeichen wiedergeben, werden ausgewählt und in das multiple Regressionsmodell eingesetzt.[700] Insgesamt zeigen die einfachen Regressionen, dass die Prüfungshonorare durch viele der ausgewählten Variablen beeinflusst werden und der Erklärungsgehalt in Einzelfällen sehr hoch ist. Dies spricht für die Auswahl der Variablen. Dass ein ökonomischer Sachverhalt jeweils durch alternative Variablen abgebildet werden kann, wird durch einen Austausch der Variablen innerhalb der Modelle berücksichtigt. So wird die finanzielle Situation des Unternehmens bspw. durch die Variablen ROA, LEVERAGE, LOSS und MB_RATIO gleichermaßen abgebildet. Die verschiedenen hierdurch entstehenden Regressionsmodelle werden

[700] Eine Ausnahme stellen die Variablen LOSS und MB_RATIO dar. Dass diese Variablen im einfachen Regressionsmodell nicht statistisch signifikant sind, im multiplen Modell aber signifikant sind und das erwartete Vorzeichen besitzen, deutet auf eine gewisse Instabilität des Modells hin.

verglichen und beurteilt, um eine fehlerhafte Auswahl der Variablen zu vermeiden[701] und das beste Modell zu ermitteln. Erkannt werden kann eine fehlerhafte Variablenauswahl durch das Bestimmtheitsmaß (R^2). Gegenüber dem reinen Bestimmtheitsmaß ermöglicht das korrigierte Bestimmtheitsmaß, Modelle mit voneinander abweichenden endogenen Variablen oder variierender Anzahl von Variablen zu vergleichen.[702] Werden Variablen im Modell verändert, deuten auch das Akaike- und das Schwarz-Kriterium auf die Vorteilhaftigkeit, bzw. den Informationsgehalt eines Modells hin,[703] dabei sind Modelle mit einem kleinem Akaike- und Schwarz-Wert von Vorteil. Durch dieses Vorgehen, ergibt sich folgendes, am Besten geeignetes Modell.

Dependent Variable: LOG_AUDIT_FEES
Method: Least Squares
Sample: 1 167
Included observations: 149
Excluded observations: 18

Variable	Coefficient	Std. Error	t-Statistic	Prob.
C	3,682766	0,806713	4,565151	0,0000
LOSS	0,284973	0,146571	1,944266	**0,0539
MB_RATIO	-0,079757	0,027870	-2,861745	***0,0049
LOG_MARKET_CAP	0,315608	0,053411	5,909080	***0,0000
SQU_ROOT_SUBSIDARIES	0,066401	0,015909	4,173832	***0,0001
BIG4	0,199448	0,121011	1,648175	*0,1015
LOG_NON_AUDIT_FEES	0,194901	0,045194	4,312518	***0,0000
LISTING	0,150453	0,073974	2,033865	**0,0438

R-squared	0,814428	Mean dependent var	12,59480
Adjusted R-squared	0,805216	S.D. dependent var	1,451029
S.E. of regression	0,640403	Akaike info criterion	1,998757
Sum squared resid	57,82628	Schwarz criterion	2,160042
Log likelihood	-140,9074	F-statistic	88,40210
Durbin-Watson stat	1,852163	Prob(F-statistic)	0,000000

* schwach signifikanter Einfluss (einseitiger Test, 10%-Niveau),
** normal signifikanter Einfluss (einseitiger Test, 5%-Niveau),
*** hochsignifikanter Einfluss (einseitiger Test, 1%-Niveau)

Tabelle 18: Regression Modell 1: Ausgangsmodell

Der Erklärungsgehalt liegt mit einem angepassten R^2 von 80,5% sehr hoch. Bei dem 10%-Signifikanzniveau übt jede Variable einen signifikanten Einfluss auf die Höhe der Prüfungshonorare aus. Aus statistischer Sicht wird nur eine einseitige Abweichung von den Prüfungshonoraren betrachtet, sodass die p-Werte jeweils halbiert werden. Die Vorzeichen aller Koeffizienten entsprechen den Erwartungen, lediglich für die Nichtprüfungshonorare wäre ein anderes Vorzeichen wünschenswert gewesen. Ökonomisch erklärbar ist jedoch auch

701 Vgl. Auer, L. v. (2005), S. 246.

702 Das R^2 steigt mit der Anzahl der Variablen, dennoch erhöht sich auch die Varianz der Schätzer. Die Signifikanz der einzelnen Variablen sinkt dadurch. Vgl. Brandl, B. (2006), S. 234.

703 Zum Vergleich von Akaike- und Schwarz-Kriterium vgl. Brandl, B. (2006), S. 234-236. Für einen Modellvergleich über diese Kriterien darf die Anzahl der Beobachtungen nicht verändert werden.

das positive Vorzeichen. Von 167 Unternehmen fragen 18 keine Nichtprüfungsleistungen nach.

Die Erfüllung bestimmter statistischer Annahmen ist Voraussetzung für einen unverzerrten, effizienten und konsistenten Schätzer.[704] Aus diesem Grund werden weitere statistische Tests durchgeführt sowie Annahmen überprüft, welche zur Beurteilung des ausgewählten Modells beitragen:

- Ein *linearer Wirkungszusammenhang* wird für alle erklärenden Variablen und für die zu erklärende Variable gefordert. Ist die Annahme nicht erfüllt, steigen die Prüfungshonorare möglicherweise nicht gleichmäßig mit einer erklärenden Variablen, wenn die restlichen Variablen konstant gehalten werden.[705] Das Reset-Verfahren von Ramsey überprüft in einem Test, ob durch Einfügen weiterer Variablen erst ein linearer Wirkungszusammenhang erreicht wird.[706] Im Modell mit logarithmierter Marktkapitalisierung kann die Hypothese H_1= Nicht-Linearer Wirkungszusammenhang zugunsten der Nullhypothese H_0= Linearer Wirkungszusammenhang abgelehnt werden. Die eingefügte Variable „Fitted^2" ist nicht signifikant, da der p-Wert der F-Statistik über dem Signifikanzniveau α liegt (vgl. Tabelle 19). Eine Modellverbesserung ist nicht erforderlich.

---

704 Vgl. Auer, L. v. (2005). Vgl. auch Vogelvang, B. (2005).
705 Vgl. Auer, L. v. (2005), S. 290-295.
706 Vgl. Schlittgen, R. (2003), S. 446f. zur Transformation in einen linearen Wirkungszusammenhang.

Ramsey RESET Test:				
F-statistic	1,148118	Probability		0,285787
Log likelihood ratio	1,216943	Probability		0,269961
Test Equation:				
Dependent Variable: LOG_AUDIT_FEES				
Method: Least Squares				
Sample: 1 167				
Included observations: 149				
Excluded observations: 18				
Variable	Coefficient	Std. Error	t-Statistic	Prob.
C	5,691550	2,040768	2,788926	0,0060
LOSS	0,040688	0,270993	0,150144	0,8809
MB_RATIO	-0,012999	0,068247	-0,190471	0,8492
LOG_MARKET_CAP	0,062697	0,241995	0,259085	0,7960
SQU_ROOT_SUBSIDARIES	0,000763	0,063288	0,012052	0,9904
BIG4	0,040004	0,191757	0,208620	0,8350
LOG_NON_AUDIT_FEES	0,032024	0,158577	0,201949	0,8402
LISTING	-0,002277	0,160572	-0,014180	0,9887
FITTED^2	0,033027	0,030823	1,071503	0,2858
R-squared	0,815938	Mean dependent var		12,59480
Adjusted R-squared	0,805420	S.D. dependent var		1,451029
S.E. of regression	0,640066	Akaike info criterion		2,004012
Sum squared resid	57,35591	Schwarz criterion		2,185458
Log likelihood	-140,2989	F-statistic		77,57661
Durbin-Watson stat	1,842504	Prob(F-statistic)		0,000000

Tabelle 19: Regression Modell 1: Reset-Test

- *Variable Parameterwerte* treten auf, wenn die Koeffizienten (β_1-β_i) nicht für alle Beobachtungen (1-n) konstant sind. Ein Bruch zwischen den Parameterwerten kann z.B. auf eine Änderung der Prüfungshonorare bei unterschiedlichen Branchen hinweisen. Im Verlauf des Kapitels werden für verschiedene Variablen Strukturunterschiedstests durchgeführt (vgl. Chow-Test).[707]

- Unter *Homoskedastie* versteht man, dass die Varianz der Störgröße für alle Beobachtungen konstant ist. Ist diese Annahme verletzt, spricht man von Heteroskedastie, wobei ungleiche Varianzen und ineffiziente Punktschätzer auftreten.[708] Der Einsatz des White-Tests deckt Heteroskedastie auf, indem das Modell um ein Hilfsmodell erweitert wird und misst, ob die quadrierten Residuen von den exogenen Variablen ab-

707 Vgl. Pindyck, R. S./Rubinfeld, D. L. (1998), S. 133-135.

708 Vgl. Pindyck, R. S./Rubinfeld, D. L. (1998), S. 146. Vgl. Schlittgen, R. (2003), S. 438.

hängig sind.[709] Für das Ausgangsmodell kann die Hypothese H_1= Heteroskedastie abgelehnt werden, da die errechneten p-Werte der F-Statistik aus dem White-Test über dem Signifikanzniveau α liegen (vgl. Tabelle 20).

White Heteroskedasticity Test:				
F-statistic	1,138517	Probability		0,334482
Obs*R-squared	13,60175	Probability		0,326859
Test Equation:				
Dependent Variable: RESID^2				
Method: Least Squares				
Sample: 1 167				
Included observations: 149				
Excluded observations: 18				
Variable	Coefficient	Std. Error	t-Statistic	Prob.
C	-6,535788	4,164997	-1,569218	0,1189
LOSS	-0,022823	0,123218	-0,185227	0,8533
MB_RATIO	0,026028	0,038721	0,672182	0,5026
MB_RATIO^2	-0,003928	0,003610	-1,088252	0,2784
LOG_MARKET_CAP	0,512711	0,474741	1,079981	0,2821
LOG_MARKET_CAP^2	-0,012837	0,012226	-1,049951	0,2956
SQU_ROOT_SUBSIDARIES	0,009814	0,038608	0,254182	0,7997
SQU_ROOT_SUBSIDARIES^2	0,000666	0,001515	0,439472	0,6610
BIG4	-0,069155	0,102014	-0,677897	0,4990
LOG_NON_AUDIT_FEES	0,327959	0,282360	1,161491	0,2475
LOG_NON_AUDIT_FEES^2	-0,014813	0,012594	-1,176221	0,2416
LISTING	-0,359584	0,273598	-1,314278	0,1910
LISTING^2	0,169835	0,101361	1,675540	0,0961
R-squared	0,091287	Mean dependent var		0,388096
Adjusted R-squared	0,011106	S.D. dependent var		0,530353
S.E. of regression	0,527400	Akaike info criterion		1,641489
Sum squared resid	37,82845	Schwarz criterion		1,903578
Log likelihood	-109,2909	F-statistic		1,138517
Durbin-Watson stat	2,202645	Prob(F-statistic)		0,334482

Tabelle 20: Regression Modell 1: White-Test

- Sind die Störgrößen nicht *normalverteilt*, können Hypothesentests und Intervallschätzer zu verzerrten Ergebnissen führen. Die Normalverteilung kann grafisch über das Histogramm der Residuen erkannt werden. Der Jarque-Bera-Test (JB) gibt eine Zufallsvariable wieder, deren Wert bei fehlender Normalverteilung sehr hoch ist.[710] Liegt der p-Wert der Jarque-Bera-Test-Statistik unter dem Signifikanzniveau α, wird H_1= keine Normalverteilung angenommen. Dieses Modell ist jedoch normalverteilt (vgl. Abbildung 8).[711]

---

709 Vgl. Pindyck, R. S./Rubinfeld, D. L. (1998), S. 156f.

710 Vgl. auch im Folgenden Vogelvang, B. (2005), S. 115f.

711 Die logarithmierten Größen erbringen eine bessere Verteilung als die absoluten Prüfungshonorare.

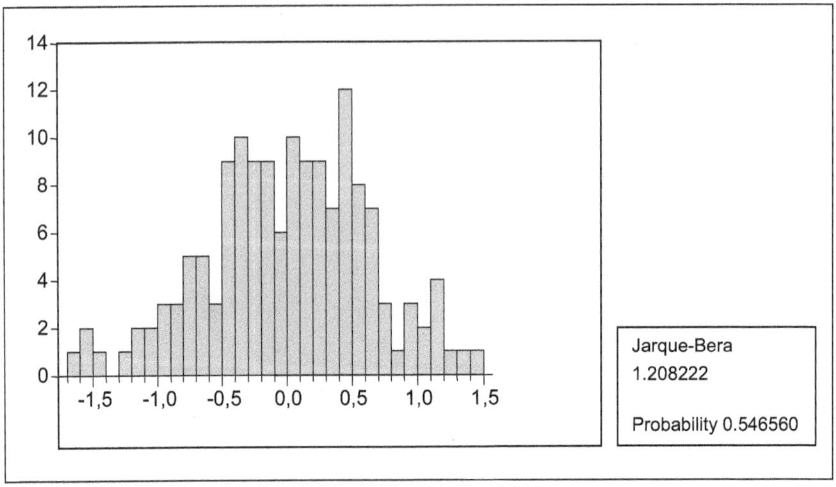

Abbildung 8: Normalverteilung Ausgangsmodell 1

- *Multikollinearität* ist gegeben, wenn eine nahezu lineare Beziehung zwischen den exogenen Variablen gegeben ist.[712] Die Korrelationsmaße zwischen zwei Variablen geben Aufschluss über eine hohe Korrelation der Variablen. Die Korrelationsmatrix gibt Aufschluss über die Beziehungen der abhängigen Variablen.

	LOSS	**MB_ RATIO**	**LOG_ MARKET_ CAP**	**SQU_ ROOT_ SUBSI-DARIES**	**BIG4**	**LOG_ NON_ AUDIT_ FEES**	**LISTING**
LOSS	1,000	-0,064	-0,261	-0,104	-0,048	-0,130	-0,015
MB_RATIO		1,000	0,182	-0,026	-0,143	0,065	0,072
LOG_MARKET_ CAP			1,000	0,751	0,326	0,757	0,438
SQU_ROOT_ SUBSIDARIES				1,000	0,231	0,640	0,289
BIG4					1,000	0,272	0,138
LOG_NON_ AUDIT_FEES						1,000	0,360
LISTING							1,000

Tabelle 21: Regression Modell 1: Korrelationsmatrix

Eine hohe Korrelation von exogenen Variablen des Ausgangsmodells besteht nur zwischen den Größenvariablen Marktkapitalisierung, der Quadratwurzel der vollkonsolidierten Tochterunternehmen und den logarithmierten Nichtprüfungshonoraren. Dies lässt sich ökono-

[712] Vgl. Auer, L. v. (2005), S. 473ff.

misch erklären, da größere Unternehmen eine höhere Anzahl an Tochterunternehmen haben und mehr Beratungsleistungen nachfragen. Alle weiteren Korrelationen betreffen Variablen, welche nicht in diesem Modell enthalten sind.

2.3.2 Abhängige Variable Prüfungshonorar

Die Veröffentlichung von Leistungen neben der Abschlussprüfung an sich (z.B. Beratungsleistungen) ist erst dadurch gegeben, dass dieselbe Prüfungsgesellschaft auch den Prüfungsauftrag erhält. Denn für Honorare beratender Prüfungsgesellschaften, welche nicht gleichzeitig Abschlussprüfer sind, besteht keine Veröffentlichungspflicht. Weiterhin sind bei prüfender und beratender Tätigkeit der Gesellschaft Teile der Nichtprüfungsleistungen inhaltlich stark an die Abschlussprüfung gebunden (z.B. die freiwillige Jahresabschlussprüfung innerhalb der sonstigen Bestätigungs- und Bewertungsleistungen). Da zudem der Preissetzungsspielraum bei den Steuerberatungsleistungen durch die Gebührenordnung der Steuerberater eingeschränkt ist, stehen frei verhandelbare Honorare für die Abschlussprüfung und Faktoren, von welchen die Gesellschaften ihre Preissetzung abhängig machen, im Mittelpunkt dieser Untersuchung.

Die Variable Prüfungshonorare (LOG_AUDIT_FEES) ist abhängig, d.h., es wird untersucht, welche unabhängigen Variablen die Prüfungshonorare statistisch signifikant beeinflussen. Verwendet werden nach § 314 Abs. 1 Nr. 9 HGB veröffentlichte Honorare, die der Konzernabschlussprüfer für die Prüfungsleistung erhalten hat.[713] Die Erfassung bezieht sich auf die Honorare einer Prüfungsgesellschaft und die ihrer verbundenen Unternehmen (gem. § 271 HGB). Sofern Honorarangaben zu Leistungen, welche Gesellschaften des Netzwerkes der Prüfungsgesellschaft oder international verbundene Unternehmen der Prüfungsgesellschaft erbracht haben, erfolgen, werden diese nicht verwendet, da diese Angabe freiwillig und nur bei wenigen Unternehmen zu finden ist.[714] Es werden nur Honorare berücksichtigt, welche eine deutsche Prüfungsgesellschaft erzielt. Honorare, welche Prüfungsgesellschaften für die Prüfung von Tochterunternehmen des Mandanten erhalten, sind dagegen in den veröffentlichten Honoraren enthalten.[715] Dennoch ist festzuhalten, dass die Honorarveröffentlichung in den Unternehmen nicht einheitlich erscheint.[716]

Die folgenden Teilhypothesen untersuchen den Einfluss auf die veröffentlichten Prüfungshonorare. Im Ausgangsmodell und in Sensitivitätstests werden verschiedene Ausprägungen verwendet, um die Prüfungshonorare zu normieren, eine Vergleichbarkeit der Beobachtun-

---

713 Vgl. IDW (2005a) und auch Dißars, U.-C. (2006), S. 119. Der Auslagenersatz ist ebenfalls enthalten. Da die Honorare entsprechend der Aufwandserfassung ausgewiesenen werden und diese in der Gewinn- und Verlustrechnung vor Steuern erfolgt, wird keine Umsatzsteuer ausgewiesen. Eine Ausnahme bilden Unternehmen, die nicht zum Vorsteuerabzug berechtigt sind.

714 Vgl. IDW (2005a), S. 1233. Vgl. EG-Richtlinie (2006), Art. 2 zu den Begriffen Netzwerk und verbundenes Unternehmen. Vgl. auch Lenz, H. (1999), S. 542.

715 Vgl. IDW (2005a).

716 Vgl. Lenz, H./Möller, M./Höhn, B. (2006), welche exemplarisch auf einzelne Problembereiche hinsichtlich „Leistungsempfänger, Leistungsarten und Leistungserbringer“ der deutschen Honorarveröffentlichungspflicht hinweisen.

gen zu ermöglichen und Größeneffekte auszuschließen. Die deskriptive Statistik mit Mittelwert, Median, Quartilen und Ausreißern dieser Variablen gibt folgende Abbildung wieder:

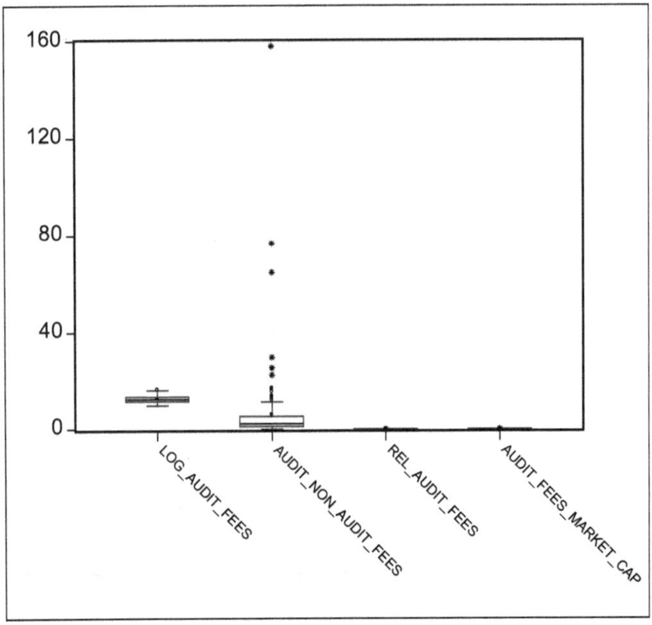

Abbildung 9: Boxplots Prüfungshonorare Modell 1

Mit:

LOG_AUDIT_FEES	Logarithmierte Prüfungshonorare
AUDIT_NON_AUDIT_FEES	Verhältnis Prüfungs- zu Nichtprüfungshonoraren
REL_AUDIT_FEES	Verhältnis Prüfungshonorare zu Bilanzsumme
AUDIT_FEES_MARKET_CAP	Verhältnis Prüfungshonorare zu Marktkapitalisierung

Die Auswertung der Variablen AUDIT_NON_AUDIT_FEES zeigt, dass die Prüfungshonorare im Mittel ca. sechs Mal so hoch sind wie die Nichtprüfungshonorare und durch einen besonders hohen Ausreißer getrieben sind. Der Anteil der Prüfungs- an den Nichtprüfungshonoraren ist besonders zur Beurteilung der Abhängigkeit des Prüfers vom Mandanten geeignet. Da in diesem ersten Regressionsmodell lediglich Faktoren identifiziert werden sollen, welche die Prüfungshonorare beeinflussen, sind die absoluten Honorare besser geeignet als relative Honorare. Der Anteil der Prüfungshonorare an der Bilanzsumme (REL_AUDIT_FEES) des Mandanten beträgt im Durchschnitt 0,13% und an der Marktkapitalisierung 0,19% (AUDIT_FEES_MARKET_CAP). Die Anteile sind sehr gering, weshalb Bilanzsumme und Marktkapitalisierung nicht zur Normierung verwendet werden.[717] Im Folgenden werden die logarithmierten Prüfungshonorare als zu erklärende Variable verwendet.

2.3.3 Finanzielle Situation / Rentabilität des Unternehmens

Die erste Teilhypothese prüft, ob ein Unternehmen in einer schlechten finanziellen Situation ein höheres Prüfungsrisiko repräsentiert, welches in der Höhe der Honorare abgebildet wird.[718] Im Falle einer späteren Insolvenz oder negativen Schlagzeilen in der Presse wird die Arbeit des Prüfers genauer als im Nichtinsolvenzfall untersucht, das Risiko von aufgedeckten Bilanzierungs- und Prüfungsfehlern steigt und dementsprechend auch das Haftungsrisiko und die Gefahr von Reputationsverlusten[719] der Prüfungsgesellschaft. Die Abbildung der finanziellen Situation in der Höhe der Prüfungshonorare ist notwendig, um das Risiko des Mandates korrekt abzubilden.[720]

H_0= Je schlechter die finanzielle Situation des Unternehmens, desto höher sind die Prüfungshonorare.

Diese Nullhypothese wird durch unabhängige Variablen, welche das leistungswirtschaftliche Risiko bzw. die Rentabilität des Unternehmens messen, ausgedrückt. Diese Variablen werden üblicherweise in der Praxis der Unternehmensanalyse und auch in anderen empirischen Studien verwendet.[721] Die Variablen betrachten entweder statische Bilanzdaten (z.B. Bilanzsumme oder Eigenkapital), GuV-Größen wie Jahresüberschuss oder –fehlbetrag oder Marktwerte (z.B. Marktkapitalisierung).

---

717 Ein Ausreißer mit hohen Prüfungs- zu Nichtprüfungshonoraren wird durch ein Unternehmen repräsentiert, welches sehr geringe Nichtprüfungsleistungen nachfragt. In diesem Fall betragen die Prüfungshonorare das 158-fache der Nichtprüfungshonorare. Vor dem Hintergrund der Unabhängigkeitsdiskussion sind Unternehmen mit einem Wert bei dieser Relation kleiner 1 als kritischer zu erachten, da das Unternehmen dann mehr Beratungs- und wenige Prüfungsleistungen nachfragt und eine verstärkte Abhängigkeit des Prüfers vom Mandanten bestehen könnte (vgl. Theorie von DEANGELO).

718 Vgl. DeFond, M. L./Raghunandan, K./Subramanyam, K. R. (2002), S. 1268. Dabei muss berücksichtigt werden, dass Unternehmen, die finanziell schlecht stehen, einen höheren Prüfungs- oder Beratungsbedarf haben und sich dies auch in höheren Honoraren wieder findet. Vgl. auch Niemi, L. (2002).

719 Reputationsverluste sind schwer zu messen. Außerdem fand Piot, C. (2005) heraus, dass die Prüfer in Deutschland weniger Wert auf eine Aussage über die Qualität der Prüfung, bzw. auf die Reputation legen. Als Gründe werden die auf Banken ausgerichtete Finanzierung, das hohe Vertrauen in die internen Governance Strukturen eines Unternehmens, die daran orientierten Berichtspflichten des Prüfers und das geringe Haftungsrisiko der Wirtschaftsprüfer genannt.

720 Vgl. Coulton, J./Ruddock, C./Taylor, S. (2007), S. 32, welche eine negative Korrelation zwischen der Variablen Verlust, dem ROA und den Prüfungshonoraren erkennen.

721 Vgl. z.B. Lehrbücher von Bitz, M./Schneeloch, D./Wittstock, W. (2003) oder Coenenberg, G. A. (2005) zur Unternehmensanalyse.

Verschuldungsgrad

Ein hoher Verschuldungsgrad (LEVERAGE), gemessen durch den Anteil des Fremd- zum Eigenkapital in Buchwerten, zeigt ein hohes finanzielles Risiko und führt c.p. zu einer erhöhten Ausfallgefahr der Kredite.[722] Das finanzwirtschaftliche Risiko steigt mit der Höhe des Verschuldungsgrades.[723] Somit gilt: Je höher der Verschuldungsgrad des Mandanten, desto höher das Risiko der Prüfungsgesellschaft und desto höher die Honorare.[724] Grundsätzlich wird der als Eigenkapital ausgewiesene Teil der Bilanz zuzüglich der Minderheitsanteile als Eigenkapital gewertet. Lang- und kurzfristige Rückstellungen und Verbindlichkeiten bilden zusammen das Fremdkapital.

Im Ausgangsmodell (Tabelle 18) ist die Variable LEVERAGE nicht enthalten, da sie den Erklärungsgehalt des Modells nicht verbessert und keinen signifikanten Einfluss auf die Höhe der Prüfungshonorare ausübt. Im einfachen Regressionsmodell ist jedoch ein signifikanter Einfluss zu erkennen. Der Erklärungsgehalt der Variablen liegt bei 4,9%. Weiterhin korreliert der Verschuldungsgrad mit dem Markt-/Buchwert-Verhältnis. Wegen hoher Multikollinearität wird diese Variable nicht in das Modell aufgenommen.

Verlust

Als zweiter Indikator für die finanzielle Situation des Unternehmens, wird bei Verlustunternehmen[725] zum Risikoausgleich ein höheres Honorar des Prüfers erwartet. Verwendet wird dazu eine binäre Variable (1 = negatives Konzernergebnis nach Steuern und nach Abzug der Ergebnisanteile an Minderheitsgesellschafter; 0 = sonst). Im Ausgangsmodell besitzt die Variable LOSS den erwarteten statistisch signifikant positiven Einfluss, d.h. im Verlustfall steigende Prüfungshonorare.[726]

Markt-/Buchwert-Verhältnis

Das Markt-/Buchwert-Verhältnis gibt die Höhe der stillen Reserven wieder.[727] Der Marktwert bildet den tatsächlichen Zeitwert des Unternehmens ab, während die Bilanz die Buchwerte erfasst. Das Markt-/Buchwert-Verhältnis wird verwendet, um die Leistungsfähigkeit des

---

722 Vgl. Franke, G./Hax, H. (2004), S. 115f.

723 Vgl. auch Coenenberg, A. G. (2005), S. 997.

724 Vgl. Ashbaugh, H./LaFond, R./Mayhew, B. W. (2003), S. 618f. Sie erkennen in ihrer Studie einen positiven Zusammenhang sowohl für den Verschuldungsgrad als auch für den ROA als Maß für das Prüfungsrisiko und den Prüfungshonoraren. Vgl. die dazu genannten Ergebnisse empirischer Studien, die teilweise einen Einfluss auf die Honorarhöhe nachweisen, teilweise nicht bei Hay, D./Knechel, W. R./Wong, N. (2006), S. 171.

725 Unternehmen, die sich in einer finanziell schlechten Situation befinden, zeichnen sich unter anderem durch einen Verlust oder ein negatives Working Capital aus. Vgl. Geiger, M. A./Rama, D. V. (2003), S. 60.

726 In der einfachen Regression ist der Zusammenhang dagegen negativ und statistisch nicht signifikant. Niemi, L. (2002), S. 37. findet hingegen heraus, dass finnische Verlustunternehmen geringere Prüfungshonorare bezahlen.

727 Vgl. Coenenberg, A. G. (2005), S. 1039f.

Unternehmens und den Wertzuwachs der Investoreinlagen zu messen.[728] Folgende Vermutung wird überprüft: Ein geringes Verhältnis induziert ein leistungsschwaches Unternehmen, weshalb die Höhe der Honorare steigt, um das Risiko treffend abzubilden. Weitere Studien deuten ein hohes Markt-/Buchwert-Verhältnis als vorsichtige Bilanzierung.[729]

In dieser Studie wird der Marktwert des Eigenkapitals mit dem Buchwert des Eigenkapitals in Relation gesetzt. Zur Messung des Eigenkapital-Marktwertes wird die Marktkapitalisierung verwendet. Diese wird aus der Datenbank Datastream und den dort zum jeweiligen Abschlussstichtag angegebenen Werten gewonnen. Die Marktkapitalisierung berechnet sich hierbei aus der Anzahl der ausstehenden Aktien multipliziert mit dem Aktienkurs zum jeweiligen Abschlussstichtag. Die Berechnung der Marktkapitalisierung erfolgt auf monatlicher Basis.

Das Markt-/Buchwert-Verhältnis besitzt im Ausgangsmodell das erwartete negative Vorzeichen und übt statistisch einen hochsignifikanten Einfluss auf die Höhe der Prüfungshonorare aus. Ökonomisch erklären die Ergebnisse, dass eine Erhöhung der Marktkapitalisierung um eine Einheit zu einer Senkung der Prüfungshonorare um 0,08 Einheiten führt. Dies bedeutet, dass ein Unternehmen mit einer 1€ höheren Marktkapitalisierung 0,08 Einheiten weniger Prüfungshonorar bezahlt.

Gesamtkapitalrentabilität

Die Kennzahl Return on Assets (ROA) berücksichtigt die Interessen der Gesamtkapitalgeber und verwendet im Zähler die Überschussgröße eines unverschuldeten Unternehmens. Hierdurch wird die Rentabilität der Unternehmen unabhängig von ihrer Finanzierung betrachtet. Der ROA wird über die Relation Earnings before Interest and Taxes (EBIT) zu durchschnittlichem, gesamtem Vermögen gemessen. Für den EBIT werden das außerordentliche Ergebnis, ergebniswirksame Ertragsteuern (laut GuV), Zinsaufwendungen und Minderheitsanteile zum Jahresergebnis nach Minderheitsanteilen addiert (vgl. Tabelle 22).[730] Das außerordentliche Ergebnis umfasst Aufwendungen und Erträge, die ungewöhnlich, selten und materiell bedeutsam sind.[731] Neben den außerordentlichen Posten wird das

---

728 Vgl. Coenenberg, A. G. (2005).

729 Vgl. z.B. LaFond, R./Watts, R. L. (2006). Vgl. auch Begriff des *Unconditional Conservatism* unter Abschnitt II.3.4.3.

730 Vgl. Coenenberg, A. G. (2005), S. 967f. Unter Ertragsteuern werden die erfolgswirksam verbuchten Steuern eines Jahres erfasst. Dazu zählen neben laufenden Steuerzahlungen auch erfolgwirksame latente Steuern, die in die GuV Eingang finden.

731 Vgl. Bitz, M./Schneeloch, D./Wittstock, W. (2003), S. 319f. Zugrunde gelegt wird die Ergebnisspaltung gem. § 275 HGB. Nach IFRS (IAS8) beinhaltet das außerordentliche Ergebnis (*extraordinary items*) sehr wenige Sachverhalte und ist sehr restriktiv. Dazu zählen nicht wiederkehrende Ergebnisbestandteile, wie bspw. der Verkauf von Betriebsteilen oder Beteiligungen, Stilllegungen, Sanierungsmaßnahmen, außergewöhnliche Schadensfälle oder einmalige Erfolge wie Verkäufe über dem Buchwert. In dieser Datenbank werden unter anderem Restrukturierungsaufwendungen oder Aufwendungen, die durch einen Börsengang entstanden sind erfasst, sofern sie nicht längerfristiger sind (d.h. nicht mehr als zwei Jahre).

Ergebnis aus nicht fortgeführten Geschäftsbereichen (*Discontinued Operations*) seiner Art nach als außerordentlich eingestuft.[732]

	Jahresergebnis
+/-	Außerordentliches Ergebnis
+/-	Nichtfortgeführte Geschäftsbereiche
=	Ergebnis aus fortgeführten Bereichen
+/-	Minderheitsanteile
+/-	Ertragsteuer
+	Zinsaufwand
=	EBIT (Earnings before Interest and Taxes)

Tabelle 22: Regression Modell 1: EBIT
(In Anlehnung an: Coenenberg, A. G. (2005), S. 968)

Das durchschnittliche gesamte Vermögen errechnet sich aus der Größe (Bilanzsumme$_t$ + Bilanzsumme$_{t-1}$)/2. Es ist eine negative Korrelation zwischen dem ROA und den Prüfungshonoraren zu erwarten.[733] Der erwartete negative Zusammenhang (je höher die Rentabilität, desto geringer die Honorare) kann in der Regressionsanalyse nicht beobachtet werden. Vielmehr ist ein signifikant positiver Zusammenhang zu erkennen.[734] Eine sehr hohe Korrelation besteht zwischen dem ROA und der Kennzahl MB_RATIO sowie der Verlustvariablen LOSS. Aus diesem Grund wird diese Rentabilitätskennziffer nicht im Modell aufgenommen.

Zwischenfazit

Im Ausgangsmodell sind letztlich die Variablen LOSS und MB_RATIO zur Abbildung der finanziellen Situation enthalten. Beide Variablen zeigen, dass die Prüfungshonorare steigen, wenn die finanzielle Situation des Unternehmens schlecht ist.

2.3.4 Mandatsdauer

Auch von der Anzahl der Jahre, welche dieselbe Prüfungsgesellschaft ein Unternehmen prüft, wird ein Einfluss auf die Höhe der Prüfungshonorare erwartet. Diese Teilhypothese ermöglich es Evidenz für die Aussagen der Quasirenten-Theorie von DEANGELO (1981A) zu finden. Diese Theorie beschreibt, dass das Honorar in den auf das erste Prüfungsjahr fol-

---

732 Vgl. Coenenberg, A. G. (2005), S. 1066f. Vgl. IFRS 5. Bei aufgegebenen Geschäftsbereichen wird das Ergebnis in der GuV gesondert ausgewiesen oder im Anhang angegeben.

733 Vgl. Hay, D./Knechel, W. R./Wong, N. (2006), S. 170. Die Ergebnisse zeigen, dass 6 Studien einen positiven und 13 Studien einen negativen Zusammenhang zwischen ROA und den Prüfungsgebühren aufweisen.

734 Ashbaugh, H./LaFond, R./Mayhew, B. W. (2003), S. 619f. erkennen einen positiven Zusammenhang zwischen dem ROA als Maß für eine schlechte erzielte Performance und der Höhe der Prüfungshonorare.

genden Jahren steigt (*Fee Cutting*).[735] Ob Angebote in der ersten Prüfungsperiode unter den Prüfungskosten liegen (*Low Balling*), kann nicht empirisch überprüft werden.[736] *Fee Cutting* besteht, wenn der Einfluss der Länge der Mandatsdauer auf die Höhe der Prüfungshonorare positiv ist.[737] Zur Messung des Einflusses der Mandatsdauer auf die Höhe der Prüfungshonorare werden im Folgenden drei Alternativen verwendet.

Alternative 1

Die Abbildung der Länge der Mandatsdauer dient der Messung der externen Rotationsdauer. Diese ermittelt die Anzahl der Jahre bis zur letzten externen Rotation, d.h. dem letzten Wechsel der Prüfungsgesellschaft. Bei der Erfassung der Prüferwechsel wird berücksichtigt, ob es zwischen den Prüfungsgesellschaften zu Zusammenschlüssen gekommen ist.[738] Untersucht wird die Mandatsdauer über die Bestätigungsvermerke in den verfügbaren Geschäftsberichten bzw. durch Nachfrage bei den Investor-Relations-Abteilungen der Unternehmen. Bei einem Wechsel, der mehr als 20 Jahre zurückliegt, können einige Unternehmen kein genaues Erstprüfungsjahr nennen, sodass die Variable maximal den Wert 15 annimmt, um die Korrektheit der Daten angemessen zu gewährleisten. Unternehmen, welche schon länger als 15 Jahre von derselben Prüfungsgesellschaft geprüft werden, wird

---

735 Vgl. DeAngelo, L. E. (1981a).

736 Vgl. Wagenhofer, A./Ewert, R. (2003), S. 479. Da die (Erst-)Prüfungskosten und Prüferwechselkosten, welche im Falle eines Prüferwechsels entstehen, nicht messbar sind, kann *Low Balling* nicht nachgewiesen werden.

737 Vgl. Hay, D./Knechel, W. R./Wong, N. (2006), S. 176f. Die Analyse bisheriger Studien ergab in 8 Studien einen negativen Zusammenhang zwischen der Mandatsdauer und den Prüfungsgebühren, in 4 Fällen einen positiven und in 11 Fällen einen insignifikanten Zusammenhang.

738 Z.B. wird der Wechsel von Coopers & Lybrand zu PwC, der sich aus dem Zusammenschluss der beiden Gesellschaften ergibt, nicht als Wechsel der Prüfungsgesellschaft beim Mandanten betrachtet. Vielmehr wird die Mandatsdauer beider Prüfungsgesellschaften addiert. Im Fall von Arthur Andersen, die nach dem Enron-Skandal im Jahr 2001 insolvent gegangen sind, wurden Teile der Prüfungsgesellschaft von anderen Prüfungsgesellschaften, vornehmlich von den BIG4, aufgefangen. Vgl. Bauer, M. (2004a), S. 331f. für die Aufteilung der Arthur Andersen Mandate auf die BIG4. Vgl. Healy, P. M./Palepu, K. G. (2003) für den Enron-Fall. Es wird angenommen, dass Mitglieder eines Arthur Andersen Prüfungsteams nach der Übernahme bei einer anderen BIG4-Gesellschaft dieselben Mandate prüfen. Somit ist die Übernahme von Mandaten nach dem Skandal nicht als Wechsel der Prüfungsgesellschaft zu werten. Liegt der Wechsel von Arthur Andersen zu einer anderen BIG4-Prüfungsgesellschaft vor dem Jahr 2001, d.h., vor dem Zusammenbruch von Enron und Arthur Andersen, so ist von einem Wechsel durch den Mandanten auszugehen. Die Mandatsdauer beider Gesellschaften wird in diesem Fall nicht addiert.

auch der Wert 15 zugewiesen.[739] Es wird die Variable ROTATION_MAX gebildet. Die Datenbasis reduziert sich wegen fehlender Angaben zur Mandatsdauer auf 136 Beobachtungen. Die zu untersuchende Teilhypothese lautet wie folgt:

H_0= Je länger die Mandatsdauer, desto höher sind die Prüfungshonorare.

Die deskriptive Untersuchung der Variablen ROTATION_MAX ergibt, dass die externe Rotationszeit im Durchschnitt 6,67 Jahre bei einem Maximalwert von 15 Jahren beträgt. Wird diese Variable in das Ausgangsmodell eingefügt, verbessert sich das angepasste R^2. Die Informationskriterien Akaike und Schwarz können nicht zum Modellvergleich verwendet werden, da der Stichprobenumfang nicht identisch ist. Dennoch besitzt die Variable ROTATION_MAX das erwartete Vorzeichen, der Zusammenhang zu den Prüfungshonoraren ist für diesen einseitigen Test signifikant.

Dependent Variable: LOG_AUDIT_FEES
Method: Least Squares
Sample: 1 136
Included observations: 121
Excluded observations: 15

Variable	Coefficient	Std. Error	t-Statistic	Prob.
C	4,259783	0,893594	4,767021	0,0000
LOSS	0,271945	0,163374	1,664553	**0,0988
MB_RATIO	-0,075665	0,032808	-2,306307	**0,0229
LOG_MARKET_CAP	0,270965	0,059842	4,528039	***0,0000
SQU_ROOT_SUBSIDARIES	0,068627	0,017803	3,854767	***0,0002
BIG4	0,162303	0,140322	1,156647	0,2499
LOG_NON_AUDIT_FEES	0,206694	0,048660	4,247692	***0,0000
LISTING	0,164239	0,078073	2,103642	**0,0376
ROTATION_MAX	0,024873	0,014305	1,738715	**0,0848

R-squared	0,823999	Mean dependent var	12,66608
Adjusted R-squared	0,811427	S.D. dependent var	1,481193
S.E. of regression	0,643208	Akaike info criterion	2,026771
Sum squared resid	46,33625	Schwarz criterion	2,234723
Log likelihood	-113,6197	F-statistic	65,54482
Durbin-Watson stat	1,853610	Prob(F-statistic)	0,000000

* schwach signifikanter Einfluss (einseitiger Test, 10%-Niveau),
** normal signifikanter Einfluss (einseitiger Test, 5%-Niveau),
*** hochsignifikanter Einfluss (einseitiger Test, 1%-Niveau)

Tabelle 23: Regression Modell 1: Maximale Rotationsdauer

Ökonomisch bedeutet dieses Ergebnis, dass die Prüfungshonorare um 0,025 Einheiten steigen, wenn die Prüfungsgesellschaft ein weiteres Jahr das Mandat hält. Die Theorie von DEANGELO (1981A) kann in diesem Modell empirisch gestützt werden. D.h. mit der Länge

[739] Vgl. Davis, L. R./Soo, B./Trompeter, G. (2000), S. 11f. In der empirischen Untersuchung werden die Jahre 1980-1998 betrachtet. Liegt im angegebenen Zeitraum kein Wechsel der Prüfungsgesellschaften, so wird das Jahr 1981 als erstes Jahr der Mandatsbeziehung gewählt.

der Mandatsbeziehung nehmen die Honorare zu (*Fee Cutting*).[740] Zwar kann keine Aussage zur internen Rotationspflicht gemacht werden. Dennoch deutet die Dauer der Mandatsbeziehung, wie sie hier untersucht wird, auf eine Mandantenabhängigkeit hin. Wie eingangs erläutert, existiert in Deutschland keine externe Rotationspflicht (vgl. ausführlicher zur Rotationsdauer Abschnitt II.1.5.1).

Alternative 2

In einem weiteren Schritt wird statt der Variable ROTATION_MAX die binäre Variable FIRST_AUDIT_YEAR verwendet, welche nur noch betrachtet, ob ein Erstprüfungsjahr vorliegt oder nicht. Wie von DEANGELO (1981A) angenommen, wird hierbei überprüft, ob die Prüfungsgesellschaft im ersten Jahr tatsächlich ein geringeres Honorar fordert (negativer erwarteter Zusammenhang). Die Datenbasis entspricht dabei dem Ausgangsmodell.

H_0= Prüft die Gesellschaft das Mandat erstmals, sind die Honorare geringer.

Das Modell verbessert sich beim Vergleich mit dem Ausgangsmodell durch diese zusätzliche Variable nicht, der Zusammenhang zwischen einem Erstprüfungsjahr und den Prüfungshonoraren ist nicht signifikant, aber wie erwartet negativ. Es wird umgekehrt auch nicht erkannt, dass Prüfer im ersten Jahr der Prüfung höhere Honorare verlangen, weil Erstprüfungskosten bestehen. Dies wäre bei einem statistisch signifikanten positiven Zusammenhang zu vermuten.[741]

740 Vgl. auch die Ergebnisse von Simunic, D. A. (1980), Roberts, R. W./Glezen, G. W. (1990). Diese Autoren können in ihren Studien keine im Laufe der Jahre steigende Honorare beobachten. Francis, J. R. (1984) erkennt, dass während der Erstprüfung höhere Honorare bezahlt werden. *Fee Cutting* wurde unter anderem in den Studien von Francis, J. R./Simon, D. T. (1987) mit einem Rabatt bei der Erstprüfung unabhängig von einer BIG8-Gesellschaft, Ettredge, M./Greenberg, R. (1990) mit 25% Nachlass und Craswell, A. T./Francis, J. R. (1999) mit 30% Erstprüfungsrabatt beim Wechsel zu einer BIG8-Gesellschaft, erkannt. Lai, K.-W./Yim, A. T. L. (2003) finden in ihrer empirischen Untersuchung heraus, dass BIG5-Gesellschaften höhere Prüfungshonorare für das erste Jahr der Prüfung verlangen. Werden neben Prüfungs- auch Beratungsleistungen angeboten, so sind die Prüfungsgebühren geringer. Die höheren Prüfungsgebühren in der ersten Periode können aber auch durch die Erstprüfungskosten begründet werden.

741 Vgl. Quick, R. (2004), S. 489 für dieses Argument.

Dependent Variable: LOG_AUDIT_FEES				
Method: Least Squares				
Sample: 1 167				
Included observations: 149				
Excluded observations: 18				
Variable	Coefficient	Std. Error	t-Statistic	Prob.
C	3,685319	0,816130	4,515605	0,0000
LOSS	0,285157	0,147280	1,936160	**0,0549
MB_RATIO	-0,079754	0,027970	-2,851439	***0,0050
LOG_MARKET_CAP	0,315504	0,053764	5,868272	***0,0000
SQU_ROOT_SUBSIDARIES	0,066439	0,016039	4,142358	***0,0001
BIG4	0,199868	0,122623	1,629935	**0,1054
LOG_NON_AUDIT_FEES	0,194851	0,045401	4,291735	***0,0000
LISTING	0,150299	0,074498	2,017490	**0,0456
FIRST_AUDIT_YEAR	-0,004446	0,179621	-0,024754	0,9803
R-squared	0,814429	Mean dependent var		12,59480
Adjusted R-squared	0,803825	S.D. dependent var		1,451029
S.E. of regression	0,642684	Akaike info criterion		2,012175
Sum squared resid	57,82602	Schwarz criterion		2,193621
Log likelihood	-140,9070	F-statistic		76,80366
Durbin-Watson stat	1,853183	Prob(F-statistic)		0,000000
* schwach signifikanter Einfluss (einseitiger Test, 10%-Niveau),				
** normal signifikanter Einfluss (einseitiger Test, 5%-Niveau),				
*** hochsignifikanter Einfluss (einseitiger Test, 1%-Niveau)				

Tabelle 24: Regression Modell 1: Erstprüfungsjahr

Alternative 3:

Da die Hypothese zum Erstprüfungsjahr eine nicht unbedeutende Teilaussage zur Quasi-Renten-Theorie trifft, werden weitere Analysen durchgeführt. Zwar konnte im Regressionsmodell kein signifikant negativer Einfluss der Variablen FIRST_AUDIT_YEAR festgestellt werden. Weitere Anzeichen, dass dennoch im ersten Jahr der Prüfung geringere Honorare bezahlt werden, gibt folgende zusätzliche Analyse. Der Datensatz wird zweigeteilt. Cluster 1 enthält alle Unternehmen, bei welchen ein Erstprüfungsjahr vorliegt (im Regressionsmodell binäre Variable FIRST_AUDIT_YEAR mit dem Wert 1), Cluster 2 enthält alle Unternehmen mit einer Mandatsdauer größer als ein Jahr (binäre Variable mit dem Wert 0). Ein Vergleich der Mittelwerte der logarithmierten Prüfungshonorare zeigt, dass der Mittelwert in Cluster 1 12,27957 beträgt und unter dem Mittelwert in Cluster 2 (12,59545) liegt. Der durchgeführte Test of Equality zeigt, dass die Mittelwerte der beiden Cluster zwar verschieden, aber nicht signifikant voneinander verschieden sind.

In einem zweiten Schritt werden die Daten sortiert, um alle Beobachtungen mit dem Wert 0 an den Anfang der gesamten Stichprobe (151 Beobachtungen) und alle Unternehmen mit dem Wert 1 für Erstprüfungsjahre an das Ende der gesamten Stichprobe zu setzen (16

Beobachtungen). Mit einer einfachen Regression wird untersucht, ob ein Strukturunterschied – d.h. ein Unterschied in der Höhe der Honorare – innerhalb des Samples vorliegt.[742] Die Regression LOG_AUDIT_FEES = $\beta_0+\beta_1$LOG_MARKET_CAP wird gewählt. Der Chow-Breakpoint-Test[743] liefert für beide Teststatistiken jeweils einen hohen p-Wert um 0,89. Aus diesem Grund kann kein Strukturunterschied zwischen Unternehmen mit und ohne Erstprüfungsjahr in dieser Regressionsgleichung festgestellt werden (vgl. Tabelle 25).

Dependent Variable: LOG_AUDIT_FEES				
Method: Least Squares				
Sample: 1 167				
Included observations: 167				
Variable	Coefficient	Std. Error	t-Statistic	Prob.
C	1,376162	0,584557	2,354197	0,0197
LOG_MARKET_CAP	0,573826	0,029816	19,24577	0,0000
R-squared	0,691819	Mean dependent var		12,56518
Adjusted R-squared	0,689951	S.D. dependent var		1,413368
S.E. of regression	0,786992	Akaike info criterion		2,370706
Sum squared resid	102,1937	Schwarz criterion		2,408047
Log likelihood	-195,9539	F-statistic		370,3995
Durbin-Watson stat	1,798391	Prob(F-statistic)		0,000000
Chow Breakpoint Test: 152				
F-statistic	0,114188	Probability	0,892161	
Log likelihood ratio	0,233828	Probability	0,889662	
Regression:				

Tabelle 25: Regression Modell 1: Strukturunterschiedstest Erstprüfungsjahr

Zwischenfazit

Verschiedene Testvarianten zeigen, dass die Prüfungshonorare mit der Länge der Mandatsdauer steigen. Für das erste Prüfungsjahr kann dennoch kein signifikant positiver Einfluss auf die Honorare festgestellt werden.

2.3.5 Konkurrenz

Einen Bezug zur Konzentrationsanalyse des Kapitels III.1 gibt die folgende Teilhypothese. Erwartet wird, dass Prüfungsgesellschaften mit hohen Marktanteilen, großer Marktmacht und einer guten Reputation[744] weniger mit Konkurrenz zu kämpfen haben und dementsprechend höhere Honorare fordern können.

742 Vgl. Greene, W. H. (2002).

743 Die Nullhypothese H_0= kein Strukturunterschied wird getestet. Vgl. Kriedel, N. (2006), S. 348.

744 Bigus, J. (2006), S. 37 führt an, dass das deutsche Haftungssystem für Abschlussprüfer den Aufbau von Reputation nicht unbedingt fördert. Da es zu wenigen Klagen gegen Prüfungsgesellschaften kommt, können Prüfungsgesellschaften schwer an Reputation gewinnen, indem sie sich durch eine geringe Klagehäufigkeit von anderen Prüfungsgesellschaften abgrenzen.

H_0= Je größer die Marktmacht und je geringer die Konkurrenz, desto höher sind die Prüfungshonorare.

BIG4

Aus der Analyse des Prüfungsmarktes kann geschlossen werden, dass die BIG4-Gesellschaften Deloitte & Touche, Ernst & Young, KPMG und PwC durch ihre Spezialisierung auf einzelne Branchen und Aktienindizes möglicherweise höhere Honorare fordern können. Dies liegt einerseits in der höheren Prüfungsqualität,[745] welche durch Synergieeffekte und bessere Branchenkenntnisse oder eine höhere Reputation[746] begründet wird. Zudem sichern sich gerade BIG4-Gesellschaften gegen hohe Haftungsfolgen ab, da diese für ihre *Deep Pockets* bekannt sind.[747] Umgekehrt ermöglicht die geringe Konkurrenz, dass BIG4 Absprachen treffen und tendenziell höhere Honorare fordern werden. Es wird in der Empirie gezeigt, dass BIGN-Gesellschaften generell höhere Prüfungshonorare verlangen.[748]

Ob ein BIG4-Prüfer vorliegt oder nicht, wird durch eine binäre Kontrollvariable gemessen (1 = BIG4; 0 = sonst). Die Ergebnisse zeigen einen positiven, schwach signifikanten Zusammenhang zwischen der Variablen BIG4 und der Höhe der Prüfungshonorare (vgl. Tabelle 18. Demzufolge verlangen auch deutsche BIG4-Gesellschaften höhere Prüfungshonorare von ihren Mandanten.

Marktanteil

Im Regressionsmodell wird eine weitere Variable verwendet, welche den Marktanteil des Abschlussprüfers, der dieses Mandat prüft, abbildet. Zur Bestimmung des Marktanteils einer Prüfungsgesellschaft werden die Prüfungshonorare, die eine Gesellschaft aus all seinen Mandaten erzielt, durch die Summe aller Prüfungshonorare dividiert, welche Eingang in die

745 Vgl. Hay, D./Knechel, W. R./Wong, N. (2006), S. 176. Erklärt werden kann dies durch einen Zuschlag z.B. wegen höherer Reputationsverluste, unter welchen die BIG4 leiden. Wird das Unabhängigkeits-Modell von DeAngelo, L. E. (1981a) betrachtet, dient die Größe der Prüfungsgesellschaft als Indikator für die Qualität der Prüfung: Je größer die Gesellschaft, desto mehr Mandate besitzt diese, desto geringer ist der Anteil der Quasirenten eines Mandates an den gesamten Quasirenten aller Mandate und desto höher wird die Unabhängigkeit eingestuft. Vgl. auch Bauer, M. (2004a), S. 146.

746 Vgl. Arrunada, B. (1999b), S. 19, S. 26. Eine gute Reputation kann sichergestellt werden, wenn der Preis der Leistung entspricht. Ist der Mandant von der guten Qualität der Prüfung überzeugt, kann der Preis angehoben werden. Ergebnisse von empirischen Studien zeigen, dass größere Prüfungsgesellschaften eine höhere Reputation aufweisen. Z.B. Studie von Craswell, A. T./Francis, J. R./Taylor, S. L. (1995) zu höheren BIG8-Honoraren oder von Palmrose, Z.-V. (1988) zur geringeren Anzahl von Prozessverwicklungen von BIG8-Gesellschaften. Auch Heninger, W. G. (2001), S. 117, S. 122 findet heraus, dass die Wahrscheinlichkeit der Verwicklung einer Prüfungsgesellschaft in Prozesse bei BIG5 kleiner ist.

747 Eine Investorenklage ist gerade bei großen Prüfungsgesellschaften erfolgreicher, da diese in jedem Fall finanziell in der Lage sind, hohe Schadenersatz- oder Ausgleichszahlungen zu leisten.

748 Vgl. auch Fancis, J. R./Simon, D. T. (1987), S. 152f. Diese zeigen, dass BIG8-Gesellschaften höhere Prüfungshonorare fordern (auch von kleineren Mandanten).

Regressionsanalyse finden. Da keine Modellverbesserung durch Einbezug der Variablen gegeben ist, wird diese nicht in das Modell aufgenommen. Der Einfluss auf die Höhe der Prüfungshonorare ist wie erwartet positiv, aber nicht statistisch signifikant.

Zwischenfazit

Zwar erhalten BIG4-Gesellschaften höhere Prüfungshonorare, dies kann jedoch nicht über ihren Marktanteil begründet werden. Es scheint, dass es die Reputation den größten Prüfungsgesellschaften ermöglicht, höhere Prüfungshonorare zu verlangen.[749]

2.3.6 Nichtprüfungsleistungen

In der Theorie des *Full-Service*-Konzepts wird davon gesprochen, dass Prüfung und Beratung aus einer Hand besonders bei längerer Mandatsdauer zu Synergieeffekten führen.[750] In diesem Modell wird der Einfluss der Nichtprüfungsleistungen auf die Prüfungshonorare untersucht. Bisherige Studien kommen zu verschiedenen Ergebnissen: SIMUNIC (1984) erklärt den positiven Zusammenhang zwischen Prüfungs- und Nichtprüfungshonoraren durch vorliegende Synergieeffekte.[751] PALMROSE (1986) erkennt denselben positiven Zusammenhang, erklärt diesen aber dadurch, dass die Bereitstellung von Nichtprüfungsleistungen zusätzlichen Prüfungsumfang induziert und zu höheren Prüfungshonoraren führt.[752] DAVIS/RICCHIUTE/TROMPETER (1993) greifen diese Argumentation auf und untersuchen den Prüfungsumfang. Die Autoren erkennen einen höheren Prüfungsaufwand bei der Bereitstellung von Nichtprüfungsleistungen, wodurch keine Synergieeffekte erkennbar sind. Gleichzeitig zeigen die Ergebnisse, dass aber auch keine ökonomischen Renten erzielt werden, welche zu einer Unabhängigkeitsgefährdung führen.[753]

H_0= Je höher die Nichtprüfungshonorare, desto geringer sind die Prüfungshonorare.

749 Vgl. auch Ergebnisse von Craswell, A. T./Francis, J. R./Taylor, S. L. (1995).

750 Vgl. Arrunada, B. (1999b), S. 71ff., S. 117. Vgl. Beattie, V./Fearnley, S. (2002), S. 47-50. Synergieeffekte existieren, wenn die Nichtprüfungsgebühren einen senkenden Einfluss auf die Prüfungsgebühren haben. Vgl. Davis, L. R./ Ricchiute, D.N./ Trompeter, G. (1993).

751 In der Analyse von Simunic, D. A. (1984) ergeben sich höhere Prüfungshonorare, wenn Synergieeffekte zwischen Prüfung und Beratung vorliegen. Dies deutet bei sinkenden Kosten auf eine preiselastische Nachfrage hin. Sinken die Prüfungsgebühren, liegt eine unelastische Nachfrage vor. Die Erstprüfungskosten sinken aber in jedem Fall, wenn Nichtprüfungsleistungen bereitgestellt werden. Die Unabhängigkeit des Prüfers kann durch die Bereitstellung von Beratungsleistungen eingeschränkt sein.

752 Vgl. Palmrose, Z.-V. (1986). Für den höheren Prüfungsaufwand spricht, dass die Prüfungsgebühren sowohl bei Beratungsleistungen durch die amtierende Prüfungsgesellschaft als auch bei Beratungsleistungen weiterer Prüfungsgesellschaften steigen.

753 Vgl. Davis, L. R./Ricchiute, D. N./Trompeter, G. (1993), S. 142. Die Autoren erklären das Ergebnis dadurch, dass Nichtprüfungsleistungen auch immer Prüfungsleistungen mit sich bringen und so die Honorare durch den höheren Prüfungsaufwand steigen oder dass bei Nichtprüfungsleistungen auch gleichzeitig mehr Prüfungsleistungen verkauft werden.

Die Auswertung der Honorare ergibt, dass die Nichtprüfungsleistungen einen Anteil von 42% an den gesamten Honoraren besitzen.[754] Die Ergebnisse des Modells zeigen, dass die logarithmierten Nichtprüfungshonorare (LOG_NON_AUDIT_FEES) einen hoch signifikanten, positiven Einfluss auf die Prüfungshonorare haben (p-Wert von 0,0000; vgl. Tabelle 18). Somit führt das Angebot von Nichtprüfungsleistungen zu steigenden Prüfungshonoraren. Mit jeder Einheit von Nichtprüfungshonoraren steigen die Prüfungshonorare um 0,195 Einheiten. Kosteneinsparungen durch die Bereitstellung von Nichtprüfungsleistungen werden bei der Prüfung nicht sichtbar. Die Theorie der Synergieeffekte kann nicht abschließend gestützt werden, vielmehr steigen die Prüfungshonorare mit den angebotenen Nichtprüfungsleistungen. Ob die Steigerung durch einen höheren Prüfungsaufwand oder durch ökonomische Renten entsteht, ist bei dieser Untersuchung nicht identifizierbar, hierzu müssten die Prüfungsstunden betrachtet werden. Einschränkend muss angemerkt werden, dass nicht untersucht werden kann, ob dennoch Synergieeffekte bestehen, welche von der Prüfungsgesellschaft nur nicht an die Mandanten weitergegeben werden und so keine Honorarsenkung zur Folge haben.

Neben der ökonomischen Beurteilung ist die Korrelation zwischen Nichtprüfungs- und Prüfungshonoraren aus statistischer Sicht zu betrachten. Die Korrelationsmatrix (vgl. Tabelle 21) zeigt, dass zwischen den Variablen Marktkapitalisierung und der Quadratwurzel der vollkonsolidierten Tochterunternehmen auf der einen Seite und den Variablen Prüfungshonorare und Nichtprüfungshonorare auf der anderen Seite (vgl. Tabelle 18) eine hohe Korrelation besteht. Folglich ist es möglich, dass der Prüfungsumfang und die Komplexität der Prüfung, welche durch die Marktkapitalisierung und die Anzahl der Tochterunternehmen ausgedrückt wird, sowohl zu einem höheren Prüfungsumfang als auch zu einem höheren Beratungsumfang führen. Möglicherweise wird die Variable Nichtprüfungshonorare selbst exogen durch den Prüfungsumfang beeinflusst, welcher somit die positive Korrelation zwischen Nichtprüfungs- und Prüfungshonoraren erklärt.[755]

DAVIS/RICCHIUTE/TROMPETER (1993) entsprechend wird zusätzlich untersucht, welche der drei Kategorien an Nichtprüfungsleistungen den höchsten Einfluss auf die Prüfungshonorare ausübt. Das Angebot von prüfungsnahen Leistungen würde bspw. einen höheren Prüfungsumfang erklären. Falls zusätzliche Beratungsleistungen erfolgen, welche zu erhöhtem Prüfungsbedarf führen, lässt sich dies am ehesten aus den sonstigen Bestätigungs- und Bewertungsleistungen ablesen. Eine einfache Regression mit je einer der Kategorien an Nichtprüfungsleistungen als erklärende Variable ergibt, dass jede Kategorie der Nichtprüfungsleistungen einen hochsignifikant positiven Einfluss auf die logarithmierten Prüfungshonorare ausübt. Der höchste Erklärungsgehalt wird durch die sonstigen Leistungen generiert.

---

754 Im Vergleich zur Konzentrationsanalyse in Kapitel III.1. ändert sich diese Relation wegen der Unterschiede im Datensatz.

755 Um sicherzustellen, dass das Regressionsmodell den Einfluss des Prüfungsumfangs sowohl auf die Nichtprüfungs- als auch auf die Prüfungshonorare korrekt abbildet, wäre ein Zweigleichungsmodell anzuwenden. Vgl. Greene, W. H. (2002).

Dieses Ergebnis wird ebenso im Ausgangsmodell erzielt, wenn die Nichtprüfungsleistungen ersetzt werden. Gerade diese Kategorie wird als Auffangkategorie sehr kritisch angesehen und deutet auf eine möglicherweise eingeschränkte Unabhängigkeit der Prüfungsgesellschaft hin.

Zum Vergleich wird das Ausgangsmodell ohne die Variable LOG_NON_AUDIT_FEES getestet. Wie an nachstehender Auswertung (Tabelle 26) ersichtlich, sinken der Erklärungsgehalt und die Güte des Modells.

Dependent Variable: LOG_AUDIT_FEES
Method: Least Squares
Sample: 1 167
Included observations: 167

Variable	Coefficient	Std. Error	t-Statistic	Prob.
C	4,055674	0,793195	5,113085	0,0000
LOSS	0,298300	0,143192	2,083224	**0,0388
MB_RATIO	-0,095275	0,028431	-3,351169	***0,0010
LOG_MARKET_CAP	0,409877	0,046317	8,849363	***0,0000
SQU_ROOT_SUBSIDARIES	0,083868	0,016023	5,234203	***0,0000
BIG4	0,180104	0,117549	1,532163	*0,1275
LISTING	0,162834	0,074855	2,175314	**0,0311

R-squared	0,785527	Mean dependent var	12,56518
Adjusted R-squared	0,777484	S.D. dependent var	1,413368
S.E. of regression	0,666708	Akaike info criterion	2,068083
Sum squared resid	71,11990	Schwarz criterion	2,198777
Log likelihood	-165,6849	F-statistic	97,66906
Durbin-Watson stat	1,847356	Prob(F-statistic)	0,000000

* schwach signifikanter Einfluss (einseitiger Test, 10%-Niveau),
** normal signifikanter Einfluss (einseitiger Test, 5%-Niveau),
*** hochsignifikanter Einfluss (einseitiger Test, 1%-Niveau)

Tabelle 26: Regression Modell 1: Ausgangsmodell ohne Nichtprüfungsleistungen

Werden die Nichtprüfungshonorare nicht logarithmiert, sondern der Anteil der Nichtprüfungshonorare an den gesamten Honoraren als unabhängige Variable eingesetzt, kann der erwartete negative Zusammenhang statistisch signifikant erklärt werden. Dies ist aus mathematischer Sicht erklärbar: Sinken die Nichtprüfungshonorare im Zähler der Relation Nichtprüfungs- zu gesamten Honoraren, so sinken auch die gesamten Honorare im Nenner. Bleiben die Prüfungshonorare konstant, verringert sich nur die Relation Nichtprüfungs- zu gesamten Honoraren. Somit besteht ein negativer Einfluss auf die Prüfungshonorare als zu erklärende Variable, welcher die Synergieeffekte aber nicht abbildet.

Zwischenfazit

Die Regression zeigt, dass ein statistisch signifikant positiver Zusammenhang zwischen der Höhe der Nichtprüfungs- und Prüfungshonorare besteht. Dieser Zusammenhang zeigt keine Synergieeffekte, welche zu einer Kostenersparnis führen. Erklärt werden kann diese Relation über einen zusätzlichen Prüfungsbedarf, der bei Bereitstellung von Nichtprüfungsleistungen auftreten kann. Eine andere Begründung ist möglich, wenn von Synergieeffekten ausgegangen wird, die vollständig von der Prüfungsgesellschaft vereinnahmt werden.

2.3.7 Prüfungsumfang

Bei der Preissetzung der Prüfungshonorare ist der Prüfungsumfang ebenso maßgeblich, wie die gesondert untersuchten Teilhypothesen zur finanziellen Situation des Mandanten, Nichtprüfungsleistungen und Mandatsdauer. Annahmegemäß steigen die Prüfungshonorare mit dem Prüfungsumfang.[756] Im umgekehrten Fall würde die Prüfungsgesellschaft den Prüfungsaufwand nicht korrekt in den Preisen abbilden und möglicherweise nicht kostendeckend arbeiten. Ob die Honorare von der Größe des Unternehmens, der Anzahl der Tochterunternehmen oder der Branche beeinflusst werden, zeigt nachstehende Untersuchung.

Größe

Mit der Größe des Unternehmens wird die Komplexität der Prüfung abgebildet, von welcher ein positiver Einfluss auf die Höhe der Prüfungshonorare erwartet wird.

H_0= Je größer das Unternehmen, desto höher der Prüfungsumfang und desto höher sind die Prüfungshonorare.

Ein positiver Zusammenhang, wie er auch in verschiedenen Studien nachgewiesen wird,[757] zeigt sich auch in diesen Ergebnissen. Um einen Größendegressionseffekt zu berücksichtigen, wonach die Honorare unterproportional mit der Größe des Unternehmens zunehmen,[758] werden logarithmierte Größen verwendet. Die einfache Regression (vgl. Tabelle 17) zeigt, dass die Größenvariablen einen hohen Erklärungsgehalt aufweisen (LOG_MAREKT_CAP erklärt 69%, LOG_SALES 73% der Prüfungshonorare). Im multiplen Regressionsmodell wird die Marktkapitalisierung[759] eingesetzt, da bei dieser Variablen die statistische Annahme der Normalverteilung eher erfüllt ist.

Tochterunternehmen

Der Prüfungsumfang, welcher die Höhe der Honorare beeinflusst, ist auch über die Anzahl der Tochterunternehmen messbar, welche bei der Konzernabschlussprüfung berücksichtigt werden. Somit wird ein positiver Zusammenhang zwischen der Anzahl der Tochterunternehmen und der Höhe der gesamten Honorare erwartet.

---

756 So finden Raghunandan, K./Rama, D. V. (2006) heraus, dass die Prüfungshonorare von 2003 zu 2004 im Mittel um 86% gestiegen sind, nachdem Section 404 des SOX anzuwenden ist. Diese Regelung fordert einen Bericht des Managements über das Interne Kontrollsystem, eine Bestätigung dieses Berichts durch den Prüfer und einen gesonderten Bericht der Prüfer über interne Kontrollen. Der Prüfungsumfang ist deutlich angestiegen, zudem gibt ein negativer Bericht auch Ausdruck über das Risiko des Mandates. So bezahlen Unternehmen mit Schwächen im internen Kontrollsystem 43% höhere Prüfungshonorare. Dies bildet das Risiko des Mandates in den Honoraren ab. Das Ergebnis konnte aber nicht durch das Vorjahr bestätigt werden.

757 Vgl. auch Hay, D./Knechel, W. R./Wong, N. (2006), S. 169. In den meisten empirischen Studien erklärt die Unternehmensgröße ca. 70 % der Prüfungshonorare.

758 Vgl. Strickmann, M. (2000), S. 113f.

759 Vgl. zur Marktkapitalisierung Ausführungen in Abschnitt III.2.3.3 zum Markt-/Buchwert-Verhältnis.

H_0= Je größer die Anzahl der prüfungspflichtigen Tochterunternehmen, desto höher ist der Prüfungsumfang und desto höher sind die Prüfungshonorare.

In die Variable werden alle Tochterunternehmen einbezogen, die unter die Honorarveröffentlichungspflicht des § 314 Abs. 1 Nr. 9 HGB fallen. Nach IDW RH HFA 1.006 sind dies alle Tochterunternehmen, die unter den Konsolidierungskreis nach HGB, IFRS oder US-GAAP fallen.[760] Bei IFRS Abschlüssen, welche diese Datenbasis enthält, werden alle Tochterunternehmen konsolidiert, wenn eine Beherrschung durch das Mutterunternehmen angenommen werden kann.[761] Problematisch ist dabei, dass Tochterunternehmen, die von einem anderen Prüfer als dem Konzernabschlussprüfer geprüft werden, nicht von der Honorarveröffentlichungspflicht nach § 314 HGB betroffen sind.

Da die Zahl der Tochterunternehmen von der Größe des Unternehmens abhängt, wird die Quadratwurzel gezogen,[762] um eine Vergleichbarkeit der Beobachtungen herzustellen. Erneut finden sich in den Ergebnissen Anzeichen für die Annahme, dass mit steigendem Prüfungsumfang auch die Honorare ansteigen: Steigt die Quadratwurzel der Anzahl der Tochterunternehmen um eine Einheit, erhöhen sich die Prüfungshonorare um 0,066 Einheiten. Die Quadratwurzel der Tochterunternehmen ist mit der Größe des Unternehmens (LOG_MARKET_CAP) korreliert, was sich ökonomisch erklären lässt: Größere Unternehmen haben tendenziell auch eine höhere Anzahl von Tochterunternehmen. Da sowohl die Größenvariable als auch die Anzahl der Tochterunternehmen den Prüfungsumfang abbilden, wäre es denkbar auf eine der beiden Variablen zu verzichten. Da Erklärungsgehalt und Güte des Modells ohne die Variable Tochterunternehmen sinken, das Modell dabei aber stabil bleibt und keine veränderten Koeffizienten oder stark veränderte p-Werte aufzeigt, enthält das Ausgangsmodell beide Variablen.

Branche

Diese Variable kontrolliert für Unterschiede im Prüfungsumfang innerhalb verschiedener Branchen. Betrachtet werden 18 Branchen in einer Kategorisierung, wie sie die deutsche Börse zur Verfügung stellt.[763] Branchen, die sich durch einen besonders hohen Prüfungsaufwand auszeichnen, sollen mit dieser Regression identifiziert werden. Für die Regression wird jeder Branche (INDUSTRY) eine Dummy Variable mit den Ausprägungen 0 oder 1

760 Vgl. IDW (2005a), S. 1234. Vgl. § 290 HGB und IAS 27.12.

761 Dies ist der Fall, wenn das Mutterunternehmen direkt oder indirekt die Stimmenmehrheit hält oder z.B. die Finanz- und Geschäftspolitik der Tochter bestimmen kann. Vgl. IAS 27.13. Nicht unter den IFRS-Konsolidierungskreis fallen Beteilungsunternehmen ohne Einflussnahmemöglichkeit des Mutterunternehmens, assoziierte Unternehmen und Joint Ventures. Vgl. IAS 27.31. Vgl. IAS 28 und 31. Vgl. auch Coenenberg, A. G. (2003), S. 153f. Bei Nicht-Konsolidierung kommt eine Bilanzierung als Finanzinstrument nach IAS 39 in Betracht.

762 Vgl. Geiger, M. A./Rama, D. V. (2003), S. 65. Da die Anzahl der Tochterunternehmen tendenziell sehr klein ist, wird die Quadratwurzel gegenüber der Logarithmierung bevorzugt.

763 Vgl. www.deutsche-boerse.com für die Branchenzuteilung der Deutschen Börse.

zugewiesen. Dabei werden die Branchen Banken, Versicherungen und Finanzdienstleistungen von der Regression ausgeschlossen. Es verbleiben folgende Branchen:

	Branche	**Anzahl der Unternehmen**
1	Automobile	7
2	Basic resources	1
3	Chemicals	9
4	Construction	3
5	Consumer	10
6	Food & Beverage	1
7	Industrial	48
8	Media	9
9	Pharma & Healthcare	18
10	Retail	10
11	Software	31
12	Technology	10
13	Telecommunication	2
14	Transportation & Logistics	7
15	Utilities	1

Tabelle 27: Regression Modell 1: Branchenzuteilung

Alternative 1

Das Ausgangsmodell wird um je eine der 15 Branchen erweitert. Obwohl sich sowohl PHARMA & HEALTHCARE als auch CHEMICALS durch immaterielle Vermögenswerte z.B. Entwicklungskosten, Patente etc. auszeichnen, wodurch ein höherer Prüfungsaufwand entsteht, unterscheiden sich die Vorzeichen der Koeffizienten dieser Branchen (vgl. Tabelle 27). Dies deutet eher auf statistische Probleme beim Einsatz der Branchenvariablen als auf einen ökonomischen Unterschied der Branchen und ihren Einfluss auf die Prüfungshonorare hin. Des Weiteren ist ein signifikant positiver Zusammenhang zwischen der Branche RETAIL und den Prüfungshonoraren erkennbar. Der Einfluss der weiteren Branchen ist nicht signifikant.

Dependent Variable: LOG_AUDIT_FEES Method: Least Squares Sample: 1 167 Included observations: 149 Excluded observations: 18				
Variable	Coefficient	Std. Error	t-Statistic	Prob.
C	4,144196	0,809244	5,121071	0,0000
LOSS	0,278842	0,145182	1,920641	**0,0568
MB_RATIO	-0,071677	0,027289	-2,626580	***0,0096
LOG_MARKET_CAP	0,303884	0,052600	5,777224	***0,0000
SQU_ROOT_SUBSIDARIES	0,073433	0,016565	4,432980	***0,0000
BIG4	0,143594	0,120606	1,190601	0,2359
LOG_NON_AUDIT_FEES	0,174477	0,044462	3,924231	***0,0001
LISTING	0,152125	0,073328	2,074583	**0,0399
CHEMICALS	0,491610	0,229455	2,142511	**0,0339
PHARMA	-0,280944	0,177138	-1,586017	*0,1150
RETAIL	-0,421285	0,249795	-1,686518	*0,0940
R-squared	0,828185	Mean dependent var		12,59480
Adjusted R-squared	0,815735	S.D. dependent var		1,451029
S.E. of regression	0,622870	Akaike info criterion		1,962001
Sum squared resid	53,53945	Schwarz criterion		2,183768
Log likelihood	-135,1690	F-statistic		66,51913
Durbin-Watson stat	1,884865	Prob(F-statistic)		0,000000
* schwach signifikanter Einfluss (einseitiger Test, 10%-Niveau), ** normal signifikanter Einfluss (einseitiger Test, 5%-Niveau), *** hochsignifikanter Einfluss (einseitiger Test, 1%-Niveau)				

Tabelle 28: Regression Modell 1: Branchen

Nach Einbezug der Branchen verbessern sich das R^2 und das Akaike Kriterium, nicht aber das Schwarz Kriterium.

Alternative 2

Da die Untersuchung der einzelnen Branchen mit Dummy Variablen keine klare Aussage über den Prüfungsumfang zulässt, werden die 15 Branchen zu 5 Dummy Variablen verdichtet. Dabei wird folgende Klassifizierung gewählt, die ähnliche Branchen zusammenfasst:

Übergeordnete Branche	Zugehörige Branchen	Anzahl der Unternehmen
1	Chemicals (3), Pharma & Healthcare (9)	27
2	Software (11), Media (8), Telecommunication (13), Technology (12)	52
3	Utilities (15), Basic Resources (2)	2
4	Construction (4), Industrial (7), Transportation & Logistics (14), Automobile (1)	65
5	Retail (10), Consumer (5), Food & Beverage (6)	21

Tabelle 29: Branchen-Dummies

Auch bei Betrachtung dieser fünf Branchen-Dummies kann keine klare Aussage zu Unterschieden im Prüfungsumfang, welcher die Höhe der Prüfungshonorare beeinflusst, getroffen werden. Alle Branchen zeigen einen signifikant positiven Einfluss auf die Prüfungshonorare. Erneut verbessert sich das Modell mit den Branchenvariablen nicht. Die Konstante fehlt in nachstehender Regression, da die Branchen-Dummies zu einer singulären Matrix führen, d.h. es entsteht ein Vektor mit dem Wert 1, da jedes Unternehmen in einer Branchenvariablen einmal enthalten ist.

Dependent Variable: LOG_AUDIT_FEES
Method: Least Squares
Sample: 1 167
Included observations: 149
Excluded observations: 18

Variable	Coefficient	Std. Error	t-Statistic	Prob.
LOSS	0,289656	0,151251	1,915074	**0,0576
MB_RATIO	-0,076956	0,028329	-2,716548	***0,0075
LOG_MARKET_CAP	0,307261	0,055429	5,543331	***0,0000
SQU_ROOT_SUBSIDARIES	0,067387	0,016701	4,034869	***0,0001
BIG4	0,184316	0,125813	1,464996	*0,1452
LOG_NON_AUDIT_FEES	0,191709	0,046008	4,166844	***0,0001
LISTING	0,149998	0,077920	1,925026	**0,0563
FIRST_AUDIT_YEAR	0,001004	0,183803	0,005463	0,9956
INDUSTRIE_DUMMY1	3,899202	0,887209	4,394907	***0,0000
INDUSTRIE_DUMMY2	3,827551	0,838579	4,564330	***0,0000
INDUSTRIE_DUMMY3	4,305942	1,005120	4,284010	***0,0000
INDUSTRIE_DUMMY4	3,928412	0,864879	4,542150	***0,0000
INDUSTRIE_DUMMY5	3,787785	0,864645	4,380740	***0,0000

R-squared	0,816740	Mean dependent var	12,59480
Adjusted R-squared	0,800570	S.D. dependent var	1,451029
S.E. of regression	0,647995	Akaike info criterion	2,053336
Sum squared resid	57,10598	Schwarz criterion	2,315426
Log likelihood	-139,9736	Durbin-Watson stat	1,863156

* schwach signifikanter Einfluss (einseitiger Test, 10%-Niveau),
** normal signifikanter Einfluss (einseitiger Test, 5%-Niveau),
*** hochsignifikanter Einfluss (einseitiger Test, 1%-Niveau)

Tabelle 30: Regression Modell 1: Branchen-Dummies

Alternative 3

Da Unterschiede der Prüfungshonorare weder für die einzelne Betrachtung der Branchen, noch für die Verdichtung auf fünf Branchen erkannt werden können, wird das gesamte Sample zusätzlich auf Strukturunterschiede untersucht. Im nach aufsteigenden Branchenwerten sortierten Sample wird für jede der fünf verdichteten Branchen getestet, ob sich die Honorare des Branchenabschnitts jeweils signifikant vom gesamten Sample unterscheiden.

Der Test wird für die Beobachtung bis 28 (Branche 1), 80 (Branche 2), 82 (Branche 3) und 147 (Branche 4) durchgeführt. Die Nullhypothese H_0 = kein Strukturunterschied wird getestet, die berechnete Teststatistik zeigt, dass H_0 für Branche 1 nicht abgelehnt wird. Für die Beobachtungen, welche der zweiten, dritten und vierten Branche zugehörig sind, kann bei einem Signifikanzniveau von 10% ein Strukturunterschied in der Höhe der Prüfungshonorare festgestellt werden. Einschränkend ist anzumerken, dass Branche 1, 3 und 5 sehr wenige Beobachtungen enthalten.

Zwischenfazit

Ein korrekt messbarer Unterschied der Prüfungshonorare innerhalb verschiedener Branchen konnte durch die drei alternativen Untersuchungen nicht identifiziert werden. Dennoch spiegelt sich der Prüfungsumfang in den Prüfungshonoraren wider. So steigen die Prüfungshonorare mit der Größe des Mandanten und der Anzahl der Tochterunternehmen.

2.3.8 Weitere Einflussfaktoren

Bestätigungsvermerk

Testiert eine Prüfungsgesellschaft einen nur eingeschränkten Bestätigungsvermerk, so enthält der Abschluss wesentliche Fehler oder fehlende Angaben. Die IDW Prüfungsstandards schreiben im Verdachtsfalle von Unregelmäßigkeiten eine stärker detaillierte Prüfung vor.[764] So wird erwartet, dass bei eingeschränktem Bestätigungsvermerk höhere Prüfungshonorare gefordert werden. In diesem Falle würde eine Honorarnachverhandlung in Betracht kommen.

Bei der Ermittlung der Daten wird die Unterscheidung des § 322 Abs. 2 HGB zur Beurteilung des Prüfungsergebnisses herangezogen. Danach kann ein Prüfungsvermerk uneingeschränkt (Nr.1), eingeschränkt (Nr. 2), wegen Einwendungen versagt werden (Nr. 3) oder versagt werden, weil der Prüfer kein Prüfungsurteil abgeben kann (Nr. 4). Mit dem Wert 0 wird in einer binären Variablen ein uneingeschränkter Bestätigungsvermerk, mit dem Wert 1 ein Bestätigungsvermerk mit Hinweis auf Unrichtigkeiten, Einschränkung oder ein versagter Vermerk abgebildet.

Die einfache Regression ergibt einen negativen, signifikanten Zusammenhang. Dieser sagt aus, dass die Honorare bei einem eingeschränkten Bestätigungsvermerk sinken. Der Zusammenhang wurde nicht erwartet. Wird diese Variable in das Ausgangsmodell einbezogen, ist der Zusammenhang positiv, aber statistisch nicht signifikant. Die Güte des Modells verändert sich kaum. Die Variable wird nicht in das Modell aufgenommen, da diese auch nur bei vier Beobachtungen den Wert 1 erhält.

US-Notierung

Bei Unternehmen, welche an einer US-amerikanischen Börse notiert sind, sind strengere Haftungsbeschränkungen für Management und Abschlussprüfer gegeben.[765] Ob dieses

---

764 Vgl. im Folgenden IDW (2005b).

765 Vgl. Lenz, H. (2002), S. 2272f. zu den Sanktionen des PCAOB. So unterliegen ausländische Prüfungsgesellschaften auch der Kontrolle durch das PCAOB, welches prüft, ob Berufsgrundsätze und auch die Regelungen der SEC (z.B. der SOX) eingehalten werden. Vgl. auch Demme, N. D. (2003), S. 142.

Listing zu einem Risikozuschlag und zu höheren Honoraren führt, wird untersucht. Zudem erhöht sich der Prüfungsumfang, wenn sich die deutsche Prüfungsgesellschaft mit der US-amerikanischen Rechnungslegung oder den Berichtspflichten bei der SEC beschäftigen muss. Als Folge können höhere Prüfungshonorare gefordert werden.

Neben einem vollen Listing deutscher Unternehmen an NYSE, NASDAQ oder AMEX sind auch so genannte ADS und ADR-Programme möglich. American Deposit Shares oder Receipts (ADS/ADR) ermöglichen es Investoren, auf einfache Weise ausländische Aktien zu erwerben und zu halten.[766] Je nach der Ausgestaltung des Programms liegen unterschiedliche Registrierungsformen und –pflichten bei der SEC vor, die sich auf den Prüfungsumfang auswirken.[767] Die diskrete Variable LISTING bekommt in der Regression folgende Werte zugewiesen: 0 = kein US-Listing; 1 = Rule 144A, Global Offering Receipts; 2 = Level I ohne Listing; 3 = volles Listing NYSE, AMEX oder NASDAQ, Level II oder III. Der Einfluss auf die Höhe der Honorare ist positiv und statistisch signifikant. Somit bilden die Prüfungsgesellschaften das Risiko des Listings sowie den höheren Prüfungsaufwand durch zusätzliche Berichtspflichten bei der SEC in ihren Preisen ab.

2.4 Sensitivitätstests

Nach der Analyse verschiedener Teilhypothesen und Variablen ermöglichen es Sensitivitätstests, die Stabilität des Modells zu überprüfen. Andererseits werden weitere Variablen bzw. zusätzliche Berechnungsmethoden eingesetzt.

2.4.1 Abhängige Variable

Der erste Sensitivitätstest betrachtet die abhängige Variable. Die Prüfungshonorar-Variable wird (1) durch die gesamten Honorare und (2) durch die Nichtprüfungshonorare ausgetauscht. Außerdem werden die Prüfungshonorare (3) mit der Bilanzsumme normiert und (4) die Relation von Prüfungs- und Nichtprüfungshonoraren verwendet.

Werden (1) die gesamten Honorare (LOG_TOTAL_FEES) als abhängige Variable verwendet, verschlechtert sich der Erklärungsgehalt des Modells auf ca. 79% (vgl. Tabelle 31).

---

766 Vgl. im Folgenden www.adr.com und zur Registrierung SEC (2003a). Im Gegensatz zu den ADR, welche reine Zertifikate darstellen, sind bei einem ADS die Zertifikate handelbar. Die Stammaktien werden dabei nicht direkt, sondern über „Aktienersatzscheine" gehandelt.

767 Werden die ADR-Programme *Over the Counter* gehandelt (Level I ohne Listing), ist nur eine minimale Registrierung des Unternehmens bei der SEC erforderlich. Berichtspflichten bestehen dahingehend, dass die ausländischen Unternehmen Zusammenfassungen oder Kopien der jährlichen Abschlüsse an die SEC senden müssen. Sollen die ADR gelistet sein (Level II), ist eine volle Registrierung bei der SEC erforderlich. Berichtspflichten bestehen in diesem Fall in vollem Umfang entsprechend Form 20-F. Werden die ADR im Rahmen eines *Public Offering* auch über eine US-Börse angeboten (nicht nur gelistet, wie bei Level II), ist eine Registrierung nach F-1 und F-6 erforderlich (Level III). Die Berichtspflichten weichen nicht von Level II ab. Letztlich bestehen noch die Möglichkeiten einer privaten Platzierung ohne SEC-Registrierungspflicht (Rule 144A ADR) und eines *Global Offering Receipt*. Im letzteren Fall ist ein Handel an US-Börsen und auch Nicht-US-Börsen möglich, dementsprechend sind Registrierungs- und Berichtspflichten ausgestaltet. Einem voll börsennotierten Unternehmen werden ADR des Levels II und III gleichgesetzt, da dieselben Offenlegungspflichten bestehen und die Abschlussprüfer den restriktiven Regelungen der SEC unterliegen. Vgl. SEC (2003a).

Dependent Variable: LOG_TOTAL_FEES				
Method: Least Squares				
Sample: 1 167				
Included observations: 167				
Variable	Coefficient	Std. Error	t-Statistic	Prob.
C	3,216948	0,778562	4,131908	0,0001
LOSS	0,289417	0,140550	2,059176	**0,0411
MB_RATIO	-0,082393	0,027906	-2,952503	***0,0036
LOG_MARKET_CAP	0,477710	0,045463	10,50776	***0,0000
SQU_ROOT_SUBSIDARIES	0,065622	0,015728	4,172443	***0,0000
BIG4	0,178166	0,115380	1,544164	*0,1245
LISTING	0,131186	0,073474	1,785459	**0,0761
R-squared	0,801748	Mean dependent var		12,95319
Adjusted R-squared	0,794314	S.D. dependent var		1,442935
S.E. of regression	0,654409	Akaike info criterion		2,030843
Sum squared resid	68,52010	Schwarz criterion		2,161537
Log likelihood	-162,5754	F-statistic		107,8426
Durbin-Watson stat	2,027391	Prob(F-statistic)		0,000000
* schwach signifikanter Einfluss (einseitiger Test, 10%-Niveau),				
** normal signifikanter Einfluss (einseitiger Test, 5%-Niveau),				
*** hochsignifikanter Einfluss (einseitiger Test, 1%-Niveau)				

Tabelle 31: Regression Modell 1: Gesamte Honorare

Dabei ist der ökonomische Hintergrund zu betrachten. Das Modell untersucht die Preissetzung auf dem Prüfungsmarkt. Die veröffentlichten Nichtprüfungshonorare sind gerade ein „Anhängsel" der Prüfungshonorare, die teilweise regulativ beschränkt sind. Dies bedeutet, dass ohne Prüfungsleistungen keine Nichtprüfungsleistungen vergeben werden bzw. es werden nur Honorare von Prüfungsgesellschaften veröffentlicht, welche auch den Abschlussprüfer stellen. Dies ist unabhängig davon, ob Nichtprüfungsleistungen erbracht werden. Somit werden die Prüfungshonorare als maßgeblich betrachtet.

Die zweite Spezifikation mit Nichtprüfungshonoraren (LOG_NON_AUDIT_FEES) als abhängige Variable und den Prüfungshonoraren (LOG_AUDIT_FEES) als unabhängige Variable (2) unterstützt diese These: Erklärt werden nur 62%, während bei den Prüfungshonoraren ca. 81% sowie bei den gesamten Honoraren ca. 79% erklärt werden. Die positive Korrelation zwischen Prüfungs- und Nichtprüfungshonoraren gibt keinen Hinweis auf umgekehrte Synergieeffekte. Vielmehr besteht ein wechselseitiger Einfluss zwischen Prüfungs- und Nichtprüfungshonoraren, sofern die unabhängige Variable nicht selbst auch exogen beeinflusst wird.

Werden die Prüfungshonorare (3) nicht logarithmiert, sondern durch die Bilanzsumme dividiert (REL_AUDIT_FEES), um Größeneffekte auszuschließen, reduziert sich der Erklärungsgehalt auf 29%, die Informationskriterien werden negativ, die Normalverteilung des Modells geht verloren. Das Modell ist mit dieser abhängigen Variablen nicht robust (vgl. Tabelle 32).

Dependent Variable: REL_AUDIT_FEES				
Method: Least Squares				
Sample: 1 167				
Included observations: 149				
Excluded observations: 18				
Variable	Coefficient	Std. Error	t-Statistic	Prob.
C	0,014176	0,002307	6,143769	0,0000
LOSS	0,000764	0,000419	1,823582	**0,0703
MB_RATIO	0,000166	7,97E-05	2,082102	**0,0391
LOG_MARKET_CAP	-0,000718	0,000153	-4,700899	***0,0000
SQU_ROOT_SUBSIDARIES	7,25E-05	4,55E-05	1,594302	*0,1131
BIG4	-0,000164	0,000346	-0,474205	0,6361
LOG_NON_AUDIT_FEES	2,19E-05	0,000129	0,169601	0,8656
LISTING	0,000312	0,000212	1,473355	*0,1429
R-squared	0,323496	Mean dependent var		0,001329
Adjusted R-squared	0,289910	S.D. dependent var		0,002174
S.E. of regression	0,001832	Akaike info criterion		-9,715023
Sum squared resid	0,000473	Schwarz criterion		-9,553737
Log likelihood	731,7692	F-statistic		9,632056
Durbin-Watson stat	1,336791	Prob(F-statistic)		0,000000
* schwach signifikanter Einfluss (einseitiger Test, 10%-Niveau), ** normal signifikanter Einfluss (einseitiger Test, 5%-Niveau), *** hochsignifikanter Einfluss (einseitiger Test, 1%-Niveau)				

Tabelle 32: Regression Modell 1: Prüfungshonorare/Bilanzsumme

Letztlich wird (4) die Relation Prüfungs- zu Nichtprüfungshonoraren (AUDIT_NON_AUDIT_FEES) als abhängige Variable eingesetzt.[768] Diese Relation wird durch die im Ausgangsmodell eingesetzten Variablen nicht gut erklärt, das angepasste R^2 liegt bei 32%. Da zuvor ein wechselseitiger Einfluss beider Honorarvariablen erkannt wurde, ist diese Variable zu vernachlässigen.

2.4.2 IFRS-Erstanwender

In der Datenbasis des Ausgangsmodells sind Unternehmen enthalten, welche zum ersten Mal nach IFRS bilanzieren. Mit der Umstellung von HGB oder US-GAAP auf IFRS ist ein erheblicher Prüfungsaufwand verbunden, der sich in der Höhe der Honorare widerspiegeln kann. Um den Einfluss der IFRS-Erstanwender (IFRS1) auf die Prüfungshonorare zu überprüfen, wird wie folgt verfahren: In das Ausgangsmodell wird die binäre Variable IFRS1 eingeführt (1 = IFRS-Erstanwender; 0 = sonst). Die Ergebnisse zeigen, dass der Zusammenhang zwischen IFRS1 und den Prüfungshonoraren negativ und nicht signifikant ist. Wird

[768] Vgl. kritisch Antle et al. (2006).

die Theorie von DEANGELO (1981A) aufgegriffen, lassen sich geringere Honorare bei IFRS-Erstanwendern nur dann erklären, wenn gleichzeitig auch ein Erstprüfungsjahr vorliegt. Durch die Bilanzierung nach IFRS könnten seitens des amtierenden Prüfers Kostenvorteile gegenüber seinen Konkurrenten in Form von höheren Erstprüfungs- und Prüferwechselkosten auftreten. Die Quasirenten würden sich durch die IFRS-Bilanzierung erhöhen. Im ersten Jahr der Prüfung würden die Honorare um die zusätzlichen Quasirenten bei IFRS-Bilanzierung sinken, sodass sich eine statistisch signifikante negative Korrelation zwischen IFRS-Erstanwendern und der Höhe der Prüfungshonorare erklären lässt.

Bevor die Aussage getroffen wird, dass die 56 IFRS-Erstanwender dieser Stichprobe keine höheren Prüfungshonorare bezahlen, obwohl der Prüfungsumfang steigt, werden weitere Analysen vorgenommen. Hierfür werden (1) ähnlich der Analyse des Erstprüfungsjahres zwei Cluster erstellt, je für Erstanwender und Nicht-Erstanwender. Die deskriptive Untersuchung zeigt, dass IFRS-Erstanwender geringere Honorare bezahlt haben. Die Mittelwerte beider Cluster werden mit dem Test of Equality verglichen. Die Nullhypothese H_0 = Ungleiche Mittelwerte und Varianzen konnte nicht verworfen werden, da die p-Werte der t- und Anova-F-Statistik unter dem Signifikanzniveau α liegen. Dadurch sind die Honorare der Erstanwender signifikant geringer. Dieses Ergebnis kann ökonomisch erklärt werden. Da IFRS-Erstanwender zumeist kleinere börsennotierte Unternehmen repräsentieren, welche ab dem Geschäftsjahr 2005 zu einem IFRS-Konzernabschluss verpflichtet sind, bezahlen diese weniger Honorare, weil sie kleiner sind und der Prüfungsumfang wegen der Größe geringer ist.[769] Das Modell wird (2) ohne die 56 IFRS-Erstanwender getestet. Die Güte verbessert sich hierbei aber nicht. Somit sind im Ausgangsmodell alle Unternehmen, d.h. auch Erstanwender enthalten.

2.4.3 Zeitpunkt des Vertragsabschlusses

Maßgebend für die Abgabe eines Angebots der Prüfungsgesellschaft sind die Unternehmensdaten zum Zeitpunkt des Angebots. Der Prüfungsauftrag für das Prüfungsjahr 2005 wird auf der Hauptversammlung des laufenden Jahres 2005 erteilt. Das Angebot für Prüfungsleistungen wird vorher von der Prüfungsgesellschaft vorgelegt. Entscheidend ist dabei die Situation des Unternehmens zum Zeitpunkt vor der Auftragsabgabe. Gibt eine Prüfungsgesellschaft ein Angebot ab, ohne vorher die genauen Unternehmensdaten zu kennen (z.B. weil sie den letzten Abschluss nicht selbst geprüft hat), stehen immer noch (Vor-) Jahresabschlüsse der Konzerne zur Verfügung (in diesem Fall aus 2004). Da kein exaktes Datum für die Angebotsabgabe ermittelt werden kann, werden vereinfachend die Daten aus dem Jahr 2004 als maßgeblicher Zeitpunkt für die Angebotsvergabe zu Grunde gelegt.

Problematisch ist dabei, dass Honorare vor oder nach der Auftragserteilung nachverhandelt werden können. D.h. die tatsächlich ausgewiesenen Honorare im Geschäftsbericht sind

---

769 Die deskriptive Analyse ergibt, dass die logarithmierte Marktkapitalisierung bei IFRS1-Unternehmen statistisch signifikant kleiner ist.

nicht auf den Zeitpunkt der Auftragserteilung zurückzuführen. Mangels verfügbarer Daten hinsichtlich Höhe und Zeitpunkt nachverhandelter Honorare, kann dieser Aspekt nicht berücksichtigt werden. Aus diesem Grund wird keine Regression mit Unternehmensdaten zum Zeitpunkt des Vertragsabschlusses durchgeführt.

2.4.4 Zwischenfazit

Die durchgeführten Sensitivitätstests zeigen, dass das Ausgangsmodell ausreichend spezifiziert ist und die Ergebnisse im Verhältnis zu dem kleinen Datensatz robust sind. Das Auswechseln von weiteren unabhängigen Variablen wurde in den vorangehenden Abschnitten beschrieben (z.B. LEVERAGE oder LOG_MARKET_CAP durch LOG_SALES). Weiterhin wurde das Umsatzwachstum als Variable GROWTH eingeführt. Die Wachstumsvariable ist nicht signifikant negativ mit der Höhe der Prüfungshonorare korreliert, der Erklärungsgehalt des Modells verschlechtert sich jedoch.

Dependent Variable: LOG_AUDIT_FEES				
Method: Least Squares				
Sample: 1 167				
Included observations: 149				
Excluded observations: 18				
Variable	Coefficient	Std. Error	t-Statistic	Prob.
C	3,682766	0,806713	4,565151	0,0000
LOSS	0,284973	0,146571	1,944266	**0,0539
MB_RATIO	-0,079757	0,027870	-2,861745	***0,0049
LOG_MARKET_CAP	0,315608	0,053411	5,909080	***0,0000
SQU_ROOT_SUBSIDARIES	0,066401	0,015909	4,173832	***0,0001
BIG4	0,199448	0,121011	1,648175	*0,1015
LOG_NON_AUDIT_FEES	0,194901	0,045194	4,312518	***0,0000
LISTING	0,150453	0,073974	2,033865	**0,0438
R-squared	0,814428	Mean dependent var		12,59480
Adjusted R-squared	0,805216	S.D. dependent var		1,451029
S.E. of regression	0,640403	Akaike info criterion		1,998757
Sum squared resid	57,82628	Schwarz criterion		2,160042
Log likelihood	-140,9074	F-statistic		88,40210
Durbin-Watson stat	1,852163	Prob(F-statistic)		0,000000
* schwach signifikanter Einfluss (einseitiger Test, 10%-Niveau),				
** normal signifikanter Einfluss (einseitiger Test, 5%-Niveau),				
*** hochsignifikanter Einfluss (einseitiger Test, 1%-Niveau)				

Tabelle 18: Regression Modell 1: Ausgangsmodell

Nach der ausführlichen Beschreibung von Modellvarianten zeichnet sich das Ausgangsmodell (vgl. Tabelle 18) mit einem Erklärungsgehalt von 80,5% (angepasstes R^2) als am Besten geeignet ab. Eine Einschränkung der Ergebnisse ist durch die geringe Datenbasis und die Schwächen der Honorarveröffentlichungspflicht gegeben. Mit einer Beurteilung der Ergebnisse werden die ökonomischen Aussagen des Modells herausgearbeitet. Der sich anschließende Abschnitt stellt zudem die Verknüpfung zu Kapitel III.3 her, in welchem die Prüferunabhängigkeit untersucht wird.

2.5 Zusammenfassung und Beurteilung der Ergebnisse

Basierend auf den statistischen Auswertungen des Ausgangsmodells, sind folgende Einflussfaktoren auf die Höhe der Prüfungshonorare zu erkennen:

- Die finanzielle Situation des Mandanten beeinflusst die Prüfungshonorare. So fordern Prüfungsgesellschaften von Verlustunternehmen oder Unternehmen mit einer geringen Rentabilität statistisch signifikant höhere Honorare, um ihr Risiko abzubilden.

- Bei einer reduzierten Datenbasis zeigt sich, dass mit zunehmender Mandatsdauer höhere Prüfungshonorare bezahlt werden. Um auf eine Abhängigkeit der Prüfer vom Mandanten zu schließen, sind weitere Analysen notwendig.

- BIG4-Prüfungsgesellschaften verlangen wegen ihrer besseren Reputation oder den höheren Haftungsrisiken höhere Prüfungshonorare.

- Die Höhe der Prüfungshonorare steigt zudem mit der Bereitstellung von Nichtprüfungsleistungen. Synergieeffekte zwischen Prüfung und Beratung sind nicht erkennbar, vielmehr scheinen Nichtprüfungsleistungen zusätzlichen Prüfungsumfang zu induzieren.

- Letztlich hängt die Höhe der Prüfungshonorare vom Umfang der Prüfung ab. Die Größe des Mandanten, die Anzahl der Tochterunternehmen sowie die Notierung an einer US-amerikanischen Börse führen zu höheren Honoraren.

Die Ergebnisse des Ausgangsmodells werden verwendet, um folgende Aspekte zu beurteilen: Wird eine *Gebührenordnung*[770] zum Schutz des Mandanten und kleiner Prüfungsgesellschaften notwendig? Werden die Prüfungshonorare von Faktoren beeinflusst, die bei vollständiger Konkurrenz auf dem Prüfungsmarkt keinen Eingang in die Preisbildung finden würden? Sichern sich die Prüfungsgesellschaften mit *Risikozuschlägen* gegen mögliche Reputations- oder Haftungsschäden ab? An diese Frage schließt sich an, ob die Haftungsregelungen in Deutschland verändert werden sollten, denn ein außergewöhnlich hoher Risikozuschlag kann auf eine zu strenge Haftung hinweisen. Letztlich werden *Synergieeffekte* zwischen Prüfung und Beratung beurteilt.

Die Notwendigkeit einer Gebührenordnung für die Abschlussprüfung besteht dann, wenn der Markt die Preisbildung nicht mehr selbst regeln kann und staatliches Eingreifen erforderlich wird. Wie dieses Modell zeigt, werden die Honorare maßgeblich durch die finanzielle Situation und den Prüfungsumfang bestimmt. Die Abbildung des Prüfungsrisikos scheint hier gewährleistet. Dies ist vor allem für kleine Prüfungsgesellschaften sehr wichtig, da der

---

770 Eine Beurteilung der derzeit bestehenden Gebührenordnung für Steuerberatungsleistungen wird hier nicht vorgenommen. Vielmehr wird die Prüfungstätigkeit betrachtet.

Wegfall eines börsennotierten Mandanten nicht sofort durch andere Mandate aufzufangen ist. Würde das Prüfungsrisiko nicht zutreffend abgebildet, so wäre eine Gebührenordnung in naher Zukunft zu fordern. Neben dem Prüfungsrisiko sichern sich die Gesellschaften gegen Haftungs- und Reputationsverluste ab. Die höheren Reputationsverluste von BIG4-Prüfungsgesellschaften rechtfertigen die Forderung höherer Honorare.[771] Weiterhin erhöht sich das Honorar z.B., wenn sich die Prüfungsgesellschaft einer erhöhten Haftung durch ein US-Listing des Mandanten gegenüber sieht.[772] Im Vergleich zu anderen europäischen Ländern ist die Haftung in Deutschland relativ mild. Auch kleinere Prüfungsgesellschaften sehen sich keinen höheren Haftungsrisiken gegenüber, weil sie das Prüfungsrisiko nicht korrekt abbilden können, um sehr geringen Preisen großer Prüfungsgesellschaften folgen zu können, sondern berücksichtigen das Risiko zutreffend. Hieraus lässt sich schließen, dass die Prüferhaftung in Deutschland zur Berücksichtigung des Risikos in den Honoraren führt. Dass diese übermäßig ist, kann nicht erkannt werden. Gegen eine Gebührenordnung spricht zudem das Modell von DEANGELO (1981A). Würde es eine Gebührenordnung untersagen, dass die Gebühren der ersten Periode unter den der folgenden liegen, käme es nicht mehr zur Erzielung von Quasirenten, vielmehr würden echte Renten vereinnahmt.[773] Für die Erzielung von Renten spricht, dass die Prüfungsgesellschaften im Laufe der Zeit höhere Honorare verlangen, wie die Ergebnisse dieser Regression zeigen.

Neben dieser zumeist positiven Beurteilung der Preissetzung auf dem deutschen Prüfungsmarkt, bestehen weitere Einflussfaktoren, welche kritischer zu betrachten sind. Wird der Aspekt der Konkurrenz aufgegriffen, ist nicht erkennbar, dass große Prüfungsgesellschaften durch die ihren hohen Marktanteil Preisdumping betreiben oder Preisabsprachen treffen. So ist der Einfluss des Marktanteils auf die Höhe der Prüfungshonorare nicht signifikant. Müssten Prüfungsgesellschaften, um bei der Angebotsvergabe mithalten zu können, nicht kostendeckende Preise anbieten, die auch in den folgenden Jahren der Prüfung nicht aufgeholt werden, wäre die Konkurrenz gefährdet. Diesen Prüfungsgesellschaften würde eine Gebührenordnung zu Gute kommen. Falls die Konzentration auf dem Prüfungsmarkt in den folgenden Jahren weiter zunimmt und kleine Prüfungsgesellschaften den Markt verlassen, wäre über eine Gebührenordnung im Prüfungsbereich nachzudenken. Die Verknüpfung von Konzentration und Prüfungshonoraren konkretisiert die Ergebnisse der Konzentrationsanalyse: Da Prüfungsumfang, Risiko, nicht aber die Höhe der Marktanteile in den Honoraren widergespiegelt werden, ist die Konzentration tendenziell als nicht bedenklich einzustufen.

---

771 Vgl. Asthana, S. C./Balsam, S./Krishnan, J. (2003) für die Folgen des Bilanzskandals von Enron. Deren Untersuchung zeigt, dass nicht nur die Mandanten von Arthur Andersen, sondern auch Mandanten weiterer BIG5-Prüfungsgesellschaften Kursverluste durch den Bilanzskandal erlitten haben.

772 Vgl. für die Haftung in den USA Fußnote 268. Unterschiede in der Haftung der Prüfer nach US-amerikanischem und deutschem Recht bestehen vor allem darin, dass in den USA Sammelklagen der Eigner möglich sind (Dritthaftung) und die Haftung bei Fahrlässigkeit und Vorsatz nicht nur gegenüber dem Unternehmen gegeben ist. Die Anreizwirkung der Haftung in den USA kann damit als höher erachtet werden als in Deutschland.

773 Vgl. DeAngelo, L. E. (1981a), S. 125.

Möglicherweise ist der starke Einfluss der Nichtprüfungsleistungen auf die Prüfungshonorare als problematisch zu erachten. Die positive Korrelation mit den Prüfungshonoraren zeigt, dass sich die Prüfungsgesellschaften durch das Angebot von Nichtprüfungsleistungen in einer gewissen Macht-, aber auch Abhängigkeitsposition befinden und höhere Prüfungshonorare fordern. Synergieeffekte sind in dieser Untersuchung nicht zu erkennen, allerdings liegen keine Informationen zu den Prüfungskosten und ihre Veränderung bei Nichtprüfungsleistungen vor. Gesetzgeber und Abschlussadressaten müssen ein Augenmerk auf den Anteil der Nichtprüfungsleistungen an den gesamten Honoraren und den Anteil der Honorare aus einem Mandat zu den gesamten Honoraren der Prüfungsgesellschaft haben. Als mögliche Lösung ist ein restriktiver Einsatz von Nichtprüfungsleistungen durch die Gesetzgeber zu fordern – zumindest im Bereich der Leistungen, welche nicht prüfungsnah sind.[774] Ob die Bereitstellung der Nichtprüfungsleistungen schädlich für die Unabhängigkeit der Prüfer ist, wird in Kapitel III.3 untersucht. Eine Konkretisierung der Quasirenten-Theorie erfolgt zudem. In dieser ersten Regression wird sichtbar, dass die Prüfungshonorare im Laufe der Zeit steigen (*Fee Cutting*). Die Unabhängigkeit über die Quasirenten einer Prüfungsgesellschaft bleibt in dieser Untersuchung offen.

Zusammenfassend lässt sich anmerken, dass der deutsche Gesetzgeber, Regulierungsbehörden und Bilanzadressaten den Anteil der Nichtprüfungshonorare an den gesamten Honoraren sowie eine Gefährdung des Wettbewerbs durch eine starke Dominanz des Prüfungsmarktes durch eine oder wenige Prüfungsgesellschaften besonders beobachten sollten. Die Abbildung der finanziellen Situation in der Höhe der Prüfungshonorare ist ebenso wenig bedenklich, wie die Abbildung des Prüfungsumfanges und des Risikos.

2.6 Vergleich der Ergebnisse mit anderen Studien

CRASWELL/FRANCIS/TAYLOR (1995) untersuchen Zuschläge der Prüfungsgesellschaften auf die Prüfungshonorare für Reputation oder Branchenspezialisierung. Die Kontrollvariablen untersuchen den Einfluss von Prüfungsumfang, -risiko und Mandantengröße. Entsprechend dieser Studie für Deutschland erkennen CRASWELL ET AL. (1995) für Australien und das Jahr 1987, dass ein signifikant positiver Einfluss der Bilanzsumme (Größe des Mandanten), der Anzahl der Tochterunternehmen (Prüfungsumfang) und BIG8-Prüfern auf die Höhe der Prüfungshonorare besteht. Dagegen erkennen die Autoren einen negativen, statistisch signifikanten Einfluss eines Verlustes auf die Höhe der Prüfungshonorare. Beiden Studien ist demnach gleich, dass Mandantengröße und Prüfungsumfang maßgeblich zur Höhe der Prüfungshonorare beitragen. CRASWELL/FRANCIS/TAYLOR (1995) erkennen, dass australische BIG8-Gesellschaften im Durchschnitt einen Honorarzuschlag von 30% gegenüber

[774] Dabei ist erneut auf den hohen Anteil der sonstigen Bestätigungs- und Bewertungsleistungen hinzuweisen, welche einen Großteil der Nichtprüfungsleistungen repräsentieren. Eine Abhängigkeitsvermutung wird eher im Bereich der sonstigen Leistungen gesehen.

Nicht-BIG8-Gesellschaften erhalten. Auf Branchen spezialisierte BIG8-Prüfer erhalten im Durchschnitt 34% höhere Honorare als nicht spezialisierte BIG8-Prüfer.[775]

Zu der dieser wohl am ähnlichsten Studie zählt die US-amerikanische Untersuchung von ASHBAUGH/LAFOND/MAYHEW (2003). Unterschiede zwischen den Modellen bestehen lediglich in der Auswahl einzelner Variablen: Z.B. beziehen ASHBAUGH ET AL. (2003) die Nichtprüfungshonorare nicht als erklärende Variable in ihre Betrachtung mit ein. Dies kann erklären, dass das angepasstes R^2 mit 66% unter dem dieser Studie liegt. Unterschiede in den Ergebnissen bei vergleichbaren Variablen bestehen nicht. Auffällig ist dennoch, dass ASHBAUGH ET AL. (2003) einen positiven Einfluss des ROA auf die Höhe der Prüfungshonorare erwarten und auch beobachten. Auch in vorangehendem Modell kann dieser positive, signifikante Einfluss erzielt werden. Der ökonomischen Erklärung zu Folge wird aber ein negativer Einfluss des ROA erwartet. Denn je schlechter die Rentabilität, desto höher die Prüfungshonorare. ASHBAUGH/LAFOND/MAYHEW (2003) verwenden den Marktwert des Eigenkapitals und das Markt-/Buchwert-Verhältnis, um die Komplexität der Prüfung abzubilden.[776] In dieser Untersuchung dient das Markt-/Buchwert-Verhältnis dazu die finanzielle Situation zu berücksichtigten. Die etwas schlechteren p-Werte in dem Modell dieser Arbeit werden unter anderem auch auf die geringere Datenbasis zurückgeführt. ASHBAUGH ET AL. (2003) verwenden 3.170 Beobachtungen, während in diese Untersuchung nur 167 Beobachtungen eingehen.

Wie die vorliegende Studie zeigt, bilden Prüfungsgesellschaften das Risiko des Mandats in der Höhe der Honorare ab. So erkennen auch ASTHANA/BALSAM/KIM (2004), dass der Zuschlag, welchen BIG4- im Gegensatz zu Nicht-BIG4-Gesellschaften auf ihre Honorare fordern, im Jahr 2002 nach dem Zusammenbruch von Arthur Andersen und Enron und durch den Erlass des Sarbanes-Oxley Act noch gestiegen ist.[777] Demzufolge beeinflusst der Enron-Fall und die sich daraus ergebende Regulierung durch den SOX durchaus das Risiko und den Prüfungsumfang, welche sich insbesondere in höheren Honoraren von BIG4-Gesellschaften in den USA wieder finden. Hinsichtlich der mächtigen BIG4-Gesellschaften gibt es ähnliche Ergebnisse, auch für die Zeit, bevor die BIG4 durch Zusammenschlüsse von Prüfungsgesellschaften entstanden sind: FRANCIS/SIMON (1987) erkennen mit ihrer Untersuchung für die Jahre 1984/1985, dass die BIG8-Gesellschaften in den USA schon zu dieser Zeit Zuschläge auf die Prüfungshonorare im Vergleich zu Nicht-BIG8-Gesellschaften erhalten haben.[778] Auch in dieser Arbeit besteht ein Honorarzuschlag der BIG4, welcher auch Ausdruck für die Reputation dieser Prüfungsgesellschaften ist.

---

775 Vgl. für vorangehenden Absatz Craswell, A. T./Francis, J. R./Taylor, S. L. (1995).

776 Vgl. Ashbaugh, H./LaFond, R./Mayhew, B. W. (2003), S. 618.

777 Vgl. Asthana, S./Balsam, S./Kim, S. (2004). Die Autoren untersuchten 5.208 Daten US-amerikanischer Unternehmen aus den Jahren 2000 bis 2002.

778 Vgl. Francis, J. R./Simon, D. T. (1987).

In der vorliegenden Untersuchung ist der Zusammenhang zwischen einem eingeschränkten Bestätigungsvermerk und den Prüfungshonoraren in der multiplen Regression positiv, aber statistisch nicht sigifikant. Damit können die Ergebnisse von GEIGER/RAMA (2003) aus den USA gestützt werden.[779]

Die Ergebnisse dieser Studie zum Einfluss der Nichtprüfungshonorare auf die Prüfungshonorare spiegeln sich auch in verschiedenen früheren Studien für andere Länder wider: PALMROSE (1986) stellt einen positiven Zusammenhang zwischen der Höhe der Nichtprüfungs- und Prüfungshonorare in den USA fest.[780]

EZZAMEL ET AL. (2002) betrachten im Gegensatz zu PALMROSE (1986) zusätzliche Kategorien von Nichtprüfungsleistungen, welche keinen einheitlichen positiven oder negativen Einfluss auf die Höhe der Honorare im Vereinigten Königreich ausüben.[781] Die Nichtprüfungsleistungen sind entsprechend der Signifikanz ihres Einflusses auf die Prüfungshonorare deutscher Unternehmen in eine Rangfolge zu bringen.

Ein positiver Zusammenhang zwischen der Höhe der Prüfungs- und Nichtprüfungshonorare kann möglicherweise nicht als Maß für Synergieeffekte verwendet werden, weil mit der Bereitstellung von Nichtprüfungsleistungen zusätzlicher Prüfungsbedarf entsteht, welcher die Prüfungshonorare ansteigen lässt. Diese Vermutung untersuchen DAVIS ET AL. (1993) für die USA. Sie messen den Prüfungsumfang über Prüfungsstunden und erkennen einen statistisch signifikant positiven Zusammenhang zwischen Prüfungsumfang, -honoraren und der Bereitstellung von Nichtprüfungsleistungen.[782] Der Prüfer bildet seinen Umfang somit in der Höhe der Honorare ab. Synergieeffekte sind entweder nicht vorhanden oder die Kostenersparnisse werden an den Mandanten weitergegeben.[783] Auch ANTLE ET AL. (2006) erkennen einen positiven Einfluss der Nichtprüfungs- auf die Prüfungshonorare und umgekehrt. Das Vorzeichen der Variablen BIG4 unterscheidet sich von den Ergebnissen der Studie von ANTLE ET AL. (2006).[784]

LI/HAY/KNECHEL (2003) erachten einen negativen Zusammenhang zwischen Prüfungs- und Nichtprüfungshonoraren als Zeichen einer eingeschränkten Prüferunabhängigkeit in Neu-

---

779 Vgl. Geiger, M. A./Rama, D. V. (2003), S. 58, S. 63. Dabei untersuchen die Autoren Unternehmensfortführungstestate und erkennen nur für die Prüfungshonorare einen positiven Einfluss auf die Wahrscheinlichkeit von Testatseinschränkungen.

780 Vgl. Palmrose, Z.-V. (1986), S. 409f. Besonders signifikant sind die Ergebnisse bei den prüfungsnahen Leistungen. Als Erklärung führt Palmrose an, dass als Folge der Beratungsleistungen, z.B. durch Änderungen von Rechnungslegung oder Kontrollsystem, zusätzliche Prüfungsleistungen notwendig werden, welche zu einem Anstieg des Prüfungsumfangs und des -honorars führen.

781 Vgl. Ezzamel, M./Gwilliam, D. R./Holland, K. M. (2002). Die Autoren führen an, dass ein positiver Einfluss der Nichtprüfungs- auf die Prüfungshonoraren weniger durch die Kostenfunktionen, vielmehr durch kundenspezifische Sachverhalte geben ist, da diese Beziehung in Abhängigkeit der Kategorie an Nichtprüfungsleistungen schwankt.

782 Vgl. Davis, L. R./Ricchiute, D. N./Trompeter, G. (1993), S. 146f.

783 Vgl. Davis, L. R./Ricchiute, D. N./Trompeter, G. (1993), S. 147.

784 Vgl. Antle, R./Gordon, E. A./Narayanamoorthy, G./Zhou, L. (2006), S. 252.

seeland.[785] Eine Prüfungsgesellschaft, welche bewusst geringere Prüfungshonorare fordert und diesen Verlust durch erhöhte Nichtprüfungshonorare ausgleicht, verhält sich nicht unabhängig. Wird nicht die Theorie der Synergieeffekte zur Beurteilung des Zusammenhangs zwischen Prüfungs- und Nichtprüfungshonoraren verwendet, sondern die Argumentation von LI/HAY/KNECHEL (2003), ist die hier erzielte positive Korrelation zwischen den Honorarkategorien unter Unabhängigkeitsgesichtspunkten wünschenswert. Zur Beurteilung der Unabhängigkeit deutscher Prüfungsgesellschaften wird in Kapitel III.3 ein weiteres Modell eingesetzt.

LENZ/BAUER (2004) zeigen, dass die Höhe der Honorare von der Größe des Mandanten abhängt.[786] Dieselben Ergebnisse können der Untersuchung dieses Kapitels entnommen werden. Somit kann die empirische Untersuchung bei Verwendung der tatsächlich bezahlten Honorare die Ergebnisse der Befragung von LENZ/BAUER (2004) stützen.

Im Vergleich mit früheren Studien zeigen sich die Ergebnisse der vorliegenden Regression als robust. Es werden keine Sachverhalte erkannt, welche durch die bisherigen theoretischen und empirischen Erkenntnisse nicht erklärbar wären.

---

785 Vgl. Li, V./Hay, D./Knechel, R. (2003), S. 4.
786 Vgl. Lenz, H./Bauer, M. (2004).

3 Ökonometrisches Modell zur Prüferunabhängigkeit und Bilanzpolitik

Dieses zweite ökonometrische Modell beurteilt die Unabhängigkeit der Abschlussprüfer in Deutschland über die bereitgestellte Prüfungsqualität. Mit dieser Untersuchung kann die innere Unabhängigkeit der Prüfer in Deutschland erstmals über die Höhe der Nichtprüfungshonorare untersucht werden. Im Gegensatz zu früheren ausländischen Studien, zeichnet sich diese Untersuchung durch einen selbst zusammengestellten Datensatz und durch die Verwendung spezieller Faktoren zur Messung der Unabhängigkeit in Deutschland aus. Des Weiteren existiert bislang keine Untersuchung, welche die Bilanzpolitik deutscher Unternehmen über die diskretionären Periodenabgrenzungen misst und mit der Unabhängigkeit der Prüfer in Verbindung bringt.[787] Ziel der Untersuchung ist es herauszufinden, ob die deutschen Unabhängigkeitsregelungen im Allgemeinen weit genug gehen, um auch die innere Unabhängigkeit anzusprechen.[788]

Betrachtungsgegenstand sind die Nichtprüfungshonorare und die Bilanzpolitik der Unternehmen. Der Zusammenhang beider Faktoren und die resultierende Abbildung der Unabhängigkeit werden in Abschnitt III.3.1 vorgestellt. Abschnitt III.3.3 gibt grundlegende Informationen zur Abbildung und Messung der Bilanzpolitik. Dem ersten Modell folgend wird eine geeignete Regressionsgleichung entwickelt (Abschnitt III.3.4). Zunächst werden alle Variablen in einer einfachen Regression der zu erklärenden Variablen Bilanzpolitik gegenüber gestellt. Die einfache Regression erleichtert die Auswahl von Variablen, welche in das Ausgangsmodell Eingang finden. Die Überprüfung der statistischen Annahmen unterstreicht die Variablenauswahl. Erneut induzieren die Variablen Teilhypothesen, welche ausführlich erläutert werden. Zusätzliche Tests (Abschnitt III.3.5) dienen der Überprüfung der Sensitivität der Ergebnisse. Für die Beurteilung der derzeitigen Regulierung der Unabhängigkeit werden die erzielten Ergebnisse in Abschnitt III.3.6 aufgegriffen. Letztlich dient Abschnitt III.7 dem Vergleich der Ergebnisse mit weiteren Studien.

---

787 Bislang untersuchen Leuz, C./Nanda, D./Wysocki, P. D. (2003) und Meuwissen et al. (2004) Unterschiede der Ergebnisqualität in verschiedenen Ländern. In beiden Untersuchungen ist auch Deutschland enthalten. Bauer, M. (2004a) untersucht die Prüferunabhängigkeit in Deutschland empirisch über den Zusammenhang von Beratungshonoraren und Agency-Konflikten.

788 Vgl. Bauer, M. (2004a), S. 366, S. 372 fand in seiner ländervergleichenden Untersuchung der Prüferhonorare heraus, dass Abhängigkeitsbefürchtungen in Deutschland weniger gegeben sind. Z.B. beträgt der Mittelwert der Relation Nichtprüfungs- zu Prüfungshonoraren 64,11% (USA = 333,33%), das Verhältnis Nichtprüfungs- zu den gesamten Honoraren beträgt im Mittel 30,58% (USA = 68,56)%.

3.1 Bilanzpolitik und Unabhängigkeit als Untersuchungsgegenstand

Bei den Betrugsfällen der letzten Jahre (z.B. Enron, Worldcom, Parmalat, etc.) mussten sich Abschlussprüfer und Prüfungsgesellschaften immer wieder rechtfertigen, warum Bilanzmanipulationen nicht aufgedeckt wurden. Meist versuchen die Prüfer diese Vorwürfe von sich zu weisen und sich darauf zu berufen, dass die Aufdeckung z.B. wegen gefälschter Belege gar nicht möglich gewesen sei.[789] Dennoch besteht die Möglichkeit, dass die Urteilsfreiheit der Prüfer eingeschränkt war, weil sie Ausgleichszahlungen seitens des Managements erhalten haben, welche sich in den Beratungshonoraren wieder finden. Bei einem hohen Konkurrenzdruck auf dem Prüfungsmarkt deuten folglich nicht geringe Prüfungshonorare, vielmehr aber geringe Nichtprüfungshonorare im Verhältnis zu den gesamten Honoraren auf einen unabhängigen Prüfer hin.[790]

Dieser Hintergrund motiviert zu einem empirischen Modell, das überprüft, ob ein Zusammenhang zwischen den Nichtprüfungshonoraren als Maß für die wirtschaftliche Abhängigkeit vom Mandanten und der Bilanzpolitik im Unternehmen besteht, woraus auf eine eingeschränkte Unabhängigkeit geschlossen werden kann. Dieses Modell bringt die erläuterten Themenkomplexe Unabhängigkeit der Abschlussprüfer und Bilanzpolitik des Mandanten zusammen. Neben zahlreichen ausländischen, vor allem US-amerikanischen Studien (vgl. Kapitel II.4 und Anhang), ist diese Untersuchung für Deutschland bislang nicht vorgenommen worden. So basiert die Regulierung der Prüferunabhängigkeit in Deutschland bisher auf theoretischen Vermutungen und Annahmen.[791] Diese Studie soll erstmals zeigen, ob die Regulierung in Deutschland derzeit ausreichend ist, oder ob wegen einer Gefährdung der Unabhängigkeit eine schärfere Regulierung gefordert werden muss.

Die theoretische Verknüpfung von Unabhängigkeit und Beratungsleistungen ermöglicht das eingangs erläuterte DeAngelo-Modell. Durch das zusätzliche Angebot von Nichtprüfungsleistungen erhöht sich die Quasirente aus einem Mandat, welche der Prüfungsgesellschaft zusätzliche Gewinne ermöglicht und die Unabhängigkeit der Prüfer einschränken kann.[792] Wie sich dies auf den Jahresabschluss auswirkt, ist nun in einem zweiten Schritt zu klären. Ein Prüfer sei nicht unabhängig, wenn er mit dem Management kooperiere und vermehrt Bilanzpolitik im Unternehmen zulasse, welche das tatsächliche Bild des Unternehmens verzerrt, so die Annahme.

Bestehende Anreize des Managements, Bilanzpolitik zu betreiben werden vorausgesetzt. Für die Investoren und Abschlussadressaten ist einkommenserhöhende gegenüber ein-

---

789 Vgl. Schruff, W. (2005), S. 207. Der Autor weist jedoch darauf hin, dass die Öffentlichkeit diese Begründung nicht anerkennt und es zu Reputationsverlusten des Berufsstandes der Wirtschaftsprüfer kommt.

790 Vgl. Kitschler, R. (2005), S. 148 zur Bedeutung der Nichtprüfungsleistungen.

791 Vgl. z.B. Arbeiten von Marx, S. (2002), Demme, N. D. (2003), Kitschler, R. (2005) oder Müller, K. (2006). Einzig Bauer, M. (2004a) untersucht die Unabhängigkeit deutscher Prüfer empirisch.

792 Vgl. Quick, R./Warming-Rasmussen, B. (2005), S. 143. Im Gegensatz zum Prüfungsauftrag können Beratungsaufträge in Deutschland durch das Management vergeben werden.

kommensmindernder Bilanzpolitik von größerem Nachteil,[793] wenn von einer hohen Bedeutung des Vorsichtsprinzips ausgegangen wird und das Management auf diese Form von Bilanzpolitik besonders fokussiert ist. In diesem Zusammenhang fanden ENTWISTLE/LINDSAY (1994) heraus, dass von untersuchter und herausgefundener Bilanzpolitik und von Bilanzfälschungen 64,3% in einer Überwertung der Ergebnisse enden.[794] Schäden der Investoren entstehen dann, wenn in ein Unternehmen investiert wird, dessen Jahresergebnis oder Eigenkapital durch bilanzpolitische Maßnahmen in die Höhe getrieben wurde. Können Eigen- oder Fremdkapitalgeber das opportunistische Verhalten der Manager nicht beobachten, so werden Entscheidungen der Investoren auf Basis falscher Informationen getroffen, die Renditeerwartungen, welche sich in der Höhe der Kapitalkosten widerspiegeln, werden unter falschen Annahmen gebildet und sind zu gering.[795] Ist das Ergebnis dagegen durch einkommensmindernde Bilanzpolitik geringer als das „tatsächliche" Ergebnis, werden Investitionsentscheidungen möglicherweise unterlassen, weil das Unternehmen unrentabel erscheint oder es werden zu hohe Renditen gefordert.[796] Der Nachteil liegt hier beim Unternehmen und bei bereits bestehenden Investoren. Aufgabe der Prüfer ist es aber einkommenserhöhende und –mindernde Bilanzpolitik einzuschränken.

Die schädigende Wirkung der Bilanzpolitik wurde dargestellt, doch wann verstößt ein Prüfer gegen geltendes Berufsrecht? Ein abhängiger Prüfer wird einen Abschluss auch dann uneingeschränkt testieren, wenn die Finanz-, Vermögens- und Ertragslage gem. § 264 Abs. 2 HGB nicht den tatsächlichen Verhältnissen entspricht. Die Aussage des Abschlusses ist dann durch bilanzpolitische Maßnahmen verzerrt. Maßgeblich ist dabei die Abgrenzung, wann ein Bilanzdelikt vorliegt, welches Maß an Bilanzpolitik zu rechtfertigen ist bzw. ab wann ein Prüfer Bilanzpolitik einschränken muss, um die Qualität des Abschlusses zu gewährleisten. Problematisch ist hierbei, dass Rechnungslegungsvorschriften Spielräume zur legalen Bilanzpolitik enthalten. Außerhalb dieses gesetzlichen Rahmens ist Bilanzpolitik in jedem Fall durch den Prüfer einzuschränken.[797] Zur eingeschränkten Unabhängigkeit des

---

793 Vgl. Gore, P./Pope, P./Singh, A. (2001), S. 9. Besonders kritisch ist die einkommenserhöhende Bilanzpolitik im Falle eines finanziell schlecht stehenden Unternehmens, da die Insolvenzwahrscheinlichkeit nicht zutreffend abgebildet werden kann. Vgl. Francis, J. R./Krishnan, J. (1999), S. 143. In einer empirischen Untersuchung zeigen die Autoren, dass Prüfer bei einkommenserhöhenden Periodenabgrenzungen vermehrt Testatseinschränkungen vornehmen. Kim, J.-B./Chung, R./Firth, M. (2003), S. 328 gehen davon aus, dass Prüfer bei einkommenserhöhender Bilanzpolitik mit einer höheren Klagewahrscheinlichkeit konfrontiert werden.

794 Vgl. Entwistle, G./Lindsay, D. (1994), S. 278. Die Verzerrung von Ausgaben führt dagegen zumeist zu Unterbewertungen. Eine Überbewertung der Ergebnisse stellen auch Dechow, P. M./Sloan, R. G./Sweeney, A. P. (1996) fest.

795 Basieren Gläubiger ihre Entscheidungen zur Kreditvergabe auf Kennzahlen des Jahresabschlusses, welche bilanzpolitisch „beschönigt" sind, kann es zu Entscheidungen kommen, welche Gläubiger ohne bilanzpolitische Verzerrungen nicht in dieser Form getroffen hätten. Vgl. Baetge, J./Ballwieser, W. (1978), S. 516f. vor dem Hintergrund von Anreizen, warum das Management Bilanzpolitik ausübt. Clemm, H. (1989), S. 364 weist allerdings darauf hin, dass die Befolgung des „True and Fair View" bei Unternehmenskrisen in den Hintergrund tritt, wenn es zu Panikreaktionen der Investoren kommt, welche die „Rettung" des Unternehmens verhindern. Voraussetzung hierfür ist allerdings, dass unternehmensintern eine ausreichende Berichterstattung über die Krise erfolgt.

796 Vgl. Sunderdiek, B. (2006), S. 41f.

797 Vgl. Quick, R. (2006), S. 50.

Prüfers zählt jedoch auch die Grauzone zwischen einem klaren gesetzlichen Verstoß gegen Bilanzierungsvorschriften und legaler Ausübung von Wahlrechten und Ermessenspielräumen. Diese nicht ganz genaue Abgrenzung zwischen legaler und illegaler Bilanzpolitik wird deshalb unter einer geringen Qualität des Jahresabschlusses (*Earnings Quality*) zusammengefasst.

Ob die Qualität des Abschlusses tatsächlich von der Unabhängigkeit der Prüfer abhängt, wird empirisch überprüft, indem eine Variable, welche die wirtschaftliche Abhängigkeit des Prüfers vom Mandanten misst, gegen die Bilanzpolitik als zu erklärende Variable regressiert wird.[798] Ein positiver Zusammenhang zwischen der wirtschaftlichen Abhängigkeit – gemessen über die Nichtprüfungshonorare – und der Höhe der Bilanzpolitik induziert eine eingeschränkte Unabhängigkeit des Prüfers, bzw. der Prüfungsgesellschaft. Somit wird der nichtbeobachtbare Sachverhalt der Unabhängigkeit messbar gemacht, wie Abbildung 10 zeigt. Diese Untersuchung bezieht sich auf die innere Unabhängigkeit, also auf die innere Einstellung des Prüfers (*Independence in Mind*).[799]

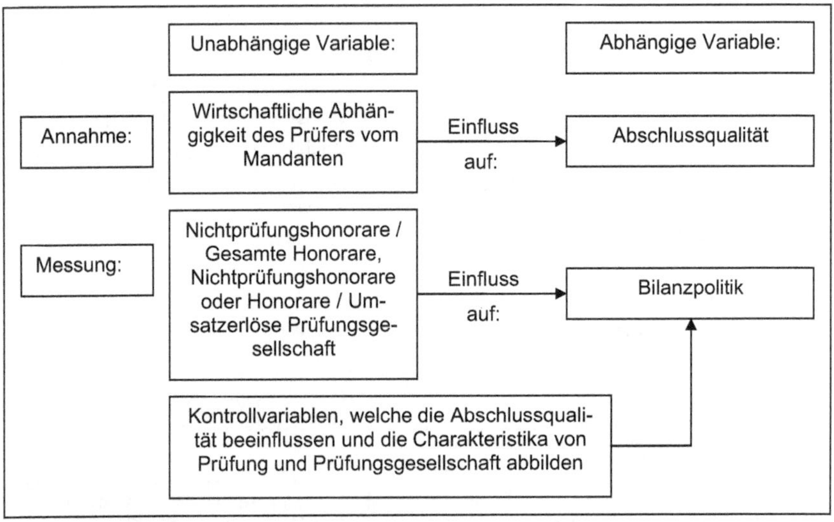

Abbildung 10: Untersuchungsgegenstand Modell 2

(Quelle: In Anlehnung an Kinney, W. R./Libby, R. (2002), S. 108.

798 Vgl. auch Vorgehen bei Ashbaugh et al. (2003), Frankel et al. (2002) sowie die Diskussion von Kinney, W. R./Libby, R. (2002) zu Frankel et al. (2002).

799 Auch wenn die innere Unabhängigkeit nicht durch Beratungsleistungen eingeschränkt ist, kann die äußere Unabhängigkeit beeinträchtigt sein. Vgl. Quick, R./Warming-Rasmussen B. (2005), S. 144.

Als Unabhängigkeitsindikator gilt neben geringen Nichtprüfungsleistungen auch eine höhere Prüfungsqualität, welche von BIG4-Gesellschaften erwartet wird. Die Länge der Mandatsdauer und die Erteilung eines eingeschränkten Bestätigungsvermerkes im Abschluss verdeutlichen ebenfalls eine hohe Prüfungsqualität. Anstatt der Höhe der Nichtprüfungshonorare kann auch die Relation der Honorare aus einem Mandat zu den gesamten Umsatzerlösen der Prüfungsgesellschaft Aufschluss über die Wichtigkeit des Mandanten für den Prüfer geben. Neben diesen Variablen zur Aufdeckung der Prüferunabhängigkeit, werden die Messgrößen der Bilanzpolitik verändert. Neben einkommenserhöhender und –mindernder Bilanzpolitik wird auch der Absolutwert der Bilanzpolitik betrachtet, neben den diskretionären Periodenabgrenzungen wird weiterhin untersucht, ob Unternehmen kleine Verluste vermeiden oder zu Ergebniserhöhungen tendieren. Zudem werden Variablen eingesetzt, welche Agency-Konflikte, die finanzielle Situation des Unternehmens oder die Größe des Unternehmens messen, um die Bilanzpolitik in Deutschland zu erklären und Faktoren zu benennen, welche die Abschlussqualität bestimmen.

3.2 Datenbasis

Auch das zweite Regressionsmodell betrachtet Unternehmen, welche zum 31.12.2005 im DAX30, TecDAX, SDAX, MDAX und GEX notiert sind. In der gesamten Datenbasis sind 235 Unternehmen enthalten. Wegen fehlender oder nichtvergleichbarer Daten, werden folgende Unternehmen nicht in das Modell einbezogen (Doppelnennungen möglich): Unternehmen mit abweichendem Wirtschaftsjahr (ohne Honorarveröffentlichung), ausländische Unternehmen, Banken, Finanzdienstleister und Versicherungen, HGB- oder US-GAAP-Abschlüsse, Unternehmen mit fehlenden Bilanzdaten und Joint Audits. Es verbleiben 165 Unternehmen.[800] Nur 102 Unternehmen besitzen ausreichende Vorjahresdaten, um Bilanzpolitik über die diskretionären Periodenabgrenzungen zu berechnen. Es sind mindestens zwei weitere Vorjahre zum Berichtsjahr notwendig. D.h. bei nicht abweichendem Wirtschaftsjahr werden mindestens die Abschlüsse 2005, 2004 und 2003 benötigt. Das Vorjahr wird jeweils aus dem Jahresabschluss des Folgejahres gewonnen. D.h. die Daten für 2005 und 2004 werden aus dem Abschluss von 2005, die Daten für 2003 aus dem Abschluss 2004 gewonnen usw. Mit diesem Vorgehen ist sichergestellt, dass nachträgliche Änderungen der Jahresabschlüsse erfasst werden. Nur für 2005 ist dieses Vorgehen nicht möglich, da die Abschlüsse für das Geschäftsjahr 2006 zum Zeitpunkt der Erstellung dieser Dissertation noch nicht verfügbar waren.

[800] Die Datenbasis weicht von Modell 1 ab, da jeweils unterschiedliche Variablen einbezogen werden.

3.3 Messung der Bilanzpolitik über diskretionäre Periodenabgrenzungen

3.3.1 Berechnung gesamte Periodenabgrenzungen

Die Höhe und auch die Wirkungsweise der Bilanzpolitik wird über die diskretionären Periodenabgrenzungen abgebildet.[801] Hierfür sind zunächst die gesamten Periodenabgrenzungen zu ermitteln. Diese wiederum lassen sich aufspalten in einen Teil, der die Bilanzpolitik widerspiegelt und einen Teil, der aus der normalen Geschäftstätigkeit herrührt. Wie unter Abschnitt II.3.4.1 erläutert, können die Periodenabgrenzungen über die Differenz zwischen Jahresergebnis und operativem Cashflow oder über die Veränderung des Working Capital gemessen werden. Für diese Untersuchung wird ersteres Vorgehen gewählt (vgl. Tabelle 5). Die Definition von Jahresergebnis und operativem Cashflow gewährleistet, dass beide auf denselben Bezugsgrößen basieren. So sind sowohl Jahresergebnis als auch operativer Cashflow Größen nach Steuern, Zinsen, außerordentlichem Ergebnis und vor Minderheitsanteilen.[802]

Um Größeneffekte auszuschließen, werden die Periodenabgrenzungen mit der Bilanzsumme des Vorjahres gewichtet.[803] Die Periodenabgrenzungen des Vorjahres werden dementsprechend mit der Bilanzsumme von vor zwei Jahren gewichtet. Folgende Abbildung zeigt die deskriptive Auswertung der Periodenabgrenzungen und unterscheidet dabei zwischen absoluten bzw. positiven und negativen gesamten Periodenabgrenzungen. Es zeigt sich, dass letztere negativ sind, d.h. der operative Cashflow übersteigt das Jahresergebnis.

---

801 Vgl. Abschnitt II.3.4.1 zur ausführlichen Erläuterung der Periodenabgrenzungen.

802 Auch Ebrahim, A. (2001), S. 9 verwendet das Ergebnis nach außerordentlichen Posten, Steuern und Zinsen (Jahresergebnis). Diese Vorgehensweise findet unter der Annahme statt, dass außerordentliche Posten nicht bilanzpolitisch beeinflusst sind. Bei Verwendung des Jones-Modells kann es sonst zu einer Fehlklassifizierung kommen. Hierbei werden Posten als bilanzpolitisch verzerrt klassifiziert, obwohl dies nicht der Fall ist.

803 Vgl. auch Vorgehen bei Healy, P. M. (1985) oder Jones, J. J. (1991).

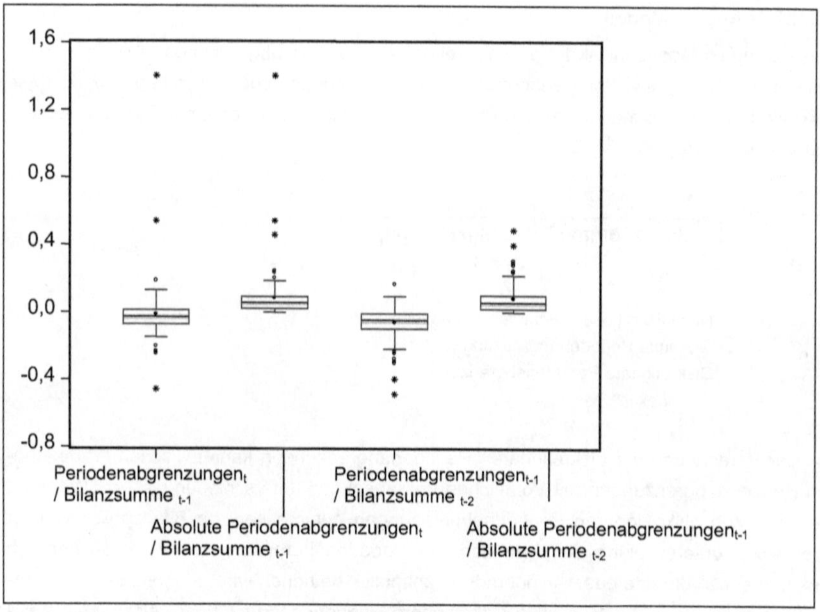

Abbildung 11: Boxplots gesamte Periodenabgrenzungen Modell 2

3.3.2 Berechnung nichtdiskretionäre und diskretionäre Periodenabgrenzungen

Der zweite Schritt zur Berechnung der nichtbeobachtbaren diskretionären Periodenabgrenzungen ist die Ermittlung der nichtdiskretionären Periodenabgrenzungen. Diese stellen den Teil der gesamten Periodenabgrenzungen dar, welcher aus der gewöhnlichen Geschäftstätigkeit resultiert. Wie in Kapitel II.3.4.2 erläutert, gibt es eine Vielzahl von Methoden zur Messung derselben. Das derzeit wohl meist verwendete Modell ist das so genannte Jones-Modell in unterschiedlichen Ausprägungen.[804] Für die Berechnung der nichtdiskretionären Periodenabgrenzungen eines Jahres über das Jones-Modell sind entweder sehr viele Vergleichsjahre oder im Branchenmodell sehr viele Unternehmen pro Branche notwendig.[805] Da diese Datenbasis dieses Kriterium nicht erfüllt, werden statt dem Jones-Modell das DeAngelo- und das Healy-Modell zur Berechnung der Bilanzpolitik verwendet.

---

804 Vgl. z.B. Studien von Dee, C./Lulseged, A./Nowlin, T. S. (2002), Frankel, R. M./Johnson, M. F./Nelson, K. K. (2002), Chung, H./Kallapur, S. (2003), Ashbaugh, H./LaFond, R./Mayhew, B. W. (2003), Antle, R./Gordon, E. A./Narayanamoorthy, G./Zhou, L. (2006), Coulton, J./Ruddock, C./Taylor, S. (2007).

805 Vgl. Abschnitt II.3.4.2.2.

3.3.2.1 DeAngelo-Modell

Das DeAngelo-Modell misst die nichtdiskretionären Periodenabgrenzungen über die ersten Differenzen der gesamten Periodenabgrenzungen. Annahmegemäß errechnen sich die diskretionären Periodenabgrenzungen aus dem Unterschied der gesamten Periodenabgrenzungen zweier Perioden:[806]

$$(30)\quad DPA_t = \frac{PA_t}{Bilanzsumme_{t-1}} - \frac{PA_{t-1}}{Bilanzsumme_{t-2}}$$

Mit:

NPA	Nichtdiskretionäre Periodenabgrenzung
PA	Gesamte Periodenabgrenzung
DPA	Diskretionäre Periodenabgrenzung
t	Zeitindex

Bei der Berechnung der diskretionären Periodenabgrenzungen kann zwischen diskretionären Periodenabgrenzungen mit Vorzeichen und absoluten unterschieden werden. Während die absoluten diskretionären Periodenabgrenzungen nur messen, ob Bilanzpolitik vorliegt oder nicht, unterscheiden die diskretionären Periodenabgrenzungen mit Vorzeichen, ob einkommenserhöhende oder –mindernde Bilanzpolitik betrieben wird. Einkommenserhöhende Bilanzpolitik wird durch positive diskretionäre Periodenabgrenzungen, einkommensmindernde Bilanzpolitik wird durch negative diskretionäre Periodenabgrenzungen zum Ausdruck gebracht. Die deskriptive Analyse zeigt, dass die diskretionären Periodenabgrenzungen mit Vorzeichen berechnet über das DeAngelo-Modell im Jahr 2005 im Mittel positiv sind, d.h., es liegt durchschnittlich einkommenserhöhende Bilanzpolitik vor.[807]

806 Vgl. DeAngelo, L. E. (1986), S. 408f.

807 Der Unterschied zu den im Mittel negativen gesamten Periodenabgrenzungen lässt sich dadurch erklären, dass die Periodenabgrenzungen des Vorjahres, welche im DeAngelo-Modell den nichtdiskretionären Periodenabgrenzungen entsprechen, meist ebenso negativ waren, wie die im Jahr 2005 negativen Periodenabgrenzungen. Werden von negativen Periodenabgrenzungen negative nichtdiskretionäre Periodenabgrenzungen abgezogen, entsteht ein positiver Wert an diskretionären Periodenabgrenzungen.

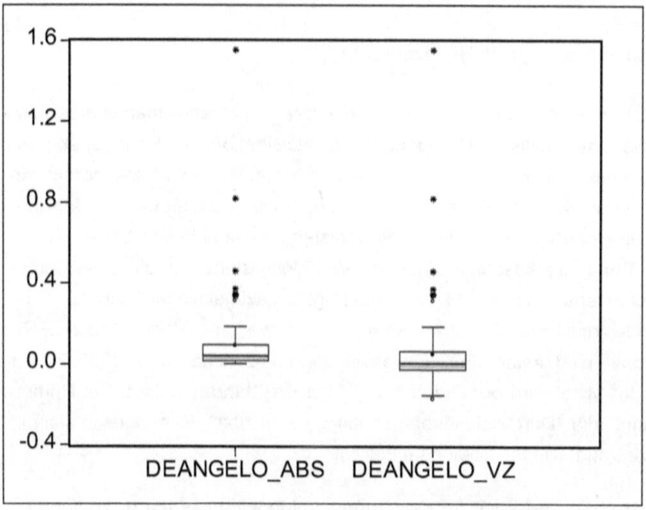

Abbildung 12: Boxplots diskretionäre Periodenabgrenzungen DeAngelo Modell 2

Mit:

DEANGELO_ABS	Diskretionäre Periodenabgrenzungen DeAngelo-Modell mit Absolutwert
DEANGELO_VZ	Diskretionäre Periodenabgrenzungen DeAngelo-Modell mit Vorzeichen

Die Datenbasis umfasst bei Verwendung der diskretionären Periodenabgrenzungen 102 Unternehmen. Für diese Unternehmen werden die diskretionären Periodenabgrenzungen nach dem DeAngelo-Modell berechnet, indem die Periodenabgrenzungen des Jahres 2005 mit der Bilanzsumme 2004 gewichtet werden. Von diesen werden die nichtdiskretionären Periodenabgrenzungen abgezogen. Die nichtdiskretionären Periodenabgrenzungen werden durch die Periodenabgrenzungen des Jahres 2004, gewichtet mit der Bilanzsumme 2003, repräsentiert. Bei abweichenden und in 2006 endenden Wirtschaftsjahren verändern sich diese Größen entsprechend.

3.3.2.2 Healy-Modell

Das Healy-Modell trifft die Annahme, dass die nichtdiskretionären Periodenabgrenzungen einem Durchschnittwert entsprechen, der aus den gesamten Periodenabgrenzungen berechnet wird. Werden die nichtdiskretionären Periodenabgrenzungen von den gesamten, gewichteten Periodenabgrenzungen abgezogen, ergeben sich die diskretionären Periodenabgrenzungen.[808]

---

808 Vgl. Healy, P. M. (1985).

$$(31)\quad DPA_t = \frac{PA_t}{Bilanzsumme_{t-1}} - \frac{1}{T}\sum_{t=1}^{T}\frac{PA_t}{Bilanzsumme_{t-1}}$$

Um eine ausreichende Vergleichbarkeit der Jahresabschlüsse zu gewährleisten, werden nur IFRS-Abschlüsse in die Datenbasis einbezogen. Die nichtdiskretionären Periodenabgrenzungen sind verzerrt, wenn bei der Durchschnittsbildung zunächst ein HGB-, darauf ein IFRS-Abschluss einbezogen wird. Die Durchschnittsbildung beginnt ab dem ersten Jahr der IFRS-Bilanzierung eines Unternehmens. Da für die meisten der enthaltenen Unternehmen nur für die ca. letzten fünf Jahre Abschlussdaten zur Verfügung stehen, beginnt die Durchschnittsberechnung frühestens im Jahr 1999. Somit beträgt T maximal sieben, minimal zwei, denn es müssen mindestens zwei Geschäftsjahre und ein weiteres Vorjahr nach IFRS vorhanden sein.[809] Somit sind keine IFRS-Erstanwender im Geschäftsjahr 2005 in der Datenbasis enthalten. Im Mittel wird der Durchschnitt über drei Jahre gebildet. Bei Rumpfgeschäftsjahren beginnt die Durchschnittsberechnung nach dem Rumpfgeschäftsjahr, sobald der Abschlusszeitraum wieder 12 Monate beträgt.

Die deskriptive Analyse ergibt wie auch für das DeAngelo-Modell, dass die diskretionären Periodenabgrenzungen im Mittel positiv sind. Der Mittelwert der diskretionären Periodenabgrenzungen mit Vorzeichen des DeAngelo-Modells liegt jedoch über dem Mittelwert des Healy-Modells mit Vorzeichen.

---

809 Beispiel: Unternehmen A bilanziert ab dem 01.01.2004 nach IFRS. Der Durchschnitt der Periodenabgrenzungen wird für 2005 und 2004 berechnet. Die Bilanzsumme aus 2003 wird zur Gewichtung der Periodenabgrenzungen des Jahres 2004 benötigt und kann aus dem Abschluss 2004 gewonnen werden, da die Vorjahresdaten im ersten IFRS-Jahr an die IFRS-Bilanzierung angepasst sind.

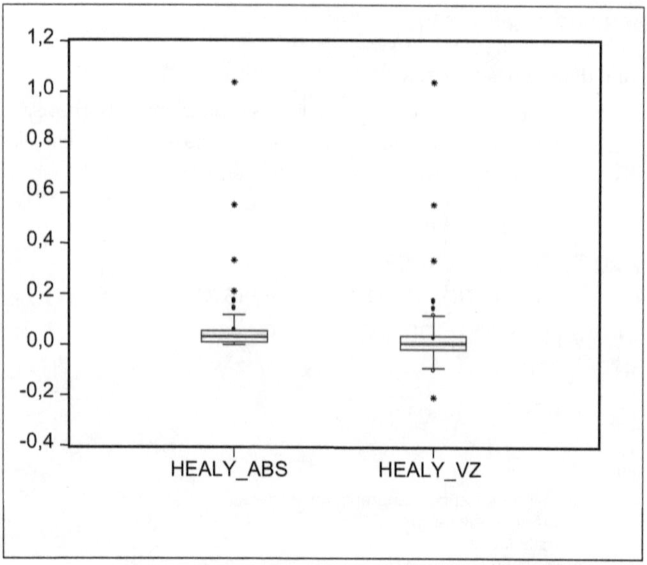

Abbildung 13: Boxplots diskretionäre Periodenabgrenzungen Healy Modell 2

Mit:

HEALY_ABS	Diskretionäre Periodenabgrenzungen Healy-Modell mit Absolutwert
HEALY_VZ	Diskretionäre Periodenabgrenzungen Healy-Modell mit Vorzeichen

Die diskretionären Periodenabgrenzungen des Healy- und DeAngelo-Modells werden als abhängige Variable jeweils mit den Absolutwerten und mit Vorzeichen in die Regressionsanalyse eingehen.

3.4 Teilhypothesen und Ergebnisse

3.4.1 Modellauswahl und deskriptive Statistik

Zur Abbildung der Bilanzpolitik werden aus früheren empirischen Studien zur Bilanzpolitik und Unabhängigkeit Variablen generiert, welche möglicherweise geeignet sind, um die Bilanzpolitik deutscher börsennotierter Unternehmen zu untersuchen.

$$\begin{aligned} & DPA = \\ & \beta_0 + \beta_1 NON\_AUDIT\_FESS + \beta_2 FREEFLOAT + \beta_3 LEVERAGE + \\ & \beta_4 LOSS + \beta_5 ROA + \beta_6 MB\_RATIO + \beta_7 GROWTH + \beta_8 LISTING + \\ & \beta_9 AUDIT\_TENURE + \beta_{10} AUDIT\_OPINION + \beta_{11} BIG4 + \\ & \beta_{12} LOG\_MARKET\_CAP + \varepsilon \end{aligned} \tag{32}$$

Mit:

DPA	Diskretionäre Periodenabgrenzungen, berechnet nach dem (1) DeAngelo-Modell und (2) Healy-Modell Verwendung DPA jeweils mit Vorzeichen und Absolutwerten
NON_AUDIT_FEES	(1) Natürlicher Logarithmus der Nichtprüfungshonorare (2) Nichtprüfungshonorare / gesamte Honorare aus einem Mandat (3) Nichtprüfungshonorare / Prüfungshonorare (4) Nichtprüfungshonorare / Bilanzsumme
FREEFLOAT	Streubesitz (Anteile < 5% des Grundkapitals)
LEVERAGE	Verschuldungsgrad des Mandanten = Fremdkapital zu Eigenkapital in Buchwerten
LOSS	1= Jahresfehlbetrag des Mandanten; 0 = sonst
ROA	Return on Assets = Ergebnis vor Steuern, Zinsaufwand und außerordentlichem Ergebnis / Gesamtes Vermögen des Mandanten
MB_RATIO	Markt-/Buchwert-Verhältnis Eigenkapital des Mandanten
GROWTH	Veränderung der Bilanzsumme, normiert mit der Bilanzsumme des Vorjahres
LISTING	Notierung des Mandanten an einer US-amerikanischen Börse, gemessen durch eine diskrete Variable mit 3 Ausprägungen, je nach Offenlegungsumfang bei der SEC.
AUDIT_TENURE	Dauer der Prüfungsbeziehung zwischen Mandant und Prüfungsgesellschaft. Entspricht der Mandatsdauer, welche durch die binäre Variable Erstprüfungsjahr (FIRST_AUDIT_YEAR) und zusätzlich durch die genaue Mandatsdauer (ROTATION_MAX) als diskrete Variable gemessen wird.
AUDIT_OPINION	1= Bestätigungsvermerk des Prüfers versagt, eingeschränkt oder mit Hinweis; 0 = sonst
BIG4	1 = Vier größten Prüfungsgesellschaften: Deloitte & Touche, Ernst & Young, KPMG, PwC; 0 = sonst
LOG_MARKET_CAO	Logarithmierte Marktkapitalisierung

Aus diesen elf erklärenden Variablen wird das Modell spezifiziert. Folgende Abbildungen dienen der deskriptiven Analyse der zu erklärenden und der erklärenden Variablen. Die Relation Nichtprüfungs- zu Prüfungshonoraren ist durch einen Ausreißer gekennzeichnet, bei welchem die Nichtprüfungshonorare ein ca. Elf-faches der Prüfungshonorare ausmachen.

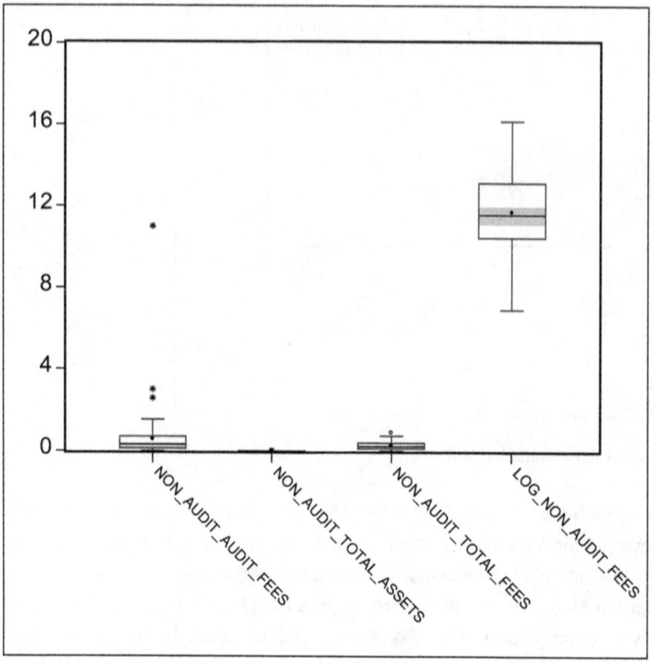

Abbildung 14: Boxplots Nichtprüfungshonorare Modell 2

Mit:

NON_AUDIT_AUDIT_FEES	Nichtprüfungs- / Prüfungshonorare
NON_AUDIT_TOTAL_ASSETS	Nichtprüfungshonorare / Bilanzsumme
NON_AUDIT_TOTAL_FEES	Nichtprüfungs- / gesamte Honorare
LOG_NON_AUDIT_FEES	Logarithmierte Nichtprüfungshonorare

Bei den binären Variablen LOSS, AUDIT_OPINION und BIG4 sind nur die Ausprägungen Null und Eins gegeben, weshalb für diese keine Boxplots gebildet werden. Die Nichtprüfungshonorare finden Eingang in vier Variablen, bei welchen die Honorare jeweils um Größeneffekte bereinigt und vergleichbar sind. Die deskriptive Statistik der erklärenden Variablen wird durch folgende Boxplots wiedergegeben.

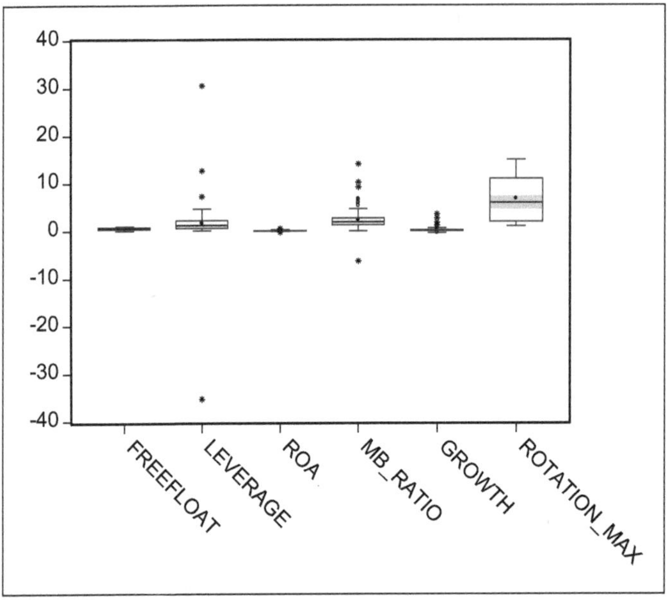

Abbildung 15: Boxplots erklärende Variablen Modell 2

Erneut enthalten die Variablen LEVERAGE und MB_RATIO eine Beobachtung mit negativem Eigenkapital. Diese beiden Variablen sind auch durch positive Ausreißer getrieben. Die Variable ROTATION_MAX gibt die Rotationsdauer bis maximal 15 Jahre an. Um das statistisch am Besten geeignete Modell zu erhalten, wird für jede betrachtete Variable eine einfache Regressionsanalyse durchgeführt. Bei Signifikanz und erwartetem Vorzeichen des Einflusses wird ein Einbezug der Variablen in das multiple Regressionsmodell in Erwägung gezogen. Die Ergebnisse der einfachen Regressionen mit den diskretionären Periodenabgrenzungen als zu erklärende Variable, zeigt folgende Tabelle 33 für das DeAngelo- und Tabelle 34 für das Healy-Modell. Die Kontrollvariablen werden gegen die diskretionären Periodenabgrenzungen mit Vorzeichen regressiert, da bei einkommenserhöhender Bilanzpolitik eine eingeschränkte Unabhängigkeit am ehesten zu erwarten ist. Für die Nichtprüfungshonorare wird dagegen zusätzlich eine Unterscheidung zwischen absoluten diskretionären Periodenabgrenzungen und diskretionären Periodenabgrenzungen mit Vorzeichen gewählt.

Endogene Variable	Exogene Variable	Erwartetes Vorzeichen	Koeffizient	p-Wert (zweiseitig)	p-Wert (einseitig)	Signifikanz	R^2
DEANGELO_ABS	LOG_NON_AUDIT_FEES	+	-0,015	0,002	0,001	s.	0,102
DEANGELO_VZ	LOG_NON_AUDIT_FEES	+	-0,016	0,156		n.s.	0,021
DEANGELO_ABS	NON_AUDIT_TOTAL_FEES	+	-0,026	0,591	0,300	n.s.	0,003
DEANGELO_VZ	NON_AUDIT_TOTAL_FEES	+	-0,029	0,790		n.s.	0,001
DEANGELO_VZ	FREEFLOAT	-	-0,005	0,951		n.s.	0,000
DEANGELO_VZ	LEVERAGE	+	-0,007	0,072		s.	0,032
DEANGELO_VZ	LOSS	+	-0,066	0,242		n.s.	0,014
DEANGELO_VZ	ROA	-	-0,030	0,875		n.s.	0,000
DEANGELO_VZ	MB_RATIO	-	0,001	0,922		n.s.	0,000
DEANGELO_VZ	GROWTH	+	0,150	0,000		s.	0,149
DEANGELO_VZ	LISTING	-	-0,031	0,590		n.s.	0,003
DEANGELO_VZ	ROTATION_MAX	+	-0,006	0,141		n.s.	0,022
DEANGELO_VZ	AUDIT_OPINION	-	-0,107	0,461		n.s.	0,005
DEANGELO_VZ	BIG4	-	0,007	0,867		n.s.	0,000
DeANGELO_VZ	LOG_MARKET_CAP	-	-0,001	0,214		n.s.	0,002

Tabelle 33: Einfache Regressionen DeAngelo Modell 2

Endogene Variable	Exogene Variable	Erwartetes Vorzeichen	Koeffizient	p-Wert (zweiseitig)	p-Wert (einseitig)	Signifikanz	R^2
HEALY_ABS	LOG_NON_AUDIT_FEES	+	-0,001	0,298	0,149	n.s.	0,118
HEALY_VZ	LOG_NON_AUDIT_FEES	+	-0,005	0,479		n.s.	0,005
HEALY_ABS	NON_AUDIT_TOTAL_FEES	+	0,006	0,924	0,462	n.s.	0,000
HEALY_VZ	NON_AUDIT_TOTAL_FEES	+	0,006	0,934		n.s.	0,000
HEALY_VZ	FREEFLOAT	-	0,013	0,805		n.s.	0,001
HEALY_VZ	LEVERAGE	+	-0,004	0,133		n.s.	0,022
HEALY_VZ	LOSS	+	-0,047	0,209		n.s.	0,016
HEALY_VZ	ROA	-	-0,066	0,606		n.s.	0,003
HEALY_VZ	MB_RATIO	-	-0,002	0,674		n.s.	0,002
HEALY_VZ	GROWTH	+	0,085	0,001		s.	0,110
HEALY_VZ	LISTING	-	-0,018	0,623		n.s.	0,002
HEALY_VZ	ROTATION_MAX	+	-0,004	0,1144		n.s.	0,025
HEALY_VZ	AUDIT_OPINION	-	-0,056	0,555		n.s.	0,003
HEALY_VZ	BIG4	-	0,038	0,1581		n.s.	0,020
HEAly_VZ	LOG_MARKET_CAP	-	-0,008	0,2159		n.s.	0,015

Tabelle 34: Einfache Regressionen Healy Modell 2

Aus den Ergebnissen der einfachen Regressionsmodelle ist ersichtlich, dass die Nichtprüfungshonorare (LOG_NON_AUDIT_FEES und NON_AUDIT_TOTAL_FEES) einen geringen Einfluss auf die Höhe der diskretionären Periodenabgrenzungen ausüben. Im Vergleich mit weiteren exogenen Variablen ist der Erklärungsgehalt der Nichtprüfungshonorare jedoch ausreichend, um in einem multiplen Regressionsmodell einen statistisch signifikanten Zusammenhang erwarten zu können. Einen signifikanten Einfluss bieten die Variablen LOG_NON_AUDIT_FEES, LEVERAGE und GROWTH beim DeAngelo-Modell sowie GROWTH beim Healy-Modell. Die restlichen Variablen führen zu keinem statistisch signifikanten Zusammenhang mit den diskretionären Periodenabgrenzungen. Die Vorzeichen der Koeffizienten entsprechen teilweise auch nicht den Erwartungen.

Wie schon ausführlich unter Abschnitt III.2.3.1 erläutert, erfolgt die Modellauswahl indem das einfache Regressionsmodell DPA = $\beta_0+\beta_1$NON_AUDIT_TOTAL_FEES um erklärende Variablen erweitert wird.[810] Maßgebliche Modellauswahlkriterien sind das Schwarz- und das Akaike-Kriterium. Ziel der Auswahl einzelner Variablen für das Regressionsmodell ist es, ein Modell zu erhalten, dass die Höhe der Bilanzpolitik bestmöglich erklärt. Die Abbildung der Bilanzpolitik erfolgt mit ihrem Vorzeichen, d.h., es wird eine Unterscheidung zwischen einkommenserhöhender und –mindernder Bilanzpolitik vorgenommen.[811] Wird das Healy-Modell verwendet, können die aus statistischer Sicht besten Ergebnisse erzielt werden, zudem deckt das Healy-Modell die Bilanzpolitik besser auf als das DeAngelo-Modell.[812] Folgendes Modell wird für die weiteren Untersuchungen verwendet:

---

810 Die Variable NON_AUDIT_TOTAL_FEES wird verwendet, da die relativen Nichtprüfungshonorare die wirtschaftliche Bindung und Abhängigkeit zwischen Prüfer und Mandant abbildet. Die Bedeutung der Nichtprüfungsleistungen wird sichtbar. Auch wenn die logarithmierten Nichtprüfungshonoraren zu einem höheren R^2 führen, erfolgt die Variablenauswahl auf Basis ökonomischer Gesichtspunkte, welche für den Anteil der Nichtprüfungs- an den gesamten Honoraren sprechen.

811 Für die Differenzierung zwischen einkommenserhöhender und –mindernder Bilanzpolitik sprechen die empirischen Ergebnisse von Hribar, P./Nichols, D. C. (2006), S. 3. Diese finden heraus, dass die Verwendung von Absolutwerten zu Verfälschungen der Abbildung von Bilanzpolitik führt. Dabei sind unter anderem der Marktwert des Eigenkapitals, die Bilanzsumme, der Verschuldungsgrad und das Umsatzwachstum positiv mit den absoluten diskretionären Periodenabgrenzungen korreliert.

812 Vgl. Ergebnisse anderer Studien zur Aufdeckung der Bilanzpolitik über das Healy- und DeAngelo-Modell und die Beurteilung der Modell in Abschnitt II.3.

Dependent Variable: HEALY_VZ				
Method: Least Squares				
Sample: 1 102				
Included observations: 102				
Variable	Coefficient	Std. Error	t-Statistic	Prob.
C	0,233726	0,130355	1,792989	0,0762
NON_AUDIT_TOTAL_FEES	0,026989	0,071198	0,379070	0,7055
GROWTH	0,076217	0,025579	2,979700	***0,0037
LEVERAGE	-0,003161	0,002590	-1,220507	0,2253
LOSS	-0,045097	0,036503	-1,235435	0,2197
ROTATION_MAX	-0,001536	0,002756	-0,557266	0,5787
BIG4	0,066405	0,027594	2,406547	**0,0181
LOG_MARKET_CAP	-0,012493	0,007331	-1,704201	*0,0916
R-squared	0,201543	Mean dependent var		0,026706
Adjusted R-squared	0,142083	S.D. dependent var		0,132761
S.E. of regression	0,122969	Akaike info criterion		-1,278591
Sum squared resid	1,421400	Schwarz criterion		-1,072711
Log likelihood	73,20813	F-statistic		3,389574
Durbin-Watson stat	2,005130	Prob(F-statistic)		0,002856
* schwach signifikanter Einfluss (zweiseitiger Test, 10%-Niveau),				
** normal signifikanter Einfluss (zweiseitiger Test, 5%-Niveau),				
*** hochsignifikanter Einfluss (zweiseitiger Test, 1%-Niveau)				

Tabelle 35: Regression Modell 2: Ausgangsmodell

Der Erklärungsgehalt liegt bei ca. 14% und ist mit ähnlichen Studien vergleichbar.[813] Im Gegensatz zu dieser Studie verwenden jedoch die meisten der Studien mit den diskretionären Periodenabgrenzungen als zu erklärende Variable, mehrere tausend Beobachtungen. Die geringe Datenbasis spiegelt sich möglicherweise darin wider, dass die erklärten Zusammenhänge nur bei drei Variablen signifikant sind, während Studien mit vielen Beobachtungen bessere p-Werte erzielen. Wegen der geringen Datenbasis sind die Ergebnisse dieses Modells sehr vorsichtig zu interpretieren.

Wird die Beobachtung mit dem negativen Eigenkapital, welche sich in einem negativen Verschuldungsgrad in der Variablen LEVERAGE auswirkt, aus der Stichprobe genommen, verändern sich die p-Werte unwesentlich, sodass sich keine veränderte Signifikanzen ergeben.

---

813 Vgl. z.B. Ashbaugh, H./LaFond, R./Mayhew, B. W. (2003) mit einem angepassten R^2 von ca. 18% bei 3.069 Beobachtungen oder Davis, L. R./Soo, B./Trompeter, G. (2000) mit einem angepassten R^2 von 1,1% bei 12.892 Beobachtungen.

Dependent Variable: HEALY_VZ				
Method: Least Squares				
Sample: 1 102				
Included observations: 101				
Excluded observations: 1				
Variable	Coefficient	Std. Error	t-Statistic	Prob.
C	0.258054	0.132618	1.945844	0.0547
NON_AUDIT_TOTAL_FEES	0.029727	0.071252	0.417206	0.6775
GROWTH	0.077375	0.025606	3.021791	***0.0032
LEVERAGE	-6.74E-05	0.004039	-0.016691	0.9867
LOSS	-0.059369	0.039205	-1.514308	0.1333
ROTATION_MAX	-0.001467	0.002757	-0.532218	0.5958
BIG4	0.071837	0.028126	2.554129	**0.0123
LOG_MARKET_CAP	-0.014205	0.007529	-1.886656	*0.0623
R-squared	0.203518	Mean dependent var		0.025520
Adjusted R-squared	0.143568	S.D. dependent var		0.132879
S.E. of regression	0.122971	Akaike info criterion		-1.277837
Sum squared resid	1.406340	Schwarz criterion		-1.070699
Log likelihood	72.53076	F-statistic		3.394787
Durbin-Watson stat	1.965740	Prob(F-statistic)		0.002843
* schwach signifikanter Einfluss (zweiseitiger Test, 10%-Niveau),				
** normal signifikanter Einfluss (zweiseitiger Test, 5%-Niveau),				
*** hochsignifikanter Einfluss (zweiseitiger Test, 1%-Niveau)				

Tabelle 36: Regression Modell 2: Ausgangsmodell mit angepassten Werten

Bevor die einzelnen Teilhypothesen dargestellt werden, ist das Modell auf die Erfüllung statistischer Annahmen zu überprüfen.[814] Der Reset-Test prüft, ob ein linearer Ansatz nur durch zusätzliche Variablen erreicht werden kann. Die Hypothese H_1= Nicht-Linearer Wirkungszusammenhang kann auf dem 1%-Niveau abgelehnt werden. Es ist keine Modellverbesserung notwendig. Weiterhin wird die Annahme der Homoskedastie untersucht. Auch diese Annahme ist für das Ausgangsmodell erfüllt. Der White Heteroskedasticity-Test führt zur Ablehnung von H_1= Heteroskedastie, da der p-Wert mit 0,29 über dem Signifikanzniveau α liegt. Wie folgende Abbildung und auch die Teststatistik zeigt (p-Wert des Jarque-Bera-Test kleiner dem Signifikanzniveau von 0,01), ist keine Normalverteilung gegeben. Wie ersichtlich wird, ist das Modell durch Ausreißer getrieben.

---

814 Vgl. hierzu ausführlich das Vorgehen bei Modell 1 in Kapitel III.2. Vgl. auch Pindyck, R. S./Rubinfeld, D. L. (1998), Greene, W. H. (2002), Auer, L. v. (2005).

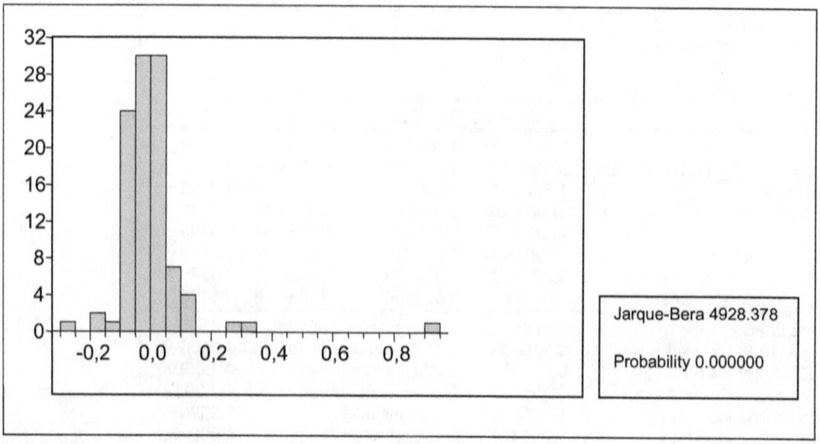

Abbildung 16: Normalverteilung Ausgangsmodell 2

Werden die Ausreißer, welche die Residuen am oberen und unteren Ende der Regression repräsentieren, vollständig aus dem Modell entnommen, ist die Normalverteilungsannahme für 98 Beobachtungen erfüllt. Wird das Ausgangsmodell ohne die Ausreißer getestet, ergibt sich eine Veränderung im Erklärungsgehalt, welcher sich verbessert. Weiterhin ist der Einfluss der Variablen BIG4 nun nicht signifikant, der Variablen LEVERAGE dagegen signifikant. Die Vorzeichen der Variablen verändern sich nicht. Da das Ausgangsmodell mit und ohne Ausreißer zu unterschiedlichen Ergebnissen führt, wird eine weitere Alternative angewandt, um Ausreißer im Modell zu berücksichtigen. Dieses Vorgehen soll Sicherheit hinsichtlich der Entscheidung geben, die Ausreißer aus dem Modell zu entnehmen oder nicht. Um nicht auf Beobachtungen verzichten zu müssen, werden für die diskretionären Periodenabgrenzungen des Healy-Modells mit Vorzeichen die 5%- und die 95%-Quantile berechnet.[815] Alle Werte der diskretionären Periodenabgrenzungen, die unter dem 5%- oder über dem 95%-Quantil liegen, werden auf die Werte dieser beiden Quantile gesetzt.[816]

---

815 Vgl. Kennedy, D./Lakonishok, J./Shaw, W. H. (1992) für verschiedene Möglichkeiten Ausreißer zu behandeln. Vgl. Schlittgen, R. (2003), S. 440-445.

816 Das 5%-Quantil der diskretionären Periodenabgrenzungen mit Vorzeichen, berechnet nach dem Healy-Modell, beträgt -0,077476 das 95%-Quantil 0,169439.

Dependent Variable: HEALY_VZ Method: Least Squares Sample: 1 102 Included observations: 102				
Variable	Coefficient	Std. Error	t-Statistic	Prob.
C	0.115821	0.060538	1.913207	0.0588
NON_AUDIT_TOTAL_FEES	0.051110	0.032178	1.588342	0.1156
GROWTH	1.70E-09	2.60E-09	0.653492	0.5150
LEVERAGE	-0.003064	0.001197	-2.559641	0.0121
LOSS	-0.039232	0.016512	-2.375951	0.0195
ROTATION_MAX	-0.001310	0.001235	-1.060436	0.2917
BIG4	0.027103	0.012853	2.108697	0.0376
LOG_MARKET_CAP	-0.005637	0.003399	-1.658216	0.1006
R-squared	0.178091	Mean dependent var		0.014664
Adjusted R-squared	0.116885	S.D. dependent var		0.060694
S.E. of regression	0.057036	Akaike info criterion		-2.815073
Sum squared resid	0.305795	Schwarz criterion		-2.609193
Log likelihood	151.5687	F-statistic		2.909691
Durbin-Watson stat	2.264441	Prob(F-statistic)		0.008460

Tabelle 37: Regression Modell 2: Ausgangsmodell mit angepassten Werten

Wird die Regression erneut mit den angepassten Ausreißern getestet, verschlechtert sich das angepasste R^2 im Vergleich zum Ausgangsmodell und auch im Vergleich zum Modell ohne Ausreißer. Zudem sind die Annahmen der Homoskedastie und des linearen Wirkungszusammenhangs in beiden Modellen ohne Ausreißer nicht erfüllt. Somit wird das Ausgangsmodell für die weiteren Untersuchungen verwendet.[817] Für dieses Vorgehen spricht auch, dass sich die Verteilung entsprechend dem zentralen Grenzwertsatzes mit steigendem „n“ immer mehr der Normalverteilung angleicht.[818] D.h. auch wenn die Residuen im Modell nicht normalverteilt sind, wie es hier der Fall ist, sind die Schätzer bei einer ausreichend hohen Zahl von Beobachtungen trotzdem normalverteilt.

Neben der Normalverteilung ist das Auftreten von Multikollinearität zu untersuchen. Eine annähernd lineare Beziehung zwischen exogenen Variablen wird über deren Korrelation überprüft. Wie nachstehende Tabelle zeigt, bestehen keine überhöhten Korrelationen zwischen exogenen Variablen. Vor dem Hintergrund der Multikollinearität ist deren Einbezug in das Ausgangsmodell unbedenklich.

---

817 Die Korrektheit der Daten wurde für die Ausreißer überprüft. Diese Unternehmen zeichnen sich durch bilanzielle Größen aus, die durch die spezifische Unternehmenssituation entstanden sind und Extremwerte darstellen.

818 Vgl. Schlittgen, R. (2003), S. 239.

	NON_ AUDIT_ TOTAL_ FEES	GROWTH	LEVE-RAGE	LOSS	ROTATI-ON_MAX	BIG4	LOG_ MARKET_ CAP
NON_AUDIT_ TOTAL_FEES	1,000	0,222	0,154	-0,051	0,071	-0,125	0,242
GROWTH		1,000	-0,023	-0,205	-0,205	-0,038	0,028
LEVERAGE			1,000	-0,025	-0,011	0,075	0,257
LOSS				1,000	-0,133	0,002	-0,233
ROTATION_ MAX					1,000	0,109	0,411
BIG4						1,000	0,363
LOG_ MARKET_CAP							1,000

Tabelle 38: Regression Modell 2: Korrelationsmatrix

Die Überprüfung statistischer Annahmen zeigt, dass das Ausgangsmodell diese bis auf die Normalverteilungsannahme erfüllt. Die einfachen Regressionen, die statistischen Tests und das Ausgangsmodell zeigen, dass die Stabilität des Modells nicht sehr hoch ist. Im Anschluss werden die einzelnen Teilhypothesen überprüft.

3.4.2 Messung der Prüfer-Unabhängigkeit

Die Vermutung, dass eine geringe Qualität der Jahresabschlüsse (hohe Bilanzpolitik) mit eingeschränkter Unabhängigkeit der Prüfer einhergeht, wird über die erklärenden Variablen Nichtprüfungshonorare, Mandatsdauer, Bestätigungsvermerk und BIG4 gemessen. Im Anschluss an die Prüfung der Unabhängigkeit werden weitere Faktoren untersucht, von welchen ein Einfluss auf die Höhe der Bilanzpolitik erwartet wird.

3.4.2.1 Nichtprüfungshonorare

Die erstmalige Honorarveröffentlichungspflicht ab dem Geschäftsjahr 2005 motiviert die Untersuchung der Prüferunabhängigkeit in Deutschland und die Notwendigkeit weiterer gesetzlicher Maßnahmen. Der Höhe der Nichtprüfungsleistungen wird im Vergleich zu den gesamten Honoraren die Rolle zugeschrieben, dass sie die wirtschaftliche Abhängigkeit vom Mandanten beeinflusst.[819] Bei wirtschaftlicher Abhängigkeit, hervorgerufen durch im Verhältnis zu den gesamten Honoraren hohe Nichtprüfungshonorare,[820] legt die Prüfungsgesellschaft weniger Wert auf die Qualität des Jahresabschlusses, welche vor der Prüfung durch die bilanzpolitischen Maßnahmen des Managements reduziert wurde, so die Annahme, welche sich in folgender Hypothese widerspiegelt.

---

819 Vgl. Ashbaugh, H./LaFond, R./Mayhew, B. W. (2003), S. 614. Vgl. Ruddock, C./Taylor, S./Taylor, S. (2006), S. 711.

820 Vgl. Kitschler, R. (2005), S. 148.

H_0= Je höher die Nichtprüfungshonorare, desto stärker das Ausmaß betriebener Bilanzpolitik und c.p. desto weniger unabhängig sind die Prüfer.

Für die Nichtprüfungshonorare als Indikator der inneren Unabhängigkeit des Prüfers werden die Kategorien Honorare für sonstige Bestätigungs- und Bewertungsleistungen, für Steuerberatungsleistungen und für sonstige Leistungen zusammengefasst. Die nach § 314 Abs. 1 Nr. 9 HGB veröffentlichten Honorare des Konzernabschlussprüfers werden aus den Geschäftsberichten des Jahres 2005 (oder bei abweichendem Wirtschaftsjahr aus 2005/2006) gewonnen.[821] Die Nichtprüfungshonorare können auf unterschiedliche Weise gewichtet werden, um Größenunterschiede der Mandanten auszuschließen. Ferner zeigt das Verhältnis der Nichtprüfungs- zu den Prüfungshonoraren[822] sowie die Relation der gesamten Honorare zu den gesamten Umsätzen der Prüfungsgesellschaft[823] die wirtschaftliche Abhängigkeit des Prüfers auf. Für die nachstehende Analyse werden folgende Fallunterscheidungen im Regressionsmodell mit variierenden Möglichkeiten zur Abbildung der Bilanzpolitik und der Nichtprüfungshonorare berücksichtigt:

Abhängige Variable	**Unabhängige Variable**
HEALY_VZ und HEALY_ABS	NON_AUDIT_TOTAL_FEES (1a)
	LOG_NON_AUDIT_FEES (1b)
	NON_AUDIT_AUDIT_FEES (1c)
	NON_AUDIT_TOTAL_ASSETS (1d)
DEANGELO_VZ und DEANGELO_ABS	NON_AUDIT_TOTAL_FEES (2a)
	LOG_NON_AUDIT_FEES (2b)
	NON_AUDIT_AUDIT_FEES (2c)
	NON_AUDIT_TOTAL_ASSETS (2d)

Tabelle 39: Regression Modell 2: Fallunterscheidung Nichtprüfungshonorare

Der Einfluss der Nichtprüfungshonorare auf die Bilanzpolitik wird zunächst über die Relation Nichtprüfungs- zu gesamten Honoraren (1a) gemessen.[824] Einschränkend ist anzumerken, dass die wirtschaftliche Abhängigkeit über diese Variable nicht perfekt abgebildet werden kann. So wird nicht ersichtlich, welchen Honoraranteil das Mandat im Vergleich zu den restlichen Mandaten einer Prüfungsgesellschaft ausmacht.[825] In der einfachen Regression (vgl. Tabelle 33 und Tabelle 34) besteht ein positiver, aber statistisch nicht signifikanter Zusammenhang zwischen der Relation Nichtprüfungs- zu gesamten Honoraren und den

821 Zur Datenerfassung und zur Honorarveröffentlichung vergleiche Abschnitt III.2.3 des ersten Modells.
822 Vgl. ähnlich bei Lenz, H. (2001), S. 303.
823 Vgl. Chung, H./Kallapur, S. (2003).
824 Vgl. Frankel, R. M./Johnson, M. F./Nelson, K. K. (2002). Vgl. Reynolds, J. K./Deis, D. R./Francis, J. R. (2004), S. 33 und Kelley, S. O./Shores, D./Tong, Y. H. (2004) zur Messung der Unabhängigkeit über die Relation Nichtprüfungs- zu gesamten Honoraren.
825 Vgl. Frankel, R. M./Johnson, M. F./Nelson, K. K. (2002). Vgl. Chung, H./Kallapur, S. (2003). Vgl. Ferguson, M. J./Seow, G. S./Young, D. (2004), S. 823. Vgl. Coulton, J./Ruddock, C./Taylor, S. (2007), S. 9. Letztere schätzen den unerwarteten Teil der Honorare, um diese Schwäche der Honorare auszugleichen.

Modellen zur Messung der Bilanzpolitik über die diskretionären Periodenabgrenzungen. Auch das multiple Regressionsmodell, welches am Besten geeignet erscheint (Ausgangsmodell), zeigt einen positiven, statistisch nicht signifikanten Einfluss. Wird anstatt der diskretionären Periodenabgrenzungen mit Vorzeichen der Absolutwert der diskretionären Periodenabgrenzungen innerhalb des Healy-Modells verwendet, so ändert sich das Vorzeichen des Einflusses. Dieser ist allerdings auch weiterhin statistisch nicht signifikant. Für diese Datenbasis kann kein Zusammenhang zwischen der Höhe der Nichtprüfungshonorare und der Bilanzpolitik erklärt werden.

Ein weiterer alternativer Indikator für die wirtschaftliche Abhängigkeit sind die logarithmierten Nichtprüfungshonorare (1b).[826] Die Logarithmierung erfolgt, um eine Abhängigkeit der Nichtprüfungshonorare von der Unternehmensgröße auszuschließen. Die wirtschaftliche Abhängigkeit vom Mandanten wird hier nicht durch eine relative Größe ausgedrückt, vielmehr wird die Bereitstellung von Nichtprüfungshonoraren per se als Maß für die wirtschaftliche Abhängigkeit gewertet, die mit der Höhe der Honorare steigt.

Dependent Variable: HEALY_VZ Method: Least Squares Sample: 1 102 Included observations: 102				
Variable	Coefficient	Std. Error	t-Statistic	Prob.
C	0,248318	0,131636	1,886392	0,0623
LOG_NON_AUDIT_FEES	0,003210	0,004053	0,791940	0,4304
GROWTH	0,075325	0,025141	2,996059	***0,0035
LEVERAGE	-0,003145	0,002571	-1,223432	0,2242
LOSS	-0,046144	0,036403	-1,267594	0,2081
ROTATION_MAX	-0,001956	0,002806	-0,697180	0,4874
BIG4	0,066956	0,027033	2,476807	**0,0150
LOG_MARKET_CAP	-0,014469	0,007841	-1,845179	*0,0682
R-squared	0,205622	Mean dependent var		0,026706
Adjusted R-squared	0,146466	S.D. dependent var		0,132761
S.E. of regression	0,122654	Akaike info criterion		-1,283713
Sum squared resid	1,414138	Schwarz criterion		-1,077833
Log likelihood	73,46937	F-statistic		3,475944
Durbin-Watson stat	1,990390	Prob(F-statistic)		0,002348
* schwach signifikanter Einfluss (zweiseitiger Test, 10%-Niveau), ** normal signifikanter Einfluss (zweiseitiger Test, 5%-Niveau), *** hochsignifikanter Einfluss (zweiseitiger Test, 1%-Niveau)				

Tabelle 40: Regression Modell 2: Healy-Modell mit logarithmierten Nichtprüfungshonoraren

826 Ashbaugh, H./LaFond, R./Mayhew, B. W. (2003), S. 614 bevorzugen diese Honorarkategorie gegenüber der Relation Nichtprüfungs- zu gesamten Honoraren, da die wirtschaftliche Abhängigkeit besser dargestellt werden kann.

Die Ergebnisse stützen die Aussage des Ausgangsmodells, da erneut kein statistisch signifikant positiver Zusammenhang besteht, welcher eine Aussage über die Unabhängigkeit der Prüfer ermöglicht.[827]

Derselbe positive, nicht signifikante Zusammenhang besteht, wenn anstatt der Relation Nichtprüfungs- zu gesamten Honoraren die Relation Nichtprüfungs- zu Prüfungshonoraren verwendet wird (1c). Bei Betrachtung des Enron-Skandals kann den die Prüfungshonorare übersteigenden Nichtprüfungshonoraren durchaus eine ökonomische Bedeutung beigemessen werden.[828] Sind die Nichtprüfungshonorare höher als die Prüfungshonorare, erzielt eine Prüfungsgesellschaft den maßgeblichen Honoraranteil aus Beratungsleistungen.

Die Güte des Modells verbessert sich leicht, wenn die Nichtprüfungshonorare mit der Bilanzsumme des Mandanten gewichtet werden (1d).[829] Hierbei wird die Vergleichbarkeit der Beobachtungen nicht durch Logarithmieren, sondern durch die Normierung mit der Bilanzsumme erreicht. Der Zusammenhang zwischen den Nichtprüfungshonoraren und der Bilanzpolitik ist erneut nicht signifikant positiv. Allerdings ist die Relation Nichtprüfungs- zu gesamten Honoraren zur Abbildung der Unabhängigkeit aus ökonomischer Sicht sinnvoller. Der Anteil der Nichtprüfungshonorare an der Bilanzsumme beträgt im Mittel nur 0,0231%.

Die Ergebnisse der Fallunterscheidung (1a)-(1d) zeigen, dass die Relation der Nichtprüfungshonorare zu den gesamten Honoraren des Mandates aus ökonomischer Sicht am Besten geeignet ist, die Unabhängigkeit des Prüfers zu messen. Alle Variationen zeigen, dass zwischen den Honorarvariablen und der Höhe der Bilanzpolitik ein positiver, aber nicht signifikanter Zusammenhang besteht. Die Unabhängigkeit der Prüfer kann in diesem Sample nicht erklärt werden.

Um die Sensitivität der Ergebnisse zu untersuchen, werden die diskretionären Periodenabgrenzungen neben dem Healy-Modell über das DeAngelo-Modell gemessen. Wie in Abschnitt II.3.4.2.2 erläutert, zeigen empirische Studien, dass das DeAngelo-Modell die Höhe der Bilanzpolitik weniger gut aufdeckt, als das Healy-Modell. Zunächst wird das Ausgangsmodell mit der Relation Nichtprüfungs- zu gesamten Honoraren gemessen. Nun wird anstatt dem Healy-Modell das DeAngelo-Modell mit einkommenserhöhenden und –mindernden diskretionären Periodenabgrenzungen (mit Vorzeichen) betrachtet (2a).

---

827 Der Zusammenhang zwischen den logarithmierten Nichtprüfungshonoraren und den absoluten diskretionären Periodenabgrenzungen des Healy-Modells ist ebenso positiv, aber nicht signifikant.

828 Die Prüfungshonorare betrugen 25 Millionen US-$, die Nichtprüfungshonorare 27 Millionen US-$. Vgl. Healy, P. M./Palepu, K. G. (2003). Vgl. Kinney, W. R./Libby, R. (2002), S. 110.

829 Werden anstatt der diskretionären Periodenabgrenzungen mit Vorzeichen die Absolutwerte der diskretionären Periodenabgrenzungen des Healy-Modells verwendet, besteht ein negativer, statistisch nicht signifikanter Zusammenhang.

Dependent Variable: DEANGELO_VZ Method: Least Squares Sample: 1 102 Included observations: 102				
Variable	Coefficient	Std. Error	t-Statistic	Prob.
C	0,256240	0,197677	1,296253	0,1981
NON_AUDIT_TOTAL_FEES	-0,054712	0,107968	-0,506748	0,6135
GROWTH	0,145930	0,038789	3,762145	0,0003
LEVERAGE	-0,005695	0,003927	-1,450266	0,1503
LOSS	-0,044500	0,055355	-0,803898	0,4235
ROTATION_MAX	-0,001504	0,004179	-0,359980	0,7197
BIG4	0,033764	0,041844	0,806894	0,4218
LOG_MARKET_CAP	-0,011024	0,011117	-0,991624	0,3239
R-squared	0,202988	Mean dependent var		0,047728
Adjusted R-squared	0,143636	S.D. dependent var		0,201508
S.E. of regression	0,186476	Akaike info criterion		-0,445847
Sum squared resid	3,268680	Schwarz criterion		-0,239967
Log likelihood	30,73819	F-statistic		3,420071
Durbin-Watson stat	2,005022	Prob(F-statistic)		0,002665

Tabelle 41: Regression Modell 2: DeAngelo-Modell mit Nichtprüfungs-/Gesamte Honorare

Der Zusammenhang zwischen den Nichtprüfungshonoraren und der Höhe der Bilanzpolitik ist negativ, aber erneut statistisch nicht signifikant. Das Healy- und DeAngelo-Modell führen nicht zum gleichen Vorzeichen des Koeffizienten. Das Modell wird zusätzlich mit den logarithmierten Nichtprüfungshonoraren (2b), der Relation Nichtprüfungs- zu Prüfungshonoraren (2c) und der Relation Nichtprüfungshonorare zur Bilanzsumme des Mandanten (2d) getestet. Für jedes dieser Modelle besteht sowohl bei Betrachtung von positiven bzw. negativen und absoluten diskretionären Periodenabgrenzungen ein negativer, statistisch nicht signifikanter Zusammenhang zwischen den Honoraren und der Höhe der Bilanzpolitik. Somit zeigt das DeAngelo-Modell, dass kein Hinweis auf eine eingeschränkte Unabhängigkeit vorliegt.

Folgende Übersicht fasst die Ergebnisse zusammen und betrachtet die Fallunterscheidungen, welche hinsichtlich der Variablen Nichtprüfungshonorare und der Bilanzpolitik mit Vorzeichen oder Absolutwerten vorgenommen wird. Die variierenden Vorzeichen der Koeffizienten zeigen, dass für die alternative Abbildung der Bilanzpolitik über das Healy- und DeAngelo-Modell sowie bei Verwendungen verschiedener Variablen zur Abbildung der Nichtprüfungshonorare keine konsistenten Ergebnisse erzielt werden konnten.

Fallunterscheidung Nichtprüfungshonorare				
	HEALY_VZ	**HEALY_ABS**	**DEANGELO_ VZ**	**DEANGELO_ ABS**
NON_AUDIT_ TOTAL_FEES (Fall 1a/2a)	n.s. +	n.s. -	n.s. -	n.s. -
LOG_NON_ AUDIT_FEES (Fall 1b/2b)	n.s. +	n.s. +	n.s. -	n.s. -
NON_AUDIT_ AUDIT_FEES (Fall 1c/2c)	n.s. +	n.s. -	n.s. -	n.s. -
NON_AUDIT_ TOTAL_ASSETS (Fall 1d/2d)	n.s. +	n.s. -	n.s. -	n.s. -
Unabhängigkeit	Kein Ergebnis	Kein Ergebnis	Kein Ergebnis	Kein Ergebnis
n.s. + = nicht signifikant positiv; n.s. - = nicht signifikant negativer Zusammenhang; Signifikanz bis 10%				

Tabelle 42: Regression Modell 2: Ergebnisse der Fallunterscheidung Nichtprüfungshonorare

Die Ergebnisübersicht der Fallunterscheidung zeigt, dass der Zusammenhang zwischen der jeweiligen Ausprägung der Nichtprüfungshonorare und den diskretionären Periodenabgrenzungen statistisch nicht signifikant ist. Die variierenden Vorzeichen deuten daraufhin, dass die Ergebnisse nicht sehr robust sind. Besonders bei kleinen Datensätzen wie diesem, ist die Signifikanz der Variablen oft nicht gegeben. Die ökonomische Erläuterung der nicht erklärten Prüferunabhängigkeit wird in Abschnitt III.3.6 gegeben.

3.4.2.2 Mandatsdauer

Neben den Nichtprüfungshonoraren kann auch der Zusammenhang zwischen der Länge der Mandatsdauer und der Bilanzpolitik als Indikator für die Unabhängigkeit der Abschlussprüfer verwendet werden. Diese Variable wird eingesetzt, um die Ergebnisse der Unabhängigkeitsmessung über die Höhe der Nichtprüfungshonorare zu ergänzen. Hat der Zeitraum bis zur letzten externen Rotation, d.h. bis zum letzten Wechsel der Prüfungsgesellschaft, Einfluss auf die Bilanzpolitik, wird die Vermutung einer eingeschränkten Unabhängigkeit gestärkt oder entkräftet.

Dabei gibt es sowohl Argumente für eine eingeschränkte Unabhängigkeit am Anfang als auch am Ende der Mandatsdauer (vgl. Abschnitt zur Rotationspflicht in dieser Arbeit).[830]

---

830 Vgl. Reynolds, J. K./Deis, D. R./Francis, J. R. (2004), S. 33. Die Autoren argumentieren, dass die Prüfer anfangs weniger objektiv sind, wodurch die Höhe der Bilanzpolitik steigt. Vgl. Myers, J. N./Myers, L. A./Omer, T. C. (2003), S. 780. Die Autoren finden heraus, dass die Länge der Mandatsdauer negativ mit der Höhe der diskretionären Periodenabgrenzungen korreliert ist, wodurch das Argument gestützt wird.

H_0= Je kürzer / länger die Mandatsdauer, desto höher ist die Bilanzpolitik. C.p. ist die Unabhängigkeit eingeschränkt.

Da die Effekte gegenläufig erscheinen, ist das Ergebnis der Regressionsanalyse besonders interessant, um die theoretischen Vermutungen zu stützen oder zu entkräften.[831] Bislang konnten hierfür nur empirische Ergebnisse anderer Länder verwendet werden. Zur Erfassung der Daten wird auf Abschnitt III.2.3.4 des ersten Modells verwiesen. Die Länge der Mandatsdauer ist auch für das Bilanzpolitik-Modell auf maximal 15 Jahre begrenzt, da die Datenverfügbarkeit eingeschränkt ist. Die tatsächliche Länge der Mandatsbeziehung kann durch diesen Maximalwert nur annähernd durch die Variable ROTATION_MAX abgebildet werden.

Im Ausgangsmodell ist die Variable ROTATION_MAX enthalten. Dabei besteht ein nicht signifikanter, negativer Zusammenhang zwischen der Länge der Mandatsdauer und einkommenserhöhender Bilanzpolitik.[832] Da die Beziehung statistisch nicht signifikant ist, gibt es kein Indiz dafür, dass die Abschlussprüfer in Deutschland nicht unabhängig sind. Die fehlende Signifikanz des Einflusses, lässt jedoch keine konkrete Aussage zu. Bestehende Literaturmeinungen, dass die Unabhängigkeit eher am Ende oder am Anfang der Mandatsbeziehung gefährdet ist, können für Deutschland mit dieser Datenbasis nicht empirisch gestützt werden.

Für Unternehmen mit einem Prüferwechsel im Jahr 2005 wird die Variable Erstprüfungsjahr eingeführt, um in einem Robustheitstest zu prüfen, inwiefern sich das Jahr der ersten Prüfung auf die Bilanzpolitik auswirkt. Dabei sollte die Unabhängigkeit am Anfang der Prüfungsphase (FIRST_AUDIT_YEAR) genau entgegengesetzt zur Unabhängigkeit am Ende der Prüfungsphase (gemessen durch einen hohen Wert bei ROTATION_MAX) sein.

831 Knapp, M. C. (1991), S. 39 berücksichtigt die gegenläufigen Literaturmeinungen, indem er differenziert, ob die Wahrscheinlichkeit der Fehleraufdeckung durch den Prüfer bei einer fünfjährigen Mandatsdauer höher ist als bei einem neuen Prüfer und ob die Fehleraufdeckungswahrscheinlichkeit bei einer 20-jährigen Mandatsdauer geringer ist als bei einer fünfjährigen.

832 Derselbe negative und nicht signifikante Zusammenhang besteht unter Verwendung der absoluten Periodenabgrenzungen des Healy- und des DeAngelo-Modells.

Dependent Variable: HEALY_VZ Method: Least Squares Sample: 1 102 Included observations: 102				
Variable	Coefficient	Std. Error	t-Statistic	Prob.
C	0,264381	0,125367	2,108867	0,0376
NON_AUDIT_TOTAL_FEES	0,027091	0,070886	0,382173	0,7032
GROWTH	0,081484	0,024650	3,305701	0,0013
LEVERAGE	-0,002906	0,002552	-1,138655	0,2577
LOSS	-0,041067	0,036275	-1,132105	0,2605
FIRST_AUDIT_YEAR	-0,044888	0,043076	-1,042063	0,3001
BIG4	0,069113	0,027513	2,512060	0,0137
LOG_MARKET_CAP	-0,014559	0,006731	-2,162948	0,0331
R-squared	0,208053	Mean dependent var		0,026706
Adjusted R-squared	0,149079	S.D. dependent var		0,132761
S.E. of regression	0,122466	Akaike info criterion		-1,286778
Sum squared resid	1,409809	Schwarz criterion		-1,080898
Log likelihood	73,62570	F-statistic		3,527841
Durbin-Watson stat	2,011220	Prob(F-statistic)		0,002087

Tabelle 43: Regression Modell 2: Erstprüfungsjahr

Es ist erneut kein statistisch signifikanter Zusammenhang erkennbar. Das Vorzeichen des Koeffizienten spricht aber für die Unabhängigkeit der Prüfer, wenn Signifikanz gegeben wäre. Allerdings ist kein Unterschied zwischen der Höhe der Bilanzpolitik am Anfang und am Ende der Mandatsdauer zu erkennen.[833] Dementsprechend kann die Bilanzpolitik in Deutschland auch nicht über die Länge der Mandatsdauer erklärt werden.

3.4.2.3 Eingeschränkter Bestätigungsvermerk

Die dritte Möglichkeit die Unabhängigkeit zu messen, besteht in der Verwendung der Bestätigungsvermerke im Jahresabschluss. Dieses Testat des Prüfers trifft eine Aussage über die Korrektheit des Jahresabschlusses (vgl. dazu Abschnitt II.1.1.2). Schränkt der Prüfer den Bestätigungsvermerk ein oder versieht er diesen mit einem Hinweis, z.B. weil eine Anhangsangabe fehlt, zeigt dies die hohe Qualität der Prüfung. Der Prüfer beachtet die Prüfungsgrundsätze und verhält sich entgegen dem Interesse des Mandanten, indem er Unrichtigkeiten aufdeckt. Die Unabhängigkeit des Prüfers ist gegeben, da keine Absprachen zwischen Management und Prüfer hinsichtlich eines fälschlicherweise uneingeschränkten Bestätigungsvermerkes vorliegen, so die Annahme.[834] Bisherige Studien verwenden häufig eine Dummy-Variable als abhängige Variable, um zu zeigen, dass ein positiver Zusammen-

---

833 Beim Vergleich der Regressionen ist darauf hinzuweisen, dass Unternehmen, deren Prüfer das erste Jahr prüfen, mit dem Wert 1 auch in der Variable ROTATION_MAX enthalten sind. Die Variable FIRST_AUDIT_YEAR stellt deshalb eine Verfeinerung der Variable ROTATION_MAX dar.

834 Craswell, A./Stokes, D. J./Laughton, J. (2002) untersuchen diese Beziehung mit der Honorarvariablen als erklärende Variable und der Variablen Bestätigungsvermerk als zu erklärende Variable.

hang zwischen einem nicht eingeschränkten Bestätigungsvermerk und der Höhe der Beratungsleistungen besteht.[835]

H_0= Mit einem fälschlicherweise uneingeschränkten Bestätigungsvermerk sinkt die Prüfungsqualität, die Höhe der Bilanzpolitik wird nicht eingeschränkt und c.p. ist die Unabhängigkeit gering.

Die Ergebnisse der Regression zeigen für das Healy- und das DeAngelo-Modell (sowohl für Vorzeichen als auch für Absolutwerte der diskretionären Periodenabgrenzungen) einen negativen, statistisch nicht signifikanten Zusammenhang. Mit der Variablen AUDIT_OPINION kann in dieser Untersuchung keine Aussage über die Unabhängigkeit der Prüfer getroffen werden. Ursache ist möglicherweise die geringe Anzahl der Ausprägungen dieser Variablen. Die binäre Variable erhält den Wert 1 für eine Einschränkung oder einen Hinweis innerhalb der 102 Beobachtungen nur zweimal. Die nicht ausreichende Variation in der exogenen Variablen kann den nicht signifikanten Zusammenhang zwischen AUDIT_OPINION und der Höhe der Bilanzpolitik erklären. Aus diesem Grund wird die Variable AUDIT_OPINION nicht zur Bewertung der Unabhängigkeit im Ausgangsmodell verwendet.

3.4.2.4 BIG4

Letztlich soll eine binäre Variable, welche angibt, ob eine BIG4-Prüfungsgesellschaft vorliegt, oder nicht, zur Messung der Unabhängigkeit verwendet werden. Grundsätzlich wird von einer der vier größten Prüfungsgesellschaften ein höheres Maß an Prüfungsqualität, d.h. weniger Bilanzpolitik, erwartet.[836] Vermutet wird dies, da die größten Gesellschaften stärkeren Reputationsverlusten unterliegen, wenn die Unabhängigkeit eingeschränkt ist und dies bekannt wird.[837] Große Prüfungsgesellschaften verlieren im Falle von Abhängigkeit nicht nur Quasirenten aus einem Mandat, sondern aus mehreren. Somit werden Prüfungsgesellschaften mit vielen Mandaten als Surrogat für eine hohe Prüfungsqualität verwendet.[838] Hierfür sprechen die Ergebnisse des ersten Modells, welches zeigt, dass BIG4-Gesellschaften einen Honorarzuschlag erhalten. PALMROSE (1988) erkennt zudem, dass

---

835 Vgl. Wines, G. (1994) mit dem erwarteten Zusammenhang. Barkess, L./Simnet, R. (1994) verwenden Nichtprüfungshonorare als zu erklärende Variable, die Einschränkung des Bestätigungsvermerkes als erklärende Variable, finden aber keinen Zusammenhang zwischen beiden Variablen.

836 Vgl. Frankel, R. M./Johnson, M. F./Nelson, K. K. (2002). Vgl. auch Krishnan, G. V. (2003).

837 Vgl. Myers, J. N./Myers, L. A./Omer, T. C. (2003), S. 790. Piot, C. (2005) konnte diese Annahme nicht für Deutschland befürworten.

838 Vgl. DeAngelo, L. E. (1981b), S. 184. Vgl. auch Quick, R./Warming-Rasmussen, B. (2005), S. 142. Das Risiko Quasirenten aus anderen Mandaten zu verlieren, steigt mit der Anzahl der Mandate. Kleine Prüfungsgesellschaften leiden aber nicht per se weniger unter diesen Verlusten, nur weil sie wenige Mandate prüfen. Verlieren kleine Gesellschaften ein Mandat, kommt es schnell zur Gefährdung der Existenz, wenn das Mandat nicht ersetzt werden kann.

Nicht-BIG8-Gesellschaften eine höhere Prozessrate als BIG8-Gesellschaften aufweisen,[839] was auf eine höhere Prüfungsqualität der BIG8 hinweist.

H_0= Bei Nicht-BIG4-Gesellschaften ist die Prüfungsqualität schlechter, die Bilanzpolitik höher und die Unabhängigkeit c.p. eingeschränkt.

Entgegen der Vermutung zeigen die Ergebnisse des Ausgangsmodells, dass ein statistisch signifikant positiver Zusammenhang zwischen der Variablen BIG4 und der einkommenserhöhenden Bilanzpolitik besteht. Demnach verhält sich eine BIG4-Gesellschaft weniger unabhängig, da ein höheres Maß an einkommenserhöhender Bilanzpolitik besteht. Einzig die Untersuchung von KHURANA/RAMAN (2004) erklärt dieses Ergebnis annähernd: Die Autoren finden in ihrer Untersuchung der BIG4 in anglo-amerikanischen Ländern heraus, dass die Prüfungsqualität stärker von dem Haftungsrisiko der Prüfer als von der Gefahr von Reputationsverlusten abhängt.[840] Wird dieses Ergebnis auf Deutschland übertragen, so führt das milde Haftungsregime in Deutschland möglicherweise dazu, dass BIG4-Gesellschaften weniger Wert auf Reputation legen und möglicherweise eine geringe Abschlussqualität aufweisen. Werden die Besonderheiten des deutschen Prüfungsmarktes betrachtet, so zeigt die vorgenommene Konzentrationsanalyse in Kapitel III.1, dass die vier größten Prüfungsgesellschaften zusammen einen Marktanteil von 94% der Nichtprüfungshonorare halten. Diese sehr hohe Konzentration kann induzieren, dass BIG4-Gesellschaften ihre Marktmacht nutzen, überhöhte Honorare verlangen und dabei eine geringe Prüfungsqualität anbieten. Dieses Ergebnis spricht die negativen Konsequenzen der Konzentration an.

Da vor dem Hintergrund früherer empirischer Studien anderer Länder[841] und der Annahme, dass BIG4 von höheren Reputationsverlusten betroffen sind, nicht zu erwarten war, dass BIG4 abhängiger sind als Nicht-BIG4-Prüfer, werden weitere Untersuchungen notwendig. Zunächst wird überprüft, ob auch in den weiteren Modellen zur Messung der Bilanzpolitik eine eingeschränkte Unabhängigkeit bei BIG4-Gesellschaften erkennbar ist. Werden die Absolutwerte des Healy-Modells verwendet, ist der Zusammenhang zwischen der Variablen BIG4 und der Höhe der Bilanzpolitik zwar positiv, aber nicht signifikant. Für das DeAngelo-Modell mit Absolutwerten und dem Vorzeichen der Bilanzpolitik wird ebenfalls kein signifikantes Ergebnis erreicht. Somit sind die Ergebnisse des Ausgangsmodells eingeschränkt zu verwenden.

---

839 Vgl. Palmrose, Z.-V. (1988), S. 55. Prozesse gegen Prüfer werden z.B. wegen der Verdeckung von falschen oder irreführenden Jahresabschlussbestandteilen geführt. Zwischen 1960 und 1985 wurden 472 Prozesse untersucht. Vgl. auch Ergebnisse von Becker et al. (1998), welche für eine höhere Unanhängigkeit der größten Prüfungsgesellschaften sprechen. Becker et al. (1998) erkennen bei Nicht-BIG6-Gesellschaften um 1,5-2,1% der Bilanzsumme höhere diskretionäre Periodenabgrenzungen als bei BIG6-Gesellschaften.

840 Vgl. Khurana, I. K./Raman, K. K. (2004). Bei BIG4-Prüfern lassen sich geringere Eigenkapitalkosten des Mandanten erkennen. Allerdings tritt dieser Effekt nur in den USA, nicht in Australien, Kanada oder dem Vereinigten Königreich auf. Die Unterschiede der Ergebnisse sind auf die Unterschiede im Haftungsregime zurückzuführen. Betrachtet werden 19.517 Beobachtungen zwischen den Jahren 1990 und 1999.

841 Vgl. Fußnote 839.

Um letztendlich zu klären, ob BIG4-Prüfungsgesellschaften ein höheres Maß an Bilanzpolitik zulassen, werden zwei Subsamples auf Basis des Healy-Modells mit Vorzeichen gebildet. Das erste enthält die Bilanzpolitik bei BIG4-Prüfungsgesellschaften, das zweite die Bilanzpolitik bei Nicht-BIG4-Prüfungsgesellschaften. Anschließend werden die Mittelwerte beider Subsamples verglichen. Die Ergebnisse zeigen, dass die Mittelwerte der Bilanzpolitik der 61 Unternehmen, welche von BIG4-Gesellschaften geprüft werden, höher sind als der 41 Unternehmen, welche von Nicht-BIG4-Gesellschaften geprüft werden. Dennoch ist der Unterschied statistisch nicht signifikant. Die Nullhypothese H_0 = Ungleiche Mittelwerte und Varianzen wird abgelehnt, weil der p-Wert der F-Statistik mit 0,16 über dem Signifikanzniveau $\alpha = 0,1$ liegt. Es kann keine empirische Evidenz dafür gefunden werden, dass BIG4-Gesellschaften ein statistisch signifikant höheres Maß an Bilanzpolitik zulassen und weniger unabhängig sind.

3.4.2.5 Zwischenfazit

Im Anschluss an die Untersuchung der Teilhypothese zur Prüferunabhängigkeit, lässt sich festhalten, dass keine der Variablen Nichtprüfungshonorare (NON_AUDIT_TOTAL_FEES), Mandatsdauer (ROTATION_MAX, FIRST_AUDIT_YEAR), Bestätigungsvermerk (AUDIT_OPINION) oder BIG4 einen Hinweis auf eine eingeschränkte Unabhängigkeit der Abschlussprüfer in Deutschland gibt. Der Einfluss jeder dieser Variablen auf die Höhe der Bilanzpolitik ist nicht statistisch signifikant. Nachstehende Übersicht fasst den Einfluss der Alternativen zur Abbildung der Unabhängigkeit zusammen.

Unabhängigkeitsindikatoren				
	HEALY_VZ	**HEALY_ABS**	**DEANGELO_ VZ**	**DEANGELO_ ABS**
NON_AUDIT_ TOTAL_FEES	n.s. +	n.s. -	n.s. -	n.s. -
ROTATION_MAX	n.s. -	n.s. -	n.s. -	n.s. -
FIRST_AUDIT_ YEAR	n.s. -	n.s. -	n.s. -	n.s. -
AUDIT_OPINION	n.s. -	n.s. -	n.s. -	n.s. -
BIG4	s. +	n.s. +	n.s. +	n.s. -
Unabhängigkeit	Kein Ergebnis	Kein Ergebnis	Kein Ergebnis	Kein Ergebnis
s. + = signifikant positiv; n.s. + = nicht signifikant positiv; n.s. - = nicht signifikant negativer Zusammenhang; Signifikanz bis 10%				

Tabelle 44: Regression Modell 2: Ergebnisse Abbildung der Unabhängigkeit

3.4.3 Agency-Konflikte

Mit Variablen zur Abbildung von Agency-Konflikten wird untersucht, wie sich die Höhe der Bilanzpolitik bei Vorliegen von asymmetrischen Informationen zwischen Management und Eigner bzw. zwischen Eigner und Gläubigern verhält.[842] Die Argumentation der zu untersuchenden Beziehung zwischen der Bilanzpolitik und den Agency-Konflikten lässt sich in zwei Teile untergliedern:

- Zunächst weißt ein hohes Maß an Agency-Konflikten auf eine stark asymmetrische Informationsverteilung zwischen Prinzipal und Agent hin. Dies kann sich der Agent, welcher hier im Wesentlichen durch das Management repräsentiert wird, zunutze machen. Als Folge wird ein hohes Maß an Bilanzpolitik erwartet. Somit ist eine positive Korrelation zwischen der Höhe der Bilanzpolitik und dem Ausmaß an Agency-Konflikten zu erwarten.

- Werden die Abschlussprüfer in die Betrachtung einbezogen, ergibt sich im zweiten Schritt eine umgekehrte Argumentation. Ein unabhängiger Abschlussprüfer arbeitet im Interesse der Prinzipalen und macht sich die asymmetrische Informationsverteilung nicht zum Vorteil. Es besteht keine Kooperation zwischen Prüfer und Management, vielmehr schränkt der Prüfer die Höhe der Bilanzpolitik ein. Folglich wird eine negative Korrelation zwischen der Höhe der Agency-Konflikte und der Höhe der Bilanzpolitik bestehen.[843] Dieser Argumentation unterliegt die Annahme, dass der unabhängige Prüfer bei sehr hohen Agency-Konflikten die Interessen der Anteilseigner und Gläubiger verstärkt vertritt und Bilanzpolitik einschränkt.

Die Rolle des Prüfers besteht in Form einer unabhängigen Kontrollinstanz, welche die Agency-Kosten reduziert, um eigene Reputationsverluste zu verhindern.[844] Die Beziehung zwischen der Unabhängigkeit von Prüfern, Bilanzpolitik und Agency-Konflikten wurde von LARCKER/RICHARDSON (2004) auf etwas andere Weise abgebildet.[845] Die Autoren regressie-

---

842 Krishnan, G. V. (2003), S. 109f. beschreibt, dass das Management höhere Bilanzpolitik betreibt, wenn Agency-Konflikte bestehen. Hier ist ein unabhängiger Prüfer zur Einschränkung der Interessenkonflikte notwendig.

843 Im Gegensatz zu dieser Vorgehensweise untersucht Bauer, M. (2004a), S. 193, 267ff. die Korrelation zwischen hohen Beratungshonoraren und der Höhe der Agency-Konflikte. Eine negative Korrelation deutet daraufhin, dass das Unternehmen bewusst wenige Beratungsleistungen nachfragt, um den Eigen- und Fremdkapitalgebern zu signalisieren, dass die Prüfungsqualität hoch ist.

844 Vgl. Kapitel II.2 zu den Agency-Konflikten und der Rolle des Prüfers. Weißenberger, B. E. (1999), S. 628 definiert Agency-Kosten als „[..] Differenz im Erwartungsnutzen des Prinzipals aus der vom Agenten erstellten Leistung [...]".

845 Vgl. im Folgenden Larcker, D. F./Richardson, S. A. (2004). Gute Corporate Governance ist gegeben, wenn der Anteil institutioneller Anleger hoch, der Aktienanteil des Managements gering und das Board (entspricht dem deutschen Vorstand) unabhängig ist, weil viele externe Manager dort aktiv sind. Jede dieser drei Variablen bildet ein Cluster, für welche die Regressionsergebnisse zu Prüferhonoraren und Bilanzpolitik gesondert untersucht werden. Auch Dechow, P. M./Sloan, R. G./Sweeney, A. P. (1996), S. 21f. zeigen mit ihren Auswertungen, dass Unternehmen, deren Bilanzmanipulationen öffentlich bekannt geworden sind, schwache Governance Strukturen aufweisen.

ren die Prüferhonorare gegen die Qualität der Ergebnisse und untersuchen, ob diese für Unternehmen mit sehr guter oder sehr schlechter Corporate Governance statistisch signifikant sind. Nur hinsichtlich der Relation Nichtprüfungs- zu gesamten Honoraren zeigt sich, dass die Bilanzpolitik höher ist wird, wenn die Corporate Governance schlecht ist. Alle anderen Ergebnisse befürworten die Annahme, dass der Prüfer bei schlechter Governance und hohen Honoraren das Ausmaß der Bilanzpolitik einschränkt.

3.4.3.1 Eigenkapitalinduzierte Agency-Konflikte

Zunächst wird angenommen, dass hohe Interessenkonflikte zu einer verstärkten Ausübung von Bilanzpolitik führen. Da die Eigenkapitalgeber das Verhalten des Managements nicht vollständig beobachten können, wird dies seine eigenen Ziele verfolgen.[846] Bei einem eigentümergeführten Unternehmen ist das Maß an Interessenkonflikten geringer als bei einer Publikumsgesellschaft. Bei letzterer fallen die Ziele des Managements und der Minderheitsaktionäre stärker auseinander.[847] Verhält sich der Prüfer im Interesse der Eigner, wird die Bilanzpolitik mit steigenden Agency-Konflikten sinken. Im umgekehrten Fall ist anzunehmen, dass der Prüfer mit dem Management kooperiert und abhängig ist. Ist die Prüfungsqualität wegen der hohen Bilanzpolitik gering, so zeigt sich, dass der Schutz der Minderheitsgesellschafter in Deutschland ein notwendiges Instrument ist. Außerdem sind in diesem Fall die Anreize für den Prüfer nicht hoch genug, die Bilanzpolitik des Managements zu reduzieren und die Agency-Konflikte zu mindern.[848]

Die Höhe der Agency-Konflikte wird über den FREEFLOAT, d.h. den Anteil ausstehender Aktien gemessen. Bei einem hohen Anteil ausstehender Aktien besteht ein hohes Maß an Agency-Konflikten, sodass die Bilanzpolitik nur durch einen unabhängigen Prüfer eingeschränkt wird.[849]

H_0= Schränkt der Prüfer bei hohen Agency-Konflikten die Bilanzpolitik nicht ein, so verhält sich dieser abhängig.

846 Vgl. Bebchuk, L. A./Fried, J. M. (2003), S. 7f. Meuwissen, R./Moers, F./Peek, E./Vanstraelen, A. (2004), S. 50 messen die Eigentümer-Konzentration über den Median des Anteils der drei größten Anteilseigner.

847 Vgl. Parkash, M./Venable, C. F. (1993), S. 118.

848 Möglicherweise lässt sich dieses Ergebnis durch die Erschwerlichkeit von Sammelklagen von Kleinaktionären in Deutschland erklären, woraus folgt, dass Prüfer und Management in der Pflichtverletzung gegenüber den Minderheitsgesellschaftern keine besondere Haftungsgefahr sehen.

849 Parkash, M./Venable, C. F. (1993), S. 118 nehmen an, dass geringe Agency-Konflikte vorliegen, wenn die Eigentümerstruktur durch einen Hauptaktionär gekennzeichnet ist. Dieser hält einen sehr hohen Anteil am Kapital. Vgl. auch Bauer, M. (2004a). Liegen zwischen Mehrheits- und Minderheitsgesellschaftern Informationsasymmetrien vor, vertreten die Mehrheitseigentümer nur ihre eigenen Interessen, weshalb Agency-Konflikte auftreten. Kontrollieren die Minderheitsgesellschafter das Management deshalb verstärkt, wird geringere Bilanzpolitik erwartet (negative Korrelation). Ferguson, M. J./Seow, G. S./Young, D. (2004), S. 825 verwenden den Mittelwert des Anteils der drei größten Aktionäre am Kapital des Unternehmens.

Zur Messung werden die Anteile aller Anteilseigner, die jeweils weniger als 5 % am Grundkapital des Unternehmens halten, verwendet.[850]

Dependent Variable: HEALY_VZ Method: Least Squares Sample: 1 102 Included observations: 102				
Variable	Coefficient	Std. Error	t-Statistic	Prob.
C	0,238157	0,132010	1,804085	0,0745
NON_AUDIT_TOTAL_FEES	0,026284	0,071598	0,367107	0,7144
GROWTH	0,076771	0,025786	2,977218	0,0037
LEVERAGE	-0,003266	0,002631	-1,241304	0,2176
LOSS	-0,045162	0,036685	-1,231084	0,2214
ROTATION_MAX	-0,001518	0,002770	-0,548022	0,5850
BIG4	0,067231	0,027896	2,410063	0,0179
LOG_MARKET_CAP	-0,012310	0,007398	-1,664019	0,0995
FREEFLOAT	-0,013861	0,050926	-0,272188	0,7861
R-squared	0,202178	Mean dependent var		0,026706
Adjusted R-squared	0,133548	S.D. dependent var		0,132761
S.E. of regression	0,123579	Akaike info criterion		-1,259779
Sum squared resid	1,420268	Schwarz criterion		-1,028164
Log likelihood	73,24874	F-statistic		2,945924
Durbin-Watson stat	2,006657	Prob(F-statistic)		0,005576

Tabelle 45: Regression Modell 2: Freefloat

Die Variable FREEFLOAT wird aus der Datenbank Datastream gewonnen und gibt den Anteil an Aktien wieder, welcher von gewöhnlichen, d.h. nicht strategischen Investoren gehalten wird.[851] Wird die Variable FREEFLOAT in das Ausgangsmodell eingesetzt, so ist kein statistisch signifikanter Zusammenhang erkennbar. Das Vorzeichen des Koeffizienten entspricht dennoch den Erwartungen. Auch für das Healy-Modell mit Absolutwerten und das DeAngelo-Modell wird die Auswirkung der eigenkapitalinduzierten Agency-Konflikte auf die Bilanzpolitik nicht abgebildet.[852] Die Variable wird deshalb nicht in das Modell aufgenommen.

3.4.3.2 Fremdkapitalinduzierte Agency-Konflikte

Wie auch im ersten Modell wird der Verschuldungsgrad (Fremdkapital / Eigenkapital in Buchwerten) als Einflussvariable verwendet. Annahmegemäß besitzt ein Unternehmen, welches höher verschuldet ist, Anreize Bilanzpolitik auf einem höheren Niveau zu betrei-

---

850 Die Grenze von 5 % wurde gewählt, weil ab dieser Grenze ein höherer Einfluss der Aktionäre zu erwarten ist und ab 5 % eine Meldepflicht vorliegt (vgl. § 31 WphG). Alle Anteile eines Aktionärs, die unter 5 % des Aktienkapitals liegen, werden im Freefloat erfasst. Vgl. zur Definition des Freefloat die Deutsche Börse (www.deutsche-boerse.com).

851 Der Zugriff auf die Datenbank erfolgte durch den Sonderforschungsbereich 649 der Humboldt Universität Berlin. Die Berechnung des Freefloats erfolgt jeweils zum Ende des Abschlussstichtages, d.h. bei den meisten Unternehmen zum 31.12.2005. Dabei wird ein Jahresdurchschnitt des Freefloats der letzten zwölf Monate vor dem Abschlussstichtag für jede Beobachtung gebildet.

852 Das Vorzeichen des Koeffizienten ist in jedem der vier Modelle positiv, der p-Wert sehr hoch und statistisch nicht signifikant.

ben,[853] um den Bilanzadressaten ein positives Bild der Finanz-, Ertrags- und Vermögenslage zu vermitteln. Besonders einkommenserhöhende Bilanzpolitik ist zu erwarten, d.h. ein positiver Einfluss bedeutet, dass einkommenserhöhende Bilanzpolitik bei höherem Verschuldungsgrad vorliegt. Das Management versucht die Ergebnisse im positiven Sinne zu verbessern.

H_0= Je höher der Verschuldungsgrad, desto höher die Bilanzpolitik und c.p. verhält sich der Prüfer weniger unabhängig.

Werden fremdkapitalinduzierte Agency-Konflikte betrachtet, müsste eine positive Korrelation zwischen der Bilanzpolitik und dem Verschuldungsgrad bestehen, da die Bilanzpolitik annahmegemäß mit der Höhe der Agency-Konflikte steigt.[854] Wird die Rolle des Prüfers in einem zweiten Schritt in die Betrachtung einbezogen, so schränkt ein unabhängiger Prüfer bei hohen Agency-Konflikten die Höhe der Bilanzpolitik ein, sodass eine negative Korrelation zu erwarten ist.[855] Mit der Höhe des Verschuldungsgrades, steigt zudem das Risiko von Reputationsverlusten der Prüfungsgesellschaft.[856] Im Ausgangsmodell ist die Variable LEVERAGE enthalten, der gewünschte negative Zusammenhang besteht, dieser ist allerdings nicht statistisch signifikant. Eine Erklärung des negativen Zusammenhangs ist über die Agency-Konflikte möglich.[857] Es besteht keine eindeutige Beziehung zwischen der Höhe der Bilanzpolitik und dem Verschuldungsgrad.[858]

3.4.3.3 Zwischenfazit

Der theoretisch angenommene Einfluss von Agency-Konflikten auf die Bilanzpolitik und die Prüfungsqualität kann nicht gezeigt werden. Die Variable FREEFLOAT zur Abbildung von eigenkapitalinduzierten Agency-Konflikten und auch die Variable LEVERAGE zur Abbildung von fremdkapitalinduzierten Agency-Konflikten üben keinen signifikanten Einfluss auf die Höhe der Bilanzpolitik aus.

---

853 Vgl. Chung, H./Kallapur, S. (2003), S. 937. Vgl. Frankel, R. M./Johnson, M. F./Nelson, K. K. (2002). Die Autoren finden eine negative Korrelation zwischen dem Verschuldungsgrad und den diskretionären Periodenabgrenzungen heraus. Vgl. Watts, R. L./Zimmermann, J. L. (1986) zur Ausübung von Bilanzpolitik unter dem Aspekt der Verschuldungsgradhypothese.

854 Bauer, M. (2004a), S. 301ff. untersucht mit seiner Studie den Zusammenhang zwischen Agency-Konflikten und Nichtprüfungsgebühren. Die Agency-Konflikte werden über die Anteile des Managements, des größten Eigentümers am Unternehmen und über den Verschuldungsgrad gemessen.

855 Vgl. Studie von Barton, J. (2005), S. 568 zur Frage, ob die Reputation von Prüfern bei Agency-Konflikten im Unternehmen eine Rolle spielt. Vgl. auch Firth, M. (1997).

856 Vgl. Reynolds, J. K./Deis, D. R./Francis, J. R. (2004), S. 34, welche den Altman Z-Score (vgl. Altman, E. I. (1968)) verwenden.

857 Vgl. für einen negativen Zusammenhang zwischen dem Verschuldungsgrad und der Höhe der Bilanzpolitik die Studie von Kim, J.-B./Chung, R./Firth, M. (2003).

858 Dieses Ergebnis wird auch für alle anderen Modelle zur Messung der Bilanzpolitik über die diskretionären Periodenabgrenzungen erzielt.

3.4.4 Weitere Einflussfaktoren der Bilanzpolitik

Neben der Unabhängigkeit der Prüfer werden nun weitere Faktoren untersucht, von welchen die Höhe der Bilanzpolitik abhängen kann.

3.4.4.1 Verlust

So ist im Ausgangsmodell die Variable LOSS enthalten. Diese binäre Variable misst, ob das Konzernergebnis nach Steuern und nach Abzug der Ergebnisanteile an Minderheitsgesellschafter negativ ist (Wert 1) oder nicht (Wert 0). Es wird erwartet, dass Verlustunternehmen verstärkt einkommenserhöhende Bilanzpolitik betreiben. In diesem Fall ist ein negatives Jahresergebnis der Grund für Bilanzpolitik.[859]

H_0= Bei einem negativen Konzernergebnis ist die Bilanzpolitik höher.

Ähnlich wie für den Verschuldungsgrad, entspricht das Vorzeichen der Variablen LOSS nicht den Erwartungen. Der Zusammenhang ist zwar statistisch nicht signifikant, dennoch deutet das Vorzeichen darauf hin, dass Verlustunternehmen weniger einkommenserhöhende Bilanzpolitik betreiben. Ökonomisch erklärbar ist eine einkommensmindernde Bilanzpolitik bei Verlusten, wenn ein Unternehmen, welches einen Verlust ausgewiesen hat, diesen nicht durch bilanzpolitische Maßnahmen in einen Gewinn umwandeln konnte („Schwarze Null"). Das Unternehmen akzeptiert, dass mit diesem Verlust ein schlechtes Signal an die Investoren gesendet wird und erhöht diesen durch weitere einkommensmindernde Bilanzpolitik. Die Umkehreffekte der Bilanzpolitik treten dann bei Geltung des Kongruenzprinzips in den Folgejahren ein, für welche wieder Gewinne erwartet werden.

Um diese Erklärung zu stützen, werden Unternehmen untersucht, welche einen kleinen Gewinn ausweisen und dadurch einen Verlust gerade verhindern. Betreiben Unternehmen diese Verlustvermeidungsstrategie mit einkommenserhöhender Bilanzpolitik, so müsste ein positiver Zusammenhang zwischen der Variable LOSS_AVOIDANCE und den diskretionären Periodenabgrenzungen bestehen. Ob ein Verlust durch einkommenserhöhende Bilanzpolitik verhindert wird, kann über folgende binäre Variable gemessen: 1 (0), wenn der Anteil des Konzernergebnisses vor Abzug der Minderheitsanteile zu der Bilanzsumme zwischen 0% und 5% liegt und somit knapp positiv ist (entweder negativ ist oder über dem Intervall zwischen 0% und 5% liegt).

[859] Vgl. Chung, H./Kallapur, S. (2003), S. 933.

Dependent Variable: HEALY_VZ				
Method: Least Squares				
Sample: 1 102				
Included observations: 102				
Variable	Coefficient	Std. Error	t-Statistic	Prob.
C	0,200586	0,126866	1,581084	0,1172
NON_AUDIT_TOTAL_FEES	0,026512	0,071733	0,369597	0,7125
GROWTH	0,082482	0,025061	3,291197	0,0014
LEVERAGE	-0,003047	0,002609	-1,167856	0,2458
LOSS_AVOIDANCE	-0,019833	0,024723	-0,802208	0,4245
ROTATION_MAX	-0,001236	0,002758	-0,448352	0,6549
BIG4	0,063444	0,027595	2,299108	0,0237
LOG_MARKET_CAP	-0,010747	0,007216	-1,489420	0,1397
R-squared	0,194095	Mean dependent var		0,026706
Adjusted R-squared	0,134081	S.D. dependent var		0,132761
S.E. of regression	0,123541	Akaike info criterion		-1,269307
Sum squared resid	1,434658	Schwarz criterion		-1,063427
Log likelihood	72,73465	F-statistic		3,234157
Durbin-Watson stat	2,061984	Prob(F-statistic)		0,004062

Tabelle 46: Regression Modell 2: Verlustvermeidung

Es besteht jedoch nicht der erwartete positive Zusammenhang zwischen der Variablen zur Messung der Verlustvermeidung und einkommenserhöhender Bilanzpolitik.

3.4.4.2 Gesamtkapitalrentabilität (Return on Assets (ROA))

Neben dem Verschuldungsgrad wird eine Korrelation zwischen dem ROA und der Höhe der Bilanzpolitik erwartet. Die Gesamtkapitalrentabilität (Return on Assets)[860] drückt die Rentabilität des Unternehmens aus, indem das Jahresergebnis durch die gewichtete Bilanzsumme dividiert wird. Annahmegemäß üben Unternehmen mit einer geringen Rentabilität einkommenserhöhende Bilanzpolitik aus, um die Rentabilität zu verbessern. Ist folgende Beziehung negativ und signifikant, so wird die Rentabilität in den Unternehmen als Stellhebel verwendet, um das Jahresergebnis zu verändern.

H_0= Je geringer der ROA, desto höher die Bilanzpolitik.

Die Variable ROA wird zusätzlich zum LEVERAGE in das Ausgangsmodell aufgenommen, da keine wechselseitige Abhängigkeit zwischen beiden Variablen besteht, obwohl beide die finanzielle Situation abbilden. Wie auch in der einfachen Regression besteht eine negative Korrelation, welche besagt, dass bei einem geringen ROA einkommenserhöhende Bilanzpolitik betrieben wird. Dieser erwartete Zusammenhang ist dennoch statistisch nicht signifikant.

---

860 Vgl. zur Ermittlung des ROA Abschnitt III.2.3.3 im ersten Modell.

Dependent Variable: DEANGELO_VZ				
Method: Least Squares				
Sample: 1 102				
Included observations: 102				
Variable	Coefficient	Std. Error	t-Statistic	Prob.
C	0,195369	0,202282	0,965824	0,3366
NON_AUDIT_TOTAL_FEES	-0,057703	0,107575	-0,536399	0,5930
GROWTH	0,153739	0,039093	3,932634	0,0002
LEVERAGE	-0,006463	0,003955	-1,634103	0,1056
LOSS	-0,081997	0,062078	-1,320870	0,1898
ROTATION_MAX	-0,001459	0,004163	-0,350520	0,7267
BIG4	0,026417	0,042056	0,628153	0,5314
LOG_MARKET_CAP	-0,006227	0,011660	-0,534033	0,5946
ROA	-0,298083	0,226676	-1,315019	0,1917
R-squared	0,217537	Mean dependent var		0,047728
Adjusted R-squared	0,150229	S.D. dependent var		0,201508
S.E. of regression	0,185757	Akaike info criterion		-0,444663
Sum squared resid	3,209010	Schwarz criterion		-0,213047
Log likelihood	31,67779	F-statistic		3,231938
Durbin-Watson stat	1,924777	Prob(F-statistic)		0,002748

Tabelle 47: Regression Modell 2: ROA

Weiterhin wird sichtbar, dass sich die p-Werte der Variablen BIG4 und der logarithmierten Marktkapitalisierung ändern. Dies ist auf die Korrelation des ROA mit den Variablen LOSS, BIG4 und Marktkapitalisierung (LOG_MARKET_CAP) zurückzuführen. Die statistische Annahme der Freiheit von Multikollinearität[861] ist in diesem Fall nicht erfüllt. Aus diesem Grund wird die Variable ROA nicht in das Modell aufgenommen.

3.4.4.3 Wachstum

Für Wachstumsunternehmen wird ein höheres Ausmaß an Bilanzpolitik erwartet, da diese Unternehmen den Wachstumstrend zu halten versuchen. Anreize zu einkommenserhöhender Bilanzpolitik sind bei diesen Unternehmen höher, um den Unternehmensadressaten ein positives Signal zu senden.[862] Gemessen wird das Wachstum über die Veränderung der Bilanzsumme, normiert mit der Bilanzsumme des Vorjahres.[863]

H_0= Je höher das Wachstum des Unternehmens, desto höher die Bilanzpolitik.

861 Vgl. Auer, L. v. (2005), S. 141.

862 Vgl. Reynolds, J. K./Deis, D. R./Francis, J. R. (2004), S. 34. Die Autoren verwenden das Markt-/Buchwertverhältnis des Eigenkapitals zur Abbildung des Wachstums.

863 Myers, J. N./Myers, L. A./Omer, T. C. (2003), S. 790 verwenden das Umsatzwachstum der Branche. Chung, H./Kallapur, S. (2003), S. 937 verwenden das Markt-/Buchwert-Verhältnis zur Abbildung des Unternehmenswachstums. Francis, J./LaFond, R./Olsson, P./Schipper, K. (2005), S. 311 messen das Wachstum als log(1 + Wachstum des Buchwerts des Eigenkapitals über 5 Jahre).

Im Ausgangsmodell ist der Einfluss hochsignifikant und positiv. Bei einem Wachstum um eine Einheit, steigt die einkommenserhöhende Bilanzpolitik um ca. 0,08 Einheiten. Dies bedeutet, dass bei Veränderung der Bilanzsumme – normiert mit der Bilanzsumme des Vorjahres – um eine Einheit 0,08 Einheiten mehr an Bilanzpolitik betrieben werden. Entsprechendes gilt für das Healy-Modell mit Absolutwerten und das DeAngelo-Modell mit Vorzeichen und Absolutwerten.

3.4.4.4 US-Notierung

Unterliegt ein Prüfer einer verstärkten Kontrolle und demzufolge einer höheren Haftungswahrscheinlichkeit, wenn das Unternehmen an einer US-amerikanischen Börse notiert ist, wird ein geringeres Ausmaß an Bilanzpolitik erwartet.[864]

H_0= Bei einem US-Listing wird weniger Bilanzpolitik betrieben.

Die diskrete Variable LISTING erhält wie schon im ersten Modell die Ausprägungen 0 = kein US-Listing; 1 = Rule 144A, Global Offering Receipts; 2 = Level I ohne Listing; 3 = volles Listing NYSE; AMEX oder NASDAQ, Level II oder III. Die Ausprägung der diskreten Variablen ist so gewählt, dass mit einem ansteigenden Wert der Variablen LISTING der Umfang der SEC-Berichtspflichten und die Haftungswahrscheinlichkeit der Prüfer steigen, annahmegemäß sinkt dadurch die Höhe der Bilanzpolitik. Es wird eine negative Korrelation erwartet.

---

864 Heninger, W. G. (2001), S. 122 erkennt, dass bei einkommenserhöhenden Periodenabgrenzungen das Risiko eines Prozesses für die Prüfungsgesellschaft steigt. Vgl. für Ausführungen zur Regulierung ausländischer Prüfer in den USA Lenz, H. (2002).

Dependent Variable: HEALY_VZ Method: Least Squares Sample: 1 102 Included observations: 102				
Variable	Coefficient	Std. Error	t-Statistic	Prob.
C	0,254071	0,139847	1,816781	0,0725
NON_AUDIT_TOTAL_FEES	0,026675	0,071518	0,372979	0,7100
GROWTH	0,077268	0,025817	2,992875	0,0035
LEVERAGE	-0,003244	0,002609	-1,243385	0,2169
LOSS	-0,044822	0,036671	-1,222286	0,2247
ROTATION_MAX	-0,001463	0,002774	-0,527328	0,5992
BIG4	0,066292	0,027717	2,391700	0,0188
LOG_MARKET_CAP	-0,013664	0,007887	-1,732416	0,0865
LISTING	0,016099	0,038875	0,414131	0,6797
R-squared	0,203012	Mean dependent var		0,026706
Adjusted R-squared	0,134454	S.D. dependent var		0,132761
S.E. of regression	0,123514	Akaike info criterion		-1,260825
Sum squared resid	1,418783	Schwarz criterion		-1,029210
Log likelihood	73,30210	F-statistic		2,961175
Durbin-Watson stat	2,003865	Prob(F-statistic)		0,005370

Tabelle 48: Regression Modell 2: Listing

Der Einfluss auf die Höhe der Bilanzpolitik ist positiv und statistisch nicht signifikant. Es besteht kein Einfluss der Berichtspflichten der US-amerikanischen Börsenaufsichtsbehörde SEC in diesem Datensatz. Das Management grenzt seine Bilanzpolitik nicht ein, wenn es selbst oder die Prüfungsgesellschaft strengeren Berichtspflichten und Haftungsregeln unterliegen. Eine eindeutige Aussage ist aber nicht möglich, da die Variable LISTING die Höhe der Bilanzpolitik nicht erklärt und nur sehr wenige Ausprägungen in dieser diskreten Variablen einen Wert ungleich Null zugewiesen bekommen.

3.4.4.5 Unternehmensgröße

Eine weitere Kontrollvariable stellt die Größe des Unternehmens dar. Die diskretionären Periodenabgrenzungen sind jeweils durch die Bilanzsumme des Vorjahres normiert. Die Marktkapitalisierung spiegelt den Marktwert des Eigenkapitals des Unternehmens wider. Somit sind in diesem Modell nicht nur bilanzielle Größen enthalten, sondern auch Marktwerte der Unternehmen.

Das Ausgangsmodell zeigt, dass Unternehmen mit einer hohen Marktkapitalisierung statistisch signifikant weniger einkommenserhöhende Bilanzpolitik betreiben. Große Publizitätsgesellschaften legen demzufolge mehr Wert auf die Qualität der Berichterstattung. Gründe hierfür sind die stärkere Kontrolle der Unternehmensführung,[865] die höheren Reputationsverluste durch den höheren Bekanntheitsgrad des Unternehmens. Bei großen Mandanten ist die Aufdeckungsgefahr von Verwicklungen der Prüfer höher als bei kleinen Mandanten.[866] Die Qualität des Jahresabschlusses wird somit besonders bei großen Unternehmen eingesetzt, um den Bilanzadressaten ein positives Signal über das Unternehmen zu senden. Da durch die GEX-Unternehmen auch kleinere Unternehmen in der Datenbank enthalten sind, lässt sich diese Annahme stützen. Weiterhin sind kleine Unternehmen meist eigentümergeführt, sodass sie ihre eigenen bilanzpolitischen Zielsetzungen leichter durchsetzten können. Allerdings kann dieses signifikante Ergebnis nicht für die weiteren Modelle zur Abbildung von Bilanzpolitik erzielt werden.

3.4.4.6 Branche

Mit dieser Variablen wird untersucht, ob sich Branchenunterschiede auf die Höhe der Bilanzpolitik auswirken. Erneut wird das Vorgehen von Modell 1 aufgegriffen. Jeder der 15 Branchen wird eine binäre Variable zugewiesen. Sodann wird das Modell um je eine der Dummy-Variablen erweitert. Die 102 Unternehmen verteilen sich dabei auf 13 Branchen. Die Untersuchung ergibt, dass lediglich für die Branche SOFTWARE ein statistisch signifikant positiver Zusammenhang mit der Bilanzpolitik besteht. PALMROSE (1988) fand heraus, dass die Software-Branche sehr hohe Prozessquoten aufweist.[867] In diesem Fall antizipieren die Prüfer das Risiko aber nicht, denn sonst würden diese die Bilanzpolitik vermehrt einschränken, um nicht selbst in Prozesse involviert zu sein. Dieses Ergebnis ist allerdings nicht auf Deutschland übertragbar, da hier keine Dritthaftung der Prüfungsgesellschaften besteht. Vor dem Hintergrund ist das Regressionsergebnis fragwürdig. Zumal der signifikante Einfluss der Software-Branche für das DeAngelo-Modell nicht mehr besteht. Außerdem sind in einigen der 15 Branchen nur sehr wenige Beobachtungen enthalten – zur SOFTWARE-Branche gehören 17 Unternehmen. Da eine Zusammenfassung mehrerer Branchen in eine Dummy-Variable bei Modell 1 zu keiner ausreichenden Aussage geführt hat, wird hier auf diese Vorgehensweise verzichtet.

3.4.5 Zwischenfazit

Eine Zusammenfassung der genannten Einflussfaktoren auf die Höhe der Bilanzpolitik zeigt, dass die statistische Erklärung der Höhe der Bilanzpolitik mit diesem Datensatz nur in Grenzen möglich ist. Lediglich die Variable GROWTH zeigt einen statistisch, signifikanten Einfluss auf die Höhe der Bilanzpolitik. Weiterhin ist sichtbar, dass Unterschiede in den Vorzeichen der Koeffizienten bei den Alternativen zur Abbildung von Bilanzpolitik auftreten. Ein bedeutender Nachteil der Untersuchung besteht in der geringen Datenbasis. Die fehlen-

---

865 Vgl. Heintges, S. (2005), S. 212f. Annahmegemäß werden große Unternehmen in der Öffentlichkeit stärker beobachtet.

866 Vgl. Chung, H./Kallapur, S. (2003), S. 936f.

867 Vgl. Palmrose, Z.-V. (1988), S. 65f. Hohe Prozessquoten bestehen auch in der Bank-Branche, welche in dieser Untersuchung allerdings nicht betrachtet wird.

de statistische Signifikanz der untersuchten Teilhypothesen ist möglicherweise hierauf zurückzuführen.

	Erwartetes Vorzeichen	HEALY_VZ	HEALY_ABS	DEANGELO_ VZ	DEANGE-LO_ ABS
FREEFLOAT	-	n.s. -	n.s. -	n.s. -	n.s. -
LEVERAGE	+	n.s. -	n.s. -	n.s. -	n.s. -
LOSS	+	n.s. -	n.s. -	n.s. -	n.s. -
LOSS_ AVOIDANCE	+	n.s. -	n.s. -	n.s. -	n.s. -
ROA	-	n.s. -	n.s. -	n.s. -	n.s. +
GROWTH	+	s. +	s. +	s. +	s. +
LISTING	-	n.s.+	n.s. +	n.s. +	n.s. +
LOG_MARK ET_CAP	?	s. -	n.s. -	n.s. -	n.s. -
s. + statistisch signifikant positiver Einfluss; s. - = statistisch signifikant negativer Einfluss; n.s. + = nicht signifikant positiv; n.s. - = nicht signifikant negativer Zusammenhang; Signifikanz bis 10%					

Tabelle 49: Regression Modell 2: Ergebnisse Einflussfaktoren der Bilanzpolitik

Die ökonomische Erklärung der Ergebnisse erfolgt im Anschluss. Zunächst werden Sensitivitätstests durchgeführt, um die Robustheit zu prüfen, bzw. zu kontrollieren, ob Alternativen zur Abbildung der wirtschaftlichen Abhängigkeit und zur Messung der Bilanzpolitik, die Unabhängigkeit der Prüfer besser erklären können.

3.5 Sensitivitätstests

Die im Folgenden durchgeführten Sensitivitätstests dienen dazu, die Robustheit der Ergebnisse zu prüfen. So werden sowohl die zu erklärende Variable Bilanzpolitik als auch für die Höhe der Prüferhonorare Spezifikationen vorgenommen.

3.5.1 Subsample

In diesem Sensitivitätstest wird die gesamte Datenbasis in positive und negative diskretionäre Periodenabgrenzungen unterteilt.[868] Dieses Vorgehen wird gewählt, da frühere Studien in ihren Regressionen neben den Absolutwerten der gesamten oder diskretionären Periodenabgrenzungen Subsamples gebildet haben. Unternehmen mit positiven diskretionären Periodenabgrenzungen betreiben einkommenserhöhende Bilanzpolitik, bei negativen diskretionären Periodenabgrenzungen wird einkommensmindernde Bilanzpolitik betrieben.[869] Die Regression des Ausgangsmodells wird für beide Subsamples getrennt durchgeführt. 44 der 102 Beobachtungen weisen einkommensmindernde Bilanzpolitik (HEALY_VZ_NEG) auf.

Das Ergebnis der Regression zeigt hinsichtlich der Nichtprüfungs-/Gesamte Honorare kein signifikantes Ergebnis. Der Koeffizient ist positiv und widerspricht dem Ergebnis des Aus-

868 Vgl. Vorgehen bei Frankel, R. M./Johnson, M. F./Nelson, K. K. (2002).
869 Vgl. Francis, J. R./Krishnan, J. (1999), S. 143.

gangsmodells, welches alle Beobachtungen enthält. Statistisch signifikant ist die Variable GROWTH. Dies zeigt, dass einkommensmindernde Bilanzpolitik negativ vom Unternehmenswachstum abhängt. Im Ausgangsmodell zeigt sich, dass BIG4 statistisch signifikant mehr einkommenserhöhende Bilanzpolitik betreiben. Überraschenderweise wird dasselbe Ergebnis für das Subsample mit einkommensmindernder Bilanzpolitik erzielt. Da hier ein einseitiger Test vorliegt, können die p-Werte halbiert werden, sodass nun auch die Variable LOSS statistisch signifikant ist. Das Ergebnis besagt, dass Verlustunternehmen weniger einkommensmindernde Bilanzpolitik betreiben. Der Erklärungsgehalt liegt mit ca. 29% (angepasstes R^2) über dem des Ausgangsmodells mit 14,2%.

Dependent Variable: HEALY_VZ_NEG
Method: Least Squares
Sample: 1 44
Included observations: 44

Variable	Coefficient	Std. Error	t-Statistic	Prob.
C	-0,036960	0,051469	-0,718115	0,4773
NON_AUDIT_TOTAL_FEES	0,008628	0,029133	0,296151	0,7688
GROWTH	-0,070188	0,018278	-3,840072	0,0005
LEVERAGE	0,000242	0,001237	0,195298	0,8463
LOSS	-0,020296	0,013342	-1,521185	0,1369
ROTATION_MAX	0,001192	0,001015	1,174213	0,2480
BIG4	0,025363	0,010603	2,392033	0,0221
LOG_MARKET_CAP	-0,000660	0,002888	-0,228445	0,8206

R-squared	0,407208	Mean dependent var	-0,037904
Adjusted R-squared	0,291943	S.D. dependent var	0,038509
S.E. of regression	0,032404	Akaike info criterion	-3,858118
Sum squared resid	0,037800	Schwarz criterion	-3,533720
Log likelihood	92,87859	F-statistic	3,532800
Durbin-Watson stat	2,077720	Prob(F-statistic)	0,005463

Tabelle 50: Regression Modell 2: Einkommensmindernde Bilanzpolitik

Entgegen dem Auftreten von einkommensmindernder Bilanzpolitik, wird einkommenserhöhende Bilanzpolitik von den Investoren als risikoreicher eingestuft.[870] Wie im Ausgangsmodell besteht kein statistisch signifikanter Zusammenhang zwischen der Höhe der Bilanzpolitik und den Nichtprüfungshonoraren. Eine Aussage zur Unabhängigkeit der Prüfer ist somit nicht möglich. Dabei wird außerdem sichtbar, dass Wachstumsunternehmen nicht nur Anreize zu einkommensmindernder, sondern auch zu einkommenserhöhender Bilanzpolitik haben und dass BIG4-Gesellschaften ebenso vermehrt einkommenserhöhende Bilanzpolitik zulassen. Verlustunternehmen (LOSS) und Unternehmen mit einem hohen Verschuldungsgrad (LEVERAGE) betreiben entgegen der Erwartungen weniger einkom-

870 Vgl. Francis, J. R./Krishnan, J. (1999), S. 143.

menserhöhende Bilanzpolitik.[871] Für die Regression von 58 Beobachtungen mit einkommenserhöhender Bilanzpolitik ergibt sich folgendes Ergebnis:

Dependent Variable: HEALY_VZ_POS Method: Least Squares Sample: 1 58 Included observations: 58				
Variable	Coefficient	Std. Error	t-Statistic	Prob.
C	0,394626	0,209582	1,882916	0,0655
NON_AUDIT_TOTAL_FEES	0,028874	0,111594	0,258743	0,7969
GROWTH	0,077065	0,033267	2,316577	0,0247
LEVERAGE	-0,005582	0,004076	-1,369343	0,1770
LOSS	-0,098988	0,076169	-1,299572	0,1997
ROTATION_MAX	-0,005352	0,004685	-1,142413	0,2587
BIG4	0,093951	0,047974	1,958354	0,0558
LOG_MARKET_CAP	-0,018161	0,011980	-1,515877	0,1358
R-squared	0,269174	Mean dependent var		0,075720
Adjusted R-squared	0,166858	S.D. dependent var		0,156351
S.E. of regression	0,142712	Akaike info criterion		-0,928537
Sum squared resid	1,018333	Schwarz criterion		-0,644338
Log likelihood	34,92757	F-statistic		2,630820
Durbin-Watson stat	2,158473	Prob(F-statistic)		0,021455

Tabelle 51: Regression Modell 2: Einkommenserhöhende Bilanzpolitik

Widersprüche bestehen zwischen den Regressionsergebnissen für einkommensmindernde und –erhöhende Bilanzpolitik. Im Gegensatz zu FRANKEL ET AL. (2002) führt die Bildung von Subsamples in dieser Untersuchung nicht zu einer weiteren Differenzierung der Ergebnisse der gesamten Stichprobe.

3.5.2 Mandantenabhängigkeit

Dieser Sensitivitätstest nimmt Bezug zur Quasirenten-Theorie, welche die Einnahmen der Prüfungsgesellschaft aus einem Mandat betrachtet und die Quasirenten als unabhängigkeitsgefährdenden Faktor ansieht.[872] Die Relation der Honorare aus einem Mandat zu den Umsatzerlösen der Prüfungsgesellschaft zeigt die Bedeutung des einzelnen Mandanten. Diese Größe kann zur Messung der wirtschaftlichen Abhängigkeit bedeutender sein, als Prüfungshonorare übersteigenden Beratungshonorare.[873] Zu beachten ist, dass § 319 HGB eine Umsatzgrenze von 30 % setzt bzw. für Unternehmen von öffentlichem Interesse nach § 319a HGB eine Umsatzgrenze von 15% besteht. D.h. die Prüfungsgesellschaften dürfen

871 Die p-Werte können für diesen einseitigen Test halbiert werden.

872 Vgl. DeAngelo, L. E. (1981a).

873 Vgl. Coulton, J./Ruddock, C./Taylor, S. (2007), S. 4 mit einem Beispiel, dass zeigt, dass die Gesamtsumme der Honorare aus einen Mandat bedeutend ist. So kann es möglich sein, dass eine wirtschaftliche Abhängigkeit vom Mandanten besteht, obwohl die Prüfungshonorare sehr viel höher als die Beratungshonorare sind. Somit ist es besser, analog dem Vorgehen von Chung, H./Kallapur, S. (2003), die Höhe der Quasirenten aus einem Mandat zu bestimmen.

nicht mehr als 30% ihrer Umsätze aus einem Mandat vereinnahmen. Es ist nicht überprüfbar, ob die Höhe der gesamten Honorare ohne diese gesetzliche Vorschrift in Einzelfällen möglicherweise höher wäre. Da § 319 Abs. 3 Nr. 5 HGB die gesamten Honorare aus einem Mandat beschränkt, ist das Verhältnis der jeweiligen Honorarkategorie davon nicht betroffen.

Eine zwar nicht vollständige, aber näherungsweise Betrachtung der Mandantenabhängigkeit wird möglich, indem die Prüfungsgesellschaften der Datenbasis ausgewählt werden, welche mindestens fünf Mandate prüfen. Hierzu gehören die Prüfungsgesellschaften BDO, Deloitte & Touche, Ernst & Young, KPMG und PwC mit insgesamt 70 Mandaten. Werden nun die gesamten Honorare aus einem Mandat mit der Summe der gesamten Honorare aller Mandate einer Prüfungsgesellschaft gewichtet, ergibt sich ein Indikator für die wirtschaftliche Abhängigkeit für ein Mandat. Diese Relation geht für jedes der 70 Mandate in die Variable FEE_DEPENDENCE ein.

Dependent Variable: HEALY_VZ
Method: Least Squares
Sample: 1 70
Included observations: 70

Variable	Coefficient	Std. Error	t-Statistic	Prob.
C	0,247806	0,206723	1,198734	0,2351
FEE_DEPENDENCE	-0,036523	0,199569	-0,183010	0,8554
GROWTH	0,109159	0,043347	2,518248	0,0143
LEVERAGE	-0,000837	0,005071	-0,165116	0,8694
LOSS	-0,037593	0,057069	-0,658727	0,5125
ROTATION_MAX	-4,17E-05	0,003771	-0,011054	0,9912
LOG_MARKET_CAP	-0,011224	0,010613	-1,057639	0,2943

R-squared	0,157004	Mean dependent var	0,029427
Adjusted R-squared	0,076718	S.D. dependent var	0,153253
S.E. of regression	0,147257	Akaike info criterion	-0,898631
Sum squared resid	1,366137	Schwarz criterion	-0,673781
Log likelihood	38,45208	F-statistic	1,955568
Durbin-Watson stat	1,847096	Prob(F-statistic)	0,085540

Tabelle 52: Regression Modell 2: Honoraranteil an der Summe der Honorare der Prüfungsgesellschaft I

Die Auswertungen zeigen, dass kein statistisch signifikanter Zusammenhang zwischen der Variablen zur Abbildung der Mandantenabhängigkeit und der Höhe der Bilanzpolitik besteht.[874] Das angepasste R^2 ist mit 7,8% zudem sehr gering. Die Vorgehensweise, die wirtschaftliche Abhängigkeit der Prüfungsgesellschaft zu messen, ist leicht kritisierbar. Die

874 Um einen besseren Vergleich vornehmen zu können wird die Relation Nichtprüfungs- zu gesamten Honoraren als erklärende Variable in das Modell für 70 Beobachtungen eingesetzt. Auch dieses Ergebnis zeigt keinen statistisch signifikanten Einfluss auf die Höhe der Bilanzpolitik.

Abbildung der Kundenabhängigkeit berücksichtigt nur Prüfungsgesellschaften, welche mindestens fünf der in dieser Datenbasis enthaltenen Unternehmen prüfen. Diese Annahme wird verfolgt, um sicherzustellen, dass die Variable FEE_DEPENDENCE nicht statistisch verzerrt ist, weil nur ein oder zwei Mandate die gesamten Honorare der Prüfungsgesellschaft beeinflussen. Weiterhin werden die Prüfungs- und Nichtprüfungshonorare eines jeden Mandates mit der Summe der Einnahmen der Prüfungsgesellschaft aus allen Mandaten relativiert. Dies schließt aber nicht die gesamten Umsätze einer jeden Prüfungsgesellschaft ein, die z.B. durch Beratungsleistungen etc. beeinflusst werden.

Aus diesem Grund wird eine zusätzliche Analyse durchgeführt. Dabei werden die gesamten Honorare aus einem Mandat zu den Umsatzerlösen der jeweiligen Prüfungsgesellschaft in Relation gesetzt (CLIENT_IMPORTANCE). Die Umsatzerlöse werden aus den Geschäftsberichten des Jahres 2005 der jeweiligen Prüfungsgesellschaft gewonnen. Berücksicht werden erneut nur die Prüfungsgesellschaften BDO, Deloitte & Touche, Ernst & Young, KPMG und PwC und ihre 70 Mandanten. Da nur sehr wenige Prüfungsgesellschaften Angaben zu ihren Umsätzen machen und die Geschäftsberichte zur Verfügung stellen, ist auch diese Analyse nur eingeschränkt durchführbar.

Dependent Variable: HEALY_VZ				
Method: Least Squares				
Sample: 1 70				
Included observations: 70				
Variable	Coefficient	Std. Error	t-Statistic	Prob.
C	0,248552	0,220012	1,129719	0,2629
CLIENT_IMPORTANCE	-0,229029	3,474438	-0,065918	0,9477
GROWTH	0,108973	0,043362	2,513083	0,0145
LEVERAGE	-0,000909	0,005156	-0,176225	0,8607
LOSS	-0,037094	0,057014	-0,650602	0,5177
ROTATION_MAX	-8,91E-05	0,003779	-0,023591	0,9813
LOG_MARKET_CAP	-0,011327	0,011258	-1,006141	0,3182
R-squared	0,156614	Mean dependent var		0,029427
Adjusted R-squared	0,076291	S.D. dependent var		0,153253
S.E. of regression	0,147291	Akaike info criterion		-0,898168
Sum squared resid	1,366769	Schwarz criterion		-0,673319
Log likelihood	38,43589	F-statistic		1,949809
Durbin-Watson stat	1,851458	Prob(F-statistic)		0,086445

Tabelle 53: Regression Modell 2: Honoraranteil an der Summe der Honorare der Prüfungsgesellschaft II

Die Variable CLIENT_IMPORTANCE zur Abbildung der Kundenabhängigkeit übt keinen statistisch signifikanten Einfluss auf die Bilanzpolitik aus. Erneut besteht kein Anzeichen für eine eingeschränkte Unabhängigkeit der Prüfer. Eine Einschränkung der Ergebnisse liegt darin, dass nur fünf Prüfungsgesellschaften betrachtet werden, welche sich möglicherweise eher unabhängig verhalten. Wie das Ergebnis unter Einbezug aller betrachteten Prüfungsgesellschaften ausfallen würde, bleibt wegen fehlender Umsatzdaten der Prüfungsgesellschaften offen.

3.5.3 Alternative Messung der Bilanzpolitik

Wie schon in Kapitel II.3.4.3 vorgestellt, bestehen neben den diskretionären Periodenabgrenzungen weitere Methoden, um Bilanzpolitik zu messen. Im Folgenden wird die abhängige Variable ersetzt. Dabei wird Bilanzpolitik über die gesamten Periodenabgrenzungen, die Relation Periodenabgrenzungen zu operativem Cashflow und über eine gewichtete Variable gemessen, welche Ergebniserhöhungen, die Vermeidung von kleinen Verlusten und negative Veränderungen von operativen Cashflows betrachtet. Damit wird geprüft, ob die Ergebnisse der diskretionären Periodenabgrenzungen im Ausgangsmodell sensitiv sind oder ob Alternativen zur Messung der Bilanzpolitik besser geeignet sind.

3.5.3.1 Gesamte Periodenabgrenzungen

Werden die gesamten Periodenabgrenzungen nicht in diskretionäre und nichtdiskretionäre Periodenabgrenzungen unterteilt, sondern in voller Höhe verwendet, gilt die Annahme, dass die gesamte Differenz zwischen Jahresergebnis und operativem Cashflow bilanzpolitisch verändert ist. Dies impliziert, dass bspw. die Abschreibungen und Zuführungen zu den Rückstellungen in voller Höhe bilanzpolitisch verzerrt sind. Erstere können durch die Wahl der Abschreibungsmethode etc. sehr leicht auf die bilanzpolitischen Ziele des Unternehmens ausgerichtet sein. Gleiches gilt auch für Rückstellungen, welche bspw. nach IFRS diskontiert werden.[875] Der Diskontierungsfaktor kann minimal verändert werden und hat dennoch große Auswirkungen auf den Barwert der Rückstellung. LEUZ ET AL. (2003) verwenden die absoluten gesamten Periodenabgrenzungen um das Ausmaß, in welchem Unternehmen Bilanzpolitik betreiben können, abzubilden.[876]

Das Ausgangsmodell wird mit den gesamten Periodenabgrenzungen des Jahres 2005 gemessen. Die Vorjahresbilanzsumme dient der Gewichtung der Variablen (PA_BS_VJ = gesamte Periodenabgrenzungen / Bilanzsumme des Vorjahres). Es besteht kein statistisch signifikanter Zusammenhang zwischen den Nichtprüfungshonoraren und den gesamten Periodenabgrenzungen als alternative Messung der Bilanzpolitik.

---

875 Vgl. IAS 37.45.

876 Vgl. Leuz, C./Nanda, D./Wysocki, P. D. (2003), S. 510.

Dependent Variable: PA_BS_VJ Method: Least Squares Sample: 1 102 Included observations: 102				
Variable	Coefficient	Std. Error	t-Statistic	Prob.
C	0,276906	0,176310	1,570561	0,1196
NON_AUDIT_TOTAL_FEES	-0,043716	0,096298	-0,453970	0,6509
GROWTH	0,103898	0,034596	3,003162	0,0034
LEVERAGE	-0,001780	0,003503	-0,508293	0,6124
LOSS	-0,058666	0,049372	-1,188243	0,2377
ROTATION_MAX	-0,001783	0,003727	-0,478474	0,6334
BIG4	0,035984	0,037321	0,964176	0,3374
LOG_MARKET_CAP	-0,015100	0,009915	-1,522886	0,1311
R-squared	0,162852	Mean dependent var		-0,014480
Adjusted R-squared	0,100512	S.D. dependent var		0,175366
S.E. of regression	0,166320	Akaike info criterion		-0,674627
Sum squared resid	2,600245	Schwarz criterion		-0,468747
Log likelihood	42,40600	F-statistic		2,612292
Durbin-Watson stat	2,086682	Prob(F-statistic)		0,016495

Tabelle 54: Regression Modell 2: Gesamte Periodenabgrenzungen

Die gesamten Periodenabgrenzungen zeigen wie auch die diskretionären, dass keine eingeschränkte Unabhängigkeit der Abschlussprüfer in Deutschland zu erkennen ist. Zusätzlich finden die gesamten Periodenabgrenzungen Eingang in eine weitere Variable, bei welcher ebenso davon ausgegangen wird, dass die gesamte Differenz zwischen Jahresergebnis und Cashflow den bilanzpolitischen Gestaltungsspielraum des Managements aufzeigt. Dieser weitere Indikator für Bilanzpolitik ist die Relation des Absolutwertes der gesamten Periodenabgrenzungen zu dem Absolutwert des operativen Cashflows.[877]

Der operative Cashflow wird verwendet, um die Leistungsfähigkeit der Unternehmen abzubilden und um zu berücksichtigen, dass Unterschiede zwischen den Unternehmen nicht direkt auf Unterschiede in der Bilanzpolitik zurückzuführen sind. Durch die Verwendung von Absolutwerten wird nicht zwischen einkommensmindernder und –erhöhender Bilanzpolitik unterschieden, vielmehr wird das Ausmaß der Bilanzpolitik an sich betrachtet. Der Zusammenhang ist wie bei Verwendung der diskretionären Periodenabgrenzungen statistisch nicht signifikant.

877 Vgl. Leuz, C./Nanda, D./Wysocki, P. D. (2003), S. 510.

3.5.3.2 Einkommenserhöhende Bilanzpolitik

Aus den Zielen der Bilanzpolitik kann abgeleitet werden, dass einkommenserhöhende Bilanzpolitik eingesetzt wird, um mindestens das Vorjahresergebnis zu erreichen, einen Verlust zu vermeiden und um zumindest einen kleinen positiven Gewinn auszuweisen. Auch eine negative Veränderung des operativen Cashflows gibt Hinweise auf einkommenserhöhende Bilanzpolitik. Bei diesem Test wird nur einkommenserhöhende Bilanzpolitik betrachtet, welche unter Unabhängigkeitsgesichtspunkten besonders negativ ist. Hypothesen zur Erklärung von einkommenserhöhender Bilanzpolitik sind einseitig, die p-Werte der Regressionen sind zu halbieren, um die statistische Signifikanz zu betrachten. Die einkommenserhöhende Bilanzpolitik wird über binäre Variablen gemessen, die anschließend zu einer diskreten Variablen gewichtet werden und letztlich als zu erklärende Variable in die Regression eingehen.

Ergebniserhöhungen

Zunächst wird betrachtet, ob Unternehmen kleine Ergebniserhöhungen anstatt -reduktionen ausweisen. Ein Unternehmen wird es möglichst vermeiden, das Ergebnis unter das Vorjahresniveau fallen zu lassen. Ergebniserhöhungen werden deshalb als Maß für die Qualität der Rechnungslegung und für die Unabhängigkeit des Abschlussprüfers verwendet.

Zur Messung der Ergebniserhöhung wird die Veränderung des Jahresergebnisses mit der Bilanzsumme normiert.[878] Liegt die Ergebnisveränderung zwischen 0% und 2%, bekommt die binäre Variable den Wert 1 zugewiesen. 36 von 102 Unternehmen zeigen solch einen Ergebnisanstieg auf.

Verlustvermeidung

Neben dem Anreiz, das Ergebnis des Vorjahres zu erreichen oder zu übertreffen, wird das Management möglichst einen Gewinn anstatt einem Verlust ausweisen. Ein Anzeichen für einkommenserhöhende Bilanzpolitik ist gegeben, wenn ein Unternehmen einen sehr kleinen Jahresüberschuss ausweist, um einen Verlust zu vermeiden.

Die Messung der Verlustvermeidung erfolgt über die Variable Jahresergebnis gewichtet mit der Bilanzsumme des Berichtsjahres. Im Gegensatz zur Variablen, welche den Ergebnisanstieg misst, wird nun nicht mehr die Veränderung des Jahresergebnisses betrachtet. Berichtet ein Unternehmen ein Ergebnis zwischen 0% und 5% der Bilanzsumme, so wird diesem in der binären Variablen LOSS_AVOIDANCE der Wert 1 zugewiesen. Liegt das Ergebnis im negativen (Verlust) oder positiven Bereich über 5%, so erhält die Beobachtung den Wert 0.

---

878 Vgl. Vorgehen bei Burgstahler, D./Dichev, I. (1997), S. 112. Vgl. auch Ashbaugh, H./LaFond, R./Mayhew, B. W. (2003), S. 631. Beide Studien berücksichtigten den Marktwert des Eigenkapitals zu Beginn des Jahres zur Normierung der Ergebnisveränderung.

Von der gesamten Stichprobe weisen 50 Unternehmen ein gewichtetes Ergebnis zwischen 0% und 5% aus.[879]

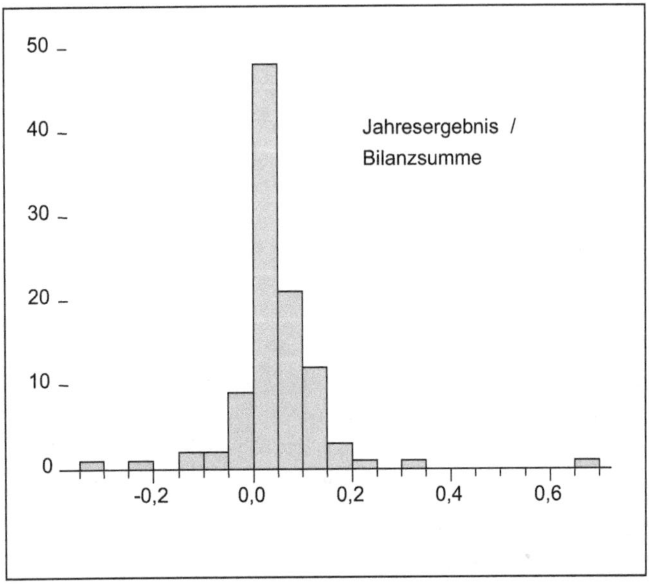

Abbildung 17: Häufigkeitsverteilung Jahresergebnis/Bilanzsumme

Wie auch bei BURGSTAHLER/DICHEV (1997) zeigt die Häufigkeitsverteilung in Abbildung 17, dass die Ergebnisse von knapp 50% der Unternehmen im Bereich von 0% und 5% der Bilanzsumme liegen. Im Bereich kleiner Gewinne ist eine starke Konzentration zu erkennen.[880] Liegt der Anteil des Gewinns knapp über 0%, ist die Wahrscheinlichkeit sehr hoch, dass einkommenserhöhende Bilanzpolitik eingesetzt wurde, um kleine Verluste zu vermeiden.

---

879 Leuz, C./Nanda, D./Wysocki, P. D. (2003), S. 511 betrachten bei ihrer länderübergreifenden Untersuchung der Bilanzpolitik nur Unternehmen, welche entweder einen mit der Bilanzsumme gewichteten Gewinn zwischen 0% und 1% oder einen Verlust zwischen -1% und 0% aufweisen. Eine Spanne zwischen 0% und 10% kommt in dieser vorliegenden Regression nicht zur Anwendung, da 70 Beobachtungen in diesen Bereich fallen. So könnte die Annahme, dass alle 70 Unternehmen Bilanzpolitik betreiben, um Verluste zu vermeiden, verzerrt sein. Wird die Spanne auf 0% bis 1% reduziert, so können nur vier Beobachtungen mit einer Verlustvermeidungsstrategie identifiziert werden.

880 Vgl. Burgstahler, D./Dichev, I. (1997), S. 109.

Operativer Cashflow:

Ergebniserhöhende Bilanzpolitik kann weiterhin erkannt werden, wenn die Veränderung des operativen Cashflows negativ ist.[881] Sinkt der operative Cashflow im Vergleich zum Vorjahr, besteht die Vermutung, dass vermehrt einkommenserhöhende Bilanzpolitik betrieben wurde, welche sich z.B. in geringeren zahlungsunwirksamen Aufwendungen oder höheren Erträgen wieder findet. Die Veränderung des operativen Cashflows geht in eine binäre Variable ein, welche den Wert 1 für eine negative Veränderung und den Wert 0 für keine oder eine positive Veränderung des operativen Cashflows erhält. 44 Unternehmen der Stichprobe weisen eine negative Veränderung des operativen Cashflows auf.

Gewichtung der Faktoren:

Entsprechend dem Vorgehen von BIDDLE/HILARY (2006) kann aus jeder dieser drei Möglichkeiten zur Messung von Ergebnisqualität eine binäre Variable gebildet werden.[882] Da die binären Variablen LOSS_AVOIDANCE, EARNINGS INCREASE und eine negative Veränderung des operativen Cashflows zur Messung von ergebniserhöhender Bilanzpolitik eingesetzt werden, können die Werte der binären Variablen addiert werden, sodass eine diskrete Variable (GEWICHTUNG_VAR) entsteht, welche als zu erklärende Variable in das Modell eingeht.

---

881 Vgl. Kim, J.-B./Chung, R./Firth, M. (2003), S. 348.

882 Biddle, G. C./Hilary, G. (2006), S. 969 berechnen zunächst die binären Variablen zur Messung der Ergebnisqualität. Die Ausprägungen des Samples mit einem Wert über dem Median bekommen in der jeweiligen binären Variablen den Wert 1 zugewiesen und sonst den Wert 0. Werden die binären Variablen addiert, entsteht eine diskrete Variable, welche die Ergebnisqualität misst.

Dependent Variable: GEWICHTUNG_VAR				
Method: Least Squares				
Sample: 1 102				
Included observations: 102				
Variable	Coefficient	Std. Error	t-Statistic	Prob.
C	1,300922	0,922871	1,409646	0,1619
NON_AUDIT_TOTAL_FEES	0,171710	0,504056	0,340658	0,7341
GROWTH	-0,025746	0,181090	-0,142174	0,8872
LEVERAGE	-0,021730	0,018334	-1,185240	0,2389
LOSS	0,052026	0,258430	0,201317	0,8409
ROTATION_MAX	0,006830	0,019509	0,350105	0,7270
BIG4	0,291884	0,195354	1,494131	0,1385
LOG_MARKET_CAP	-0,013146	0,051901	-0,253285	0,8006
R-squared	0,041323	Mean dependent var		1,274510
Adjusted R-squared	-0,030068	S.D. dependent var		0,857776
S.E. of regression	0,870576	Akaike info criterion		2,635862
Sum squared resid	71,24289	Schwarz criterion		2,841742
Log likelihood	-126,4290	F-statistic		0,578822
Durbin-Watson stat	2,235421	Prob(F-statistic)		0,771544

Tabelle 55: Regression Modell 2: Gewichtung einkommenserhöhende Bilanzpolitik

Die Regression mit der gewichteten Variablen führt hinsichtlich der Prüferunabhängigkeit zu einem einheitlichen Ergebnis. Die gewichtete Variable ermöglicht zwar kein statistisch signifikantes Ergebnis, zeigt jedoch einen positiven Zusammenhang zwischen Nichtprüfungshonoraren und der gewichteten Variablen, welche drei Komponenten einkommenserhöhender Bilanzpolitik enthält.

3.5.4 Zwischenfazit

Die Sensitivitätstests zeigen, dass keine konkreten empirischen Befunde zur Unabhängigkeit der Prüfer in Deutschland erkannt werden können. Weder die Variation der Nichtprüfungshonorare durch die Abbildung der Kundenwichtigkeit, noch die Veränderung der Messung von Bilanzpolitik ermöglicht weitergehende Aussagen.

Dependent Variable: HEALY_VZ				
Method: Least Squares				
Sample: 1 102				
Included observations: 102				
Variable	Coefficient	Std. Error	t-Statistic	Prob.
C	0,233726	0,130355	1,792989	0,0762
NON_AUDIT_TOTAL_FEES	0,026989	0,071198	0,379070	0,7055
GROWTH	0,076217	0,025579	2,979700	***0,0037
LEVERAGE	-0,003161	0,002590	-1,220507	0,2253
LOSS	-0,045097	0,036503	-1,235435	0,2197
ROTATION_MAX	-0,001536	0,002756	-0,557266	0,5787
BIG4	0,066405	0,027594	2,406547	**0,0181
LOG_MARKET_CAP	-0,012493	0,007331	-1,704201	*0,0916
R-squared	0,201543	Mean dependent var		0,026706
Adjusted R-squared	0,142083	S.D. dependent var		0,132761
S.E. of regression	0,122969	Akaike info criterion		-1,278591
Sum squared resid	1,421400	Schwarz criterion		-1,072711
Log likelihood	73,20813	F-statistic		3,389574
Durbin-Watson stat	2,005130	Prob(F-statistic)		0,002856
* schwach signifikanter Einfluss (zweiseitiger Test, 10%-Niveau),				
** normal signifikanter Einfluss (zweiseitiger Test, 5%-Niveau),				
*** hochsignifikanter Einfluss (zweiseitiger Test, 1%-Niveau)				

Tabelle 35: Regression Modell 2: Ausgangsmodell

Für die Beurteilung der Ergebnisse wird deshalb das Ausgangsmodell (vgl. Tabelle 35) herangezogen, welches durch Sensitivitätstests nicht verbessert werden konnte.

3.6 Zusammenfassung und Beurteilung der Ergebnisse

Die Unabhängigkeit des Prüfers wird in dieser Untersuchung über die Nichtprüfungshonorare, die Mandatsdauer, den eingeschränkten Bestätigungsvermerk, BIG4-Gesellschaften sowie über den Honoraranteil an den gesamten Umsätzen der Prüfungsgesellschaft und deren Einfluss auf die Höhe der Bilanzpolitik gemessen. Unter verschiedenen Modellen zur Messung der Bilanzpolitik über die diskretionären Periodenabgrenzungen bietet das Healy-Modell, welches einkommenserhöhende und –mindernde Bilanzpolitik aufzeigt, für diesen Datensatz aus statistischer Sicht das beste Ergebnis. Zwar ist der Einfluss nur weniger Variablen statistisch signifikant, dennoch ist der Erklärungsgehalt mit dem ähnlicher, ausländischer Studien vergleichbar. Das Ausgangsmodell kann nicht zeigen, dass die Nichtprüfungshonorare, gemessen über die Relation Nichtprüfungs- zu gesamten Honoraren die Höhe der Bilanzpolitik beeinflussen. Demzufolge erlaubt diese Regression keine konkrete Aussage zur Unabhängigkeit der Prüfer in Deutschland.

Robustheitstests zeigen, dass auch bei Verwendung von Alternativen zur Abbildung der Bilanzpolitik über Subsamples sowie unter anderem über die diskretionären Periodenabgrenzungen des DeAngelo-Modells, die Vermeidung von Verlusten und die Relation Periodenabgrenzung zu operativem Cashflow keine Aussage über die Unabhängigkeit der Prüfer möglich ist. Der vermutete Zusammenhang zwischen Unabhängigkeitsindikatoren und der

Höhe der Bilanzpolitik ist jeweils negativ. Weder die Höhe der Nichtprüfungshonorare, welche bei Abhängigkeit des Prüfers durch Ausgleichszahlungen des Managements leicht erhöht werden können, noch die Länge der Mandatsdauer beeinflussen die Höhe der Bilanzpolitik nachweislich. Zusätzlich ist die Aussage der Variablen, ob ein Bestätigungsvermerk eingeschränkt ist oder nicht, fragwürdig, da nur sehr wenige Beobachtungen in der Variablen enthalten sind. Bezüglich der Frage, ob BIG4-Prüfungsgesellschaften eher unabhängig sind, konnte keine eindeutige Antwort gefunden werden. Zwar zeigt das Ausgangsmodell, dass vermehrt einkommenserhöhende Bilanzpolitik zu beobachten ist, wenn eine BIG4-Gesellschaft das Unternehmen prüft. Ein anschließender Mittelwertvergleich der Bilanzpolitik bei BIG4- und Nicht-BIG4-Gesellschaften lässt erkennen, dass die Bilanzpolitik bei BIG4-Gesellschaften zwar höher, aber nicht signifikant höher ist, als bei Nicht-BIG4-Gesellschaften. Bei gesamter Betrachtung aller Beziehungen, welche die Unabhängigkeit der Abschlussprüfer messen, kann festgehalten werden, dass keine Einschränkung der Unabhängigkeit offenkundig wird, diese vielmehr nicht erklärt werden kann.

Weitere Kontrollvariablen sind in das Modell einbezogen, um die Höhe der Bilanzpolitik zu erklären. An dieser Stelle wird erneut daraufhin gewiesen, dass in diesem Modell nur Teilaspekte von Anreizen und Gründen zur Ausübung von Bilanzpolitik betrachtet werden. Eine nahezu perfekte Erklärung der Höhe der Bilanzpolitik sollte möglich sein, wenn viele Gründe für das Betreiben von Bilanzpolitik in einem Regressionsmodell zusammengefasst werden. Beispielsweise wären die erfolgsabhängige Entlohnung des Managements,[883] ein geplanter Börsengang, ein Unternehmenszusammenschluss[884] oder eine bevorstehende Unternehmensbewertung als Auslösetatbestände für Bilanzpolitik zu berücksichtigen. Die Aufbereitung und Erfassung der Daten für dieses Modell erfolgte vielmehr vor dem Hintergrund eine Aussage über die Unabhängigkeit der Abschlussprüfer zu treffen. Faktoren, welche die finanzielle Situation oder die Charakteristika des Mandaten oder des Unternehmens abbilden, können dennoch als Auslöser für bilanzpolitische Maßnahmen gewertet werden. Kurz zusammengefasst ergibt die Regressionsanalyse folgende weiteren Ergebnisse:

- Abhängig von der Struktur der Anteilseigner wird untersucht, ob die Ausübung von Bilanzpolitik mit der Schwere der Agency-Konflikte im Unternehmen sinkt. Grundsätzlich wird erwartet, dass das Management ein höheres Maß an Bilanzpolitik ausübt, wenn die Agency-Konflikte steigen und Informationsasymmetrien bestehen. Ist der Prüfer unabhängig, wird er die Ausübung von Bilanzpolitik einschränken. Die Variable FREEFLOAT zur Abbildung eigenkapitalinduzierter Agency-Konflikte erklärt die Höhe der Bilanzpolitik allerdings nicht. Der Verschuldungsgrad (LEVERAGE) beeinflusst die Höhe der Bilanzpolitik zwar negativ, aber statistisch nicht signifikant, sodass auch

---

883 Vgl. Burgstahler, D./Dichev, I. (1997). Vgl. Leuz, C./Nanda, D./Wysocki, P. D. (2003) für den Zusammenhang zwischen dem Schutz von Investoren und Bilanzpolitik in verschiedenen Ländern oder Menon, K./Williams, D. D. (2004) für die Beziehung zwischen Bilanzpolitik und der Tatsache, dass Manager vormals Partner im Prüfungsteam waren.

884 Vgl. Ashbaugh, H./LaFond, R./Mayhew, B. W. (2003).

kein Zusammenhang zwischen fremdkapitalinduzierten Agency-Konflikten und der Bilanzpolitik erkannt werden kann.

- Die Variable LOSS bildet in ähnlicher Weise wie der Verschuldungsgrad die finanzielle Situation des Mandanten ab. Weder diese Variable, noch die Differenzierung, ob kleine Verluste vermieden werden (LOSS_AVOIDANCE), erklärt die Höhe der Bilanzpolitik statistisch signifikant.

- Statistisch signifikant ist der positive Einfluss der Variablen GROWTH auf die Höhe der Bilanzpolitik. Stark wachsende Unternehmen betreiben vermehrt einkommenserhöhende Bilanzpolitik.

- Schließlich enthält das Ausgangsmodell die logarithmierte Marktkapitalisierung, um die Größe des Unternehmens abzubilden. Es zeigt sich, dass die einkommenserhöhende Bilanzpolitik mit der Größe des Unternehmens sinkt, während einkommensmindernde Bilanzpolitik steigt. Große Gesellschaften unterliegen einer stärkeren öffentlichen Kontrolle durch die Medien, Aktionärsvertreter etc. Das Ergebnis ist bei Verwendung anderer Varianten von diskretionären Periodenabgrenzungen allerdings nicht robust.

Abschließend lässt sich zusammenfassen, dass die Ergebnisse dieser Studie in Deutschland keine eingeschränkte Unabhängigkeit der Abschlussprüfer erkennen lassen. Die Untersuchung bezieht sich nur auf börsennotierte Unternehmen im Jahr 2005, wodurch die Ergebnisse eine Einschränkung erhalten. Dennoch zeigen die Sensitivitätstests, dass die Ergebnisse robust sind.

Bei der ökonomischen Beurteilung der Ergebnisse stehen erneut (1) die gesetzliche Pflicht zur Trennung von Prüfung und Beratung, (2) die Pflicht zur Veröffentlichung der Prüferhonorare (3) und die Pflicht zur internen Rotation oder eine mögliche externe Rotation im Vordergrund. Neben der deutschen Regulierung, spielt die Unabhängigkeitsdiskussion auf Ebene der EU und in den USA eine Rolle. Schon alleine die gestiegene Bedeutung der gesetzlichen Regelungen und die weltweit geführte Diskussion um die Unabhängigkeit dürfte das Bewusstsein von Prüfer, Mandant und Bilanzadressat gestärkt und dazu beigetragen haben, die Unabhängigkeit der Prüfer zu erhöhen.

Hinsichtlich der Vorteilhaftigkeit oder Notwendigkeit einer gesetzlichen externen Rotationspflicht kann kein eindeutiges Ergebnis erzielt werden. Der Zusammenhang zwischen der Mandatsdauer und der Höhe der Bilanzpolitik ist zwar nicht signifikant, das negative Vorzeichen spricht jedoch dafür, dass die Unabhängigkeit tendenziell am Ende der Mandatsdauer höher ist. Auch für das Erstprüfungsjahr kann nicht festgestellt werden, dass die Unabhängigkeit zu Beginn der Prüfungsphase eingeschränkt ist. Die Aussage der Ergebnisse ist möglicherweise deshalb eingeschränkt, weil die maximale Rotationsdauer in dieser Untersuchung auf 15 Jahre beschränkt ist. Die derzeit gesetzlich bestehende interne Rotationspflicht, wie sie in § 319a Abs. 1 Nr. 4 HGB ab sieben Prüfungsjahren gefordert wird, ist nicht Gegenstand der Untersuchung.

Die in § 319 HGB geforderte Trennung von Prüfung und Beratung untersagt es den Prüfungsgesellschaften bestimmte Beratungsleistungen durchzuführen. Dieser Untersuchung wird der Stand der gesetzlichen Regelung zum 1.01.2005 zugrunde gelegt. Die Ergebnisse zeigen, dass die Bereitstellung von Beratungsleistungen das Ausmaß der Bilanzpolitik nicht beeinflusst. Es besteht kein Zusammenhang zwischen Beratungsleistungen und Bilanzpolitik, dieser kann aber nicht als eindeutiges Indiz für eine uneingeschränkte Unabhängigkeit verwendet werden. Erst eine statistisch signifikant negative Beziehung würde dafür sprechen, dass die derzeitige Regulierung von Prüfung und Beratung ausreichend geregelt ist. In diesem Fall wäre es nicht notwendig weitere Beratungsleistungen zu untersagen, welche neben der Abschlussprüfung durchgeführt werden. Neben dem konkreten Verbot von Beratungsleistungen regelt § 319 Abs. 2 HGB, dass der Prüfer von der Prüfung auszuschließen ist, wenn die Besorgnis der Befangenheit besteht. Dieser allgemeine Ausschlussgrundsatz lässt sich empirisch nicht direkt untersuchen, dennoch würde eine negative Beziehung zwischen Nichtprüfungshonoraren und der Bilanzpolitik befürworten, dass die innere Unabhängigkeit der Prüfer nicht eingeschränkt ist.

Auch die Intention der Einführung von Umsatzgrenzen, welche eine mögliche Abhängigkeit des Prüfers vom Mandanten verhindern sollen, wird in dieser Studie erstmals untersucht. Dennoch besteht auch hier kein statistisch signifikanter Zusammenhang zwischen der Höhe der Honorare aus einem Mandat, normiert mit den Umsätzen einer Prüfungsgesellschaft und der Höhe der Bilanzpolitik.

Die gesetzliche Pflicht zur Veröffentlichung der Prüferhonorare ermöglicht die Untersuchung der Honorare erstmals ab dem 1.01.2005. Die Aussage einer Untersuchung ohne Vergleichsjahr ist zwar eingeschränkt. Dennoch ermöglichen die Analysen erste Aussagen über die Unabhängigkeit deutscher Abschlussprüfer, welche in diesen Datensatz eingehen. Die deskriptive Auswertung der Honorare von 102 verwendeten Beobachtungen zeigt, dass die Nichtprüfungshonorare im Durchschnitt 29% der gesamten Honorare ausmachen. Unter Unabhängigkeitsaspekten ist es positiv, dass die Haupteinnahmequelle der Prüfer in der Abschlussprüfung besteht. HOITASH/MARKELEVICH/BARRAGATO (2005) finden heraus, dass nur für die Zeit vor dem SOX eine positive Beziehung zwischen den diskretionären Periodenabgrenzungen und den Nichtprüfungshonoraren besteht.[885] Somit stärkt die Regulierung durch den SOX die Unabhängigkeit der Prüfer in den USA. Eine solche Untersuchung wie

---

885 Vgl. Hoitash, R./Markelevich, A./Barragato, C. A. (2005). Die Jahre 2000 bis 2003 sind mit 19.656 Beobachtungen Datenbasis der Studie. Der Umfang der diskretionären Periodenabgrenzungen (ermittelt durch das modifizierte Jones-Modell und das um den ROA erweiterte *Modified*-Jones-Modell) wird als Maß für Befangenheit des Prüfers und für Prüfungsqualität verwendet. Die Gebühren sind Ausdruck der wirtschaftlichen Abhängigkeit des Prüfers vom Mandanten. Im Durchschnitt sind die Beratungsgebühren zwischen 2000 und 2003 um ca. 50% gesunken.

HOITASH ET AL. (2005) sie für die USA vornehmen, ist für Deutschland nicht abzubilden, da nur ein Untersuchungsjahr vorliegt. Ob die Honorarveröffentlichungspflicht tatsächlich zur Ablehnung von Beratungsaufträgen führt, kann zudem nicht beobachtet werden, da keine freiwillige Honorarveröffentlichungspflicht in Jahren vor 2005 gegeben ist. Hierzu müssten die Honorare vor und nach Einführung der gesetzlichen Regelung verglichen werden. Die Veröffentlichung der Prüferhonorare ist wünschenswert, da künftig die Möglichkeit besteht, die Unabhängigkeit der Prüfer zu untersuchen, wirtschaftliche Abhängigkeiten des Prüfers vom Mandanten, welche in Einzelfällen bestehen können, aufzudecken. Ein Nutzen für die Bilanzadressaten ist durch diese relativ einfach zu verstehende Zusatzinformation gegeben.

Es lässt sich zusammenfassen, dass die Regulierung der Unabhängigkeit der Abschlussprüfer in Deutschland mit diesen Ergebnissen nicht ausreichend beurteilt werden kann. Allerdings ist auch keine eingeschränkte Unabhängigkeit sichtbar geworden. Demgegenüber sind die Kosten der Honorarveröffentlichung relativ gering. Die Anreize der Prüfer qualitativ hochwertige Prüfungen durchzuführen, hängen nicht signifikant von der Höhe der Reputationsverluste und der Haftung ab, wie durch die Variable BIG4 und die US-Notierung gezeigt wird. Den Ergebnissen zufolge ist keine Verschärfung der Haftung für deutsche Abschlussprüfer zu fordern.[886]

Die erzielten Ergebnisse sind nicht uneingeschränkt gültig. Zunächst ist anzumerken, dass die Relation der Nichtprüfungs- zu den Prüfungshonoraren oder zu gesamten Honoraren sowie die logarithmierten Nichtprüfungshonorare kein eindeutiges Anzeichen für eine wirtschaftliche Abhängigkeit des Prüfers vom Mandanten geben.[887] Die Relation der gesamten Honorare zu den gesamten Umsätzen der Prüfungsgesellschaft, zeigt die Abhängigkeit vom Mandanten aus theoretischer Sicht am Besten. Diese Untersuchung ist nur eingeschränkt möglich, da nur sehr wenige Prüfungsgesellschaften ihre Umsätze veröffentlichen. Soweit diese Untersuchung möglich war, wird sie durchgeführt. Für die fünf größten Prüfungsgesellschaften kann jedoch kein statistisch signifikanter Einfluss auf die Höhe der Bilanzpolitik festgestellt werden. Somit ist auch mit dieser Variablen keine Aussage zur Unabhängigkeit der Prüfer möglich. Eine weitere Einschränkung findet sich im Umfang des Datensatzes. Im Vergleich mit ausländischen Studien, verwendet die vorliegende Studie einen sehr kleinen, selbst zusammengestellten Datensatz. Möglicherweise ist der fehlende statistische Nachweis der Unabhängigkeit darauf zurückzuführen, dass die Bilanzpolitik im Unternehmen mit diesem Datensatz nicht aufgedeckt werden kann. Wie Abschnitt II.3.4.2.2 zeigt, eignen sich die Periodenabgrenzungen nicht perfekt zur Aufdeckung der Bilanzpolitik. Weiterhin kann das in der Literatur zumeist verwendete Jones-Modell nicht angewendet werden: Der Umfang des Datensatzes erlaubt nur die Anwendung des Healy- und DeAngelo-Modells.

---

886 Vgl. Bigus, J. (2007). Wären die Sorgfaltsanreize des Prüfers zu gering, so würde sich dies in einem fehlerhaften Jahresabschluss widerspiegeln. Als Gegenmaßnahmen ist die Verschärfung der Haftung möglich. Einen großen Einfluss nimmt auch die Höhe des Reputationsschadens.

887 So kritisieren Frankel, R. M./Johnson, M. F./Nelson, K. K. (2002), S. 82, dass die Relation Nichtprüfungs- zu gesamten Honoraren die wirtschaftliche Abhängigkeit des Mandanten nicht ausdrückt.

Schwächen in der Aufdeckung der Bilanzpolitik sind möglicherweise auf diese Modelle zurückzuführen. Allerdings werden neben den Periodenabgrenzungen Alternativen zur Abbildung der Bilanzpolitik verwendet, welche auch keinen statistischen Zusammenhang zwischen Prüferhonoraren und Bilanzpolitik zeigen.

3.7 Vergleich der Ergebnisse mit anderen Studien

Ob die Ergebnisse durch Besonderheiten der Regulierung in Deutschland getrieben sind, wird erst durch den Vergleich der Ergebnisse mit internationalen Studien möglich. Dass kein eindeutiges Ergebnis hinsichtlich der Unabhängigkeit deutscher Prüfer erzielt werden konnte, erschwert den Vergleich.

Unterschiede im Ausmaß der Bilanzpolitik sind durch Gesellschaftsrecht und Bilanzkultur erklärbar. Während in den USA das *Common-Law* dominierend ist, herrscht in Deutschland das *Code Law* vor.[888] *Common-Law*-Länder sind durch funktionierende Kapitalmärkte mit Eigen- und Fremdfinanzierung, viele Minderheitsaktionäre und einen starken Aktionärsschutz gekennzeichnet. *Code-Law-Länder* zeichnen sich dagegen durch eine starke Fremdfinanzierung, einen schwachen Schutz der Aktionäre, geringere Prozessraten und hieraus resultierend geringere Informationsanforderungen des Kapitalmarktes aus.[889] Dementsprechend ist anzunehmen, dass in *Code-Law-Ländern* ein höheres Maß an einkommenserhöhender Bilanzpolitik vorliegt. Hierbei lässt sich zudem mit dem rigideren Haftungsregime und der hohen Anzahl von Schadenersatzklagen in den USA argumentieren.[890] Gegen ein höheres Maß an Bilanzpolitik in Deutschland spricht dagegen die Unternehmensstruktur, welche in Deutschland durch ein dualistisches System (Vorstand und Aufsichtsrat mit entsprechender Kontrollfunktion) geprägt ist, während in den USA ein monistisches System (Boardsystem) vorherrscht.[891] In den USA ist die Durchsetzung der Bilanzpolitik im Vergleich zu Deutschland außerdem schwieriger, da eine starke Kontrolle durch die SEC besteht.[892] Aus den unter Kapitel II.4 und im Anhang vorgestellten Studien wird nun eine Auswahl getroffen und zum Vergleich der Ergebnisse für Deutschland herangezogen.

FRANKEL/JOHNSON/NELSON (2002) finden für das Jahr 2001 heraus, dass Nichtprüfungshonorare signifikant positiv mit der Höhe der diskretionären Periodenabgrenzungen als Maß für Bilanzpolitik korreliert sind.[893] So führen sowohl die Wahrscheinlichkeit mit dem Jahresergebnis die Vorhersagen der Analysten zu übertreffen, als auch die Höhe der diskretionären Periodenabgrenzungen zu eindeutigen Erkenntnissen, welche für eine eingeschränkte

---

888 Vgl. auch im Folgenden Heintges, S. (2005), S. 33ff., S. 58f., S. 71-78.

889 Vgl. auch im Folgenden Leuz, C./Nanda, D./Wysocki, P. D. (2003) und Meuwissen, R./Moers, F./Peek, E./Vanstraelen, A. (2004). Vgl. auch Tendeloo, B. v./Vanstraelen, A. (2005), S. 159.

890 Vgl. Heintges, S. (2005), S. 117.

891 Vgl. auch im Folgenden Heintges, S. (2005), S. 42f. Die Geschäftsführung wird entgegen dem deutschen System nicht vom Vorstand, sondern vom Board of Directors vollzogen. Die Überwachung des Boards erfolgt in den USA durch den Prüfungsausschuss (Audit Committee).

892 Vgl. Heintges, S. (2005) mit einem ausführlichen Vergleich der Bilanzpolitik in den USA und Deutschland.

893 Vgl. Frankel, R. M./Johnson, M. F./Nelson, K. K. (2002).

Unabhängigkeit der Prüfer in den USA sprechen. Auch die Bildung von Subsamples für einkommenserhöhende und –mindernde Bilanzpolitik zeigt im Gegensatz zu dieser Untersuchung eindeutige Ergebnisse. Dies mag darauf zurückzuführen sein, dass der Stichprobenumfang dieser Studie nur ca. 4% des Umfangs von FRANKEL ET AL. (2002) ausmacht. Inhaltliche Unterschiede zwischen dieser und der Studie von FRANKEL ET AL. (2002) beziehen sich vor allem auf die einbezogenen Variablen. So werden bspw. der operative Cashflow und die gesamten Periodenabgrenzungen, welche die Höhe der diskretionären Periodenabgrenzungen kontrollieren, im vorliegenden Modell nicht berücksichtigt. Zum einen basiert das Healy-Modell auf anderen Annahmen als das Jones-Modell zur Abbildung der diskretionären Periodenabgrenzungen, zum anderen verschlechtert sich die Güte des Ausgangmodells durch Einbezug dieser Variablen. Beiden Untersuchungen ist gleich, dass kein konkreter Auslöser für Bilanzpolitik in einer erklärenden Variablen berücksichtigt wird (bei FRANKEL ET AL. (2002) nur durch die Variable Merger/Akquisition).

ASHBAUGH/LAFOND/MAYHEW (2003) erkennen eine positive und statistisch signifikante Beziehung zwischen der Relation Nichtprüfungs- zu gesamten Honoraren und den absoluten diskretionären Periodenabgrenzungen. Ihre Ergebnisse sprechen dennoch nicht für eine eingeschränkte Unabhängigkeit der Prüfer in den USA im Jahr 2001, da nicht alle Modelle zu diesem eindeutigen Ergebnis führen. Wie in dieser vorliegenden Regression besteht ein negativer, signifikanter Zusammenhang zwischen dem Marktwert des Eigenkapitals, dem Verschuldungsgrad (hier nicht signifikant) und den diskretionären Periodenabgrenzungen. Entgegen diesen Ergebnissen zeigen ASHBAUGH ET AL. (2003), dass Verlustunternehmen höhere diskretionäre Periodenabgrenzungen aufweisen.[894]

DEE/LULSEGED/NOWLIN (2002) erkennen teilweise wie auch FRANKEL ET AL. (2002) eine eingeschränkte Unabhängigkeit der Prüfer im Jahr 2001 in den USA.[895] Die Nichtprüfungshonorare sind positiv mit den gesamten und den diskretionären Periodenabgrenzungen als Maß für eine schlechte Abschlussqualität korreliert. Beratungsleistungen beeinflussen die Unabhängigkeit diesen Ergebnissen zur Folge negativ. DEE ET AL. (2002) finden heraus, dass die Größe des Unternehmens die Höhe der diskretionären und der gesamten Periodenabgrenzungen negativ beeinflusst. Dies entspricht dem Ergebnis des Ausgangsmodells. Bei Wachstumsunternehmen erkennen beide Studien einen positiven, statistisch signifikanten Einfluss auf die Höhe der Bilanzpolitik, obwohl die Form der Ermittlung des Wachstums variiert. REYNOLDS/DEIS/FRANCIS (2004) erzielen auch einen positiven Zusammenhang zwischen Nichtprüfungshonoraren und der Höhe der Bilanzpolitik. Dieses Resultat wird verifiziert, wenn Subsamples für wachstumsstarke und –schwache Unternehmen oder IPO-Unternehmen und bestimmte Branchen gebildet werden.[896] LARCKER/RICHARDSON (2004)

---

894 Vgl. Ashbaugh, H./LaFond, R./Mayhew, B. W. (2003). Der Vergleich ist beschränkt, da Ashbaugh et al. (2003) absolute diskretionäre Periodenabgrenzungen verwenden, während das Ausgangsmodell mit positiven und negativen diskretionären Periodenabgrenzungen arbeitet.

895 Vgl. im Folgenden Dee, C. C./Lulseged, A./Nowlin, T. S. (2002), S. 34.

896 Vgl. Reynolds, J. K./Deis, D. R./Francis, J. R. (2004).

untersuchen den Zusammenhang zwischen den Nichtprüfungshonoraren und den diskretionären Periodenabgrenzungen. Sie erkennen einen positiven Einfluss der Relation Nichtprüfungshonorare zu gesamten Honoraren auf die Periodenabgrenzungen.[897] Diese Beziehung wird vermehrt für Unternehmen mit einem geringen Markt-/Buchwert-Verhältnis, geringer Marktkapitalisierung sowie wenigen institutionellen Eignern festgestellt. Dieses Ergebnis hält nicht stand, wenn die Nichtprüfungshonorare, die gesamten Honorare und die unerwarteten Nichtprüfungs- und gesamten Honorare verwendet werden.

Auch CHUNG/KALLAPUR (2003) untersuchen die Nichtprüfungshonorare des Jahres 2001 in den USA und erkennen keine positive Beziehung zwischen der Bilanzpolitik und den Relationen gesamte Honorare/Umsätze der Prüfungsgesellschaft und Nichtprüfungshonorare/Umsätze der Prüfungsgesellschaft.[898] Die Untersuchung wird in der vorliegenden Arbeit mit einer eingeschränkten Datenbasis durchgeführt und dient der Abbildung der wirtschaftlichen Abhängigkeit des Prüfers vom Mandanten. Die Kundenwichtigkeit gibt dabei keine Hinweise auf eine Korrelation mit der Bilanzpolitik. Prüfer basieren ihre Entscheidung, bilanzpolitische Maßnahmen einzuschränken und sich unabhängig zu verhalten, demnach nicht auf der Relation der Honorare aus einem Mandat an den gesamten Umsätzen.

Im Gegensatz zu den widersprüchlichen Ergebnissen der USA ergibt sich ein einheitlicheres Bild für das Vereinigte Königreich. ANTLE ET AL. (2006) betrachten den Zusammenhang zwischen diskretionären Periodenabgrenzungen und Prüferhonoraren für das Vereinigte Königreich und die USA und stellen fest, dass die diskretionären Periodenabgrenzungen in beiden Ländern mit der Höhe der Nichtprüfungshonorare sinken.[899] GORE/POPE/SINGH (2001) verfeinern die allgemeine Aussage zur Unabhängigkeit der Prüfer im Vereinigten Königreich, indem besonders BIG5-Gesellschaften betrachtet werden.[900] Die Untersuchung von GORE ET AL. (2001) berücksichtigt zusätzlich zur Höhe der diskretionären Periodenabgrenzungen, ob ein Unternehmen Ergebnisziele erreichen muss und somit Anreize zu einkommenserhöhender Bilanzpolitik vorliegen. Wie theoretisch angenommen, besteht die positive Beziehung zwischen der Höhe der Bilanzpolitik und der Höhe der Nichtprüfungshonorare nur bei Nicht-BIG5-Prüfern. Entgegen den aufgeführten empirischen Ergebnissen sind BIG4-Prüfungsgesellschaften in Deutschland nicht signifikant unabhängiger, wie in dieser Arbeit in einem Modell herausgefunden wird.[901]

BURGSTAHLER/DICHEV (1997) verwenden statt den diskretionären Periodenabgrenzungen Häufigkeitsverteilungen von Ergebnisänderungen, normierten Ergebnissen sowie Cashflows und erkennen, dass kleine Verluste durch bilanzpolitische Instrumente in Gewinne oder

897 Vgl. Larcker, D. F./Richardson, S. A. (2004).
898 Vgl. Chung, H./Kallapur, S. (2003).
899 Vgl. Antle, R./Gordon, E. A./Narayanamoorthy, G./Zhou, L. (2006), S. 252, S. 257. Für die USA ist der Zusammenhang jedoch nicht statistisch signifikant.
900 Vgl. Gore, P./Pope, P. /Singh, A. (2001). Gemessen wird die Bilanzpolitik über das Jones-Modell.
901 In Robustheitstests konnte die statistische Signifikanz der Variablen BIG4 nicht erreicht werden, deshalb ist die Aussage eingeschränkt.

Ergebnisminderungen in Ergebniserhöhungen umgewandelt werden.[902] Diese Untersuchung wird auch in vorliegendem Modell durchgeführt, allerdings ist keine Zeitreihenbetrachtung der Ergebnisse möglich, wie sie BURGSTAHLER/DICHEV (1997) vornehmen. Deshalb kann nicht identifiziert werden, ob Unternehmen Bilanzpolitik über mehrere Jahre betreiben, um einen stetigen Ergebnisanstieg auszuweisen. Wird ein stetiger Ergebnisanstieg bei einem Wechsel der Prüfungsgesellschaft durchbrochen, kann dies ein Hinweis auf eine eingeschränkte Unabhängigkeit der Vorgängergesellschaft sein.

Die Ergebnisse US-amerikanischer, empirischer Studien aus der Zeit vor dem SOX zeigen die Notwendigkeit einer stärkeren Regulierung der Unabhängigkeit trotz des rigiden Haftungsregimes in den USA, obwohl einige Ergebnisse eine eingeschränkte Unabhängigkeit nicht statistisch signifikant zeigen können. Dass das US-amerikanische Gesellschaftsrecht und die starke Regulierung des Berufsstandes der Wirtschaftsprüfer in den USA in den letzten Jahren stark vorangeschritten sind, zeigen die Ergebnisse jüngerer Studien.

HOITASH/MARKELEVICH/BARRAGATO (2005) differenzieren in ihrer Studie zwischen der Unabhängigkeit vor dem SOX und danach und stellen fest, dass nach Einführung des SOX keine eingeschränkte Unabhängigkeit mehr gegeben ist.[903] Auch LAI (2003) äußert sich positiv hinsichtlich der Prüferunabhängigkeit und zeigt, dass nach dem SOX die Wahrscheinlichkeit eingeschränkter Bestätigungsvermerke steigt, während die diskretionären Periodenabgrenzungen sinken.[904] Möglicherweise zeigen diese Studien einen Trend auf, der auch in anderen Ländern besteht: Vor der hohen Regulierungswelle ab 2002 ist die Unabhängigkeit der Prüfer eher eingeschränkt als danach. So ist es durchaus möglich, dass sich für die Jahre bis 2001 ein anderes Ergebnis zur Unabhängigkeit der Prüfer auch in Deutschland ergeben hätte.

Neben den erläuterten länderspezifischen Studien, existieren länderübergreifende Untersuchungen. LEUZ ET AL. (2003) betrachten den Zusammenhang zwischen der Höhe der Bilanzpolitik[905] und der rechtlichen Regulierung in verschiedenen Ländern.[906] Die Bilanzpolitik ist in Ländern geringer, welche sich durch starke Investorenrechte auszeichnen und in denen die Rechte des Managements beschränkt sind.[907] Eine gesetzliche Regulierung der Unabhän-

---

902 Vgl. Burgstahler, D./Dichev, I. (1997).

903 Vgl. Hoitash, R./Markelevich, A./Barragato, C. A. (2005).

904 Vgl. Lai, K.-W. (2003), S. 22f.

905 Vgl. Leuz, C./Nanda, D./Wysocki, P. D. (2003), S. 509-511. Die Messung der Bilanzpolitik erfolgt über (1) die Relation der Standardabweichung von Jahresergebnis zu operativem Cashflow, (2) die Korrelation von Δ PA und Δ operativer Cashflow, (3) die Relation von absoluten Periodenabgrenzungen und OCF und (4) über das Ausmaß kleiner Gewinne und Verluste. Zuletzt wird ein Ranking aus allen Maßnahmen gebildet. Je höher der errechnete Wert, desto höher das Ausmaß betriebener Bilanzpolitik.

906 Vgl. Leuz, C./Nanda, D./Wysocki, P. D. (2003), S. 516. Dabei wird für jedes Land ein Index gebildet aus (1) der Unterscheidung *Common* und *Code Law*, (2) dem Umfang der Rechte von Investoren, (3) der Stärke der rechtlichen Durchsetzung, (4) der Bedeutung von Eigenkapitalmärkten, (5) der Eigentümerkonzentration und (6) dem Umfang der Veröffentlichung in Jahresabschlüssen. Deutschland liegt mit 62 Punkten im mittleren Bereich der Skala (von 36 (Portugal) bis 83 (Schweden)).

907 Vgl. Leuz, C./Nanda, D./Wysocki, P. D. (2003), S. 522.

gigkeit und ein hoher Aktionärsschutz sind diesen Ergebnissen zufolge zu befürworten. Analog zu LEUZ ET AL. (2003) finden auch FRANCIS/WANG (2006) heraus, dass sich ein gesetzlicher Aktionärsschutz in verschiedenen Ländern positiv auf die Bilanzpolitik auswirkt. Bei Nicht-BIG4-Gesellschaften besteht keine Beziehung zwischen Bilanzpolitik und dem Aktionärsschutz. BIG4-Gesellschaften werden als unabhängiger identifiziert.[908]

Die Unterschiede zwischen den Ergebnissen dieser Untersuchung und ausländischen Studien erklären MEUWISSEN ET AL. (2004) allgemein. Sie zeigen, dass in Ländern mit restriktiven Vorschriften zur Prüferunabhängigkeit weniger Bilanzpolitik und eine höhere Qualität des Abschlusses zu erkennen ist. Weiterhin finden die Autoren heraus, dass die negative Korrelation zwischen den gesamten Periodenabgrenzungen und dem operativen Cashflow als Indikator für Bilanzpolitik mit einer stärkeren Regulierung sinkt.[909] Bei strengeren Unabhängigkeitsregelungen sind Verlustvermeidungen und Ergebniserhöhungen weniger wahrscheinlich.[910] Im Vergleich zu nationalen Unabhängigkeitsregelungen schneiden die SOX-Regelungen besser ab: die Autoren können für die SOX-Regelungen einen positiven, signifikanten Zusammenhang zur Qualität des Abschlusses feststellen. Die Ergebnisse zeigen, dass die Regulierung der Unabhängigkeit durch den SOX, welche den Regelungen der EU und der deutschen Regelungen teilweise ähnlich ist, durchaus befürwortet werden kann.

KIM/CHUNG/FIRTH (2003) zeigen, dass die Wahrscheinlichkeit der Wahl eines BIG6-Prüfers steigt, wenn die Bilanzpolitik im Unternehmen hoch ist.[911] Mit dem empirischen Modell soll überprüft werden, ob die Intention des Managements Bilanzpolitik auszuüben, die Wahl der Prüfungsgesellschaft beeinflusst. Weitere Untersuchungen von KIM/CHUNG/FIRTH (2003) deuten daraufhin, dass BIG6-Prüfer einkommensmindernde Bilanzpolitik durchaus zulassen, sofern kein Anreizproblem zwischen Prüfer und Management besteht. Die Ergebnisse unterstützten die Theorie, dass das Prozessrisiko der Prüfungsgesellschaften besonders hoch ist, wenn einkommenserhöhende Bilanzpolitik durch die Prüfung nicht aufgedeckt wird.

DAVIS/SOO/TROMPETER (2000) finden heraus, dass ein positiver, statistisch signifikanter Zusammenhang zwischen der Mandatsdauer, als Anzahl der Jahre bis zur letzten externen Rotation und den absoluten diskretionären Periodenabgrenzungen besteht. Werden diskretionäre Periodenabgrenzungen mit ihrem jeweiligen Vorzeichen verwendet, zeigt sich, dass

---

908 Vgl. Franics, J. R./Wang, D. (2006), S. 11f. In Ländern mit gutem Aktionärsschutz ist bei einer Prüfung durch BIG4-Gesellschaften die Wahrscheinlichkeit, kleine Verluste zu berichten, höher. Außerdem ist eine zeitnahe Abbildung von Verlusten im Abschluss zu erkennen, was als vorsichtige Bilanzierung gewertet werden kann. Des Weiteren ist der Umfang der diskretionären Periodenabgrenzungen bei einer BIG4-Prüfung in diesen Ländern geringer.

909 Vgl. Meuwissen, R./Moers, F./Peek, E./Vanstraelen, A. (2004), S. 10, 13, 39f. Die Ergebnisqualität wird unter anderem über die diskretionären Periodenabgrenzungen und die Korrelation der gesamten Periodenabgrenzungen und dem operativen Cashflow gemessen. Die Periodenabgrenzungen werden über das *Modified*-Jones-Model gemessen.

910 Liegt der ROA zwischen 0% und 1%, berichtet das Unternehmen kleine Gewinne, liegt die Veränderung des ROA zwischen 0% und 5% weist das Unternehmen kleine Ergebnissteigerungen aus. Vgl. Meuwissen, R./Moers, F./Peek, E./Vanstraelen, A. (2004), S.18.

911 Vgl. im Folgenden Kim, J.-B./Chung, R./Firth, M. (2003), S. 333, S. 342.

die einkommensmindernde Bilanzpolitik positiv von der Länge der Mandatsdauer beeinflusst wird. Die Ergebnisse sprechen dafür, dass Bilanzpolitik eingesetzt wird, um die Berichterstattung in die gewünschte Richtung zu beeinflussen und es einfacher ist Analystenvorhersagen zu treffen, wenn die Länge der Mandatsdauer zunimmt.[912] Auch mit der vorliegenden Studie soll eine Aussage dazu getroffen werden, ob eine gesetzliche externe Rotation erforderlich ist, um die Qualität der Prüfung und der Ergebnisse zu erhöhen. Auch die jüngste Untersuchung von CAREY/SIMNET (2006) zeigt, dass die Unabhängigkeit in Australien mit der Länge der Mandatsdauer sinkt.[913]

Dagegen erkennen JOHNSON/KHURANA/REYNOLDS (2002), dass die Qualität der Berichterstattung bei Unternehmen schlechter ist, wenn der Prüfer das Unternehmen erst zwei oder drei Jahre lang prüft.[914] Dies spricht für eine lange Mandatsdauer. MYERS/MYERS/OMER (2003) sehen die Unabhängigkeit ebenso nicht als eingeschränkt an, wenn die Länge der Mandatsdauer zunimmt. Das Argument, dass Prüfer das Unternehmen im Laufe der Zeit besser kennen und deshalb eine höhere Ergebnisqualität (und somit Prüfungsqualität) aufweisen, stützen MYERS/MYERS/OMER (2003) mit den Ergebnissen ihrer Studie.[915] GHOSH/MOON (2005) argumentieren mit gleichen Ergebnissen gegen eine gesetzliche Rotationspflicht.[916] Im Gegensatz zu diesen Untersuchungen messen LI/HAY/KNECHEL (2003) die Unabhängigkeit mit den Nichtprüfungshonoraren als zu erklärende Variable.[917] Ist die Höhe der Nichtprüfungshonorare mit einem Prüferwechsel positiv korreliert, kann auf eine eingeschränkte Unabhängigkeit am Anfang der Prüfungsphase geschlossen werden. Die Korrelation ist für Neuseeland nicht signifikant. Die Ergebnisse für Deutschland zeigen neben den kontroversen ausländischen Ergebnissen, dass es keinen Zusammenhang zwischen der Mandatsdauer und der Bilanzpolitik gibt. Eine konkrete Aussage über die Unabhängigkeit der Prüfer kann nicht getroffen werden.

Divergierende Ergebnisse sind nicht nur bei der Beurteilung der Rotationspflicht, sondern auch bei Going-Concern-Testaten aufgetreten. SHARMA/SIDHU (2001) erkennen eine Abhängigkeit der Prüfer bei einer hohen Relation von Nichtprüfungs- zu gesamten Honoraren in

---

912 Vgl. Davis, L. R./Soo, B./Trompeter, G. (2000).

913 Vgl. Carey, P./Simnet, R. (2006). Untersucht werden das Erreichen von Ergebniszielen, die Wahrscheinlichkeit ein Going-Concern-Testat zu erhalten und die Höhe außergewöhnlicher *Working Capital Accruals*. Die Autoren wählen das Jahr 1995 für ihre Untersuchung, da hier noch keine gesetzliche Rotationspflicht besteht.

914 Vgl. Johnson, V. E./Khurana, I. K./Reynolds, J. K. (2002). Maßstäbe für die Qualität der Berichterstattung sind der absolute Wert der diskretionären Periodenabgrenzungen (gemessen über das *Modified*-Jones-Model), sowie die Beziehung zwischen den Periodenabgrenzungen eines Jahres und den künftigen Ergebnissen. Das Jahr der Erstprüfung wird nicht betrachtet.

915 Vgl. Myers, J. N./Myers, L. A./Omer, T. C. (2003). Maßstab für die schlechte Ergebnisqualität ist eine hohe Bilanzpolitik, welche über die diskretionären Periodenabgrenzungen gemessen wird.

916 Vgl. Ghosh, A./Moon, D. (2005). Die Ergebnisqualität wird über die Wahrnehmung der Investoren mit dem Earnings Response Coefficient, die Wahrnehmung der Ratingagenturen mit Ratings und die Wahrnehmung der Finanzanalysten über deren Ergebnisvorhersagen gemessen. US-amerikanische Unternehmen werden in den Jahren 1990 bis 2000 untersucht.

917 Vgl. auch im Folgenden Li, V./Hay, D./Knechel, R. (2003), S. 4 untersuchen die Unabhängigkeit in Neuseeland. Der Zusammenhang zwischen Prüfungs- und Nichtprüfungshonoraren ist positiv und wird über einen gleichzeitig hohen Prüfungs- und Beratungsaufwand erklärt.

unqualifizierten Going-Concern-Testaten.[918] Diesen Zusammenhang können DEFOND/RAGHUNANDAN/SUBRAMANYAM (2002) nicht nachweisen.[919]

Die fehlende Erklärung des Zusammenhangs zwischen Bilanzpolitik und der Prüferunabhängigkeit in Deutschland ermöglicht außerdem keine ausreichend gesicherte Empfehlung hinsichtlich der Regulierung. Die Untersuchung der Unabhängigkeit der Prüfer ist dennoch auch in Zukunft weiterzuverfolgen. Die Ergebnisse der Untersuchung von RAGHUNANDAN (2003) zeigen, dass der Prozentsatz, mit welchem Aktionäre in den USA einen Prüfer ablehnen, wenn die Nichtprüfungshonorare das Vierfache der Prüfungshonorare betragen, nur bei 3% liegt.[920] Hierbei wird sichtbar, wie notwendig eine weitere Stärkung des Investorenbewusstseins hinsichtlich der Prüferunabhängigkeit ist. Weiterhin zeigt sich, dass möglicherweise eine klare Grenze, aber welcher der Anteil der Nichtprüfungshonorare an den gesamten Honoraren kritisch ist, den Investoren eine leichtere Beurteilung der Unabhängigkeit ermöglichen könnte.

---

918 Vgl. Sharma, D. S./Sidhu, J. (2001), S. 611f. Bei finanziell schlecht stehenden Unternehmen steigt die Wahrscheinlichkeit eines eingeschränkten Going-Conern-Testates.

919 Vgl. DeFond, M. L./Raghunandan, K./Subramanyam, K. R. (2002).

920 Vgl. Raghunandan, K. (2003).

IV Zusammenfassung und Fazit

Die vorliegende Arbeit beschäftigt sich empirisch mit der Unabhängigkeit der Abschlussprüfer in Deutschland. Die Ergebnisse werden durch drei miteinander verknüpfte Untersuchungen deutscher börsennotierter und nach IFRS-bilanzierender Unternehmen des Jahres 2005 bestimmt: Zunächst betrachtet eine deskriptive Analyse die Konzentration auf dem Prüfungsmarkt. Sodann untersucht eine Regressionsanalyse die Einflussfaktoren der Prüfungshonorare. Im dritten Schritt trifft eine weitere Regressionsanalyse, welche Prüfungsqualität und Bilanzpolitik in Zusammenhang bringt, eine abschließende Aussage über die Unabhängigkeit der Prüfer in Deutschland. Die Ergebnisse dieser Untersuchungen sind rechtspolitischer Art und dienen der Beurteilung der Regulierung der Abschlussprüfung und weiterer Regulierungserfordernisse zur Sicherung der Wettbewerbsfähigkeit und der Prüferunabhängigkeit.

Schon an der Funktion und der Aufgabe der Abschlussprüfung wird sichtbar, wie wichtig die Unabhängigkeit des Prüfers ist. Die Prüfung dient der Unterstützung des Aufsichtsrates und der Bilanzadressaten durch die Vermittlung von glaubwürdigen Ergebnissen. Nur wenn Informationen des Jahresabschlusses, welcher durch den Prüfer testiert wird, korrekt und verlässlich sind, kann das Unternehmen und die Arbeit des Managements von Bilanzadressaten richtig eingeschätzt werden. Die Qualität der Prüfung ist maßgeblich für die Informationsbedürfnisse des Kapitalmarkts. Eine hohe Prüfungsqualität liegt vor, wenn alle Rechnungslegungsnormen eingehalten werden und der Prüfer über wesentliche Fehler in der Rechnungslegung berichtet, sodass der Jahresabschluss frei von wesentlichen Unrichtigkeiten ist.

Hinsichtlich der Definition der Unabhängigkeit (vgl. Kapitel II.1) wird zwischen der inneren und der äußeren Unabhängigkeit unterschieden. Erstere (*Independence in Fact* oder *in Mind*) spricht die innere Einstellung des Prüfers an und ist nicht beobachtbar. Diese ist Gegenstand der empirischen Studie. Die äußere Unabhängigkeit (*Independence in Appearance*) ist dann gegeben, wenn der Prüfer nicht wirtschaftlich, rechtlich oder finanziell abhängig vom Mandanten ist. Zur Sicherung der Unabhängigkeit sind im HGB Maßnahmen wie die Honorarveröffentlichungspflicht, die gesetzliche Pflicht zur Rotation der Prüfungsgesellschaft und das Verbot bestimmter Beratungsleistungen eingeführt worden.

Zur Beurteilung der Maßnahmen zur Stärkung der Unabhängigkeit werden in Kapitel II.2 modelltheoretische Erklärungsansätze verwendet. Die Quasirenten-Theorie sieht die Unabhängigkeit mit zunehmenden Quasirenten aus einem Mandat gefährdet. Die Prüfungsgesellschaft wird die Entscheidung über die Unabhängigkeit aber nicht von den Einnahmen aus einem Mandat, sondern vielmehr von dem Anteil dieser Einnahmen an ihren gesamten Einnahmen abhängig machen. Diese Sichtweise wird auf die Rotationspflicht übertragen. Dabei zeigt sich, dass eine externe Rotation zwar die Einnahmen und Quasirenten aus einem Mandant, aber auch die Einnahmen aller anderen Mandate vermindert. Somit besteht im Durchschnitt kein Einfluss der externen Rotationspflicht auf die Unabhängigkeit. Die interne Rotation wirkt sich nicht auf die Höhe der Quasirenten aus. Ähnlich lässt sich für das gesetzliche Verbot von Beratungsleistungen argumentieren. Wie Erweiterungen des DEANGELO-Modells (1981a) zeigen, erhöhen die Beratungsleistungen zwar die Quasirenten aus einem Mandat, eine gesetzliche Beschränkung dieser Leistungen reduziert jedoch auch die Summe der Quasirenten aller Mandate. Die Honorarveröffentlichung wird positiv beurteilt, denn sie stellt Informationen bereit, die zur Einschätzung der Prüferunabhängigkeit verwendet werden können.

Neben der Quasirenten-Theorie dient die Prinzipal-Agenten-Theorie der Beurteilung der Prüferunabhängigkeit und der gesetzlichen Regulierung. Ausgangspunkt sind bestehende Interessenkonflikte zwischen Management und Anteilseignern bzw. Gläubigern. Informationsasymmetrien sollen durch den Einsatz des Prüfers als Kontrollgremium reduziert werden. Notwendige Voraussetzung ist die Unabhängigkeit des Prüfers. Wird die gesetzliche Rotationspflicht vor diesem Hintergrund betrachtet, mag die externe Form noch geeignet sein, um ein enges, sich im Laufe der Jahre aufbauendes Verhältnis zwischen Prüfer und Management auszuräumen. Die interne Rotationspflicht, wie sie in Deutschland besteht, zeigt allerdings eine geringe Wirkung auf bestehende Interessenkonflikte. Die Beschränkung von Beratungsleistungen und die Honorarveröffentlichungspflicht werden dagegen zur Reduzierung von Agency-Konflikten als wünschenswert erachtet. Eine abschließende Beurteilung der Maßnahmen zur Stärkung der Unabhängigkeit ist erst durch die empirische Untersuchung für Deutschland möglich.

Die Prinzipal-Agenten-Theorie verknüpft die Aspekte Unabhängigkeit und die Ausübung von Bilanzpolitik durch das Management: Erst die opportunistischen Anreize des Managements, wie z.B. Maximierung der eigenen Entlohnung oder des Ansehens und bestehende Informationsasymmetrien, führen das Management zur Ausübung von Bilanzpolitik. Ist der Prüfer unabhängig, wird er ein hohes Ausmaß an Bilanzpolitik einschränken, wenn diese, obwohl sie innerhalb des gesetzlichen Rahmens erfolgt, das tatsächliche Bild der Vermögen-, Finanz- und Ertragslage verzerrt. Prinzipal-Agenten-Konflikte können dazu führen, dass sich der Prüfer nicht unabhängig verhält und mit dem Management zusammenarbeitet. Der Prüfer erhält möglicherweise Seitenzahlungen des Managements und schränkt deshalb seine Unabhängigkeit ein. Der Konflikt besteht darin, dass die Bilanzadressaten nicht beobachten können, ob sich der Prüfer opportunistisch verhält oder ob der Abschluss das tatsächliche Bild der Unternehmenssituation wiedergibt.

Die in dieser Arbeit betrachtete Form von Bilanzpolitik (vgl. Kapitel II.3) bezieht sich auf die Gestaltung des Jahresergebnisses, welche je nach Zielsetzung des Managements durch Bilanzpolitik erhöht, gemindert oder geglättet wird. Kapitel II.4 führt dieser Studie ähnliche Untersuchungen auf. Dabei wird sichtbar, dass die Ergebnisse stark davon abhängen, welche Variablen zur Messung der Unabhängigkeit und der Bilanzpolitik verwendet werden. Divergierende Ergebnisse zur Prüferunabhängigkeit bestehen dabei auch bei Studien, welche dasselbe Land oder Jahr untersuchen. Die Veröffentlichung von Prüferhonoraren in

Geschäftsjahren ab 2005 ermöglicht diese Untersuchung der Unabhängigkeit und der Bilanzpolitik erstmals für Deutschland. Die Honorarveröffentlichung ist Anknüpfungspunkt des empirischen Teils dieser Arbeit.

Der dritte Teil der Arbeit besteht aus drei Analysen. Zunächst wird in Kapitel III.1 die Konzentration auf dem deutschen Prüfungsmarkt betrachtet. Die rein deskriptive Auswertung der Honorare zeigt, dass der Anteil der Nichtprüfungsleistungen an den gesamten Honoraren 42% ausmacht. Da der Anteil der prüfungsnahen Leistungen mit 25,85% sehr hoch ausfällt, besteht die Haupteinnahmequelle der Prüfungsgesellschaften im Bereich Prüfungsleistungen. Die weitere Analyse zeigt, dass der Markt für Prüfungs- und Nichtprüfungsleistungen stark durch die BIG4 dominiert ist. Die starke Stellung von PwC und KPMG ist dabei hervorzuheben. Die BIG4 vereinnahmen 90% der gesamten Honorare der 172 betrachteten deutschen Unternehmen, während die restlichen 36 Prüfungsgesellschaften nur 10% der gesamten Honorare vereinnahmen können. Der oligopolistisch geprägte deutsche Prüfungsmarkt deutet auf duo- und monopolistische Tendenzen bei der Analyse von Spezialisierungen hin. So werden die Aktienindizes DAX30, SDAX, TecDAX, MDAX und GEX ausnahmslos von diesen dominiert. Bei Betrachtung von 15 Branchen zeigt sich, dass nur eine Branche nicht durch eine BIG4, sondern durch eine BIG6-Gesellschaft dominiert wird.

Eine Aussage, ob diese starke Spezialisierung und hohe Konzentration den Wettbewerb auf dem Prüfungsmarkt einschränkt, wird mittels einer Regressionsgleichung überprüft, welche Einflussfaktoren der Prüfungshonorare betrachtet. Dies erfolgt in Kapitel III.2 Die Datenbasis unterscheidet sich etwas von jener der deskriptiven Analyse. Verwendet werden im Jahr 2005 veröffentlichte Prüferhonorare von 167 börsennotierten deutschen Unternehmen. Zur Identifizierung der Einflussfaktoren der Prüferhonorare werden verschiedene Teilhypothesen formuliert und in Variablen abgebildet. Es zeigt sich, dass die Prüfungsgesellschaften die Höhe der Prüfungshonorare von der finanziellen Situation des Unternehmens abhängig machen. Der Zuschlag wird als positiv beurteilt, da sonst die Gefahr besteht, dass das Risiko der Prüfungsgesellschaften nicht korrekt in den Honoraren abgebildet wird. Dies spricht gegen einen ruinösen Preiskampf der Prüfungsgesellschaften, wie es als Folge der hohen Konzentration durchaus der Fall sein könnte. Die Forderung einer Gebührenordnung im Bereich der Abschlussprüfung zum Schutz kleiner Gesellschaften vor zu starkem Wettbewerb kann hier nicht abgeleitet werden.

Die Theorie von DEANGELO (1981A) besagt, dass im ersten Prüfungsjahr geringere Honorare gefordert werden. Dies kann für Deutschland nicht empirisch gestützt werden, dennoch steigen die Prüfungshonorare mit der Mandatsdauer. Dass der Honorarzuschlag der BIG4-Gesellschaften nur schwach signifikant ist, spricht auch gegen eine Gefährdung des Wettbewerbs durch diese Gesellschaften. Weiterhin haben die Nichtprüfungshonorare keinen negativen Einfluss auf die Höhe der Prüfungshonorare, wie bei Synergieeffekten theoretisch vermutet wird. Es wird daraus geschlossen, dass die derzeitige Beschränkung von Beratungsleistungen vor dem Hintergrund des häufig genannten Vorteils von Synergieeffekten nicht zu lockern ist. Letztlich bilden die Prüfungsgesellschaften den Prüfungsumfang in ihren Honoraren ab, wie der positive Einfluss der Größenvariablen zeigt. Die Ergebnisse der

Regressionsgleichung verdeutlichen, dass die Höhe der Prüfungshonorare den Prüfungsumfang und das finanzielle Risiko der Prüfung widerspiegeln.

Die Notwendigkeit einer weiteren Regulierung der Unabhängigkeit wird in Kapitel III.3 über das ökonometrische Modell beurteilt, welches für 102 Beobachtungen misst, ob die Höhe der Bilanzpolitik positiv mit einem Indikator zur Abbildung der Prüfungsqualität korreliert. Dieses Vorgehen ist notwendig, um die nichtbeobachtbare innere Unabhängigkeit abzubilden. Zur Messung der Bilanzpolitik werden die diskretionären Periodenabgrenzungen des Healy- und DeAngelo-Modells verwendet. Die Prüfungsqualität wird über die Höhe der Nichtprüfungshonorare, die Variable BIG4, die Mandatsdauer und die Einschränkung von Bestätigungsvermerken gemessen. Keine der durchgeführten Alternativen zeigt eine statistisch signifikante Korrelation zwischen der Höhe der Nichtprüfungshonorare und der Höhe der Bilanzpolitik. Vielmehr kann die Höhe der Bilanzpolitik nicht durch diese Variablen erklärt werden, sodass keine Aussage zur Unabhängigkeit der Prüfer in Deutschland getroffen werden kann. Lediglich die Variable BIG4 übt einen positiven Einfluss auf die Höhe der Bilanzpolitik aus. Dieses Ergebnis spricht gegen die Unabhängigkeit der BIG4-Prüfer, kann aber in Sensitivitätstest nicht wiederholt werden. Auch der erwartete Einfluss der Agency-Konflikte, welche bei einem unabhängigen Prüfer negativ mit der Höhe der Bilanzpolitik korreliert sein sollten, kann nicht nachgewiesen werden. Ein statistisch signifikanter Einfluss auf die Höhe der Bilanzpolitik ist lediglich bei stark wachsenden Unternehmen und großen Unternehmen gegeben. Der Einfluss letzterer ist allerdings nur schwach signifikant und negativ. Insgesamt sind die Ergebnisse des Modells zur Messung der Unabhängigkeit deutscher Abschlussprüfer bei Durchführung von Sensitivitätstest robust. Hinsichtlich der Maßnahmen zur Stärkung der Unabhängigkeit werden die Trennung von Prüfung und Beratung, die Rotationspflicht und die Honorarveröffentlichungspflicht untersucht. Eine Aussage, ob die Regulierung der Unabhängigkeit ausreichend ist, um den Prüfern ein hohes Maß an Prüfungsqualität in Deutschland abzufordern, erfordert statistisch signifikante Ergebnisse.

Die Einschränkungen der Ergebnisse bestehen insbesondere für das zweite Regressionsmodell. So ist die Abbildung der Bilanzpolitik möglicherweise nicht vollständig durch die verwendeten Modelle von Healy und DeAngelo möglich. Probleme bei der Abbildung der wirtschaftlichen Abhängigkeit der Prüfer vom Mandanten können durch die Variablen zur Messung der Prüfungsqualität gegeben sein. Auf die Einschränkungen der Ergebnisse wird in den Kapiteln III.1 bis III.3 im jeweiligen Kontext hingewiesen. Probleme genereller Art bestehen durch die geringe Datenbasis, die fehlende Betrachtung von nicht börsennotierten Unternehmen und den betrachteten Zeitraum, welcher sich nur auf ein Geschäftsjahr bezieht. Es kann eine eingeschränkte oder uneingeschränkte Unabhängigkeit der Prüfer in Deutschland bestehen, die jedoch nur statistisch sehr schwach ist und mit diesem Datensatz nicht nachgewiesen werden kann. Dennoch sind die Güte des ersten Modells und die getroffenen Erkenntnisse zur Preissetzung auf dem deutschen Prüfungsmarkt hervorzuheben.

In Zukunft sollten besonders die Konzentrationstendenzen auf dem Prüfungsmarkt kritisch betrachtet werden. Der Niedergang einer weiteren Prüfungsgesellschaft würde m.E. die Wettbewerbsfähigkeit kleiner Prüfungsgesellschaften gefährden. Hinsichtlich der Regulierung ist m.E. derzeit keine weitere Beschränkung von Beratungsleistungen notwendig, da der Anteil der prüfungsnahen sonstigen Bestätigungs- und Bewertungsleistungen als Teil der Nichtprüfungsleistungen besonders hoch ist und keine Unabhängigkeitsgefährdung induziert. Eine kritische Analyse der Honorare und ihrer Zusammensetzung sollte dennoch auch in Zukunft eine Rolle in der Wissenschaft spielen. Die Honorarveröffentlichungspflicht ist m.E. zu befürworten, denn sie stellt für die Kapitalmarktteilnehmer wichtige Informationen bereit und kann zudem von der Wissenschaft in umfangreichem Maß verwendet werden. So trifft die Entwicklung der Honorare im Laufe der Zeit eine Aussage über eine zunehmende wirtschaftliche Abhängigkeit des Mandanten. So können bspw. Kapitalmarktreaktionen auf sehr hohe Nichtprüfungshonorare genutzt werden, um einzuschätzen, ob der Kapitalmarkt die Information aufnimmt und bewertet. Auch hinsichtlich der internen Rotationspflicht, welche ab dem 1.01.2007 in Deutschland gesetzlich greift, sind in einigen Jahren weitere empirische Untersuchungen möglich. Interessant ist, ob ein Prüfer im Jahr vor dem gesetzlichen Wechsel verstärkt Bilanzpolitik einschränkt und eine hohe Prüfungsqualität bereitstellt, um von seinem Nachfolger nicht als abhängig beurteilt zu werden. Regelungen wie die Umsatzgrenze sind m.E. als positiv zu beurteilen, da diese die wirtschaftliche Abhängigkeit der Prüfungsgesellschaft vom Mandanten am Besten aufzeigen. Um den Bilanzadressaten sofort ein Bild über die wirtschaftliche Abhängigkeit des Prüfers von einem Mandat zu ermöglichen, wären jedoch leicht verfügbare Informationen zu den gesamten Umsatzerlösen jeder Prüfungsgesellschaft nötig. Die Aktualität dieser Studie und die Notwendigkeit weiterer Forschung im Bereich Prüfungsmarkt und Prüferunabhängigkeit zeigt sich auch darin, dass bis zur Honorarveröffentlichungspflicht keine empirische Untersuchung möglich war, ob die in Deutschland gesetzlich geforderten Umsatzgrenzen von den Prüfungsgesellschaften eingehalten werden.

V Anhang

Autoren / Land	Stichprobenumfang	Untersuchter Zusammenhang	Ergebnisse	Aussage über Unabhängigkeit
Agrawal/Chada (2005) USA	2000 – 2001 (n = 159 Restatements, 159 Kontrollunternehmen)	Restatements und NPG	Keine statistisch signifikante Korrelation zwischen NPG / gesamte Gebühr, BIG5-Prüfern und Restatements.	Kein Ergebnis
Antle et al. (2006) USA und UK	UK: 1994 – 2000 (n = 2.294) USA: 2000 (n = 1.570)	Gegenseitige Bestimmung von NPG, PG und DPA	1. NPG mindern DPA statistisch signifikant, PG erhöhen DPA. 2. Verbundvorteile bestehen zwischen NPG und PG und umgekehrt.	Kein eindeutiges Ergebnis
Ashbaugh et al. (2003) USA	11.2001 – 12.2001 (n = 3.170)	Bilanzpolitik und Honorare	1. Positive statistisch signifikante Relation zwischen NPG / gesamte Gebühr und absoluten DPA. 2. Negative statistisch signifikante Beziehung zwischen NPG / gesamte Gebühr und negativen DPA. 3. Kein signifikanter Zusammenhang zwischen Honoraren und positiven DPA. 4. Negativer Einfluss logarithmierter PG und gesamter Honorare auf Variable zur Messung von Einkommenserhöhung und Überrenditen.	Kein eindeutiges Ergebnis
Barkes/Simnet (1994) Australien	1986 – 1990 (n = 2.094)	Eingeschränkter Bestätigungsvermerk, NPG und Synergieeffekte	1. Kein statistisch signifikanter Zusammenhang zwischen eingeschränktem Bestätigungsvermerk und NPG. 2. Positiver Einfluss der PG auf NPG. 3. Kein statistisch signifikanter Einfluss der Mandatsdauer auf NPG.	Kein Ergebnis

Burgstahler/Dichev (1997)	1976 (n = 3.168) 1977 – 1994 (n = 64.466)	Vermeidung von Ergebnisreduktionen und kleinen Verlusten	Hohe Häufigkeit von kleinen Ergebniserhöhungen und kleinen Gewinnen.	N.A.
Carey/Simnet (2006) Australien	1995 (n = 1.021)	Mandatsdauer und Prüfungsqualität	1. Mit der Länge der Mandatsdauer sinkt Prüfungsqualität (Keine Einschränkung des Going-Concern-Testats und Übertreffen von Ergebniszielen). 2. Kein statistisch signifikanter Zusammenhang zwischen Mandatsdauer und Working Capital Accruals.	- mit Mandatsdauer, aber kein eindeutiges Ergebnis
Chung/Kallapur (2003) USA	5.02. – 30.06.2001 (n = 1.871)	Honorare / Einkünfte Prüfungsgesellschaft und Bilanzpolitik	Keine statistisch signifikante Korrelation zwischen DPA (Bilanzpolitik) und Relation der Honorare zu Einkünften der Prüfungsgesellschaft (Einkünfte der gesamten Prüfungsgesellschaft und Niederlassung).	Kein Ergebnis
Coulton/Ruddock/ Taylor (2007) Australien	1993 – 2000 (n = 4.021)	NPG und Bilanzpolitik	Bei unerwartet hoher Relation NPG / PG, PG und gesamter Gebühr wird mehr einkommenserhöhende Bilanzpolitik betrieben. Weitere Untersuchungen (absolute DPA) können das Ergebnis nicht erzielen.	-, aber kein eindeutiges Ergebnis
Craswell et al. (1995) Australien	1987 (n = 1.484)	Honorarzuschlag	1. BIG8-Prüfer erhalten im Durchschnitt 30% höhere Prüfungshonorare als Nicht-BIG8-Prüfer. 2. Spezialisierte BIG8-Prüfer erhalten 34% höhere Prüfungshonorare als nicht spezialisierte BIG8-Prüfer.	N.A.
Craswell et al. (2002) Australien	1994 (n = 1.062)	Testatseinschränkung und PG / Einkünfte Prüfungsgesellschaft	Kein statistisch signifikanter Zusammenhang zwischen PG / Einkünfte Prüfungsgesellschaft und eingeschränktem Bestätigungsvermerk (Einkünfte der gesamten Prüfungsgesellschaft und Niederlassung).	Kein Ergebnis

Davis/Ricchiute/ Trompeter (1993) USA	(n = 98) Befragung	Synergieeffekte zwischen Prüfung und Beratung	Statistisch signifikant positiver Zusammenhang zwischen prüfungsnahen Nichtprüfungsleistungen und dem Prüfungsumfang (Prüfungsstunden): Bei Nichtprüfungsleistungen werden zusätzliche Prüfungsleistungen notwendig, somit entstehen keine Verbundvorteile oder Effizienzverbesserungen.	N.A.
Davis/Soo/ Trompeter (2000) USA	1981 – 1998 (n = 12.892)	Mandatsdauer und Bilanzpolitik	Mit Länge der Mandatsdauer steigen negative DPA und absolute DPA.	- mit Mandatsdauer
Dee/Lulseged/ Nowlin (2002) USA	1.09.2001 (n = 203)	NPG und Bilanzpolitik	NPG sind statistisch signifikant positiv mit einkommenserhöhenden DPA und PA als Maß für Bilanzpolitik korreliert.	-
DeFond/ Raghunandan/ Subramanyam (2002) USA	5.02. – 30.06.2001 (n = 1.158)	NPG und Going-Concern-Testate	Keine signifikante Beziehung zwischen NPG, PG, gesamten Honoraren und beeinträchtigter Unabhängigkeit (gemessen über Going-Concern-Testate).	Kein Ergebnis
Ebrahim (2001) USA	1997 – 1999 (n= 5.077)	Bilanzpolitik und Mandatsdauer	1. Je länger Mandatsdauer, desto geringer einkommenerhöhende DPA. 2. Geringere DPA bei großer Prüfungsgesellschaft.	+ mit Mandatsdauer und große Prüfungsgesellschaften
Ferguson/Seow/ Young (2004) UK	1996 – 1998 (n= 610)	Bilanzpolitik und NPG	Statistisch signifikant positiver Zusammenhang zwischen BiPo und NPG. Messung BiPo über öffentliche Kritik an Bilanzierungspraxis, Restatements und DPA.	-
Firth (1997) UK	1993 (n = 500)	Agency-Konflikte und NPG	Die Relation NPG / PG sinkt mit der Höhe der Agency-Konflikte.	+
Francis/Simon (1987) USA	1.01.1984 – 30.06.1985 (n= 208)	Honorarzuschlag bei BIG8	1. BIG8 fordern Honorarzuschläge von Mandanten (auch von kleinen). 2. Statistisch signifikant geringere Honorare bei Erstprüfung.	N.A.

Francis/Wang (2006) Länderübergreifend	1995 – 2004 (n = 57.966 bis 85.193 je nach BiPo-Modell)	Aktionärsschutz und Bilanzpolitik	In Ländern mit gutem Aktionärsschutz weniger Bilanzpolitik, wenn Prüfung durch BIG4-Prüfer.	+ bei Regulierung und BIG4
Frankel/Johnson/ Nelson (2002) USA	5.02. – 15.06.2001 (n = 3.074)	NPG und Bilanzpolitik	1. NPG sind statistisch signifikant positiv mit DPA (absolute und positive DPA) als Maß für Bilanzpolitik korreliert. 2. Bei hohen NPG und NPG / gesamte Gebühr ist die Erfüllung von Analysten-Vorhersagen wahrscheinlicher. 3. Eine statistisch signifikante negative Korrelation besteht zwischen Aktienkursen und der Veröffentlichung von NPG.	-
Geiger/Raghunandan (2002) USA	1996 – 1998 (n = 121)	Mandatsdauer und Going-Concern-Testate	Wahrscheinlichkeit eingeschränkter Going-Concern-Testate steigt mit Mandatsdauer.	+ bei längerer Mandatsdauer
Geiger/Rama (2003) USA	30.09.2000 – 28.02.2001 (n = 66 und 66 Kontrollunternehmen)	Going-Concern Testat und NPG	Statistisch signifikante positive Korrelation zwischen PG und eingeschränkten Going-Concern-Testaten, nicht aber bei NPG.	Kein eindeutiges Ergebnis
Gore/Pope/Singh (2001) UK	1992 – 1998 (n = 4.779 / 4.765 / 2.435)	NPG und Bilanzpolitik	Höhere Bilanzpolitik bei steigenden Nichtprüfungsgebühren unter Nicht-BIG5-Prüfern.	- bei Nicht-BIG5; kein einheitliches Ergebnis bei BIG5
Ghosh/Moon (2005) USA	1990 – 2000 (n = 35.826 / 38.794)	Mandatsdauer und Wahrnehmung der Ergebnisqualität	Ergebnisqualität wird von Kapitalmarktteilnehmern (Investoren, Rating-Agenturen und auch Finanzanalysten) bei längerer Mandatsdauer höher eingestuft.	+ bei längerer Mandatsdauer
Heninger (2001) USA	1969 – 1998 (n= 67)	Bilanzpolitik und Prozessrisiko des Prüfers	Wahrscheinlichkeit eines Prozesses gegen Prüfer steigt mit Ausmaß der einkommenserhöhenden DPA.	N.A.

Hoitash/ Markelevich/ Barragato (2005) USA	2000 – 2003 (n = 19.656)	NPG und Bilanzpolitik	Vor SOX: statistisch signifikante positive Korrelation zwischen DPA und NPG (auch unerwartete Gebühr).	+ nach SOX
Johnson/Khurana/ Reynolds (2002) USA	1986 – 1995 (n = 2.463 / 2.280)	Mandatsdauer und Qualität der Berichterstattung	Signifikant positiver Einfluss der Mandatsdauer von 2-3 Jahren auf DPA.	- bei kurzer Mandatsdauer
Kelley/Shores/ Tong (2004) USA	1995 – 2001 (n = 707 (1995), 731 (1996), 793 (1997), 823 (1998), 829 (1999), 747 (2000), 895 (2001)	NPG und Conservatism	Statistisch signifikant positive Beziehung zwischen hoher Relation NPG / gesamte Gebühr und vorsichtiger Gewinnermittlung. Ergebnis nicht für 2001, da in diesem Jahr Angebot von Beratungsleistungen gesetzlich eingeschränkt wurde.	+
Khurana/Raman (2004) US, UK, Australien, Kanada	1990 – 1999 (n = 19.517)	BIG4 und EK-Kosten	Geringere EK-Kosten bei BIG4 nur in den USA.	+ bei BIG4 in USA
Kim/Chung/Firth (2003)	1984 – 1998 (n = 33.163)	Bilanzpolitik und BIG6-Prüfer	1. Wahrscheinlichkeit der Wahl eines BIG6-Prüfers steigt mit der Höhe der DPA. 2. BIG6 decken einkommenserhöhende Bilanzpolitik verstärkt auf. 3. Einkommensmindernde Bilanzpolitik wird von BIG6-Prüfern weniger eingeschränkt, wenn sowohl Prüfer als auch Management Anreize dazu haben.	+ bei BIG6-Prüfer
Kinney/Palmrose/ Scholz (2004) USA	1995 – 2000 (n = 432, 512 Kontrollunternehmen)	NPG und Restatements	1. Signifikant negative Beziehung zwischen Honorar für Steuerberatung und Restatements. 2. Signifikant positive Beziehung zwischen Prüfungsgebühren, unspezifizierten Gebühren und Restatements. 3. Keine signifikante Beziehung zwischen Gebühr für Einrichtung Informationssysteme, interner Prüfung und Restatements.	Kein eindeutiges Ergebnis

Lai (2003) USA	2000 (vor SOX) und 2002 (nach SOX) (n = 12.115)	SOX und Unabhängigkeit	Mit SOX steigt Wahrscheinlichkeit eingeschränkter Bestätigungsvermerke. DPA sinken nach SOX.	+, nach SOX
Lai/Yim (2003) USA	2000 (n = 2.099)	NPG und Unabhängigkeit von BIG5 bei Erstprüfung	1. Bei Erstprüfung sinken PG von BIG5 mit steigenden NPG. 2. Keine geringere Wahrscheinlichkeit eingeschränkter Bestätigungsvermerke von BIG5 bei steigenden NPG bei Erstprüfung.	+ BIG5
Larcker/Richardson (2004) USA	2000 – 2001 (n = 5.103)	Honorare und DPA	Positive Korrelation zwischen NPG und DPA nur bei Verwendung absoluter DPA und der Relation NPG / ges. Gebühr.	-, aber kein eindeutiges Ergebnis
Lennox (1999) UK	1988 – 1994 (n = 2.244 – 5.509 je nach Modell)	Testatseinschränkung und NPG	NPG erhöhen Fehleraufdeckungswahrscheinlichkeit (Einschränkung von Bestätigungsvermerken oder Going-Concern-Testaten), Zusammenhang aber nur schwach signifikant.	+
Leuz et al. (2003) Länderübergreifend	1990 – 1999 (n = 70.955)	Bilanzpolitik und rechtliche Regulierung	Bilanzpolitik geringer in Ländern mit weit entwickelten Kapitalmärkten, breiter Eigentümerstruktur, umfangreichen Rechten der Aktionäre und hohem gesetzlichem Schutz der Aktionäre.	N.A.
Li/Hay/Knechel (2003) Neuseeland	1999 (n = 177), 2000 (n = 224), 2001 (n = 243)	NPG und Unabhängigkeit	1. Statistisch signifikante positive Beziehung zwischen NPG und PG. 2. Keine empirische Evidenz für Korrelation zwischen eingeschränktem Bestätigungsvermerk, Mandatsdauer und NPG.	Kein Ergebnis

Meuwissen et al. (2004) Länderübergreifend	1996 – 2000 (n = 785)	Einfluss von Vorschriften zur Wirtschaftsprüfer-Unabhängigkeit auf Ergebnisqualität	1. DPA sinken durch eine stärkere Regulierung nicht. 2. PA sind wegen positivem Einfluss auf Aktienrenditen informativ für Investoren. 2. Negative Korrelation zwischen den PA und OCF sinkt mit stärkerer Regulierung. OCF werden somit weniger durch Bilanzpolitik geglättet. 3. Bei strikter Regulierung sinkt die Wahrscheinlichkeit, dass Verluste und Ergebnisminderungen vermieden werden. 4. Bei SOX bessere Ergebnisqualität.	+ bei Regulierung
Myers/Myers/Omer (2003) USA	1988 – 2000 (n = 42.302)	Mandatsdauer und Ergebnisqualität	Höhere Ergebnisqualität (gemessen über DPA und Working Capital Accruals) bei längerer Mandatsdauer.	+ mit Länge der Mandatsdauer
Niemi (2002) Finnland	1996 (n = 61)	Risikozuschlag bei Prüfungsgebühren	Risikozuschlag wird von BIG6 bei Einschätzung Mandat als risikobehaftet, Börsennotierung, hohem Prüfungsumfang und Erst- bzw. Zweitprüfungsjahr gefordert.	N.A.
Palmrose (1986) USA	1980 – 1981 (n = 298)	Synergieeffekte zwischen Prüfung und Beratung	PG wird positiv von NPG beeinflusst, besonders signifikant sind Ergebnisse bei prüfungsnahen Leistungen.	N.A.
Palmrose (1988) USA	1960 – 1985 (n = 472)	Prozessverwicklung von BIG8/ Nicht-BIG8	Nicht-BIG8-Prüfungsgesellschaften sind häufiger in Prozesse verwickelt als BIG8. BIG8 stellen höhere Prüfungsqualität bereit.	+ bei BIG8
Parkash/Venable (1993) USA	1978 – 1980 (n = 860)	Agency-Konflikte und NPG	1. Negative Korrelation zwischen wiederkehrenden NPG und der Höhe von Agency-Konflikten zur Signalisierung von Unabhängigkeit. 2. Von Branchenspezialisten werden höhere wiederkehrende Beratungsleistungen nachgefragt.	+

Raghunadan/Read/ Whisenant (2003) USA	110 Restamtents aus 2000 und 2001, 3.481 Vergleichs-unternehmen (5.02 – 31.08.2001)	NPG und Restatements	Kein statistisch signifikanter Einfluss unerwarteter NPG, gesamter Gebühren und der Relation NPG zu gesamter Gebühr auf Restatements.	Kein Ergebnis
Reynolds/ Deis/Francis (2004) USA	05.02.2001 – 25.05.2001 (n= 2.507)	Honorare und Bilanzpolitik	Höhere DPA bei hohen NPG (nicht in Sensitivitätstests, welche für Unternehmenswachstum, IPOs und bestimmte Branchen kontrollieren)	-, aber kein eindeutiges Ergebnis
Reynolds/Francis (2001) USA	1996 (n= 4.952 / 2.439)	Größe Mandant und Berichtsverhalten Prüfer	Kein statistisch signifikant positiver Einfluss großer Mandanten als Maß für Kundenabhängigkeit (Mandantengröße / Größe Niederlassung Prüfungsgesellschaft) auf das Berichtsverhalten (hohe DPA und uneingeschränkte Bestätigungsvermerke) von BIG5-Prüfern.	+, BIG5
Ruddock/Taylor/ Taylor (2006) Australien	1993 – 2000 (n = 3.746)	Beratungsleistung und Vorsicht	Höher als erwartete NPG sind nicht mit geringer Vorsicht korreliert.	+
Sharma/Sidhu (2001) Australien	1989 – 1996 (n = 49)	Going-Concern Testat und NPG	Wahrscheinlichkeit zu unkorrekten Going-Concern-Testaten steigt mit hoher Relation von NPG / gesamte Gebühr.	-
Simunic (1984) USA	1977 (n = 263)	Synergieeffekte zwischen Prüfung und Beratung	NPG beeinflusst PG positiv und signifikant. Hinweis auf preiselastische Nachfrage.	N.A.
Wines (1994) Australien	1980 – 1989 (n= 76)	Eingeschränkter Bestätigungsvermerk und NPG	Statistisch signifikant negativer Einfluss der NPG auf die Wahrscheinlichkeit eingeschränkter Bestätigungsvermerk.	-

Mit: BiPo = Bilanzpolitik; DPA = diskretionäre Periodenabgrenzungen; N.A. = keine Untersuchung der Unabhängigkeit; NPG = Nichtprüfungsgebühren; OCF = operativer Cashflow; PG = Prüfungsgebühren; - = Ergebnisse sprechen gegen Unabhängigkeit; + = Ergebnisse sprechen für Unabhängigkeit.

Tabelle 56: Übersicht empirische Ergebnisse zu Unabhängigkeit, Prüfungsmarkt und Bilanzpolitik

Dependent Variable: Zu erklärende Variable				
Method: Least Squares				
Sample:				
Included observations:				
Variable	Coefficient	Std. Error	t-Statistic	Prob.
C				
Erklärende Variable				
R-squared		Mean dependent var		
Adjusted R-squared		S.D. dependent var		
S.E. of regression		Akaike info criterion		
Sum squared resid		Schwarz criterion		
Log likelihood		F-statistic		
Durbin-Watson stat		Prob(F-statistic)		

Tabelle 57: Übersicht Auswertung EViews
(In Anlehnung an: EViews 5.0, Quantitative Micro Software)

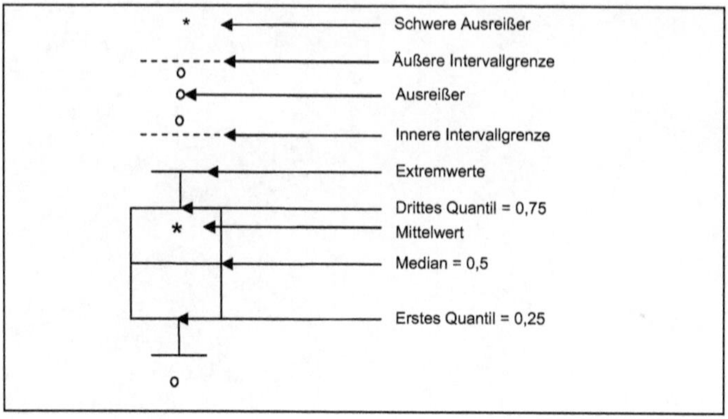

Abbildung 18: Boxplots
(In Anlehnung an: EViews Handbuch 5.0, S. 409; Schlittgen, R. (2003), S. 38-40.

VI Andere verwendete Hilfsmittel

Am 31.12.2005 in den Aktienindizes DAX30, MDAX, SDAX, TecDAX und GEX notierte Unternehmen, Quelle: Deutsche Börse.

Datenbank Datastream/Worldscope, Thomson Financial, Quelle: Zugang durch den Sonderforschungsbereich 649 der Humboldt Universität Berlin.

EViews 5.0 (2005), Computerprogramm zur Durchführung ökonometrischer Studien, Quantitative Micro Software, Version 5.0.

Geschäftsberichte der Prüfungsgesellschaften BDO, Ernst & Young, Deloitte & Touche, KPMG, PricewaterhouseCoopers.

Geschäftsberichte der zum 31.12.2005 in den Aktienindizes DAX30, MDAX, SDAX, TecDAX und GEX notierten Unternehmen.

VII Literaturverzeichnis

Agrawal, A./Chadha, S. (2005): Corporate Governance and Accounting Scandals, in: Journal of Law and Economics, Vol. 68 (2005), Heft Oktober, S. 371-406.

Altman, E. I. (1968): Financial Ratios, Discriminant Analysis and The Prediction of Corporate Bankruptcy, in: The Journal of Finance, Vol. 23 (1968), Heft 4, S. 589-609.

Antle, R. (1982): The Auditor as an Economic Agent, in: Journal of Accounting Research, Vol. 20 (1982), Heft 2, S. 503-527.

Antle, R. (1984): Auditor Independence, in: Journal of Accounting Research, Vol. 22 (1984), Heft 1, S. 1-20.

Antle, R./Gordon, E. A./Narayanamoorthy, G./Zhou, L. (2006): The Joint Determination of Audit Fees, Non-Audit-Fees, and Abnormal Accruals, in: Review of Quantitative Finance and Accounting, Vol. 27 (2006), Heft 3, S. 235-266.

Arbeitskreis Externe Unternehmensrechnung Schmalenbach-Gesellschaft für Betriebswirtschaft e.V. (2004): Anmerkungen zum Referentenentwurf eines Bilanzrechtsreformgesetzes, URL: www.akeu.de/Stellungsnahmen/AKEU%20Stellungnahme %20Bilanzrechts-reformgesetz% 202004-04-14.pdf, Stand: 14.07.2005.

Arrunada, B. (1999a): The Provision of Non-Audit Services by Auditors – Let the Market Evolve and Decide, in: International Review of Law and Economics, Vol. 19 (1999), S. 513-531.

Arrunada, B. (1999b): The Economics of Audit Quality – Private Incentives and the Regulation of Audit and Non-Audit Services, Boston et al. 1999.

Ashbaugh, H./LaFond, R./Mayhew, B. W. (2003): Do Nonaudit Services Compromise Auditor Independence? Further Evidence, in: The Accounting Review, Vol. 78 (2003), Heft 3, S. 611-639.

Asthana, S. C./Balsam, S./Krishnan, J. (2003): Audit Firm Reputation and Client Stock Price Reactions: Evidence from the Enron Experience, Working Paper, Temple University, Juni 2003.

Asthana, S./Balsam, S./Kim, S. (2004): The Effect of Enron, Andersen, and Sarbanes-Oxley on the Market for Audit Services, Working Paper, Juni 2004, URL: www.ssrn.com, Stand: 26.04.2006.

Auer, L. v. (2005): Ökonometrie – Eine Einführung, 3. Auflage, Berlin et al. 2005.

Backhaus, K. et al. (2003): Selbst- und Fremdbild der Wirtschaftsprüfer – Empirische Befunde zur Positionierung des Wirtschaftsprüfers in der Öffentlichkeit –, in: Die Wirtschaftsprüfung, Jg. 56 (2003), Heft 12, S. 625-637.

Baetge, J./Ballwieser, W. (1978): Probleme einer rationalen Bilanzpolitik, in: BFuP, Jg. 30 (1978), Heft 6, S. 511-530.

Ball, R./Kothari, S. P./Robin, A. (2000): The effect of international institutional factors on properties of accounting earnings, in: Journal of Accounting and Economics, Vol. 29 (2000), S. 1-51.

Ball, R./Shivakumar, L. (2005): Earnings quality in UK private firms: comparative loss recognition timeliness, in: Journal of Accounting and Economics, Vol. 39 (2005), S. 83-128.

Ball, R./Shivakumar, L. (2006): The Role of Accruals in Asymmetrically Timely Gain und Loss Recognition, in: Journal of Accounting Research, Vol. 44 (2006), Heft 2, S. 207-255.

Ballwieser, W. (2001): Die Unabhängigkeit des Wirtschaftsprüfers – Eine Analyse von Beratungsverbot und externer Rotation, in: Lutter, M. (Hrsg.): Der Wirtschaftsprüfer als Element der Corporate Governance – Vorträge des 12. Bonner Europa-Symposiums, Düsseldorf 2001, S. 97-115.

Ballwieser, W./Dobler, M. (2003): Bilanzdelikte: Konsequenzen, Ursachen und Massnahmen zu ihrer Vermeidung, in: Die Unternehmung, Jg. 57 (2003), Heft 6, S. 449-469.

Barkess, L./Simnett, R. (1994): The Provision of Other Services by Auditors: Independence and Pricing Issues, in: Accounting and Business Research, Vol. 24 (1994), S. 99-108.

Barton, J. (2005): Who Cares about Auditor Reputation?, in: Contemporary Accounting Research, Vol. 22 (2005), Heft 3, S. 549-586.

Bartov, E./Gul, F. A./Tsui, J. S. L. (2001): Discretionary-accruals models and audit qualifications, in: Journal of Accounting and Economics, Vol. 30 (2001), S. 421-452.

Basu, S. (1997): The conservatism principle and the asymmetric timeliness of earnings, in: Journal of Accounting and Economics, Vol. 24 (1997), S. 3-37.

Bauer, M. (2004a): Die Unabhängigkeit des Abschlussprüfers im Zusammenhang mit dem gleichzeitigen Angebot von Beratungsleistungen beim Prüfungsmandanten – Eine empirische Analyse, Dissertation Universität Würzburg 2004.

Bauer, M. (2004b): Abschlussprüfung und Beratung – Wess' Brot ich ess, dess' Lied ich sing?!, in: WiSt, Jg. 33 (2004), Heft 3, S. 178-185.

Beattie, V./Fearnley, S. (2002): Auditor Independence and Non-Audit Services: A Literature Review, URL: http://www.icaew.co.uk, Stand: 26.04.2006.

Beattie, V./Goodacre, A./Fearnley, S. (2003): And then there were four: A study of UK audit market concentration – causes, consequences and the scope for market adjustment, Working Paper, Mai 2003, URL: www.ssrn.com, Stand: 15.10.2006.

Bebchuk, L. A./Fried, J. M. (2003): Executive Compensation as an Agency Problem, in: Journal of Economic Perspectives, Vol. 17 (2003), S. 71-92.

Beck, P. J./Frecka, T. J./Solomon, I. (1988): A model of the market for MAS and audit services: Knowledge spillovers and auditor-auditee bonding, in: Journal of Accounting Literature, Vol. 7 (1988), S. 50-64.

Becker, C. L./DeFond, M. L./Jiambalvo, J./Subramanyam, K. R. (1998): The Effect of Audit Quality on Earnings Management, in: Contemporary Accounting Research, Vol. 15 (1998), Heft 1, S. 1-24.

Biddle, G. C./Hilary, G. (2006): Accounting Quality and Firm-Level Capital Investment, in: The Accounting Review, Vol. 81 (2006), Heft 5, S. 963-982.

Bigus, J. (2006): Reputation und Wirtschaftsprüferhaftung, in: BFuP, Jg. 58 (2006), Heft 1, S. 22-41.

Bigus, J. (2007): Die Sorgfaltsanreize des Wirtschaftsprüfers bei beschränkter Haftung, in: zfbf, Jg. 59 (2007), Heft 2, S. 61-86.

Bigus, J./Schäfer, H.-B. (2007): Die Haftung des Wirtschaftsprüfers am Primär- und am Sekundärmarkt – eine rechtsökonomische Analyse, in: ZfB, Jg. 77 (2007), Heft 1, S. 19-49.

Bigus, J./Zimmermann, R.-C. (2007a): Unabhängigkeit und Regulierung von Abschlussprüfern – neuere Entwicklungen in den USA, Europa und in Deutschland, in: Eger, T./Schäfter, H.-B. (Hrsg.): Ökonomische Analyse der europäischen Zivilrechtsentwicklung – Beiträge zum X. Travemünder Symposium zur ökonomischen Analyse des Rechts (29. März bis 1. April 2006), S. 554-590.

Bigus, J./Zimmermann, R.-C. (2007b): Market Leaders and Concentration on the German Audit Market, Arbeitspapier Universität Osnabrück, Juni 2007.

Bitz, M./Schneeloch, D./Wittstock, W. (2003): Der Jahresabschluss, 4. Auflage, München 2003.

Böcking, H.-J./Dutzi, A. (2006): Neugestaltung der Berufsaufsicht für Wirtschaftsprüfer, in: BFuP, Jg. 58 (2006), Heft 1, S. 1-21.

Böcking, H.-J./Orth, C. (2002): Vereinbarkeit von Beratung und Prüfung, in: Ballwieser, W./Coenenberg, A. G./Wysocki, K. v. (Hrsg): Handwörterbuch der Rechnungslegung, 3. Auflage, Stuttgart 2002, S. 257-274.

Bormann, M. (2002): Unabhängigkeit des Abschlussprüfers: Aufgabe und Chance für den Berufsstand, in: Betriebs-Berater, Jg. 57 (2002), Heft 4, S. 190-197.

Brandl, B. (2006): Herausforderungen und „State of the Art“ Ansätze bei der ökonometrischen Variablenselektion, in: WiSt, Jg. 35 (2006), Heft 4, S. 234-236.

Braun, F. (1996): Gebührendruck und Prüfungsqualität bei Pflichtprüfungen mittelständischer Unternehmen, in: Betriebs-Berater, Jg. 51 (1996), Heft 19, S. 999-1001.

Brown, W. D./He, H./Teitel, K. (2006): Conditional Conservatism and the Value Relevance of Accounting Earnings: An International Study, in: European Accounting Review, Vol. 15 (2006), Heft 4, S. 605-626.

Burgstahler, D./Dichev, I. (1997): Earnings management to avoid earnings decreases and losses, in: Journal of Accounting and Economics, Vol. 24 (1997), S. 99-126.

Carey, P./Simnet, R. (2006): Audit Partner Rotation and Audit Quality, in: The Accounting Review, Vol. 81 (2006), Heft 3, S. 653-676.

Chaney, P. K./Philipich, K. L. (2002): Shredded Reputation: The Cost of Audit Failure, in: Journal of Accounting Research, Vol. 40 (2002), Heft 4, S. 1221-1245.

Cheng, Q./Warfiled, T. D. (2005): Equity Incentives and Earnings Management, in: The Accounting Review, Vol. 80 (2005), Heft 2, S. 441-476.

Chung, H./Kallapur, S. (2003): Client Importance, Nonaudit Services, and Abnormal Accruals, in: The Accounting Review, Vol. 78 (2003), Heft 4, S. 931-955.

Clemm, H. (1989): Bilanzpolitik und Ehrlichkeits-(„true and fair view"-) Gebot, in: Die Wirtschaftsprüfung, Jg. 42 (1989), Heft 12, S. 357-366.

Coenenberg, A. G. (2003): Jahresabschluss und Jahresabschlussanalyse, 19. Auflage, Stuttgart 2003.

Coenenberg, A. G. (2005): Jahresabschluss und Jahresabschlussanalyse, 20. Auflage, Stuttgart 2005.

Coenenberg, A. G./Marten, K.-U. (1993): Der Wechsel des Abschlußprüfers, in: Der Betrieb, Jg. 46 (1993), Heft 3, S. 101-110.

Coulton, J./Ruddock, C./Taylor, S. (2007): Audit Fees, Non-Audit Services and Auditor-Client Economic Bonding, Working Paper, Februar 2007, URL: www.ssrn.com, Stand: 16.05.2007.

Craswell, A. T./Francis, J. R. (1999): Pricing Initial Audit Engagements: A Test of Competing Theories, in: The Accounting Review, Vol. 74 (1999), Heft 2, S. 201-216.

Craswell, A. T./Francis, J. R./Taylor, S. L. (1995): Auditor brand name reputations and industry specializations, in: Journal of Accounting and Economics, Vol. 20 (1995), S. 297-322.

Craswell, A./Stokes, D. J./Laughton, J. (2002): Auditor independence and fee dependence, in: Journal of Accounting and Economics, Vol. 33 (2002), S. 253-275.

Davis, L. R./Ricchiute, D. N./Trompeter, G. (1993): Audit Effort, Audit Fees, and the Provision of Nonaudit Services to Audit Clients, in: The Accounting Review, Vol. 68 (1993), Heft 1, S. 135-150.

Davis, L. R./Soo, B./Trompeter, G. (2000): Auditor Tenure, Auditor Independence and Earnings Management, Working Paper, September 2000, Boston College.

DeAngelo, H./DeAngelo, L./Skinner, D. J. (1994): Accounting choice in troubled companies, in: Journal of Accounting and Economics, Vol. 17 (1994), S. 113-143.

DeAngelo, L. E. (1981a): Auditor Independence, 'Low Balling', and Disclosure Regulation, in: Journal of Accounting and Economics, Vol. 3 (1981), S. 113-127.

DeAngelo, L. E. (1981b): Auditor Size and Audit Quality, in: Journal of Accounting and

Economics, Vol. 3 (1981), S. 183-199.

DeAngelo, L. E. (1986): Accounting Numbers as Market Valuation Substitutes: A Study of Management Buyouts of Public Stockholders, in: The Accounting Review, Vol. 41 (1986), Heft 3, S. 400-420.

Dechow, P. M./Dichev, I. D. (2002): The Quality of Accruals and Earnings: The Role of Accrual Estimation Errors, in: The Accounting Review, Vol. 77 (2002), Supplement, S. 35-59.

Dechow, P. M./Richardson, S. A./Tuna, I. A. (2003): Why are earnings Kinky? An examination of the earnings management explanation, in: Review of Accounting Studies, Vol. 8 (2003), Heft 2-3, S. 355-384.

Dechow, P. M./Sabino, J./Sloan, R. G. (1998): Implications of Nondiscretionary Accruals for Earnings Management and Market-Based Research, Working Paper, Januar 1998, URL: www.ssrn.com, Stand: 14.03.2007.

Dechow, P. M./Skinner, D. J. (2000): Earnings Management: Reconciling the views of Accounting Academics, Practitioners, and Regulators, in: Accounting Horizons, Vol. 14 (2000), Heft 2, S. 235-250.

Dechow, P. M./Sloan, R. G./Sweeney, A. P. (1995): Detecting Earnings Management, in: The Accounting Review, Vol. 70 (1995), Heft 2, S. 193-225.

Dechow, P. M./Sloan, R. G./Sweeney, A. P. (1996): Causes and Consequences of Earnings Manipulation: An Analysis of Firms Subject to Enforcement Actions by the SEC, in: Contemporary Accounting Research, Vol. 13 (1996), Heft 1, S. 1-36.

Dee, C. C./Lulseged, A./Nowlin, T. S. (2002): Earnings Quality and Auditor Independence: An Examination using non-audit fee data, Working Paper, Januar 2002, URL: www.ssrn.com, Stand: 25.11.04.

DeFond, M. L./Jiambalvo, J. (1994): Debt covenant violation and manipulation of accruals, in: Journal of Accounting and Economics, Vol. 17 (1994), Heft 1-2, S. 145-176.

DeFond, M. L./Raghunandan, K./Subramanyam, K. R. (2002): Do Non-Audit Service Fees Impair Auditor Independence? Evidence from Going Concern Audit Opinions, in: Journal of Accounting Research, Vol. 40 (2002), Heft 4, S. 1247-1274.

Degeorge, F./Patel, J./Zeckhauser, R. (1999): Earnings Management to Exceed Thresholds, in: Journal of Business, Vol. 72 (1999), Heft 1, S. 1-33.

Demme, N. D. (2003): Die Unabhängigkeit des Abschlussprüfers nach deutschem, US-amerikanischem und internationalem Recht, Dissertation Universität Konstanz, Baden-Baden 2003.

Dißars, U.-C. (2004): Strafrechtliche Sanktionen von Fehlverhalten des Abschlussprüfers im Rahmen einer Abschlussprüfung, in: INF, Jg. 58 (2004), Heft 23, S. 916-920.

Dißars, U.-C. (2006): Neue Angabepflichten im Anhang der Kapitalgesellschaften, in: INF,

Jg. 60 (2006), Heft 3, S. 117-120.

Dykxhoorn, H. J./Sinning, K. E. (1981): Wirtschaftsprüfer Perception of Auditor Independence, in: The Accounting Review, Vol. 56 (1981), Heft 1, S. 97-107.

Dykxhoorn, H. J./Sinning, K. E. (1982): Perceptions of auditor independence: Its perceived effect on the loan and investment decisions of German financial statement users, in: Accounting, Organizations and Society, Vol. 7 (1982), Heft 4, S. 337-347.

Ebrahim, A. (2001): Auditing Quality, Auditor Tenure, Client Importance, and Earnings Management: An Additional Evidence, Working Paper, Rutgers University, Oktober 2001.

Eckey, H.-F./Türck, M. (2006): Statistische Signifikanz (p-Wert), in: WiSt, Jg. 35 (2006), Heft 7, S. 415-418.

Entwistle, G./Lindsay, D. (1994): An Archival Study of the Existence, Cause and Discovery of Income-Affecting Financial Statement Misstatements, in: Contemporary Accounting Research, Vol. 11 (1994), Heft 1, S. 271-296.

Ernst, C. (2003): Die Einheitlichkeit des Wirtschaftsprüferberufes, in: Die Wirtschaftsprüfung, Jg. 56 (2003), Heft 1-2, S. 18-25.

Ettrege, M./Greenberg, R. (1990): Determinants of Fee Cutting on Initial Audit Engagements, in: Journal of Accounting Research, Vol. 28 (1990), Heft 1, S. 198-210.

EViews (2005): EViews 5.0 User's Guide, Quantitative Micro Software 2005.

Ewert, R. (1990) Wirtschaftsprüfung und asymmetrische Information, Berlin/Heidelberg 1990.

Ewert, R. (1993): Rechnungslegung, Wirtschaftsprüfung, rationale Akteure und Märkte, in: zfbf, Jg. 45 (1993), Heft 9, S. 715-747.

Ewert, R. (1999): Wirtschaftsprüfung und ökonomische Theorie – Ein selektiver Überblick, in: Richter, M. (Hrsg.): Theorie und Praxis der Wirtschaftsprüfung II, Berlin 1999, S. 35-99.

Ewert, R. (2002): Unabhängigkeit und Unbefangenheit, in: Ballwieser, W./Coenenberg, A. G./Wysocki, K. v. (Hrsg): Handwörterbuch der Rechnungslegung, 3. Auflage, Stuttgart 2002, S. 2386-2395.

Ewert, R./Stefani, U. (2001): Wirtschaftsprüfung, in: Jost (Hrsg.): Die Spieltheorie in der Betriebswirtschaftslehre, Stuttgart 2001, S. 175-217.

Ezzamel, M./Gwilliam, D. R./Holland, K. M. (2002): The Relationship between Categories of Non-Audit Services and Audit Fees: Evidence from UK Companies, in: International Journal of Auditing, Vol. 6 (2002), S. 13-35.

Faust, F. (2007): Kommentar zu Jochen Bigus und Ruth-Caroline Zimmermann - Unabhängigkeit und Regulierung von Abschlussprüfern, in: German Working Papers in Law and Economics, Vol. 2007, Paper 21, URL: www.bepress.com/gwp.

Ferguson, M. J./Seow, G. S./Young, D. (2004): Nonaudit Services and Earnings Management: UK Evidence, in: Contemporary Accounting Research, Vol. 21 (2004), Heft 4, S. 813-841.

Ferlings, J./Lanfermann, G. (2002): Unabhängigkeit von deutschen Abschlussprüfern nach Verabschiedung des Sarbanes-Oxley Acts, in: Der Betrieb, Jg. 55 (2002), Heft 41, S. 2117-2122.

Firth, M. (1997): The Provision of Nonaudit Services by Accounting Firms to their Audit Clients, in: The Contemporary Accounting Research, Vol. 14 (1997), Heft 2, S. 1-21.

Fischer, A./Haller, A. (1993): Bilanzpolitik zum Zwecke der Gewinnglättung – Empirische Erkenntnisse, in: ZfB, Jg. 63 (1993), Heft 1, S. 35-59.

Fischer, T. M./Klöpfer, E. (2006): Bilanzpolitik nach IFRS: Sind die IFRS objektiver als das HGB?, in: KoR, Jg. 6 (2006), Heft 12, S. 709-719.

Francis, J. R. (1984): The Effect of Audit Firm Size on Audit Prices: A Study of the Australian Market, in: Journal of Accounting and Economics, Vol. 6 (1984), Heft 2, S. 133-151.

Francis, J. R./Ke, B. (2006): Disclosure of fees paid to auditors and the market valuation of earnings surprises, in: Review of Accounting Studies, Vol. 11 (2006), Heft 4, S. 495-523.

Francis, J. R./Krishnan, J. (1999): Accounting Accruals and Auditor Reporting Conservatism, in: Contemporary Accounting Research, Vol. 16 (1999), Heft 1, S. 135-165.

Francis, J. R./Maydew, E. L./Sparks, H. C. (1999): The Role of Big 6 Auditors in the Credible Reporting of Accruals, in: Auditing: A Journal of Practice & Theory, Vol. 18 (1999), Heft 2, S. 17-34.

Francis, J. R./Simon, D. T. (1987): A Test of Audit Pricing in the Small-Client Segment of the U.S. Audit Market, in: The Accounting Review, Vol. 62 (1987), Heft 1, S. 145-157.

Francis, J. R./Wang, D. (2006): The Joint Effect of Investor Protection and Big 4 Audits on Earnings Quality Around the World, Working Paper, September 2006, URL: www.ssrn.com, Stand: 08.01.2007.

Francis, J./LaFond, R./Olsson, P./Schipper, K. (2005): The market pricing of accruals quality, in: Journal of Accounting and Economics, Vol. 39 (2005), S. 295-327.

Franke, G./Hax, H. (2004): Finanzwirtschaft des Unternehmens und Kapitalmarkt, 5. Auflage, Berlin 2004.

Frankel, R. M./Johnson, M. F./Nelson, K. K. (2002): The Relation between Auditors' Fees for Non-Audit Services and Earnings Management, in: The Accounting Review, Vol. 77 (2002), Supplement, S. 71-105.

Freidank, C.-C. (1990): Entscheidungsmodelle der Rechnungslegungspolitik, Stuttgart

1990.

Gassen, J./Fülbier, R. U./Sellhorn, T. (2006): International Differences in Conditional Conservatism – The Role of Unconditional Conservatism and Income Smoothing, in: European Accounting Review, Vol. 15 (2006), Heft 4, S. 527-564.

Geiger, M. A./Raghunandan, K. (2002): Auditor Tenure and Audit Reporting Failures, in: Auditing: A Journal of Practice & Theory, Vol. 21 (2002), Heft 1, S. 67-78.

Geiger, M. A./Rama, D. V. (2003): Audit Fees, Nonaudit Fees, and Auditor Reporting on Stressed Companies, in: Auditing: A Journal of Practice & Theory, Vol. 22 (2003), Heft 2, S. 53-69.

Ghosh, A./Kallapur, S./Moon, D. (2005): Audit and Non-audit Fees and Capital Market Perceptions of Auditor Independence, Working Paper, März 2005, URL: www.ssrn.com, Stand: 7.02.2006.

Ghosh, A./Moon, D. (2005): Auditor Tenure and Perceptions of Audit Quality, in: The Accounting Review, Vol. 80 (2005), Heft 2, S. 585-612.

Gigler, F./Penno, M. (1995): Imperfect Competition in Audit Markets and its Effect on the Demand for Audit-Related Services, in: The Accounting Review, Vol. 70 (1995), Heft 2, S. 317-336.

Glezen, G. W./Millar, J. A. (1985): An Empirical Investigation of Stockholder Reaction to Disclosures Required by ASR Nr. 250, in: Journal of Accounting Research, Vol. 23 (1985), Heft 2, S. 859-870.

Gloßner, V. (1998): Eine Konzentrationsmessung von Pflichtprüfungsmandaten börsennotierter Aktiengesellschaften, in: Die Wirtschaftsprüfung, Jg. 51 (1998), Heft 6, S. 216-224.

Gore, P./Pope, P. /Singh, A. (2001): Non-Audit Services, Auditor Independence and Earnings Management, Working Paper 2001/014, Lancaster University.

Greene, W. H. (2002): Econometric Analysis, 5. Auflage, New Jersey 2002.

Grieder, S. (2004): Die Frage der Vereinbarkeit von Prüfung und Beratung, Dissertation, Basel 2004.

Grothe, J. (2004): Branchenspezialisierungen von Wirtschaftsprüferpraxen im Rahmen der Jahresabschlussprüfung, Dissertation Universität Ulm 2004.

Guay, W./Verrecchia, R. (2006): Discussion of an economic framework for conservative accounting and Bushman and Piotroski (2006), Working Paper, April 2006, URL: www.ssrn.com, Stand: 11.06.2007.

Hachmeister, D. (2001): Wirtschaftsprüfungsgesellschaften im Prüfungsmarkt – Eine ökonomische Analyse zur Konzentration auf dem Prüfungsmarkt und zur Entwicklung großer Prüfungsgesellschaften, Stuttgart 2001.

Hagemeister, C. (2002): Neue Anforderungen an die Unabhängigkeit des Abschlussprüfers durch IFAC und Europäische Kommission, in: Der Betrieb, Jg. 55 (2002), Heft 7, S. 333-340.

Hay, D./Knechel, W. R./Wong, N. (2006): Audit Fees: A Meta-Analysis of the Effect of Supply and Demand Attributes, in: Contemporary Accounting Research, Vol. 23 (2006), Heft 1, S. 141-191.

Healy, P. M. (1985): The Effect of Bonus Schemes on Accounting Decisions, in: Journal of Accounting and Economics, Vol. 7 (1985), S. 85-107.

Healy, P. M./Palepu, K. G. (2003), The Fall of Enron, in: Journal of Economic Perspectives, Vol. 17 (2003), Heft 2, S. 3-26.

Healy, P. M./Wahlen, J. M. (1999): A Review of the Earnings Management Literature and Its Implications for Standard Setting, in: Accounting Horizons, Vol. 13 (1999), Heft 4, S. 365-383.

Heintges, S. (2005): Bilanzkultur und Bilanzpolitik in den USA und in Deutschland – Einflüsse auf die Bilanzpolitik börsennotierter Unternehmen, 3. Auflage, Sternenfels 2005.

Helmenstein, C. (1996): Anbieterkonzentration auf dem Markt für Jahresabschlußprüfungen, in: Die Betriebswirtschaft, Jg. 56 (1996), Heft 1, S. 41-48.

Heninger, W. G. (2001): The Association between Auditor Litigation and Abnormal Accruals, The Accounting Review, Vol. 76 (2001), Heft 1, S. 111-126.

Herold, C. (2006): Vermeidung des Earnings Management der Umsatzerlöse, Dissertation Universität Frankfurt am Main, Wiesbaden 2006.

Herzig, N./Watrin, C. (1995): Obligatorische Rotation des Wirtschaftsprüfers – ein Weg zur Verbesserung der externen Unternehmenskontrolle, in: zfbf, Jg. 47 (1995), Heft 9, S. 775-804.

Hill, R. C./Griffiths, W. E./Judge, G. G. (2001): Undergraduate Econometrics, 2. Auflage, New Jersey 2001.

Hoitash, R./Markelevich, A./Barragato, C. A. (2005): Auditor Fees, Abnormal Fees and Audit Quality Before and After the Sarbanes-Oxley Act, Working Paper, Februar 2005, URL: www.ssrn.com, Stand: 07.02.2006.

Holthausen, R. W./Larcker, D. F./Sloan, R. G. (1995): Annual bonus schemes and the manipulation of earnings, in: Journal of Accounting and Economics, Vol. 19 (1995), S. 29-74.

Hribar, P./Collins, D. W. (2002): Errors in Estimating Accruals: Implications for Empirical Research, in: Journal of Accounting Research, Vol. 40 (2002), Heft 1, S. 105-134.

Hribar, P./Nichols, D. C. (2006): The Use of Unsigned Earnings Quality Measures in Tests of Earnings Management, Working Paper, Juni 2006, URL: www.ssrn.com, Stand: 30.01.2007.

Hülsmann, C. (2005): Stärkung der Abschlussprüfung durch das Bilanzrechtsreformgesetz

– Neue Bestimmungen zur Trennung von Beratung und Prüfung, in: DStR, Jg. 43 (2005), Heft 4, S. 166-172.

IDW (2002): Position des IDW zu den in der Diskussion befindlichen Vorschlägen zur Stärkung der Abschlussprüfung nach dem Enron-Zusammenbruch, in: Die Wirtschaftsprüfung, Jg. 55 (2002), Heft 13, S. 692-696.

IDW (2004): Stellungnahme – Referentenentwurf eines Gesetzes zur Einführung internationaler Rechnungslegungsstandards und zur Sicherung der Qualität der Abschlussprüfung (Bilanzrechtsreformgesetz – BilReG) vom 23. Januar 2004, URL: www.idw.de, Stand: 14.07.2005.

IDW (2006d): Stellungnahme zu der Verfassungsbeschwerde der Frau Dr. T. Erfolgshonorar/quota litis – 1 BvR 2576/04, URL: www.idw.de, Stand: 26.04.2006.

Ivancevich, S. H./Zardkoohi, A. (2000): An Exploratory Analysis of the 1989 Accounting Firm Megamergers, in: Accounting Horizons, Vol. 14 (2000), Heft 4, S. 389-401.

Jenkins, J. G./Krawczyk, K. (2003): Disclosure Of Nonaudit Service Fees: Perception Of Investors And Accounting Professionals, in: The Journal of Applied Business Research, Vol. 19 (2003), Heft 4, S. 73-80.

Jensen, M. C. (1986): Agency Costs of Free Cash Flow, Corporate Finance, and Takeovers, in: The American Economic Review, Vol. 76 (1986), Heft 2, S. 323-329.

Jensen, M. C./Meckling, W. H. (1976): Theory of the Firm: Managerial Behaviour, Agency Costs and Ownership Structure, in: Journal of Financial Economics, Vol. 3 (1976), Heft 4, S. 305-360.

Johnson, V. E./Khurana, I. K./Reynolds, J. K. (2002): Audit-Firm Tenure and the Quality of Financial Reports, in: Contemporary Accounting Research, Vol. 19 (2002), Heft 4, S. 637-660.

Jones, J. J. (1991): Earnings Management During Import Relief Investigations, in: Journal of Accounting Research, Vol. 29 (1991), Heft 2, S. 193-228.

Jones, K./Krishnan, G. V./Melendrez, K. (2006): Do Models of Discretionary Accruals detect Actual Cases of Fraudulent and Restated Earnings? An Empirical Evaluation, Working Paper, April 2006, URL: www.ssrn.com, Stand: 14.03.2007.

Karpoff, J. M./Lee, D. S./Martin, G. S. (2006): The Cost to Firms of Cooking the Books, Working Paper, Dezember 2006, erscheint in: Journal of Financial and Quantitative Analysis.

Kelley, S. O./Shores, D./Tong, Y. H. (2004): Independence in Appearance, Earnings Conservatism, and Prediction of Future Cash Flows, Working Paper, September 2004, URL: www.ssrn.com, Stand: 11.06.2007.

Kennedy, D./Lakonishok, J./Shaw, W. H. (1992): Accomodating Outliers and Nonlinearity in Decision Models, in: Journal of Accounting, Auditing & Finance, Vol. 7 (1992), Heft 2, S. 161-190.

Khurana, I. K./Raman, K. K. (2004): Litigation Risk and the Financial Reporting Credibility of Big 4 versus Non-Big 4 Audits: Evidence from Anglo-American Countries, in: The Accounting Review, Vol. 79 (2004), Heft 2, S. 473-495.

Kim, J. B./Chung, R./Firth, M. (2003): Auditor Conservatism, Asymmetric Monitoring and Earnings Management, in: Contemporary Accounting Research, Vol. 20 (2003), Heft 2, S. 323-359.

Kinney, W. R./Libby, R. (2002): Discussion of The Relation between Auditors' Fees for Nonaudit Services and Earnings Management, in: The Accounting Review, Vol. 77 (2002), Supplement, S. 107-114.

Kinney, W. R./Palmrose, Z.-V./Scholz, S. (2004): Auditor Independence, Non-Audit Services, and Restatements: Was the U.S. Government Right?, in: Journal of Accounting Research, Vol. 42 (2004), Heft 3, S. 561-588.

Kirsch, H. (2006): Beurteilung des bilanzpolitischen Instrumentariums der IFRS-Rechnungslegung, in: Betriebs-Berater, Jg. 61 (2006), Heft 23, S. 1266-1271.

Kitschler, R. (2005): Abschlussprüfung, Interessenkonflikt und Reputation – Eine ökonomische Analyse, Dissertation Universität Marburg, Wiesbaden 2005.

Klöpfer, E. (2006): Bilanzpolitisches Gestaltungspotenzial bei der Umstellung der Rechnungslegung von HGB auf IFRS – Theoretische Fundierung und empirische Analyse deutscher börsennotierter Unternehmen, Dissertation Universität Eichstätt-Ingolstadt, Hamburg 2006.

Knapp, M. C. (1991): Factors that Audit Committee Members Use as Surrogates for Audit Quality, in: Auditing: A Journal of Practice & Theory, Vol. 10 (1991), Heft 1, S. 35-52.

Koecke, A. E. (2005): Die Bedeutung mittelständischer Wirtschaftsprüferpraxen in Deutschland – Eine empirische Untersuchung, Dissertation Universität Ulm 2005.

Korn, E. (2002): Enforcement von Rechnungslegungsstandards: Welche Wirkung hat das Strafmaß?, in: DStR, Jg. 40 (2002), Heft 35, S. 1500-1504.

Kornish, L. J./Levine, C. B. (2004): Discipline with Common-Agency: The Case of Audit and Non-Audit Services, in: The Accounting Review, Vol. 79 (2004), Heft 1, S. 173-200.

Kothari, S. P./Leone, A. J./Wasley, C. E. (2005): Performance matched discretionary accrual measures, in: Journal of Accounting and Economics, Vol. 39 (2005), S. 163-197.

Kriedel, N. (2006): Die Datierung von Strukturbrüchen in ökonomischen Zeitreihen, in: WiSt, Jg. 35 (2006), Heft 6, S. 345-349.

Krishnan, G. V. (2003): Audit Quality and the Pricing of Discretionary Accruals, in: Auditing: A Journal of Practice & Theory, Vol. 22 (2003), Heft 1, S. 110-126.

Krog, M. (1998): Rechnungslegungspolitik im internationalen Vergleich – Eine modellorientierte Analyse, Landsberg/Lech 1998.

Kuhner, C. (2005): Interessenkonflikte aus der Sicht der Betriebswirtschaftslehre, Working Paper 02/2005, Universität Köln, URL: http://www.wiso.uni-koeln.de/workingpapers/bcfat/index.html, Stand: 23.09.2005.

Küting, K./Kaiser, T. (1994): Bilanzpolitik in der Unternehmenskrise, in: Betriebs-Berater, Jg. 49 (1994), Heft 3, S. 1ff.

LaFond, R./Watts, R. L. (2006): The Information Role of Conservative Financial Statements, Working Paper Sloan School of Management, Massachusetts, September 2006.

Lai, K.-W. (2003): The Sarbanes-Oxley Act and Auditor Independence: Preliminary Evidence from Audit Opinion and Discretionary Accruals, Working Paper, August 2003, URL: www.ssrn.com, Stand: 6.12.2005.

Lai, K.-W./Yim, A. T. L. (2003): Non-Audit Services and Big 5 Auditor Independence: Evidence from Audit Pricing and Audit Opinion of Initial Engagement, Working Paper, Januar 2003.

Lanfermann, I./Lanfermann, J. (2003): Besorgnis der Befangenheit des Abschlussprüfers – Verunsicherung der Praxis durch das BGH-Urteil vom 25.11.2002, II ZR 49/01, in: DStR, Jg. 41 (2003), Heft 22, S. 900ff.

Lange, S. (1994): Die Kompatibilität von Abschlußprüfung und Beratung – Eine ökonomische Analyse, Dissertation Universität Frankfurt, Frankfurt am Main et. al 1994.

Larcker, D. F./Richardson, S. A. (2004): Fees Paid to Audit Firms, Accrual Choices, and Corporate Governance, in: Journal of Accounting Research, Vol. 42 (2004), Heft 3, S. 625-658.

Lee, C.-W. J./Gu, Z. (1998): Low Balling, Legal Liability and Auditor Independence, in: The Accounting Review, Vol. 73 (1998), Heft 4, S. 533-555.

Lennox, C. S. (1999): Non-audit fees, disclosure and audit quality, in: European Accounting Review, Vol. 8 (1999), Heft 2, S. 239-252.

Lenz, H. (1991): Der Low-balling-Effekt und die Unabhängigkeit des handelsrechtlichen Abschlußprüfers, in: WiSt, Jg. 20 (1991), Heft 4, S. 181-184.

Lenz, H. (1999): Entwicklungstendenzen in der Wirtschaftsprüfung, in: Die Wirtschaftsprüfung, Jg. 52 (1999), Heft 14, S. 540-549.

Lenz, H. (2001): Unabhängigkeit des Abschlussprüfers und Non-Audit-Services – Neue Vorschriften der SEC, in: Betriebs-Berater, Jg. 56 (2001), Heft 6, S. 299-304.

Lenz, H. (2002): Sarbanes-Oxley-Act of 2002 – Abschied von der Selbstregulierung der Wirtschaftsprüfer in den USA, in: Betriebs-Berater, Jg. 57 (2002), Heft 44, S. 2270ff.

Lenz, H. (2004): Beschränkung von Beratungsleistungen durch den Abschlussprüfer: Mangelhafter Umgehungsschutz im Entwurf des BilReG, in: Betriebs-Berater, Jg. 59 (2004), Heft 13, S. 707ff.

Lenz, H./Bauer, M. (2004): Prüfungs- und Beratungshonorare von Abschlussprüfern deutscher börsennotierter Aktiengesellschaften, in: Die Wirtschaftsprüfung, Jg. 57 (2004), Heft 18, S. 985-998.

Lenz, H./Möller, M./Höhn, B. (2006): Offenlegung der Honorare für Abschlussprüferleistungen im Geschäftsjahr 2005 bei DAX-Unternehmen, in: Betriebs-Berater, Jg. 61 (2006), Heft 33, S. 1787-1794.

Leuz, C./Nanda, D./Wysocki, P. D. (2003): Earnings management and investor protection: an international comparison, in: Journal of Financial Economics, Vol. 69 (2003), S. 505-527.

Li, V./Hay, D./Knechel, R. (2003): Non-audit services and auditor independence: New Zealand evidence, Working Paper, September 2003, URL: www.ssrn.com, Stand: 08.01.2007.

Loebbecke, J. K./Eining, M. M./Willingham, J. J. (1989): Auditor's Experience with Material Irregularities: Frequency, Nature, and Detectability, in: Auditing: A Journal of Practice & Theory, Vol. 9 (1989), Heft 1, S. 1-28.

Magee, R. P./Tseng, M.-C. (1990): Audit Pricing and Independence, in: The Accounting Review, Vol. 65 (1990), Heft 2, S. 315-336.

Marten, K.-U. (1999): Der Markt für Prüfungsleistungen – Ausgewählte Forschungsbeiträge, theoretische Grundlagen, nationale und internationale Einflüsse – in: Richter, M. (Hrsg.): Theorie und Praxis der Wirtschaftsprüfung II, Berlin 1999, S. 101-165.

Marten, K.-U./Köhler, A. G. (2002a): Erwartungslücke, in: Ballwieser, W./Coenenberg, A. G./Wysocki, K. v. (Hrsg): Handwörterbuch der Rechnungslegung, 3. Auflage, Stuttgart 2002, S. 703-712.

Marten, K.-U./Köhler, A. G. (2002b): Prüfungsmarkt, in: Ballwieser, W./Coenenberg, A. G./Wysocki, K. v. (Hrsg): Handwörterbuch der Rechnungslegung, 3. Auflage, Stuttgart 2002, S. 1831-1841.

Marten, K.-U./Köhler, A. G. (2004): Prüfungsqualität als Forschungsgegenstand – Traditionelle Sichtweise und Erweiterungen des Begriffsverständnisses, in: Marten, K.-U./Quick, R./Ruhnke, K. (Hrsg.): Externe Qualitätskontrolle im Berufsstand der Wirtschaftsprüfer, Düsseldorf 2004, S. 1-21.

Marten, K.-U./Quick, R./Ruhnke, K. (2003): Wirtschaftsprüfung – Grundlagen des betriebswirtschaftlichen Prüfungswesens nach nationalen und internationalen Normen, 2. Auflage, Stuttgart 2003.

Marten, K.-U./Schultze, W. (1998): Konzentrationsentwicklungen auf dem deutschen und europäischen Prüfungsmarkt, in: zfbf, Jg. 50 (1998), Heft 4, S. 360-386.

Marx, S. (2002): Unabhängige Abschlussprüfung und Beratung – Grenzen des Full-Service-Konzepts moderner Wirtschaftsprüfungsgesellschaften nach deutschem, europäischem und US-amerikanischem Recht, Dissertation, Baden-Baden 2002.

McNichols, M. F. (2002): Discussion of The Quality of Accruals and Earnings: The Role of

Accrual Estimation Errors, in: The Accounting Review, Vol. 77 (2002), Supplement 2002, S. 61-69.

Menon, K./Williams, D. D. (2004): Former Audit Partners and Abnormal Accruals, in: The Accounting Review, Vol. 79 (2004), Heft 4, S. 1095-1118.

Meuwissen, R./Moers, F./Peek, E./Vanstraelen, A. (2004): The Influence of Auditor Independence Regulation on Earnings Quality: An Empirical Analysis of Firms Cross-Listed in the U.S., Working Paper, September 2004, URL: www.ssrn.com, Stand: 07.02.2006.

Meuwissen, R./Moers, F./Peek, E./Vanstraelen, A. (2005): An Evaluation of Abnormal Accruals Measurement Models in an International Context, Working Paper, Juli 2005, URL: www.ssrn.com, Stand: 30.02.2007.

Müller, K. (2006): Die Unabhängigkeit des Abschlussprüfers – Eine kritische Analyse der Vorschriften in Deutschland im Vergleich zu den Vorschriften der Europäischen Union, der IFAC und in den USA, Dissertation Universität Frankfurt am Main, Wiesbaden 2006.

Myers, J. N./Myers, L. A./Omer, T. C. (2003): Exploring the Term of the Auditor-Client Relationship and the Quality of Earnings: A Case for Mandatory Auditor Rotation?, in: The Accounting Review, Vol. 78 (2003), Heft 3, S. 779-799.

Naumann, K.-P. (2004): Stand und Weiterentwicklung der Normen zur Qualitätssicherung und Qualitätskontrolle, in: Marten, K.-U./Quick, R./Ruhnke, K. (Hrsg.): Externe Qualitätskontrolle im Berufsstand der Wirtschaftprüfer, Düsseldorf 2004, S. 67-106.

Niemi, L. (2002): Do firms pay for audit risk? Evidence on risk premiums in audit fees after direct control for audit effort, in: International Journal of Auditing, Vol. 6 (2002), S. 37-51.

Ostrowski, M./Söder, B. H. (1999): Der Einfluß von Beratungsaufträgen auf die Unabhängigkeit des Jahresabschlußprüfers, in: BFuP, Jg. 51 (1999), Heft 5, S. 554-564.

Palmrose, Z.-V. (1986): The Effect of Nonaudit Services on the Pricing of Audit Services: Further Evidence, in: Journal of Accounting Research, Vol. 24 (1986), Heft 2, S. 405-411.

Palmrose, Z.-V. (1988): An Analysis of Auditor Litigation and Audit Service Quality, in: The Accounting Review, Vol. 53 (1988), Heft 1, S. 55-73.

Parkash, M./Venable, C. F. (1993): Auditee Incentives for Auditor Independence: The Case of Nonaudit Services, in: The Accounting Review, Vol. 68 (1993), Heft Januar, S. 113-133.

Peemöller, V. H./Hofmann, S. (2005): Bilanzskandale – Delikte und Gegenmaßnahmen, Berlin 2005.

Peemöller, V./Oberste-Padtberg, S. (2001): Unabhängigkeit des Abschlussprüfers – Internationale Entwicklungen, in: DStR, Jg. 39 (2001), Heft 42, S. 1813-1820.

Pfitzer, B./Orth, C./Wader, C. (2002): Die Unabhängigkeitserklärung des Abschlussprüfers gegenüber dem Aufsichtsrat im Sinn des Deutschen Corporate Governance Kodex, in: Der Betrieb, Jg. 55 (2002), Heft 15, S. 753-755.

Pfitzer, N./Oser, P./Orth, C. (2004): Offene Fragen und Systemwidrigkeiten des Bilanzrechtsreformgesetzes (BilReG) – Erste Handlungsempfehlungen für eine normkonforme Umsetzung –, in: Der Betrieb, Jg. 57 (2004), Heft 49, S. 2593-2602.

Pfleger, G. (1991): Die neue Praxis der Bilanzpolitik – Strategien und Gestaltungsmöglichkeiten im handels- und steuerrechtlichen Jahresabschluß, 4. Auflage, Freiburg 1991.

Pindyck, R. S./Rubinfeld, D. L. (1998): Econometric Models and Economic Forecasts, 4. Auflage, Boston et al. 1998.

Pindyck, R. S./Rubinfeld, D. L. (2005): Microeconomics, 6. Auflage, New Jersey.

Piot, C. (2005): Auditor Reputation and Model of Governance: A Comparison of France, Germany and Canada, in: International Journal of Auditing, Vol. 9 (2005), S. 21-44.

PwC (2005): IFRS für Banken, 3. Auflage, Frankfurt am Main 2005.

Quick, R. (2004): Externe Pflichtrotation, in: Die Betriebswirtschaft; Jg. 64 (2004), Heft 4, S. 487-508.

Quick, R. (2005): Unabhängigkeit des Abschlussprüfers im Spiegel der Wissenschaft, in: Haller, A. (Hrsg.): Wirtschaftsprüfung und Corporate Governance in Österreich, Wien 2005, S. 91-143.

Quick, R. (2006): Prüfung, Beratung und Unabhängigkeit des Abschlußprüfers – Eine Analyse der neuen Unabhängigkeitsnormen des HGB im Lichte empirischer Forschungsergebnisse, in: BFuP, Jg. 58 (2006), Heft 1, S. 42-61.

Quick, R./Warming-Rasmussen, B. (2005): The impact of MAS on perceived auditor independence – some evidence from Denmark, in: Accounting Forum, Vol. 29 (2005), S. 137-168.

Quick, R./Wolz, M. (1999): Concentration on the German Audit Market – An Empirical Analysis of the Concentration on the German Market for Stock Corporation Audits, in: International Journal of Auditing, Vol. 3 (1999), S. 175-189.

Quick, R./Wolz, M./Seelbach, M. (1998), Die Struktur des Prüfungsmarktes für Deutsche Aktiengesellschaften – Eine empirische Untersuchung der Konzentration auf dem deutschen Wirtschaftprüfungsmarkt für Aktiengesellschaften, in: Zeitschrift für Betriebswirtschaft, Jg. 68 (1998), Heft 8, S. 779-802.

Raghunandan, K. (2003): Nonaudit Services and Shareholder Ratification of Auditors, in: Auditing: A Journal of Practice & Theory, Vol. 22 (2003), Heft 1, S. 155-163.

Raghunandan, K., Rama, D. V. (2006): SOX Section 404 Material Weakness Disclosures and Audit Fees, in: Auditing: A Journal of Practice & Theory, Vol. 25 (2006), Heft 1, S. 99-114.

Raghunandan, N./Read, W. J./Whisenant, J. S. (2003): Initial evidence on the association between nonaudit fees and restated financial statements, in: Accounting Horizons, Vol. 17 (2003), Heft 3, S. 223-243.

Reynolds, J. K./Deis, D. R./Francis, J. R. (2004): Professional Service Fees and Auditor Objectivity, in: Auditing: A Journal of Practice & Theory, Vol. 23 (2004), Heft March, S. 29-52.

Reynolds, J. K./Francis, J. R. (2001): Does size matter? The influence of large clients on office-level auditor reporting decisions, in: Journal of Accounting and Economics, Vol. 30 (2001), S. 375-400.

Richter, M. (1977): Die Inkompatibilität von Jahresabschlußprüfung und Unternehmensberatung durch Wirtschaftsprüfer, in: Journal für Betriebswirtschaft, Jg. 27 (1977), S. 21-42.

Roberts, R. W./Glezen, G. W. (1990): Determinants of School District Audit Fees, in: Research in Governmental and Nonprofit Accounting, Vol. 6 (1990), S. 127-147.

Ruddock, C./Taylor, S./Taylor, S. (2006): Nonaudit Services and Earnings Conservatism: Is Auditor Independence Impaired?, in: Contemporary Accounting Research, Vol. 23 (2006), Heft 3, S. 701-746.

Ryan, S. G. (2006): Identifying Conditional Conservatism, in: European Accounting Review, Vol. 15 (2006), Heft 4, S. 511-525.

Schäfer, S. (1998): Entscheidungsmodelle der Konzernrechnungslegungspolitik – Computergestützte Gestaltungen des Konzernabschlusses nach den Vorschriften des Handelsrechts und der International Accounting Standards, Dissertation Universität Hamburg, Landsberg/Lech 1998.

Schatzberg, J. W. (1994): A New Examination of Auditor "Low Ball" Pricing: Theoretical Model and Experimental Evidence, in: Auditing: A Journal of Practice & Theory, Vol. 13 (1994), Supplement, S. 33-55.

Schatzberg, J. W./Sevcik, G. R. (1994): A Multiperiod Model and Experimental Evidence of Independence and "Lowballing", in: Contemporary Accounting Research, Vol. 11 (1994), Heft 1, S. 137-174.

Schlittgen, R. (2003): Einführung in die Statistik, 10. Auflage, München/Wien 2003.

Schmidt, S. (2003): Neue Anforderungen an die Unabhängigkeit des Abschlussprüfers: SEC-Verordnung im Vergleich mit den Empfehlungen der EU-Kommission und den Plänen der Bundesregierung, in: Betriebs-Berater, Jg. 58 (2003), Heft 15, S. 779ff.

Schruff, W. (2005): Neue Ansätze zur Aufdeckung von Gesetzesverstößen der Unternehmensorgane im Rahmen der Jahresabschlussprüfung, in: Die Wirtschaftsprüfung, Jg. 58 (2005), Heft 5, S. 207-211.

Schwandtner, C. (2002): Die Unabhängigkeit des Abschlussprüfers – Europäische und internationale Ansätze im Vergleich, in: DStR, Jg. 40 (2002), Heft 8, S. 323-332.

Sharma, D. S./Sidhu, J. (2001): Professionalism vs. Commercialism: The Association Between Non-Audit Services (NAS) and Auditor Independence, in: Journal of Business Finance & Accounting, Vol. 28 (2001), Heft 5 & 6, S. 595-629.

Simunic, D. A. (1980): The Pricing of Audit Services: Theory and Evidence, in: Journal of Accounting Research, Vol. 18 (1980), Heft 1, S. 161-190.

Simunic, D. A. (1984): Auditing, Consulting, and Auditor Independence, in: Journal of Accounting Research, Vol. 22 (1984), Heft 2, S. 679-702.

Slottje, D. J. (2002): Measuring Market Power, Amsterdam 2002.

Stefani, U. (2002): Abschlussprüfung, Unabhängigkeit und strategische Interdependenzen, Dissertation Universität Frankfurt am Main, Stuttgart 2002.

Stefani, U. (2003): Spiele zu dritt, oder: Fördern die Neuregelungen des Sarbanes-Oxley Act die Unabhängigkeit des Abschlussprüfers?, in: Die Unternehmung, Jg. 57 (2003), Heft 6, S. 471-496.

Stefani, U. (2006): Anbieterkonzentration bei Prüfungsmandaten börsennotierter Schweizer Aktiengesellschaften, in: Die Betriebswirtschaft, Jg. 66 (2006), Heft 2, S. 121-145.

Storck, S. (2004): Bilanzpolitische Handlungsspielräume im deutschen und amerikanischen Handelsbilanzrecht – Eine rechtsvergleichende Analyse, Berlin 2004.

Strickmann, M. (2000): Wirtschaftsprüfung im Umbruch – Eine empirische Untersuchung zur Konzentration und Honorargestaltung im deutschen Prüfungswesen, Dissertation Universität des Saarlandes, Herne/Berlin 2000.

Subramanyam, K. R. (1996): The pricing of discretionary accruals, in: Journal of Accounting & Economics, Vol. 22 (1996), S. 249-281.

Sullivan, M. W. (2000): The Effect of the Big Eight Accounting Firm Mergers on the Market for Audit Services, Working Paper, März 2000, URL: www.ssrn.com, Stand: 4.10.2006.

Sunderdiek, B. (2006): Effiziente Regulierung der Wirtschaftsprüfung – Eine rechtsökonomische Analyse unter der besonderen Berücksichtigung der zivilrechtlichen Haftung des Wirtschaftsprüfers und des Peer Review, Dissertation Universität Hamburg, Hamburg 2006.

Tendeloo, B. v./Vanstraelen, A. (2005): Earnings Management under German GAAP versus IFRS, in: European Accounting Review, Vol. 14 (2005), Heft 1, S. 155-180.

Terlinde, C. H. (2005): Aufdeckung von Bilanzmanipulationen in der deutschen Prüfungspraxis – Ergebnisse einer empirischen Studie, Dissertation Universität Essen, Wiesbaden 2005.

Theisen, M. R. (1994): Notwendigkeit, Chancen und Grenzen der Zusammenarbeit von Wirtschaftsprüfer und Aufsichtsrat, in: Die Wirtschaftsprüfung, Jg. 47 (1994), Heft 24, S. 809-820.

Tucker, J. W./Zarowin, P. A. (2006): Does Income Smoothing Improve Earnings Informativeness?, in: The Accounting Review, Vol. 81 (2006), Heft 1, S. 251-270.

US-GAO (2003): Public Accounting Firms – Mandated Study on Consolidation and Competition, GAO-03-864, Juli 2003.

Varian, H.R. (1999): Grundzüge der Mikroökonomik, 4. Auflage (1999), München 1999.

Vogelvang, B. (2004): Econometrics: Theory & Application with Eviews, Indianapolis 2004.

Wagenhofer, A./Ewert, R. (2003): Externe Unternehmensrechnung, Berlin 2003.

Watts, R. L. (2003a): Conservatism in Accounting – Part I: Explanations and Implications, in: Accounting Horizons, Vol. 17 (2003), Heft 3, S. 207-221.

Watts, R. L. (2003b): Conservatism in Accounting – Part II: Evidence and Research Opportunities, in: Accounting Horizons, Vol. 17 (2003), Heft 4, S. 287-301.

Watts, R. L./Zimmermann, J. L. (1986): Positive Accounting Theory, New Jersey 1986.

Weber, D. (2005): Zur „Modernisierung" der EU-Abschlussprüferrichtlinie unter dem Gesichtspunkt der Rotation des Abschlussprüfers: Die verpasste Chance, in: Die Aktiengesellschaft, Jg. 50 (2005), Heft 23, S. 877-881.

Weißenberger, B. E. (1999): Ökonomische Analyse des Prüferwechsels – Eine Untersuchung des § 319 Abs. 3 Nr. 6 HGB, in: Dörner, D./Menold, D./Pfitzer, N. (Hrsg.): Reform des Aktienrechts, der Rechnungslegung und Prüfung, Stuttgart 1999, S. 617-647.

Wines, G. (1994): Auditor Independence, Audit Qualifications and the Provision of Non-Audit Services: A Note, in: Accounting and Finance, Vol. 34 (1994), Heft Mai, S. 75-86.

Wöhe, G. (1997): Bilanzierung und Bilanzpolitik, 9. Auflage, München 1997.

Wysocki, P. D. (2005): Assessing Earnings and Accruals Quality: U.S. and International Evidence, Working Paper, MIT Sloan School of Management, Cambridge, Juni 2005.

Young, S. (1999): Systematic Measurement Error in the Estimation of Discretionary Accruals: An Evaluation of Alternative Modelling Procedures, in: Journal of Business Finance & Accounting, Vol. 26 (1999), Heft 7 & 8, S. 833-862.

Zimmermann, J. (2004): Bilanzskandale, in: WISU, Jg. 33 (2004), Heft 12, S. 1515-1519.

Zimmermann, R.-C. (2006): Gestaltungsspielräume bei Veröffentlichung von Abschlussprüferhonoraren im Rahmen des BilReG, in: KoR, Jg. 6 (2006), Heft 4, S. 273-276.

VIII Verzeichnis der Gesetze und der Vorschriften zur Regulierung der Abschlussprüfung und Rechnungslegung

AICPA (1978): Commission on Auditors' Responsibility: Report, Conclusions, and Recommendations, AICPA, New York 1978.

AICPA (2006): AICPA Code of Professional Conduct, Januar 2006, URL: www.aicpa.org/about/code/intro.htm., Stand: 14.03.2007.

AktG (2007): Aktiengesetz vom 6. September 1965 (BGBl. I S. 1089), zuletzt geändert im Jahr 2007.

APAG (2004): Gesetz zur Fortentwicklung der Berufsaufsicht über Abschlussprüfer in der Wirtschaftsprüferordnung (Abschlussprüferaufsichtsgesetz – APAG) vom 27. Dezember 2004, in: BGBl. I 2004, S. 3846-3851.

Beschlussempfehlung und Bericht zum Entwurf BilReG (2004): Entwurf eines Gesetzes zur Einführung internationaler Rechnungslegungsstandards und zur Sicherung der Qualität der Abschlussprüfung (Bilanzrechtsreformgesetz – BilReG) – Beschlussempfehlung und Bericht des Rechtsausschusses (6. Ausschuss) zu dem Gesetzentwurf der Bundesregierung – Drucksache 15/3419 –, in: Bundestagsdrucksache 15/4054 vom 27.10.2004.

BGB (2006): Bürgerliches Gesetzbuch (BGB) in der Fassung der Bekanntmachung vom 2. Januar 2002 (BGBl. I S. 42), zuletzt geändert im Jahr 2006.

BGH (1997): Grundsätzliche Zulässigkeit gleichzeitiger Steuerberatung und Abschlußprüfung, Urteil von 21.04.1997 – II ZR 317/95, in: Neue Juristische Wochenschrift, Jg. 50 (1997), Heft 33, S. 2178ff.

BGH (2003): AG: Fehlerhafte Bekanntmachung des Wahlvorschlags für Sonderprüferbestellung - Anfechtbarkeit der Wahl eines befangenen Abschlussprüfers, Urteil vom 25.11.2002 – II Z R 49/01, in: DStR, Jg. 41 (2003), Heft 22, S. 895ff.

BilKoG (2004): Gesetz zur Kontrolle von Unternehmensabschlüssen (Bilanzkontrollgesetz – BilKoG) vom 15. Dezember 2004, in: BGBl. I 2004, S. 3408-3415.

BilReG (2004): Gesetz zur Einführung internationaler Rechnungslegungsstandards und zur Sicherung der Qualität der Abschlussprüfung (Bilanzrechtsreformgesetz – BilReG), in: BGBl. I 2004, S. 3166-3182.

BiRiLiG (1985): Gesetz zur Durchführung der Vierten, Siebten und Achten Richtlinie des Rates der Europäischen Gemeinschaften zur Koordinierung des Gesellschaftsrechts (Bilanzrichtliniengesetz – BiRiLiG), in: BGBl. I 1985, S. 2355-2433.

BMJ (2003): Maßnahmenkatalog der Bundesregierung zur Stärkung der Unternehmensintegrität und des Anlegerschutzes, URL: http://www.bmj.bund.de, Stand: 24.08.2005.

DCGK (2006): Deutscher Corporate Governance Kodex (in der Fassung vom 12. Juni

2006), URL: http://www.corporate-governance-code.de.

DRS 2 (2005): Deutscher Rechnungslegungs Standard Nr. 2 (DRS 2) – Kapitalflussrechnung, in: Deutsches Rechnungslegungsstandard Committee (Hrsg.): Deutsche Rechnungslegungsstandards, Loseblattsammlung, 8. Ergänzungslieferung 10/2005, Stuttgart 2000.

EG-Kommission (1996): Grünbuch – Rolle, Stellung und Haftung des Abschlussprüfers in der Europäischen Union, KOM(96), URL: http://europa.eu.int/comm/internal_market/auditing/docs/other/700996de.pdf, Stand: 23.08.2005.

EG-Kommission (2002): Empfehlung der Kommission vom 16. Mai 2002 – Unabhängigkeit des Abschlussprüfers in der EU – Grundprinzipien – 2002/590/EG, in: Amtsblatt der Europäischen Gemeinschaften, L 191/22-57 vom 19.07.2002.

EG-Kommission (2004): Vorschlag für eine Richtlinie des europäischen Parlaments und des Rates über die Prüfung des Jahresabschlusses und des konsolidierten Abschlusses und zur Änderung der Richtlinien 78/660/EWG und 83/349/EWG des Rates vom 16.03.2004, KOM(2004) 177 endgültig, 2004/0065 (COD), URL: http://europa.eu.int/eur-lex/lex/LexUriServ/site/de/com/2004/com2004_0177de01.pdf, Stand: 24.08.2005.

EG-Richtlinie (2006): Richtlinie 2006/43/EG des Europäischen Parlaments und des Rates vom 17. Mai 2006 über Abschlussprüfungen von Jahresabschlüssen und konsolidierten Abschlüssen, zur Änderung der Richtlinien 78/660 EWG und 83/349/EWG des Rates und zur Aufhebung der Richtlinie 84/253/EWG des Rates, in: Amtsblatt der Europäischen Union, L 157/87-107 vom 09.06.2006.

EG-Verordnung (2002): Verordnung (EG) Nr. 1606/2002 des Europäischen Parlaments und des Rates vom 19. Juli 2002 betreffend die Anwendung internationaler Rechnungslegungsstandards, in: Amtsblatt der Europäischen Gemeinschaften, L 243/1-4 vom 11.9.2002.

EU-Kommission (2000): Consultative Paper on Statutory Auditors' Independence in the EU: A Set of Fundamental Principles, 15. Dezember 2000, URL: www.efaa.com.

Gesetzentwurf der Bundesregierung BilReG (2004): Entwurf eines Gesetzes zur Einführung internationaler Rechnungslegungsstandards und zur Sicherung der Qualität der Abschlussprüfung (Bilanzrechtsreformgesetz – BilReG), in: Bundestagsdrucksache 15/3419 vom 24.06.2004.

GmbHG (2007): Gesetz betreffend die Gesellschaften mit beschränkter Haftung in der Fassung der Bekanntmachung vom 20. Mai 1898 (RGBl. S. 846), zuletzt geändert im Jahr 2007.

HGB (2007): Handelsgesetzbuch vom 10. Mai 1897 (RGBl. S. 219), zuletzt geändert im Jahr 2007.

IDW (2000): IDW Prüfungsstandard: Ziele und allgemeine Grundsätze der Durchführung von Abschlußprüfungen (IDW PS 200), in: Die Wirtschaftsprüfung, Jg. 53 (2000), Heft 15, S. 706-710.

IDW (2005a): IDW Rechnungslegungshinweis: Anhangsangaben nach § 285 Satz 1 Nr. 17 HGB bzw. § 314 Abs. 1 Nr. 9 HGB über das Abschlussprüferhonorar (IDW RH HFA 1.006), in: Die Wirtschaftsprüfung, Jg. 58 (2005), Heft 22, S. 1232-1234.

IDW (2005b): IDW Prüfungsstandard: Grundsätze für die ordnungsmäßige Erteilung von Bestätigungsvermerken bei Abschlußprüfungen (IDW PS 400), in: Die Wirtschaftsprüfung, Jg. 58 (2005), Heft 24, S. 1382-1402.

IDW (2006a): IDW Prüfungsstandard: Zur Aufdeckung von Unregelmäßigkeiten im Rahmen der Abschlussprüfung (IDW PS 210), in: Die Wirtschaftsprüfung, Jg. 59 (2006), Heft 22, S. 1422-1433.

IDW (2006b): IDW Prüfungsstandard: Rechnungslegungs- und Prüfungsgrundsätze für die Abschlussprüfung (IDW PS 201), in: Die Wirtschaftsprüfung, Jg. 59 (2006), Heft 13, S. 850-854.

IDW (2006c): IDW Prüfungsstandard: Grundsätze ordnungsmäßiger Berichterstattung bei Abschlussprüfungen (IDW PS 450), in: Die Wirtschaftsprüfung, Jg. 59 (2006), Heft 3, S. 113-128.

IFAC (2005): Code of Ethics for Professional Accountants, URL: www.ifac.org, Juni 2005.

IFAC (2006): Exposure Draft – Section 290 of the Code of Ethics: Independence – Audit and Review Engagements, Section 291 of the Code of Ethics: Independence – Other Assurance Engagements, Dezember 2006, URL: www.ifac.org.

IFRS-Texte (2006): Textausgabe der im EU-Amtsblatt veröffentlichten internationalen Rechnungslegungsstandards IAS/IFRS sowie der nationalen Rechnungslegungsvorschriften aus HGB, AktG, GmbHG, PublG und GenG, München 2006, Stand: 1.03.2006.

KonTraG (1998): Gesetz zur Kontrolle und Transparenz im Unternehmensbereich vom 27. April 1998, in: BGBl. I 1998, S. 786-794.

KWG (2007): Gesetz über das Kreditwesen (Kreditwesengesetz - KWG) vom 9. September 1998 (BGBl. I S. 2776), zuletzt geändert im Jahr 2007.

Rat der europäischen Gemeinschaften (1984): Achte Richtlinie 84/253/EWG des Rates vom 10. April 1984 aufgrund von Artikel 54 Absatz 3 Buchstabe g) des Vertrages über die Zulassung der mit der Pflichtprüfung der Rechnungslegungsunterlagen beauftragten Personen, in: Amtsblatt der Europäischen Gemeinschaften, L 126/0020-0026 vom 12.05.1984.

SA (1933): Securities Act of 1933, revised through September 30, 2004, URL: www.sec.gov.

SEA (1934): Securities Exchange Act of 1934, revised through September 30, 2004, URL: www.sec.gov.

SEC (2000): 17 CFR Parts 210 and 240 (Release Nos. 33-7919, 34-43602; 35-27279, IC-24744; IA-1911; FR-56; Final No. S7-13-00 - Revision of the Commission's Auditor Independence Requirements, URL: http://www.sec.gov/rules/final/33-7919.htm, Stand: 25.10.2005.

SEC (2003a): 17 CFR Part 239 (Release Nos. 33-8287, 34-48482, International Series Release No. 1273; File No. S7-16-03) RIN 3235-A189 Additional Form F-6 Eligibility - Requirement Related to the Listed Status of Deposited Securities Underlying American Depositary Reciepts, URL: http://sec.gov/rules/proposed/33-8287.htm, Stand: 01.08.2006.

SEC (2003b): 17 CFR PARTS 210, 240, 249 and 274 (RELEASE NO. 33-8183; 34-47265; 35-27642; IC-25915; IA-2103, FR-68, File No. S7-49-02), RIN 3235-AI73 - Strengthening the Commission's Requirements Regarding Auditor Independence, URL: http://www.sec.gov/rules/final/33-8183.htm, Stand: 25.10.2005.

SOX (2002): Sarbanes-Oxley Act of 2002, vom 30.07.2002, URL: www.sec.gov.

UMAG (2005): Gesetz zur Unternehmensintegrität und Modernisierung des Anfechtungsrechts (UMAG) vom 22. September 2005, in: BGBl. I 2005, S. 2802-2808.

VAG (2007): Gesetz über die Beaufsichtigung der Versicherungsunternehmen (Versicherungsaufsichtsgesetz - VAG) vom 17. Dezember 1992 (BGBl. 1993 I S. 2) zuletzt geändert im Jahr 2007.

WpHG (2007): Gesetz über den Wertpapierhandel (Wertpapierhandelsgesetz - WpHG), in der Fassung der Bekanntmachung vom 9. September 1998 (BGBl. I S. 2708), zuletzt geändert im Jahr 2007.

WPK (2005): Satzung der Wirtschaftsprüferkammer Körperschaft des öffentlichen Rechts vom 13. Juni 2002, zuletzt geändert im Jahr 2005.

WPO (2006): Gesetz über eine Berufsordnung der Wirtschaftsprüfer (Wirtschaftsprüferordnung) vom 24. Juli 1961 (BGBl. I S. 1049), zuletzt geändert im Jahr 2006.

FSC
www.fsc.org
MIX
Papier | Fördert
gute Waldnutzung
FSC® C083411

Kolibri 360 GmbH
Ferdinand-Jühlke-Straße 7
99095 Erfurt, Deutschland
produktsicherheit@kolibri360.de